U0668659

信
风

————

trade wind

春风有信，吹向认知彼岸

The Global
Break Though of
CEPCO(1923-1949)

HIDDEN CHAMPION OF
CHINA'S MODERN
EGG INDUSTRY

蛋壳乾坤

一家中国企业的
全球突围 1923~1949

张跃 周建波 著

社会科学文献出版社
SOCIAL SCIENCES ACADEMIC PRESS (CHINA)

茂昌公司创始人郑源兴

香港茂昌公司厂区大门

茂昌公司的外籍经理人

20 世纪 30 年代，郑源兴在赴英国考察与谈判的途中

昌茂 *Mow-chong*

44 Whangpoo Rd.　Tel 44403
Tel Add : Chinaprod

China Egg Produce Co.

*Exporters and Manufacturers
of Egg Products and Frozen
Eggs; Ice and Cold Storage*

Cheng, Y. S.
Cheng, F. K.
Liu, Y. Y.
Elliott, K.
Yao, C H.
Picozzi, R.
King, S. N.
Han, M. D.
Chang, S. W.
Chang, H. M.
McColl, J.

同行录中茂昌公司的基本信息和主要负责人的名字

註 冊 商 標

Cepco

茂昌

電報掛號 國内 二九一一 國外 Chinaprod

1929年茂昌公司登记注册的商标，后来成为海内外著名商标

新中国成立后的郑源兴与太太冯蕉影

本书作者之一与郑源兴孙女郑美珠女士的合影

本书作者之一与茂昌老职工后代袁巨高先生的合影

袁巨高的父母、舅舅舅母、叔叔婶子都是茂昌的老职工，其本人青少年时在一家蛋行工作，他见证了茂昌公司和很多其他蛋行的发展

序一 经济史没有"脚本"

杜恂诚

张跃博士的新作《蛋壳乾坤：一家中国企业的全球突围（1923~1949）》就要出版了，很高兴为他这本著作的出版写几句话。

这本著作研究的是近代上海的一家华商外贸企业的发展史。这是一家经营蛋品出口的外贸公司，即上海茂昌股份有限公司（以下简称茂昌公司）。当时中国的对外贸易是由外商主导的，由于外商熟悉国外市场，大洋行还具有雄厚的财力，因此在五口通商后的很长一段时期内，华商很难越过洋行，直接开展对外贸易。华商多数从事中国国内的商业购销业务，或委托大洋行代理国外业务，称为"寄番"。但同工业、金融业等领域的情况一样，当一些华商积累了相当的资金、经验和市场关系以后，便尝试开展直接的对外贸易。一些华商较早尝试同南洋各国或日本的直接贸易，但规模不大，被称为"南洋庄"和"东洋庄"。1914~1920年，在有利的汇率和市场条件下，上海经营直接对外贸易的华商发展起来，包括同欧美贸易的"西洋庄"。以上海的西洋庄为例，1920年发展到40余家，其中多数从事中美贸易。1936年上海共有199家西洋庄。①

本书研究的上海茂昌股份有限公司，成立于1923年，是华商"西洋庄"中经营最为成功的一家。本书作者认为，这家企业是在外贸领

---

① 上海社会科学院经济研究所、上海市国际贸易学会学术委员会编著《上海对外贸易：1840—1949》上册，上海社会科学院出版社，1989，第224~233页。

域闯出一番天地的华商企业。这是一家以欧洲为销售市场、以欧美跨国公司为主要对手，并在竞争对手联合打压下，积极探索与践行直接对外贸易道路并取得巨大成功的公司，成为在对外贸易领域中能够摆脱外商控制，闯出局面的"极个别的"华商企业。更令人惊异的是，在激烈的竞争中，茂昌公司不仅迅速成为中外同业中最具实力的企业之一，还最终迫使竞争对手接纳其成为欧美集团中的一员，在20世纪30~40年代，与外商企业联合起来组织卡特尔联盟，长期垄断国际冰蛋市场，并在垄断联盟中扮演着领导者的角色，成为冰蛋国际贸易规则的主要制定者之一。

本书作者的研究表明：外商企业在近代中国经济发展中除了压迫的一面之外，还有迫使华商企业提高经营技能的另一面。在全球化背景下，外商企业在追求最大化利润的动机下，外国的资本、人才和技术在中国实现了要素的有效配置，不仅成为其与华商企业竞争的优势所在，也成为近代华商企业模仿学习的对象，使华商企业与外商企业竞争的手段从单一的民族主义层面扩大到经济要素配置层面。这充分说明，任何一种经济形态的成长必须是在市场竞争的环境中实现的，只有在压力下，中国新式民族工业和民族经济的进步才是有效率的。因此，从根本上说，不能把西方国家对华的资本输出与发展中国民族经济完全对立。

本书的选题很好。对外贸易是中国近代经济史最重要的环节之一，是中国近代经济转型的前提。这么重要的领域，我们过去的研究却不多。我们过去的研究是注重工业和金融业、轻视商业和除金融业之外的服务业的。本书选题不仅直击近代中国的对外贸易行业，而且选择了一家华商企业，是很有创意的。作者对这一典型企业发展史的叙述、分析和总结，使我们对华商在这一行业中的成长有了一个切实的认识。虽然茂昌公司达到的成就并非大多数从事直接对外贸易的华商企业所能企及，但与工业、金融业的情况类似，华商在对外贸易领域也在大步追赶。有西方学者认为，近代西方列强强行打开落后国家的大门，把落后国家纳入由西方列强主导的世界贸易和投资体系之中，是只有利于西方国家，而对落后国家没有好处的。① 诚然，西方列强将落后国家纳入由其主导的世界经济体系，是为了扩大其工业品、工业原料，甚至相当一部分农产品的销售市场，并且从落后国家收购其需要的农产品、土特产和矿产品。西方列强的对华资本输出，也是为了确保这一战略目标的实现。但是，说对外贸易完全不利于近代中国的经济发展，则嫌言之绝对。西方国家尽管利用不平等关系从对华贸易和投资中得到了很多好处，挤压和攫夺了中国的大量利益，但历史并不是完全按照西方国家预先设计的"脚本"演进的，中国人民的勤劳、刻苦和奋斗，华商的擅长学习和善于经营，远远超出了西方人的预想。西方人试图完全控制中国的对外贸易、工业、金融业，单方面独享近代中国经济发展的成果，这是难以完全实现的。中国人民和中国企业家也取得了一定的发展业绩，这是西方人所始料未及的。本书作者通过典型案例，运用充分的史实，阐释了中国企业家在近代外贸市场中勇于争先的精神。本书是中国企业史领域有价值的著作，且具有鲜明的现实借鉴意义。

我还要称道的是本书作者的治学态度。史学研究需要建立在扎实的资料基础之上。作者不怕繁难，收集了大量一手档案资料，包括大量的英文档案，才能撰写出这样一部有血有肉、有理论有价值的书稿。经济史研究可以有各种方法，但不管哪种方法，都必须以信实、大量、充分的资料为前提。疫情期间差旅不便，作者仍不改初衷，抓紧各种机会收集资料，其敬业精神令人感动。

本书作者在中国近代经济史和经济学两方面都具备比较系统的专业知识，加以勤奋，近年来成果颇丰，活跃于经济史学界。我为他取得的成绩感到高兴，并祝他再接再厉，更上一层楼。

2023 年 5 月

---

① W. W. 罗斯托：《经济增长理论史：从大卫·休谟至今》，陈春良等译，浙江大学出版社，2016，第 589 页。

序二　艰难时世中的企业与企业家

张忠民

　　中国企业史以其研究对象而论，可有外商企业、华商企业之分；而就以往的研究而言，关于近代中国外商企业与华商企业的竞争或者说竞合关系的考察，主要集中在诸如近代早期的轮船招商局与外商轮船公司的竞争，以及之后的棉纱、缫丝、火柴、卷烟、水泥等行业的竞争中。张跃博士的《蛋壳乾坤：一家中国企业的全球突围（1923～1949）》（以下简称《蛋壳乾坤》）一书，将近代中外企业市场竞争的视野从学界较为熟知的行业引向了蛋品行业，从国内市场引向了海外市场，仅就其选题和论域而言，已甚富专业研究价值以及学术意义。

　　在中国近代历史上，最早出现的近代企业是外商企业。外商企业由于其与生俱来的"先发"、"本土依托"以及"治外法权"三大优势，从一开始即在近代中国工业中占有时间领先、行业领先、技术领先、制度领先的先发优势地位。外商工业的先发优势，使得外商工业在近代之初的一些重要工业行业中，从一开始就具有明显的市场优势，行业的主导权似乎始终掌控于外商企业。

　　在近代中国，外商企业的发展路径是"示范、扩张、竞合"。示范从时间上讲是外商工业的缘起，也是中国近代工业的缘起，从逻辑上讲是新的工业生产力和企业制度对旧有中国社会的"示范"；扩张从时间上讲是发展、演进的过程，从逻辑上讲也是外商工业地位演变的过程；竞合说的是在整个演进过程中，外商企业与华商企业以及中外社会错综复杂的关系

1

问题。而华商企业的发展路径则是"仿效、起步、自立"。仿效从时间上讲是近代中国本国工业的缘起，从逻辑上讲是国人对外来新生产力和新制度的最初学习；起步从时间上讲是中国本国工业的初步发展过程，从逻辑上讲就是中国工业化进程的展开；自立从时间上讲是中国基本工业体系的大致形成，从逻辑上讲也就是近代中国工业中心的逐步形成。中国近代工业的这一发展路径决定了凡是在外商企业率先进入的经济领域、工业领域，外商企业都具有极为强大的市场竞争乃至市场垄断优势。而在之后的发展、演进过程中，后起的华商企业必然会与外商企业在某些历史时期、某些行业中，表现出具有各种不同特征的激烈的市场竞争，并且在竞争中逐步走向竞争与合作并存的"竞合"。张跃博士《蛋壳乾坤》论及的蛋品行业就是这样的情势。

在近代中国工业行业中，蛋品行业乍一看来似乎并没有那么显赫，其在国民经济以及近代工业体系中的地位好像也不如机器修造、面粉、棉纱等来得重要。但实际上，作为20世纪初期中国工业重要的外销商品，各类机制蛋品的出口量曾经雄踞当时中国出口商品的前列。更重要的是，新兴食品加工行业的蛋品企业在其生产、储藏、运输、销售的过程中，无论是资金的投入，先进设备和技术的运用，卫生及管理要求的实施、海外市场销售网络的完善等，几乎是当时任何一个工业行业都难以企及的。而中国本国企业要进入这样一个既由外商长期垄断，准入门槛又极高的行业，其艰难程度可想而知。

《蛋壳乾坤》一书，以时间为经、问题为纬、理论为基础；其横向面以市场竞争为中心，纵向面则从20世纪初一直延展至20世纪50年代，依托大量可据、可信史料，淋漓尽致地描述了近代中国蛋品行业中外企业的激烈竞争。

市场竞争作为中外企业竞争的主题及核心内容在书中得到了充分的阐述，特别是茂昌公司与外商企业在海外市场的跨国竞争，在以前的研究中很少见，也很令人振奋。对茂昌公司与外商企业的这种跨国竞争，作者将其概括性地描述为非常"另类"的竞争。所谓"另类"就是与众不同，所谓"与众不同"就是在绝大部分华商企业几乎都乏力与外商企业竞争，几乎都无可能进军海外市场，与外商企业一争高下之时，茂昌公司不仅做到了，而且还做得如此有声有色。在这里，"另类"成了褒扬、赞美之词，"另类"企业茂昌公司也成为近代中国本国企业的骄傲。应该说，作者对于"另类"的这一提炼和归纳还是较为发人深省的。

近代中国的对外贸易以其贸易的地理范围而言，大致上可以区分为东洋、南洋、西洋三大区域，相应的华商贸易机构也被称为东洋庄、南洋庄和西洋庄。其中对西方各国的西洋贸易，无论是进口还是出口，基本上一直操控于西方列强手中，不仅华商制造业企业对此极为陌生，即使是华商贸易企业的西洋庄也极难染指。可是就在这样的背景下，茂昌公司居然能够凭借一己之力，在对西方市场的直接贸易中，与西方企业一决高下，这一史实和经验无疑是十分值得注意和深入研究的。这说明，即使是在屡弱的近代中国，只要企业的产品过硬，营销策略得当，华商企业、华商企业的产品还是可以参与世界市场的直接竞争的。这也是作者在书中信心满满地认为的：对茂昌公司在与外资企业跨国竞争中取得巨大成功的历史经验进行深入研究与总结，不仅有助于我们重新审视及评价近代华商企业的市场活力、中外企业之间的竞争关系、外商企业在近代中国经济发展与民族企业发展与变迁中扮演的角色与历史作用，而且可以为全球化日益深化的当下，中国企业在国际市场上如何更好地参与国际竞争并拥有话语权提供历史经验借鉴。因此，具有重要的学术价值与现实意义。

茂昌公司之所以能在激烈的市场竞争中站稳脚跟并获得成功，无疑具有其内在的条件和原因。首先是企业自始至终最大限度地利用了近代中国特有的民族情绪及爱国情绪，整合蛋品原料市场，使得外商企业不得不刮目相看。其次是生产的成本和质量的优异。两者的叠加使得茂昌公司具有了与外商企业进行竞争的自身条件。但从另一方面看，作为新创的本国企业，不利的因素是生产技术、管理能力，以及对海外市场的了解程度和运作能力。但是在市场经济条件下，这些都可以通过进口设备、引进工艺、改善管理、招揽合作伙伴等办法化解和改善。其中最值得称道的是茂昌公司在平等、真诚基础上的虚心学习，在努力仿效基础上的不断改良提高，在尊重基础上的竭尽所能使人才为我所用。

茂昌公司创办的直接起因是与外商企业争夺蛋品原料市场，企业创办人多为经营蛋行出身，人脉广远，对原料市场具有天然的竞争优势。在公司创办及竞争前期，主要是通过经营策略的更新等，以100余个分布在全国各地的鸡蛋收购站的不俗实力，赢得了外商企业的重视，使得企业在很短的时间内不仅赢得了市场，更是赢得了同行与社会的信任。在后期的竞争中，其在蛋品收购网络上最大的成就是1930年与外资冰蛋企业结成的鲜蛋采购价格联盟，并且取得了对于鲜蛋价格的决定票投票权。

对于产品的生产与出口，企业在创办之初，借用外商商标，利用外商工厂生产，通过外商企业出口，是真正的"借船出海"。一旦实力增强、机遇来临时，则果断地通过收购外商工厂，建立起了自己的生产工厂，并一度注册成外商企业，自创商标，自行出口。同样，企业在海外市场的销售战略也经历了早期的贴牌销售及代理商销售，以及之后的直接销售。20世纪30~40年代，企业先后参与组建试图垄断欧洲和英国冷冻蛋品市场的合谋组织——国际冰蛋卡特尔和联合销售辛迪加，充分体现了利用本土的地利、人和优势，以及西方的技术、人才、市场和企业管理制度，对外商企业长期以来联合挤压与围堵的成功突围。

在茂昌公司的发展中，对于外籍高管的聘用具有决定性的重要意义。创办之初的茂昌公司提出了著名的"聘用外人为我服务"。在此理念下，以充分信任和尊重为基础，高薪与股份并重，聘用外籍人士担任生产技术、企业管理、市场营销主管，在极短的时间内，将一个新办企业提高到了堪与老牌外商企业竞争的高度。其中有三个外籍高管极为重要：出任茂昌公司厂务主任兼总工程师的美国冷藏与蛋品专家卡尔登，主管蛋品远洋冷藏运输及对外交涉和出口事宜的公司交际主任和出口部经理潘国祺，以及负责海外市场的伦敦子公司——海外茂昌蛋品有限公司的经理葛林夏。在高度信任、放手使用以及充分保证个人利益的激励机制下，他们都殚精竭虑，尽心尽力，为公司的运营和成长发挥了不可估量的重要作用。这是任何一个自以为是、故步自封的狭隘企业所完全做不到的。任何一个国家和地区，在其近代化、工业化的过程中，制度、技术、人才的引进和使用都是极为重要的，没有这一点就无法完成工业、企业的成长和飞跃。

利用乡缘、地缘的人文人脉以及民族情绪构建起庞大、高效的蛋品收购网络；利用治外法权短暂谋取企业外商地位，以求发展之初良好的内外环境；利用聘请外籍人士迅速形成和提升企业的生产能力、经营管理能力以及可与外商企业媲美的海外销售网络，茂昌公司的企业经营战略几乎达到了完胜的境界。这充分说明，茂昌公司的成功绝不是仅凭一时的热情和勇气，更不是仅凭鼓舞士气的豪言壮语，而是通过科学严谨、扎扎实实的企业创新行为，在不屈不挠的进取中努力实现的。张跃通过茂昌公司的案例告诉我们，即使是在近代中国，只要方向对头、方法对头，华商企业也是能在与外商企业的国际竞争中走出一条自己的路的。

在茂昌公司的成功道路上，企业制度与企业家的作用也至关重要。在企业制度上，公司自创办之日起，无论是在无限责任的商号时期，还是改组为股份有限公司；无论是暂时挂牌外商企业，还是正式向国民政府注册为华商企业，都奉行要有一个较为良好的企业治理结构的原则。同时，企业高层不乏优秀的企业家，特别是企业的创始人和主要管理人员郑源兴更是企业长期以来名副其实的领头人。郑源兴勤奋好学，勇于创新，富有企业家的眼光和远见。企业创办之初，"英美友人教给他的一切都使他着迷"。郑源兴掌舵茂昌公司的所作所为证明其无愧为茂昌公司走向成功的关键人物，不仅是一位杰出的企业家，更是一位引领中国蛋业发展方向的行业领袖，被时人及后人尊称为"蛋大王"，完全是当之无愧。

此外，作者在书中对于现代企业理论，特别是企业纵向一体化理论的理解和认识，以及对于该理论在当今及未来中国企业史研究中重要性的考虑也是十分有益、值得赞赏的。在书中，蛋品企业纵向一体化的三大环节：原料采购、蛋品生产、市场销售，每一环节都是资金和技术密集，其纵向一体化在近代企业制度上的体现则是公司制度与工厂制度的完美结合。在这方面，无疑还存在很多的研究问题、很大的研究空间，等待有志的学者进一步去发掘、去探讨。

事实表明，在近代中国，外商企业的进入，中外企业的竞争与合作，其间的关系是十分复杂的，对中国社会经济发展的影响也是多元的。在商业竞争中，核心的问题是利益，寻找和谋求利益的共同点也就成为市场竞合的关键。《蛋壳乾坤》一书值得称道的亮点之一，就是在茂昌公司个案研究的基础上，在对史实认真阐述分析的基础上，对中外企业的竞合关系以及在中国近代经济发展中的作用，做了十分中肯的评价，这就是：外商企业在近代中国经济发展中除了压迫的一面之外，还有迫使华商企业提高经营技能的另一面。茂昌公司的发展与崛起，极大地改变了以往人们对华商在与外商竞争中总是妥协、退让与受制于外人的印象，说明在近代中国特殊的社会历史条件下，只要存在市场经济环境与条件，华人企业家充分发挥聪明才智，同样可以有一番大的作为与成就，中华民族同样可以产生伟大的企业家。从根本上说，不能把西方国家对华的资本输出与中国民族经济的发展完全对立。应该说这一见解还是十分中肯和值得称道的。

《蛋壳乾坤》的另一大特点是对史料的发掘和利用，其中上海市档案馆茂昌公司与外资企业的内部往来信件、合谋协议、会议记录等中英文档案资料，以及种类和数量众多的其他近代报刊资料、文献等，不仅为全书的论述提供了扎实的史料基础，而且也为作者本人以及其他学者日后进一步的研究开辟了事半功倍的追索路径。

张跃的大作在中国近代企业史研究方面已经取得了很大的进展，书中的纵向论述将考察对象延伸到了中国近代企业制度终结的20世纪50年代，不仅使所论对象有一个生成、演变、终结的完整结局，而且能让读者深切地了解到在近代中国创办、延续一个企业是多么不容易，这在当今企业史的个案研究中也是十分值得称道的。而就其进一步的努力方向而言，诸如一些叙述事项上的前后衔接以及叙述过程的完整性，史实叙述与理论阐述、问题分析方面的契合与顺畅等，似乎还可以给予更多的关注和思考。就全书叙述内容，若归类而论，大致上可以区分为三类：一是对具体事项的叙述，二是对纵向一体化等企业理论的阐述和发挥，三是对所论事项及问题的评价分析。如何将这些内容融会贯通、三位一体，以更为严谨、合理的逻辑结构，更为通畅、精准的文字，高屋建瓴、水银泻地般地表述出来，还是可以持之以恒地加以思索和琢磨的。

　　张跃师出上海财经大学经济史大家杜恂诚教授门下，与张跃相识是多年前在上海财经大学博士论文的答辩会上。张跃敦厚朴实、勤奋好学以及对中国近代企业史研究的热爱与执着，让人印象深刻。近年来，张跃在勤奋教书育人之余，研究不断，著述迭出，新意频频，实在是为其欣喜不已。此逢张跃又一新作、大作问世，是为序，亦为贺！

2023 年 5 月于沪上

前　言

　　六七年前，著者开始涉足中国近代蛋品对外贸易研究。在上海市档案馆里查阅了关于中国近代蛋品工业引领者茂昌公司大量的价值较高却未被充分运用的英文资料。这些档案资料完整翔实地记载了茂昌公司自 1923 年成立至 50 年代初开展对外贸易、与外商竞争以及合作的历史过程，为中国近代对外贸易史研究提供了微观、具体、深入的资料素材和历史依据，也为后发国家在工业化过程中如何学习欧美工业文明，更好地发挥自身劳动力、土地、环境成本低的优势提供了鲜活的案例。

　　清末民初，步外商后尘，华商企业开启了民族工业化进程。西方国家并不希望中国能独立自主地发展经济，因此不仅不予帮助，反而阻碍中国产业自成体系。自成立伊始，茂昌公司就和所有华商企业一样，面临着外商的技术封锁、市场挤压和其他方面的"卡脖子"难题。在企业家郑源兴的主持下，立足本土优势，面向海外市场，以我为主，通过放手使用与其志同道合、有着深厚友谊、高薪聘请的外籍高管，茂昌公司在技术、管理、远洋运输和海外市场开拓等方面成功实现了"突围"，并在国际市场上建立了极负盛誉的品牌"CEPCO"。在短短几年内，一举成长为中外同业中的一流企业，形成了强大的全球竞争力，成为引领近代中国乃至世界蛋品工业与贸易的关键力量。

　　20 世纪三四十年代，世界经济大危机和长期持久战争给茂昌公司带来了极大的生存困境，相较于之前的"突围"，如何在大危机与长期战争中"活下去"，更考验茂昌公司领航者的智慧。1930 年，郑源兴采取"合纵连横"之策，最终迫使竞争对手接纳茂昌公司成为欧美集团中的一员，并与外商冰蛋企业组织了冰蛋垄断联盟，长期垄断国际冰蛋市场，并在垄断联盟中扮演着领导者的角色，从而成为冰蛋国际贸易规则的主要制定者之一，这是后发国家工业化过程中为数不多的行业领导者的案例。抗日战争和解放战争时期，茂昌公司积极采取灵活、稳健的策略，应对各种冲击，不仅多次从岌岌可危的困局中走出来，而且获得了一定程度的发展，充分彰显了茂昌公司的企业韧性。

茂昌公司的巨大成功，极大地改变了以往人们对华商在与外商竞争中总是妥协、退让与受制于外人的印象，说明在近代中国特殊的社会历史条件下，只要存在市场经济环境与条件，只要中国企业家拥有开拓的勇气和管理智慧，取他者之长的同时充分发挥自身竞争优势，同样可以有一番大的作为与成就。茂昌公司的成功案例，充分显示了近代华商企业的竞争活力以及它们在应对中外两个充满竞争与变数的市场环境中所展示的灵活性与开拓性，同时说明在利用国际资本、人才和技术等生产要素在全球市场进行优化配置时，作为后发国家的企业必须具备全球化意识，积极借鉴欧美工业文明的优秀成果，勇于打破狭隘的民族主义情绪，通过聘用外国技术、管理专家的方式，实现在技术、管理和销售渠道上的追赶。唯有如此，后发国家的人力与资源优势才能迸发出来，企业才能做大做强，才能在国际竞争中拥有话语权。拙著对茂昌公司积极主动学习欧美工业文明，在极短的时间内缩小与欧美同行的技术差距，从而将自身劳动力、土地、环境成本低的后发优势最大限度地发挥出来的研究，是一个创新点与特色所在。

以史为鉴，展望未来。当前中国经济步入高质量发展阶段，面临着经济结构调整和经济下行的巨大压力。一方面，更多中国企业必将深度参与国际竞争，但大部分企业不强、不优的问题十分突出，远谈不上"全球化企业"，更难说"具有全球竞争力"，在全球市场份额及行业地位、核心技术、品牌影响力、贸易规则制定的话语权等方面的软硬实力都比较弱。中国企业在上述方面如何实现"突围"，是我们必须关注、面对和解决的问题。另一方面，当前企业面临极度复杂与不确定的外部环境，经济下行风险增大，企业破产数量急剧增加，面对经济寒冬，一些企业的目标从发展壮大转变为"活下去"。尽管时代不同，但"突围"与"活下去"永远是企业发展中的两个不变主题。茂昌公司树立全球化意识，积极学习欧美工业文明的优秀成果，以我为主、利用外国技术、管理专家为其服务的企业策略，在获取先进技术、管理经验、开拓国际市场、品牌建设等方面成功"突围"，以及在长期战争中灵活、稳健的企业策略与展现的企业韧性，无不为企业当下与未来的"突围"与"活下去"提供了宝贵的历史启示。

值得一提的是，宁波帮的崛起是近代中国工商界一个引人注目的现象，茂昌公司就是近代宁波帮创办的一家华商企业，在与外商企业跨国竞争中迅速发展成为一家大型跨国公司，引领着当时中国冰蛋工业乃至世界冰蛋工业发展的方向。这充分展现了以郑源兴为代表的近代宁波帮企业家强烈的企业家精神。面对重大挑战与困境，他们展示出开阔的国际化视野，以及敢作敢为、励精图治、勇于竞争、善于竞争的精神与素养，从而成就了宏大的事业。回望与传承近代企业家精神，无疑是弘扬当代企业家精神的源头活水与重要起点。显然，茂昌公司的历史及其留存下来的宝贵资料，不仅为深入研究宁波帮提供了历史依据，更为宁波帮精神的传承与弘扬提供了丰富的养料。

研究中国近代对外贸易史和中外企业竞争史，仅依靠中文资料显然是远远不够的，还需要大量运用外文资料，否则容易误判历史的实际情况，得出的核心观点往往也值得商榷，甚至会出现非历史的经验总结，对当下不仅毫无价值，甚至会出现严重的误导。如果说拙作在推动近代华商企业与外商企业跨国竞争研究方面取得一点进步的话，这完全受益于新史料的发掘与运用。本书使用的资料主要来源于三个方面：一是茂昌公司与外商企业的往来信件、合谋协议、会议记录等大量一手英文档案资料；二是近代中国中英文报刊资料；三是郑源兴后人以及茂昌公司员工后人的口述史。上述资料成为本书创新与特色的关键所在。其中，对大量英文资料的翻译和准确解读以及将相关经济学理论、史料分析方法与研究主题很好地结合起来，不仅十分费力，更是本研究的重大挑战。受制于精力与能力的不足，呈现在大家面前的这本书，还相当肤浅，甚至可能存在不少的问题与差错，期望得到同行先生与广大读者的批评指正。

目 录

导　言

19 世纪八九十年代，在第二次工业革命的推动下，许多新兴产业中的现代工业企业获得了巨大的发展，此后它们更以惊人的速度成长为大型企业。为了给大量生产出来的工业消费品寻找销售市场，这些大型企业竭力向海外市场扩张，并建立起了它们自己的全国性和世界性的销售网络和广泛的原料采购组织。拥有众多人口、庞大市场和丰富资源的中国，自然成为跨国公司扩张的重要对象。20 世纪初，欧美大型现代跨国公司纷纷来华设立分支机构或投资设厂，从事推销产品、采购原料和产品加工等业务。甲午战争之后，在清政府放宽民间设厂限制，外商企业的示范和相对宽松的市场环境下，华商企业开始兴起，并且有了较快的发展，在制碱工业、卷烟工业、火柴工业、水泥工业、纺织工业、面粉工业、食品工业、冷藏工业等一些工业部门出现了对外商业务的"进口替代"和"出口替代"。为了维护或者争夺在中国市场上的有利或垄断地位，欧美跨国公司纷纷对华商企业采取多种制约手段甚至进行全面打压。在中国企业家的带领下，华商企业与外商企业展开了激烈的竞争。在这一过程中，一批华商企业不断发展壮大，并引领着行业发展的方向，成为中国现代化进程中的中坚力量。其中，在冰蛋工业中，位于上海的茂昌股份有限公司就是表现极为出色的一家。

一　近代中国企业史的别样图景

打开中国近代史，我们可以发现，即便国力悬殊、地位不平等，华商企业还是与外商展开了广泛而激烈的竞争。

在棉纺织市场上，有以中国申新纱厂为代表的华商纱厂与以内外棉纺织公司为代表的日商纱厂之间的竞争。在火柴市场上，有大中华火柴股份有限公司与瑞典火柴公司、日商铃木会社之间的竞争。在纺织机械市场上，有华商企业大隆机器厂与两个美国制造商——萨科-洛厄尔机器厂、维定机器厂之间的竞争。在钢铁市场上，有汉阳铁厂与日本在鞍山和本溪的南满株式会社之间的竞争。在图书和出版市场上，有两家华商出版社——商务印书馆、中华书局与英国兆祥洋行之间的竞争。在肥皂、制碱与肥料市场上，有华商企业永利制碱公司、五洲皂药厂与英国利华兄弟公司、卜内门洋碱有限公司、帝国化学工业公司（卜内门洋碱有限公司于1926年并入该公司）之间的竞争。在水泥市场上，有华商广东水泥厂与设在香港的英国青洲英坭公司之间的竞争，也有华商启新洋灰公司与日商三井公司、苏俄水泥公司之间的竞争。在烟草市场上，有南洋兄弟烟草公司与英美烟草公司之间的竞争。在生丝市场上，有华商丝厂与日商丝厂之间的竞争。在茶叶市场上，有华商茶厂与英国茶叶公司、日本制茶公司之间的竞争。

可以说，华商企业与外商之间的竞争几乎遍及当时中国的各个产业与行业。[①] 这些竞争，始终是学界研究的焦点。

（一）华商企业拿什么竞争？

对"华商企业竞争活力究竟如何"的讨论，一般的观点认为，在 20

————
① 杨德才：《近代外国在华投资：规模与效应分析》，《经济学（季刊）》2007 年第 3 期。

世纪上半叶，由于生产技术落后、企业管理不科学、资本不足、远洋运输船舶缺乏以及受不平等条约的影响，华商企业鲜有有能力者与技术先进、管理科学、资本雄厚、拥有远洋运输船舶且受不平等条约保护的外商相竞争。

应该说，这种观点被普遍接受的原因，有一个潜在的重要的前提，那就是人们普遍认为外商在近代中国的活动扮演着经济侵略者的角色，并在中国经济发展中起着消极的作用。持此观点的学者，不仅包括马克思主义学者，还包括一些受过西方良好教育的、在 20 世纪上半叶的中国有着重要影响的社会学家和经济学家，如马寅初、何廉、方显廷、陈振汉、费孝通等。

曾担任国民党经济委员会委员长的马寅初在《不平等条约于我国经济上之影响》一文中指出，受领事裁判权的保护和享有中国海关管理的偏袒，外商在与华商企业的竞争中占尽优势，华商企业难以与其竞争。"外国资本家所开的这种工厂，中国简直没有方法可以抵制。就是中国收回了海关，关税可以自由上下，如若仍有这种工厂的存在，本国工商业仍然是不能发达。"①

民国时期的另一位著述颇丰的经济学家、曾任南京国民政府经济部参事的高叔康也认为："中国是受不平等条约束缚的国家，关税不能完全自主，外人可以在国内各商埠设立工厂，凡是我们可以利用自己廉价的原料和低廉的工资为抵止（制）外人工业侵略的武器，而外人在国内设厂制造，一样的都能利用，甚至于有许多权益，我们民族工业不能享有，而外人厂商反能享有，就凭这一点，民族工业更不能与帝国主义的商品竞争，只有受其压抑而不能伸张。"②

华商企业无法与外商竞争，当时持此论者颇多："在我国人士方面，有些人一听到'外商在华投资'六字，常常会在心中浮起了经济侵略的阴

---

① 马寅初：《不平等条约于我国经济上之影响》，《东方杂志》第 22 卷第 16 号，1925，第 25 页。
② 高叔康：《民族工业的压力》，《民意周刊》第 117 期，1940，第 4 页。

影，抱起怀疑或恐惧的态度……查战前外商事业，基于不平等条约所赋特殊权利，一切契约的订立与履行及纳税事项，均不受中国法律之拘束，事业经营，不受中国主管官署之管理，故其势力往往超越华商同业，竞争起来，机会自不均等。其所以具有经济侵略意味者，症结在此。"[1]

时人以棉纺织工业为例认为，不平等条约使中外资棉纺织企业地位严重不对等，以致华商企业负担沉重，削弱了华商企业的竞争力。"棉货进口每年将近三万万两，大半都是日货，倘能加以抵制，则本国棉织业便不会受其倾销压迫，但是我国受中日关税互惠协定的限制，对于大部分的进口日本棉货，予以最低的税率，奖励其输入……至于本国境内的外资纱厂，尤其是日本纱厂，在事实上因根据不平等条约的关系，也无处不较本国工厂受优惠的待遇。例如纱的统税，是细纱税轻而粗纱税重，这就不啻实际优待日本纱厂；又如本国纱厂常受种种限制，且负担许多义务，而外资工厂恃有护符，时常不受影响，无异间接奖励外国工业压迫本国工业。"[2]

民国著名经济学家何廉则强调资本薄弱的劣势使华商企业难以与外商竞争。"外商纱厂资力雄厚，或自本国舶来，或在我国制造，努力倾销，我国商人，被其袭击，日难支持……外商（烟草公司）资本雄厚，烟业买卖市场，被其操纵矣……（外商火柴公司）挟其数额巨大，利率低微之资金，复加以优良之技术，在我国就地制造，其产品，每箱平均成本低于国人所经营者四元至六元，而每箱售价不过四十元，国人又安能与之敌耶？"[3]

这样看问题的不仅是中国学者，当时的外国学者渥却德（J. H. Orchard）也认为，"资本不足与商人怯于投资"[4] 为华商难以竞争主因之一。当时日

---

[1]《社论：论外商来华投资》，《银行周报》第32卷第10期，1948，第3页。

[2] 吴兆名：《中国民族工业之没落》，《中国建设（上海1930）》第13卷第4期，1936，第62~63页。

[3] 何廉：《我国今日之经济地位》，《方志月刊》第8卷第11~12期合期，1935，第20~21页。

[4] 禾：《论企业资金》，《企业周刊》第1卷第23期，1943，第5页。

本学者谷源田在《中国新工业之回顾与前瞻》中分析道："资金不足为中国目前工业之普遍困难，姑以纱厂而论，流动资金不足为促其衰落之一大原因。"①

有一些学者认为华商企业家没有经过西方企业家经历的历史过程（譬如经历文艺复兴、宗教改革以及工业革命的过程），没有在此种历史过程中铸炼出"一种勇武的精神，这是一种不安息的不疲倦的精神，这种精神已经深入到一切方面，在宗教上从事解放，在科学上从事阐扬，在技术上从事发明，在世界上从事发现"，是华商企业难以与外商竞争的重要因素之一。因此，"近代中国的企业精神……真可谓'先天不足，后天失调'，注定了它的坎坷命运"。"而中国有些工厂，或其他企业组织，往往首脑人物把他当成衙门，所以引进的人员，多半来自'血缘''地缘'的关系，如此不以事业为重的结果，何能免除松懈坍台的后果？"②

更多学者则认为，华商企业在资本规模、生产技术、企业组织与管理等各方面的劣势，导致它们难以应对外商的竞争。著名经济学家方显廷、陈振汉就持此观点："外国工厂工业，以其组织的完密，效率的高大，资本的雄厚，和方在萌芽的中国工业竞争……我们怎能匹敌呢？"③

新中国成立以后，国内学术界基本继承了 20 世纪上半叶以来的主流观点，绝大多数经济史学家将近代外国企业在华投资定性为经济侵略，多强调外商企业较华商企业拥有的有利条件，如易于获得资本、更高的资本密集程度、尖端技术、企业人才、管理效率以及政治与外交的特权等，以证明这种观点，并将其视为阻碍近代中国经济与华商企业发展的重要因素之一。④

① 禾：《论企业资金》，《企业周刊》第 1 卷第 23 期，1943，第 5 页。
② 简贯三：《名著选载：企业家与企业精神》，《台电励进月刊》第 1 卷第 3~4 期合刊，1947，第 20~21 页。
③ 方显廷、陈振汉：《中国工业现有困难的分析》，《江西教育旬刊》第 7 卷第 1 期，1933，第 48 页。
④ 吴承明：《中国资本主义与国内市场》，中国社会科学出版社，1985；许涤新、吴承明主编《中国资本主义发展史》第 2 卷，人民出版社，1990；郑友揆：《中国的对外贸易和工业发展（1840—1948）》，上海社会科学院出版社，1984；汪敬虞主编《中国近代经济史》，人民出版社，2000。

　　然而，21 世纪一些国外学者的研究，使近代中外企业竞争呈现的图景变得复杂——"先天不足，后天失调"并不意味着华商企业全无优势。侯继明（Hou Chi-ming）认为，尽管外商具有更多的资本、更高的资本密集程度、先进的技术、不受官方干涉等优势，但华商也独享某些优势，如企业有熟悉本地市场、受民族主义支持和企业易于转向等优点。[①] 帕金斯（Dwight Perkins）认为，虽然外商有资本成本较低的优势，但是这一优势被华商企业使用更为廉价的劳动力和更大的劳动力强度所抵消。[②]

　　美国学者高家龙（Sherman Cochran）的研究表明，简照南的南洋兄弟烟草公司一度可以与英美烟草公司在中国市场上互较长短。[③] 吉尔伯特·罗兹曼（Gilbert. Rozman）认为："外国企业家在现代技术、信贷以及对国际市场行情的掌握方面，优于中国企业家，但中国企业家在雇佣劳动力、获得本地产销信息方面同样也优于外国企业家。中外企业家究竟谁最有优势，实际上要取决于变幻莫测的市场情况。"[④]

　　进入 21 世纪，国内外学者对近代华商企业竞争力的塑造及其原因有了进一步的考察，发现华商企业在制度方面的快速学习能力，让它们具备了更强的竞争力。陈计尧（Kai Yiu Chan）对大中华火柴（股份有限）公司的创始人、总经理刘鸿生进行了研究，认为采用西方企业科层制管理制度，是刘鸿生不断扩张其资本集团、与外商开展有效竞争的重要原因。[⑤] 高家龙选取了美商美孚石油公司、英美烟草公司，日商三井公司、内外棉

---

① Hou Chi-ming, *Foreign Investment and Economic Development in China*, 1840-1937, Harvard University Press, 1965, p. 154. 转引自杨德才《近代外国在华投资：规模与效应分析》，《经济学（季刊）》2007 年第 3 期。

② Perkins, D. H., *China's Modern Economy in Historical Perspective. Stanford University Press*, 1975. p. 45. 转引自杨德才《近代外国在华投资：规模与效应分析》，《经济学（季刊）》2007 年第 3 期。

③ Cochran, S., *Big Business in China: Sino-Foreign Rivalry in the Cigrette Industry*, 1890-1930, Harvard University Press, 1980.

④ 〔美〕吉尔伯特·罗兹曼主编《中国的现代化》，国家社会科学基金"比较现代化"课题组译，江苏人民出版社，1988，第 423 页。

⑤ Chan, K. Y., "*A Turning Point in China's Comprador System: KMA's Changing Marketing Structure in the Lower Yangzi Region*, 1912-25," *Business History*, 2001, 43: 51-72.

纺织公司、中国申新纱厂和大中华火柴股份有限公司六家企业，对它们的竞争力情况以及背后的原因做了分析，认为将西方企业采用的"清晰的部门界限、明确的权限划分、详尽的报告机制和正规的报告程序"科层制管理制度与中国固有的熟人社会网络相结合，是中国申新纱厂和大中华火柴股份有限公司拥有强大竞争力的关键所在。①

　　同时，中国学者对近代华商企业竞争活力及"塑造竞争活力的"原因也进行了重新审视与评价。杨德才通过对近代外国在华投资的规模、利润率以及外国投资与日俱增背景下华商企业成长、发展情况的分析，发现近代外国在华直接投资的正向效应是非常明显的，不仅没有成为华商企业发展的阻碍，而且还刺激并促进了华商企业的成长与发展，而华商企业的竞争力有部分是受益于外商企业带来的示范效应与竞争效应。② 刘志成、吴能全通过对近代华商企业家的行为的归纳，认为企业家的宏伟梦想、机会警觉和创新行动是近代华商企业富有活力与适应性的重要原因。③

　　从个案着眼者也有之，赵津、李健英认为，外商的技术封锁，迫使华商企业永利制碱公司不得不模仿与创新新技术，这是永利制碱公司在与英商企业卜内门洋碱有限公司竞争中取胜的关键，其中企业家范旭东在推动制碱技术创新方面起着决定性作用。④ 高展以天津为例，对华商企业应对外商竞争采取的手段进行了梳理，他认为树立竞争意识、重视产品质量、积极开展多样的产品宣传活动和增强商标意识等方式，是华商企业在激烈的市场竞争中胜出的重要原因。⑤

---

① Cochran, S., *Encountering Chinese Networks: Western, Japanese, and Chinese Corporations in China*, 1880-1937, *Universit of California Press*, 2000.

② 杨德才：《近代外国在华投资：规模与效应分析》，《经济学（季刊）》2007 年第 3 期。

③ 刘志成、吴能全：《中国企业家行为过程研究——来自近代中国企业家的考察》，《管理世界》2012 年第 6 期。

④ 赵津、李健英：《从模仿到创新：范旭东企业集团技术发展模式分析》，《中国经济史研究》2007 年第 3 期。

⑤ 高展：《试析近代中国企业面对市场竞争的对策——以天津为例》，《江西社会科学》2011 年第 1 期。

（二）不只是"利权"与"齐价"之辨

学界关注的另一大焦点，是中外企业竞争方式与历史作用。20 世纪 90 年代以后，中国学者对近代中外企业竞争有了新的进展，但较多地集中于近代中外企业竞争方式与历史作用的考察。李宝民认为近代中外轮船企业间的竞争是历史的主流，对华商航运公司而言，挽回利权才是真正的目的，以"齐价"为主要内容的妥协只是竞争的手段之一。[①]

樊卫国认为由于近代中国民族工业绝大多数属于"进口替代"工业，从起步开始，华商企业就面临着外国商品与外商的激烈竞争。作者认为经过竞争之后，华商企业的市场得到了一定的扩展，促进了企业发展，但其局限性也非常明显，尤其在拓展海外市场方面，辐射力极弱，仅局限于南洋诸国。[②]

贺水金对华商企业与外商企业在中国市场上开展的三种类型的竞争做了总结。作者认为中外企业在市场机制导向下在资金、技术、人才与产品等方面的竞争是公平性竞争，而在税收与厘金方面则是不公平的竞争；以价格、服务为主要内容的竞争是正当竞争，而以倾销、寻租为主要内容的竞争是不正当竞争；在银行业、棉纺织业、火柴业、卷烟业等行业的竞争是充分的，在机器制造业、面粉业、船舶修造业、进出口业、远洋运输业、公用事业等行业的竞争则是不充分的。[③]

学术界对关于近代中外企业间竞争的研究，主要集中于航运、火柴、水泥、化工、蛋品等工业部门。贺水金以轮船运输业和火柴业为例，分析了近代中外企业由竞争走向联合的过程，作者认为轮船运输业是单个华商企业与外商的竞争和联合，而火柴业则是华商企业群体与外商的竞争和联

---

① 李宝民：《近代民族航运企业与外国在华航运企业的关系》，《学海》1997 年第 6 期。
② 樊卫国：《近代上海的市场竞争与工业企业的生存发展》，《档案与史学》1998 年第 3 期。
③ 贺水金：《论近代中外资企业间的竞争类型与方式》，《史林》2000 年第 2 期。

合，它们代表了两种不同的竞合类型。① 陶莉对华中地区火柴业中的中外企业竞争和合谋做了研究，作者做了三个方面的主要工作：首先，对华中地区火柴业中企业开展的价格与非价格竞争做了史料梳理；其次，对中外火柴公司在华中地区实施的以统一销售价格为主要内容的联合销售给予了简要论述；最后，对中外火柴公司联合销售缺乏稳定性的原因做了简要分析。②

卢征良以 20 世纪二三十年代的水泥业为例，对启新洋灰、华商水泥和中国水泥等几家华商企业开展的以互相诋毁彼此信誉和削价出售为主要内容的市场竞争，以及以划分销售区域、销售比例、协定售价与共同管理为主要内容和抵制外商倾销为目的的联合营业做了研究。同时，对中国水泥业联合营业的时代局限性、组织松散性的原因及其对产业发展的积极作用做了考察。③

李娟、赵津基于博弈论的视角，对近代中国碱业市场的发展和演变做了研究。作者认为，在近代中国碱业市场，华商企业永利制碱公司出其不意地借力日本市场，获得了与垄断中国市场的英商卜内门洋碱有限公司谈判的资格。经过曲折的斗争和艰难的谈判，最终取得了销售的主动权。此后，永利制碱公司与卜内门洋碱有限公司商讨市场合作的方式，通过划分市场份额的方式达到双赢的目的。④

学界还从一系列小切口观察近代中外资企业竞争。秦其文从广告促销的角度，对英美烟草公司和南洋兄弟烟草公司重视利用广告宣传手段以争夺中国市场的竞争做了简要分析与介绍。⑤ 王强认为，作为非正规制度的

① 贺水金：《从竞争走向联合：近代中外资企业相互关系透视》，《上海社会科学院学术季刊》1999 年第 2 期。

② 陶莉：《华中地区火柴工业的市场结构分析：1930—1936》，《上海财经大学学报》2005 年第 3 期。

③ 卢征良：《从"市场垄断"到"经济自卫"：近代中国水泥业同业联营问题浅探》，《中国社会经济史研究》2011 年第 2 期。

④ 李娟、赵津：《近代中国碱业市场的博弈分析》，《社科纵横》2018 年第 7 期。

⑤ 秦其文：《近代中外卷烟企业间的广告竞争——以英美烟公司和南洋兄弟烟草公司为例》，《怀化学院学报》2006 年第 1 期。

社会关系网络发挥重要作用是近代中国商业市场的一个重要特征。外商通过雇用、保证、利益捆绑等制度约束的方式，将中国社会关系网络与西方式的公司等级制度相结合，实现对中国本土社会关系网络的控制及效益最大化。中国本土社会关系网络的嵌入与应用是外商在华经营活动本土化的重要表现，也是外商渗透并进而控制近代中国相关行业市场的重要手段。[1]

（三）欠衔接的环节与待填充的留白

学界对近代中外商企业竞争的观察与诠释，大大丰富了近代企业史研究的图景，也构成了我们研究的重要基础。不过，其中尚有一些欠衔接的环节和待填补的留白。

第一，重史料编裁分析，轻理论对话。

熊彼特认为，要认识经济历史过程，要有历史、理论、统计这三个维度的分析。从已有研究来看，学术界多运用史料文献分析法研究近代中外企业间的竞争关系。无疑，史料分析法是我们厘清历史事件和把握历史本质的主要分析方法；对史料的搜集、整理与解读是我们进行历史研究的基础与前提。然而，仅使用史料分析法研究近代中外企业间的竞争关系是远远不够的，还需要将史料与经济理论分析结合起来，在史料解读的基础上，将经济学相关理论尤其是产业组织理论运用于近代中外企业竞争的分析之中。因此，在本书中，我们决定在必要的地方，将不吝惜笔墨并且冒着流于枯燥的风险，用理论化的方式来完成我们的叙述。

当然，我们在加强经济理论分析的同时，也会重视将理论分析建立在坚实的史料分析基础上，避免理论分析过于抽象，以至于不能很好地解释甚至扭曲对近代中外企业竞争问题。

第二，史料利用的跟进滞后，导致研究同质化倾向严重。

---

[1] 王强：《非正规制度的嵌入与应用——本土关系网络与近代外国在华企业经营》，《江苏社会科学》2012年第5期。

现有论著所关注的市场，以中国国内及周边国家市场居多；研究的行业，主要是水泥、卷烟、化工、航运等少数几个行业；研究的内容主要集中在中外企业间的削价竞销、争夺市场份额和互相妥协等几个方面。导致研究同质化的原因，主要是新史料的挖掘与运用不足。

学界对近代中文报刊资料的运用较为熟练，而对中外企业档案资料的使用尚不多，对外商企业档案史料的运用更为鲜见。随着相关档案的逐渐开放，关于中外企业间竞争的史料，逐渐为人触及，挖掘和利用这些史料，也是目前近代企业史研究的应有之义。

第三，有关国际市场上竞争的研究领域相对荒芜。

近代中国被纳入资本主义市场范畴，成为资本主义国家重要的原料采购、工业品倾销和资本投资市场。但这并不意味着中外企业间竞争仅限于中国市场。尤其在 20 世纪二三十年代，在纯碱、蛋品等产品销售方面，华商企业与外商企业在国际市场上展开了激烈的竞争。延续华商企业"先天不足，后天失调"的总体认识，以往研究往往至多关注国内市场中值得称道的华商企业，学术讨论的语境和范式，不足以收纳那些成功"出海"、在国际市场上赢得一席之地的个案。这些个案数量虽不多，但其分量不容轻视。

第四，对近代华商企业竞争活力的重新审视仍显不足。

如前所述，20 世纪中叶之后，国内外学者越来越多的个案研究表明，以往中国学者对近代华商企业的竞争活力有低估之虞。当此类证据日益增多、直到任何人都无法继续认为近代华商企业在与外商的竞争中总是羸弱不堪时，我们对近代华商企业的竞争活力到底如何这个问题，就需要进行重新审视与评价了。

这种重新审视和评价工作，要求我们思考以下若干问题——

近代华商企业的竞争活力究竟达到怎样的水平？

近代华商企业的竞争活力又是如何塑造的，竞争活力源自什么？

近代华商企业与外商企业之间的竞合互动达到怎样的强度、广度与深度？

如何看待近代华商企业与外商企业之间的竞争关系？

外商企业在近代中国经济发展与华商企业成长和变迁中扮演着怎样的角色，起到怎样的历史作用？

……

这些问题连接着历史与现实，可以说只要存在企业这种经济组织、存在国界和市场，它们就具有长久的学术价值和现实意义。

当前中国企业面临着多种多样的竞争和挑战。本书对近代华商企业如何塑造竞争活力的方式、方法的历史经验进行总结，对外商企业在近代中国经济发展、华商企业成长和变迁中扮演的角色与起到的历史作用进行重新审视与评价，不仅可为当前中国企业塑造竞争活力、更好地参与国际竞争提供镜鉴，还可以为当前中国如何更好地引导外商发挥积极作用提供历史智慧。我们努力捕捉了近代中国企业史上的惊鸿一瞥，希望这个案例能够提供一些来自历史深处的启迪。

二　茂昌公司的跨国竞争

本书提供了一个发生在冰蛋工业之中的、以欧洲为主要销售市场、以欧美跨国公司为主要竞争对手的华商企业发展历史的案例。中国冰蛋工业始于20世纪第二个十年，因其产品品质好，大受海外市场的欢迎。英商和记洋行、怡和洋行、培林洋行，美商班达洋行、海宁洋行等外国跨国公司纷纷在华投资设厂从事冰蛋生产，并大获其利。凭借着对冰蛋技术的掌握、冷藏运输船舶的控制与海外市场的独占，外商垄断了中国冰蛋工业与出口贸易。

受外商冰蛋企业的示范作用与厚利可图的刺激，1923年上海八大华商蛋行（均为宁波籍商人开设）联合成立了茂昌公司，从事冰蛋生产与出口业务，试图打破外商企业垄断中国蛋品出口的局面。为了垄断冰蛋生产与出口业务，外商冰蛋企业联合起来挤压茂昌公司。在具有国际化视野、勇于创新、敢为天下先的企业家郑源兴的主持下，在利用外人为我服务的理念下，茂昌公司以充分信任和尊重为基础，高薪、高提成与高股份占比并重，聘用外籍人士主持生产、企业管理、市场营销等，并充分调动其积极性，使企业解决了冰蛋的生产技术、冷藏运输与海外市场开拓等难题，同时充分利用固有的商业网络和本土的人和、地利优势，在中国鸡蛋收购市场上，构建了一个强大的鲜蛋收购网络，在与外商冰蛋企业的鲜蛋争购中占尽优势。经过六七年的努力，茂昌公司成为中外同业中最具实力的冰蛋企业之一。茂昌公司的巨大成功在中国近代对外贸易和工业方面具有重大的历史意义。

首先，茂昌公司积极探索与践行直接对外贸易并取得了成功。受种种因素的制约，特别是与海外市场联系的缺乏，间接贸易成为中国近代对外贸易的主要方式。在此贸易方式下，近代中国绝大部分进出口商品必须要经过洋行之手，凭借垄断进出口贸易权，它们操纵与把持着近代中国对外贸易，并操控市场价格以攫掠最大化利益。外商的居间贸易及对利益的最大攫掠，极大地压缩了华商的获利空间，甚至遭受沉重损失。绕开外商进行直接对外贸易，一度成为国人的梦想。

尽管在 20 世纪初，经营对外贸易的华商进出口行就开始出现，但是这些华商进出口行"在规模庞大、历史悠久并拥有在华特权的外商洋行控制下，只能游移于洋行经营的空隙之间。经营的商品大多数是一般大洋行所不重视的零星杂项商品。国外交易的客户一般也都是中小厂商……那些插手经营洋行垄断商品的西洋庄（指华商进出口商行——引者注），大多数都遭到洋行的打击，得不到发展，甚至破产……到抗日战争前夕，上海华商进出口商虽然有一定的发展，但在上海国际贸易行业中所占地位仍然是微不足道的"。[1] 阻碍华商进出口行发展的重要因素之一，就是外商对其业务发展的打压，"能够摆脱洋行控制，闯出一个局面也是极其个别的"。[2]

[1]　上海社会科学院经济研究所、上海市国际贸易学会学术委员会编著《上海对外贸易（1840—1949）》上册，上海社会科学院出版社，1989，第203~204页。
[2]　上海社会科学院经济研究所、上海市国际贸易学会学术委员会编著《上海对外贸易（1840—1949）》上册，上海社会科学院出版社，1989，第239页。

　　茂昌公司成立之后，在利雇用外人为我服务的理念下，不仅成功解决了制冷技术、冷藏运输船舶等难题，还在外籍高管的大力协助下，成功解决了国外市场难以开拓的难题，构建了一个以自己子公司——伦敦海昌公司为核心，以世界工业冷藏食品巨头美商斯威夫特公司、阿穆尔公司、英商洛士利洋行为主要代理商，覆盖美国、英国、德国、法国、意大利、西班牙、澳大利亚、日本、菲律宾等当时主要蛋品消费国的庞大且高效的国际市场销售网络。此举不仅挫败了外商的联合打压，而且在短短几年内迅速成长为中外同业中最具实力的企业之一，成为能够摆脱外商控制、闯出一个局面的"另类的"华商企业，成为引领近代中国蛋品工业与对外贸易发展的关键力量。

　　其次，茂昌公司成为国际冰蛋市场规则的制定者之一。茂昌公司与外商的竞争让人最为惊异的成就，就在于其利用外商冰蛋企业的利益冲突，合纵连横，说服外商冰蛋企业成立统购统销的垄断组织。20世纪三四十年代，茂昌公司与外商冰蛋企业一起先后在欧洲市场和英国市场上秘密组织实施了国际冰蛋卡特尔与联合销售辛迪加。通过这两个垄断联盟，茂昌公司不仅与外商冰蛋企业一起控制着欧洲与英国市场上的冰蛋销售，而且在这两个联盟中扮演着领导者的角色，在冰蛋销售与鲜蛋收购价格的决定、产量份额的分配以及其他交易规则制定等方面发挥着非常重要作用，成为国际冰蛋市场交易规则的主要制定者之一。通过与外商冰蛋企业的合谋，茂昌公司不仅实现了自保，还借此机会推动了中国冷藏蛋品工业与蛋业的发展。茂昌公司取得的这一成就，在近代华商企业与外商的竞争与互动中，是极为罕见的。

　　最后，茂昌公司在与外商补蛋企业的跨国竞争中可谓取得了"完胜"。近代华商企业与外商竞争，在中国国内市场是极为普遍的，但是能够在欧洲市场上与外商一较高下的例子十分鲜见。

　　茂昌公司在与外商冰蛋企业的跨国竞争中，不仅在国内市场的鲜蛋争购中占尽优势，而且成功打开欧美市场；不仅粉碎了外商冰蛋企业的联合打压，还最终迫使外商冰蛋企业接纳其成为欧美企业集团中的一员，并在该集团中扮演领导者的角色。在 20 世纪三四十年代的垄断联盟中，在收购鲜蛋与销售冰蛋方面，茂昌公司与和记洋行都拥有"投出决定票（Casting Voting）的权利"。从这一成就而言，茂昌公司在与外商冰蛋企业竞争中可谓取得了"完胜"。这也是在其他华商企业与外商竞争中极为少见的。

三　茂昌公司研究的价值与意义

茂昌公司取得的巨大成功表明，华商企业不仅在中国本土市场上可以展示出强大的市场竞争力与适应性，在国际市场上同样可以展示出强大的竞争活力。从茂昌公司与外商冰蛋企业在 20 世纪 20 年代中外市场上的竞争，到双方于 20 世纪三四十年代先后组建国际冰蛋卡特尔和联合销售辛迪加，可以看出华商企业茂昌公司充分利用本土的地利与人和的优势以及利用西方的技术、人才、市场和企业管理制度最终突破外商冰蛋企业的联合挤压与围堵，并在与外商冰蛋企业的市场合谋中，拥有贸易规则制定权与话语权，成功引导了近代中国冰蛋工业和蛋品贸易发展走向。

学界对闯出一个新局面的"另类的"的华商国际性大企业茂昌公司在近代中国蛋品贸易中的活动给予了一定程度的关注。中国台湾学者张宁对茂昌公司于两次世界大战期间在国内外市场上与以南京和记洋行为代表的外商冰蛋企业进行原料竞购和产品推销的竞争过程做了很好的论述。[1] 接着，张宁对茂昌公司进行的纵向一体化和业务多元化的经营管理进行了深入研究，认为华商企业具有惊人的活力和适应性。[2] 朱翔对南京和记洋行与茂昌公司在全国各地竞购鸡蛋的方式做过简要的论述。[3] 张跃、闻文对

---

[1] 张宁：《跨国公司与中国民族资本企业的互动：以两次世界大战之间在华冷冻蛋品工业的发展为例》，《"中研院"近代史研究所集刊》第 37 期，2002，第 187~224 页。

[2] N. J., "Vertical Integration, Business Diversification, and Firm Architecture: The Case of the China Egg Produce Company in Shanghai", 1923-1950, *Enterprise and Society*, 2005, 6 (3): 419-451.

[3] 朱翔：《南京英商和记洋行研究》，南京师范大学博士学位论文，2013，第 21~47 页。

茂昌公司成功开拓海外市场的过程做过简要的论述。[①] 孙善根、张跃、周建波对世界经济大危机时期及 1936～1939 年茂昌公司与外资企业在国内外市场上实施的冰蛋卡特尔和辛迪加难以稳定的深层次原因进行了深入分析。[②]

学界对茂昌公司这一重要华商企业的研究已达到了较为深入的阶段。不过，对茂昌公司与外商冰蛋企业之间的竞争还有许多值得进一步深入思考的问题。例如，我们对茂昌公司高薪聘请"外人"来获取生产技术、企业管理经验、国际运输能力、海外销售市场的历史意义该有怎样的解读？换句话说，我们如何看待国际市场上人才、技术与资本的跨国界流动？是什么力量使这些生产要素实现优化配置的？为了在国内市场上争购到尽可能多的质高价廉的新鲜鸡蛋，茂昌公司对原有的鲜蛋收购商业网络进行了重构，其采取的策略是如何构建自身优势的？又是如何转化为效率优势的，内在机制与逻辑依据是什么？为了垄断欧洲市场和英国市场上的冷冻蛋品销售，茂昌公司和外资蛋品企业一起先后组织了国际冰蛋卡特尔与联合销售辛迪加，这两个垄断联盟的协议及其运行机制是什么？为何这两个垄断联盟难以持久有效？外商企业在近代中国经济发展中究竟起着怎样的历史作用，又在华商企业成长中扮演怎样的角色？对茂昌公司取得成功的原因进行总结，不仅有助于重新审视与评价近代华商企业的竞争活力，同时对我们理解近代中外商企业竞争的经济内涵、垄断组织的运行机制都具有较强的理论价值。因此，对此案例进行深入研究，不仅具有重要的学术价值，还有较强的现实意义。

第一，对茂昌公司与外商冰蛋企业之间的竞争与互动进行深入研究，不仅将近代中外企业竞争场所的研究由国内市场拓展至海外市场，还拓展

———

① 张跃、闻文：《近代华资企业直接对外贸易的探索与践行——以 20 世纪 20 年代茂昌蛋品公司为例》，《宁波大学学报（人文社科版）》2021 年第 6 期。

② 孙善根、张跃：《全球化背景下国际卡特尔为何难以持久？——基于 1930—1933 年国际冰蛋卡特尔的研究》，《复旦学报（社会科学版）》2022 年第 4 期。

张跃、周建波：《全球背景下国际辛迪加为何难以持久？——基于 1936—1939 年国际冰蛋辛迪加的研究》，《中国经济史评论》2023 年第 2 辑。

了近代中外商企业竞争的新领域。如前文所言，现有文献对近代中外企业竞争与互动的研究，多集中于中国本土及周边国家市场，对它们在欧美市场上的跨国界的竞争与互动鲜有涉及。本书通过对中外冰蛋企业在中国国内市场争购鲜蛋以及在欧美市场上竞争与合作销售产品的方式、策略与效应的研究，不仅将关于中外企业竞争的研究从囿于中国本土市场拓展至国际市场，而且将国内市场与国际市场之间的联动关系充分体现出来。这一工作不仅有助于补充近代中外企业在国际市场上竞争研究的不足，还为近代中外企业竞争研究提供了一个新的研究领域——冰蛋工业，这一工业在以往的学术研究中鲜有涉及。因此，具有重要的学术价值。

第二，对茂昌公司利用外人为我服务的用人策略进行经验总结，可为当下中国企业优化配置国际资本、技术，特别是人才资源提供历史经验。为了解决生产与制冷技术、对外交涉和海外市场销售等问题，茂昌公司大胆聘用外籍高管，效果极佳。为了解决技术和对外交涉问题，茂昌公司高薪聘用美国制冷专家卡尔登，聘用英国人潘国祺沟通外交事务，二人很好地完成了任务。为了打开海外市场，聘用英籍商管葛林夏在伦敦组建销售机构海昌公司，委托美国食品冷藏工业巨头斯威夫特公司、英国洛士利洋行等外国公司作为其销售代理。由此，茂昌公司构建了自己的国际销售网络，成功打开了欧洲市场，同时对中国既有的商业网络实施改造，满足了与外商在中国国内争抢原料的需要。

第三，当今世界正处于全球化体系发生变革之际，中国企业如何更好地参与国际竞争，如何在激烈的国际竞争中拥有话语权，既是一个亟待深入探讨的理论问题，更是一个实践性强的重大问题。本书对茂昌公司在国内外市场与外商竞争中采取的有效的策略与措施，以及茂昌公司在与外商冰蛋企业组建市场垄断联盟和制定贸易规则过程中发挥的重要作用，给予了深入研究。未来中国企业的出口与出海，将在更加复杂多变的国际环境中进行。因此，对茂昌公司取得的成功经验进行总结，可为当前我国企业在国内外市场上塑造竞争优势以及提升在国际市场上的话语权提供历史经验借鉴，因此具有较强的现实意义。

上篇
突围（1923～1930）

第一章　世界市场与中国蛋品出口

老祖母看来只有二十一岁，
年青人享以午餐，饮以美酒，
人们告诉我，她的秘密食物是
中国的冰蛋。

美食者像神仙似的吃着，
你会看到他最好不过的菜，
若非冰岛的冻鳕？
就是中国的冰蛋。

什么东西能使不高兴的矿工们多干一些活呢？
不是沐浴，不是香烟，不是衣服，
而是中国的冰蛋。

什么东西能使女郎的身裁（材）苗条，
让她的衣裙的设计者的兴趣更高呢？
不是运动，而是中国的冰蛋。

在早餐时，
什么东西能解除那大洋上旅行者

夜间的恶（噩）梦？

是他在菜单上看到

Oenfe Chinese——中国鸡蛋。

什么东西使一个作家如此倜傥？

因为他是一个"超等哲人"？

因为他是一个"贱价文士"？

还是因为他吃了干熏鲑鱼？

全都不是。

是中国的冰蛋。

——发表在 1947 年 4 月 10 日英国《每日快报》上的一首对中国冰蛋的赞美诗①

一　时人对鸡蛋价值与用途的认识

"从远古开始，人类就无比痴迷于蛋的完美对称性、美丽的外观、实用价值以及玄妙的象征意义。它象征着时间的起始、生命的源头，也象征着智慧、力量、活力、繁衍、死亡和耶稣的轮回转世。这些象征意义与'世界和人类诞生于蛋'的创世神话一起，均可由一句拉丁谚语来概括——*omne vivum ec ovo*（万物皆生于蛋）。相传，世界万物起源于一个漂浮在水上的蛋。"② 由此足见蛋对人类文明的重要性。"蛋"一词含义甚广，包括各种飞禽与家禽之蛋。本书所讨论的主要是鸡蛋，其他蛋不涉及。20世纪人们对鸡蛋已经有了较深的认识，并从多方面进行使用，也开发出不少鸡蛋制品。

---

① 参见廖中一、吕万和、杨思慎等编《天津和记洋行史料》，载天津社会科学院历史研究所编《天津历史资料》第 6 期，1980，第 4~5 页。

② 〔英〕Diane Toops：《全球蛋史》，王鑫源等译，中国农业大学出版社，2019，第 1 页。

（一）鸡蛋的成分[①]

鸡蛋，向为世界各国人们所喜爱，或被作为食材用于美味佳肴的烹饪，或被用来滋补身体。自 19 世纪下半叶开始，欧美各国人民所食鸡蛋日益增多。同时，鸡蛋及其制品被应用于众多工业部门之中，这是因为鸡蛋中有多种营养元素和工业所需的物质。

水分：鸡蛋所含水分比一般动植物多，但是对于其用途并没有多大增益。

矿物质：鸡蛋中有磷、铁、硫、钙等数种元素，其中钙、铁、磷等含量较高且极易为人体吸收。

蛋白质：蛋白质是鸡蛋的主要成分，功用最大，大部分蕴含于蛋白之中。蛋黄所含的蛋白质不多，但质量较佳。蛋白质由人体需要的各种氨基酸组成，为骨骼生长所必需。

脂肪：鸡蛋中脂肪虽不丰富，但能满足人体所需。

维生素：鸡蛋内所含的维生素有三种。一为维生素 A，鸡蛋中含量最多。二为维生素 B，有防止脚气病的功能。三为维生素 D，有防止小孩软骨病的功用。另外还有维生素 C、维生素 E，但含量较少。

就鸡蛋可用部分而言，水分所占成分为 73.7%，蛋白质所占比重为 13.4%，脂肪所占比重为 10.5%，矿物质、维生素等其他成分所占比重为 2.4%。全蛋各部分中蛋壳、蛋黄、蛋白分别占总重量的 11%、32% 和 57%。每枚鸡蛋的重量为一两（指中国的市两）至二两，重二两的蛋可产生 70 卡路里的热量。

（二）蛋制品的制法

鸡蛋含有的营养成分很高，以其作为原料的蛋制品也较多，当时的蛋

---

① 范师任：《中国之蛋业》，《社会杂志（上海 1931）》第 1 卷第 5 期，1931，第 1~2 页。

制品大致可以分为湿蛋、干蛋品和冰蛋三大类。

1. 湿蛋①

湿蛋分为湿蛋白、湿蛋黄、湿咸蛋黄、蛋液等多种产品。

（1）湿蛋白：以 1.5%~2%硼酸与蛋白混合即成，每千枚鲜蛋约可制成湿蛋白 43 磅②。

（2）湿蛋黄：先将蛋黄充分调匀，然后以 1.5%~2%硼酸混入。此种湿蛋黄约含水分48%~53%，含脂肪 20%~33%。如果制法完美，可以贮藏 6~12 个月，其味不变，即使在炎热的夏天也不会腐败，此物在英国销行最盛。

（3）湿咸蛋黄：先将蛋黄充分搅匀，然后加入盐即成，主要用于制造皮革，多运销德国。

（4）蛋液：将蛋白及蛋黄充分调匀后，于蛋液中加入 2%硼酸即成。此物可以保持鸡蛋鲜味 6 个月不变，每千枚鲜蛋约可制成蛋液 73 磅。

2. 干蛋品③

干蛋品分为干蛋白、干蛋黄、机制干蛋黄、蛋黄片、干蛋粉、机制干蛋粉、干蛋块等若干品类。

（1）干蛋白：以阿母尼亚少许与蛋白相混合，约置一两日，待其发酵，然后用热将其烘干成一种淡黄色的透明物质，以备制饼干及别种食粮之用，每千枚鲜蛋（约重 90 磅）可制成干蛋白六磅半，此物大多运销美国。

（2）干蛋黄：此种干蛋黄状如黄色之细粉，制时先将蛋黄置于浅锅内烧之，待其干后，用臼磨之即成，其中水分占 2%，脂肪占 6%，每千枚鲜蛋约可制成干蛋黄 14.5 磅。

（3）机制干蛋黄：此种干蛋黄是用机器收干水分，容易融化，可以用来制作饼干及各种点心，大半输往美国销售。

---

① 既明：《调查：汉口之蛋行与蛋厂》，《银行杂志》第 2 卷第 17 期，1925，第 5~6 页。
② 1 磅约等于 453.59 克。
③ 既明：《调查：汉口之蛋行与蛋厂》，《银行杂志》第 2 卷第 17 期，1925，第 5~6 页。

（4）蛋黄片：此种产品含有水分5%~10%，极易融化，故价格比机制干蛋黄昂贵。

（5）干蛋粉：将蛋壳去掉后，以蛋白及蛋黄置于浅锅内烧之，收干即成，每千枚鲜蛋约可制成干蛋粉21磅。

（6）机制干蛋粉：用机器将蛋白及蛋黄烘干而成。因为易于腐坏，所以销售不广。

（7）干蛋块：用特别方法将蛋白及蛋黄烘干成块状就是干蛋块，它比干蛋粉更容易融化，也容易腐坏。

3. 冰蛋

冰蛋，也称冷冻蛋，是一种用冷冻技术加工而成的蛋制品。按照蛋白、蛋黄分离与否，冰蛋分为冰蛋白、冰蛋黄、冰全蛋三类。所谓的冰蛋白与冰蛋黄，就是将蛋白、蛋黄分离，分别将蛋白、蛋黄置于大桶内，搅拌均匀以后，将蛋液倒入用石蜡处理过的罐子里，然后将罐子置于冷冻室里冷冻到零下32摄氏度，直到蛋液凝固成冰块状。接着将冷冻后的冰蛋储存在零下10摄氏度的冷冻室里等待装船出口。冰全蛋就是蛋白、蛋黄不分离（也称"打全蛋"），制作方法和冰蛋白、冰蛋黄相同。[①]

（三）餐桌上的佳肴和工厂里的原料

鸡蛋及其制品的用途非常广泛，包括食用、工业用、药品用和传种用。

鸡蛋是很多菜肴的重要原料。自古以来，中国人就非常喜爱食用鸡蛋，人们常用它代替肉类，用以制作各种美味佳肴。从19世纪下半叶开始，食用鸡蛋之风在欧美国家兴盛起来。鸡蛋是煎蛋卷、煎蛋饼、奶酪、冰淇淋、蛋奶、蛋糕、饼干等多种食品的关键原料。明治时代之后，原

---

① Bruce Hopper, China's Plants for Freezing Eggs are in Hands of Foreigners Who Have Sanitary Experts to Control Factories, *The China Press*, July 31, 1921, p. 4.

本很少吃鸡蛋的日本民众对营养价值很高的鸡肉与鸡蛋的需求也日益增多。[①]

为了寻求鸡蛋的新用途，食品行业不断开发更简便的鸡蛋加工形式，用于商业、食品服务业和家庭消费。品类众多的湿蛋、干蛋品和冰蛋都被开发出来，以适用于不同的需求。蛋白粉被欧美人视为小儿的重要滋养品，如果婴儿患有消化不良、不能饮用牛奶时，就用蛋白粉代替牛奶。19 世纪末，"德国格致家以乳粉为幼孩卫生之最要品，欲研究制蛋粉之方法以步厥后尘"。[②] 蛋白粉、饼干等食品是战争时期军队的重要军需品。在普法战争中，交战各方为供给军队而大量生产以鸡蛋为原料的饼干。[③] 总之，作为一种营养丰富的食品，蛋制品被用于面包、饼干、发酵粉、糖果、冰淇淋等产品的生产。欧美消费较多的蛋黄粉，也是点心制作的重要原料。

19 世纪下半叶，伴随着第二次工业革命的深入，许多新的工业部门兴起，鸡蛋及蛋制品的用途也日益广泛。例如，蛋白粉是化妆品、药品、胶卷、象牙工艺品、橡皮手套、印染品、皮革等产品制作的原料或辅料。蛋黄粉也是皮革、染色剂、防腐剂等产品的原料或辅料。在医药上，蛋制品更有特别的功用，从蛋黄粉中提取的蛋黄素，可用来戒鸦片。碎蛋混合玻璃粉，可以用来修补破碎的瓷器。蛋黄可用来制作肥皂，蛋黄油可用于油画及制作手套等，蛋白可用来制作有光泽的漆，给革上光。坏蛋可用来制造肥料。植物纤维与蛋液混合后，可用来制造胶水、墨水、胶卷等。总之，"蛋在工业上为用至广"。[④]

蛋品的广泛用途使市场需求旺盛，也刺激了养鸡业在世界各地的发展，世界蛋品市场也因之形成。

---

① 〔日〕长尾秋雄：《养鸡》，《东光》第 2 卷第 3 期，1943，第 22 页。

② 《格致琐谈：制蛋粉之法》，《万国商业月报》第 14 期，1909，第 54 页。

③ 《饼干的来历》，《时代新星》第 3 期，1944，第 6 页。

④ 实业部工商访问局：《调查：蛋及蛋制品》，《工商半月刊》第 3 卷第 22 期，1931，第 14 页。

二 世界蛋品市场的供需格局

自 19 世纪下半叶开始，由于人们生活水平不断提高和冷藏、食品、化工、药品等工业部门的兴起，美国的华盛顿、纽约，英国的伦敦、利物浦、格拉斯哥，德国的柏林、汉堡、法兰克福，法国的巴黎、马赛，意大利的罗马，西班牙的巴塞罗那、马德里，丹麦的哥本哈根，荷兰的阿姆斯特丹，成为世界蛋品（为了行文方便，本书以下所称的"蛋品"是鸡蛋和鸡蛋制品的合称）的消费和交易中心。随着世界各国对蛋品需求的不断增长，很多适合家禽饲养的国家也越来越重视本国养鸡业的发展，丹麦、卢森堡、比利时、荷兰、俄国、美国、波兰等国成为蛋品主要输出国。

（一）蛋品的重要市场

19 世纪下半叶至 20 世纪上半叶，英国和德国是世界上两个最主要的蛋品消费国。在很多时候，它们消费了世界各国出口蛋品的半数以上。英国和德国在世界蛋品进口国中的地位，从表 1-1 中可窥一斑。

表 1-1 英、德两国蛋品进口量占世界各国进口总量的比重

单位：%

国家	1909~1913 年平均	1923 年	1924 年	1925 年	1926 年	1927 年
英国	30	57	45	41	42	41
德国	34	1	22	33	32	33
合计	64	58	67	74	74	74

数据来源：秦秉中：《译述：世界蛋之贸易概况（续）》，《国立中央大学农学院旬刊》第 33 期，1929，第 5 页。

1909~1913 年，德国每年平均进口的蛋品量占世界各国进口总量的 34%。第一次世界大战期间，因为经济封锁的缘故，德国从世界各地进口

蛋品的数量大减。战争结束后的前几年，由于战争赔款以及经济困难，德国进口蛋品量减少。但从 1925 年开始，德国蛋品进口量恢复到占世界各国进口总量的 30% 以上。

与德国相比，英国在世界蛋品市场中的地位更为重要。1909~1913 年，英国蛋品进口量占世界各国进口总量的 30%。20 世纪 20 年代之后，英国在世界蛋品进口国中的地位更加凸显，1923 年蛋品进口量占比达到 57%，之后也都保持在 40% 以上。从英国和德国进口蛋品的数量（见表 1-2）也可以看出来英、德对蛋品的巨大需求，这是使欧洲成为世界蛋品交易中心的关键力量。根据《国际农业统计年鉴》，1926~1930 年，欧洲年均净进口蛋类（鲜蛋、皮蛋和卤蛋）数量达到 8.02 亿枚，蛋制品（冰蛋和干蛋品）合计 5.05 亿枚，二者在 1931 年分别增长至 9.53 亿枚和 6.19 亿枚。1932 年，欧洲各国纷纷对进口的蛋品征税，欧洲的蛋类和蛋制品净进口才有所下降，但蛋类和蛋制品的净进口在 1934 年仍分别达到 4.27 亿枚和 5.77 亿枚之多。[1]

表 1-2　英国和德国蛋品进口数量

单位：万打

国家	1909~1913 年平均	1923 年	1924 年	1925 年	1926 年	1927 年
英国	19001	20046	20280	21865	22125	24340
德国	21534	351.7	9915	17599	16857	19591
世界各国进口总量	63337	35168	45067	53329	52679	59366

注：世界各国进口总量根据英国进口数量占世界各国进口总量的比重折算。

数据来源：秦秉中：《译述：世界蛋之贸易概况（续）》，《国立中央大学农学院旬刊》第 33 期，1929，第 6~8 页。

20 世纪 20 年代以前，英国消费的鲜蛋，主要从离其较近的丹麦、俄国、荷兰、波兰、比利时等国家进口；20 世纪 20 年代以后，英国不仅从上述各国进口，还从爱尔兰、澳大利亚等地输入。同时，英国还加强了本

---

[1]　沙琳：《我国蛋业与世界蛋业市场》，《实业部月刊》第 2 卷第 6 期，1937，第 130~133 页。

国鸡蛋的生产。英国进口的蛋制品，几乎全部来自中国。① 在英国消费市场上，以鲜蛋的交易量为最大。1934 年，英国进口蛋类 22.44 亿枚，占英国消费总量的 32%。② 德国消费的鲜蛋同样来自周边的国家，如丹麦、比利时、俄国、荷兰、波兰等；其所进口的蛋制品同英国一样，也几乎全部来自中国，其中冰蛋最多。

（二）蛋品的主要供应国

随着世界各国对蛋品需求的不断增加，逐渐形成了一个庞大的世界蛋品供应市场。近代世界蛋品的输出国，主要有俄国、丹麦、中国、荷兰、波兰、比利时和美国等国家。

1. 俄国

俄国的鸡蛋资源十分丰富，第一次世界大战以前，俄国在鲜蛋输出国中占据重要地位，其输出的鸡蛋数量，约占世界各国输出鸡蛋总量的 40% 左右。俄国鸡蛋贸易，以圣彼得堡为中心。当时俄国鸡蛋的输出，一般由陆路经过俄国西界。今天的拉脱维亚的里加海港（Riga Port），是当时俄国鸡蛋输出最重要的港口，有 1/3 的鸡蛋在此处装船出口。③

第一次世界大战爆发之前，俄国的鸡蛋主要输往英国、德国、奥匈帝国三国。每年鸡蛋交易旺季，输入各国均派有专员到俄国盛产鸡蛋的地方进行收购。英国批发商一般在哈尔科夫、库尔斯克等地收购，德国商人则在喀山、沃罗涅日等地收购。输入奥匈帝国的俄国鸡蛋，大部分先到德国，再转至奥匈帝国，所以德国是俄国鸡蛋的最大买家，占其出口总量的 60%。④ 第一次世界大战爆发之后，俄国鸡蛋输出减少。战争结束之后，由于欧洲各国经济普遍不振，苏联鸡蛋的输出恢复比较缓慢。1926～1930

---

① 微之译：《专论：英国蛋业概况（一）》，《鸡与蛋杂志》第 1 卷第 9 期，1936，第 8 页。
② 微之译：《专论：英国蛋业概况（一）》，《鸡与蛋杂志》第 1 卷第 9 期，1936，第 3 页。
③ 秦秉中：《译述：世界蛋之贸易概况》，《中央大学农学院旬刊》第 32 期，1929，第 3 页。
④ 秦秉中：《译述：世界蛋之贸易概况》，《中央大学农学院旬刊》第 32 期，1929，第 3 页。

年，苏联每年净出口鸡蛋 5.22 亿枚，在世界蛋类（鲜蛋、皮蛋和卤蛋）出口国中的排名降至第五位。苏联蛋类出口不振，给中国蛋品的输出带来了一些机遇。在第一次世界大战前，中国为蛋品出口国的第三位，到 1929 年时，中国成为出产及出口蛋品最多的国家。[①]

鉴于鸡蛋出口的急剧衰落，苏联政府一度很重视鸡蛋品质的改良，同时扩大鸡蛋的生产，积极推进蛋制品的出口，这曾引起中国蛋业的担忧。"苏俄政府五年计划中，蛋产事业亦力求猛进，欲岖岖夺回（执）欧战前世界蛋业牛耳之地位。曾拨六千四百万金，专为扩充蛋业之用。其计划除培养卵鸡以增加生产外，更建筑大规模之蛋厂五所，又将新式蛋栈增至五百六十七所，新式鸡房增至三百七十七所，另建冷气新堆栈七十九所。预计上项计划完成后，每年可产蛋一百三十六万万只，除供国内消费一百万万只外，尚有三十六万万只鸡卵（约合二百二十万长箱数）剩余可以运销国外。查本年（1931 年）吾国鸡卵出口预计约在九万至十万长箱之间，只当苏俄剩数二十二分之一弱，将来俄蛋贬价倾销，势予华蛋重大打击。"[②] 不过，从事后来看，苏联政府的计划是不成功的。1931~1933 年苏联出口的鲜蛋数量分别 2.02 亿枚、0.70 亿枚和 0.19 亿枚，分别在世界蛋品出口国中居第九位、第十一位和第十三位。[③]

2. 丹麦

在 19 世纪初期，丹麦的养鸡业原本并不发达，不仅养鸡数量少，鸡蛋的收购与贩卖也很不发达，每年仅输出蛋品 36.5 万箱。[④] 丹麦的鸡蛋主要出口至英国和周边国家。由于品质不好、等级混乱，对外贸易并不十分顺利，声誉也很不好，有"丹麦坏蛋"之称。就其数量而言，1865 年销往英

---

① 秦秉中：《译述：世界蛋之贸易概况》，《中央大学农学院旬刊》第 32 期，1929，第 4 页。

② 《国内要闻：吾国蛋业之危机：苏俄计划之可惊》，《银行周报》第 15 卷第 29 期，1931，第 5~6 页。

③ 沙琳：《我国蛋业与世界蛋业市场》，《实业部月刊》第 2 卷第 6 期，1937，第 133 页。

④ 蓝士琳译述《论著：丹麦之农业输出合作社》，《浙江省建设月刊》第 6 卷第 6 期，1932，第 52 页。

国的数量依然很少。1890 年销往英国的鸡蛋有 50 万箱，价值 135 万美元。[1] 其后，出口数量快速增长，1922 年出口已达 202 万箱，一跃成为鲜蛋出口最多的国家之一，也成为丹麦出口的"铁三角"（牛油、腌肉与鸡蛋）之一。[2] 其中，对英国出口已经高达 180 万箱，占丹麦鸡蛋出口总额的 88.9%，占英国进口鸡蛋总量的 42%。丹麦蛋业在 20 世纪上半叶的成功，主要归功于其合作社的推行。[3]

1895 年，成立了旨在促进鸡蛋出口的丹麦鸡蛋输出合作社（英文为 Danish Cooperative Egg Export Association，原文为 Dansk Andels Aegexport，通称 D. A. E），这个合作社最初设在日德兰的斐里（Vejle），1900 年迁至哥本哈根。该合作社在哥本哈根设有规模巨大的包装所（packing houses），并在十个郡的首府设立包装分所。为输出合作社提供鸡蛋的是设立在全国各地的收蛋社，至 1922 年，丹麦有收蛋社 550 家，社员 5 万名左右。[4]

丹麦鸡蛋输出合作社在收蛋、包装、运输、销售等环节都实行严格的管理制度。收蛋社从生产者（农户）手中收购鸡蛋，并保证其提供的鸡蛋是新鲜的。所有收蛋社都要遵守合作社的规章制度，如果任何收蛋社或个人生产者破坏了规章制度，合作社的理事会可以将其驱逐出社。[5] 收蛋社把鲜蛋交给各地包装所后，包装所进行检验、筛选、分级和打包，以备出口。鸡蛋输出合作社的主要任务就是将丹麦的鸡蛋运销国外市场。在一系列有效的制度安排下，丹麦蛋品对外贸易获得了巨大成功。

1928 年之后，丹麦蛋类出口仍然保持着较快的增长。根据《国际农业统计年鉴》1934 年号和 1935 年号，1926～1930 年，丹麦年均净出口蛋类

---

[1]　俞征野：《专著：丹麦的养鸡业及其合作》，《鸡与蛋杂志》第 2 卷第 8 期，1937，第 4 页。

[2]　蓝士琳译述《论著：丹麦之农业输出合作社》，《浙江省建设月刊》第 6 卷第 6 期，1932，第 52 页。

[3]　蓝士琳译述《论著：丹麦之农业输出合作社》，《浙江省建设月刊》第 6 卷第 6 期，1932，第 52 页。

[4]　蓝士琳译述《论著丹麦之农业输出合作社》，《浙江省建设月刊》第 6 卷第 6 期，1932，第 53 页。

[5]　蓝士琳译述《论著丹麦之农业输出合作社》，《浙江省建设月刊》第 6 卷第 6 期，1932，第 56 页。

近 4.93 亿枚，在世界出口国中居第六位。1931 年以后，丹麦蛋类出口又有了较快的增长，1931~1934 年出口数量依次为 5.85 亿枚、6.63 亿枚、6.42 亿枚和 6.75 亿枚，在世界出口国中的排名也随之提高，1933 年即超过荷兰与中国（1926~1932 年，荷兰和中国分别居第一位和第二位），居世界第一。[①]

3. 荷兰

19 世纪末，由于远洋蒸汽轮船开始大规模应用到国际货物贸易运输之中，北美地区和俄国的粮食源源不断地涌入欧洲市场，许多欧洲国家的粮食价格下跌严重，粮食市场受到严重冲击，欧洲农民收入下降严重。为了应对这场农业危机，荷兰农民抓住国际粮价低廉的机会，大力发展畜牧业和家禽饲养业，这两个行业很快取代了传统农作物种植业，成了国家的主导产业。通过出口牲畜和蛋品至周边的英国、德国、法国、比利时等国家的工业区，荷兰赚取了大量外汇，这反过来又进一步刺激了畜牧业和家禽业的发展。

起初，荷兰的蛋品贸易只限于国内。自 1900 年开始，才有较大规模蛋品出口。荷兰蛋品主要出口英国和德国。因其蛋品质量好、市场组织好，输出量年年增加。根据《国际农业统计年鉴》，1926~1930 年，荷兰每年平均净出口蛋类 6.91 亿余枚，在出口国中居第一；1931~1932 年，荷兰蛋类的出口数量分别为 8.59 枚和 7.97 亿枚。1933~1934 年，荷兰的蛋品出口数量有所下降，分别为 5.67 亿枚和 6.43 亿枚，被丹麦超过。[②]

4. 美国

美国的养鸡业最初和中国一样，主要是作为农户的副业而存在，农民家庭养鸡不是为了满足市场，而是为了供家庭消费。1870 年以后，美国玉米产量大增，导致玉米价格下跌和农民收入下降。为了提高收入，美国农民开始发展畜牧业。不过，这一时期美国农户养鸡的数量十分有限。20 世

① 沙琳：《我国蛋业与世界蛋业市场》，《实业部月刊》第 2 卷第 6 期，1937，第 132 页。
② 沙琳：《我国蛋业与世界蛋业市场》，《实业部月刊》第 2 卷第 6 期，1937，第 132 页。

纪初，美国专业化养鸡开始兴起，凭借规模化与科学化的生产，蛋和蛋制品生产能力快速提高。在 20 世纪的前 20 年，在美国东西部沿海的纽约、旧金山、洛杉矶、波士顿等大城市的近郊发展起来大批规模化的专业养鸡场。中西部地区的大城市对蛋和蛋制品的大量需求，刺激了美国养鸡业的发展。为了保护国内家禽业和蛋制品工业的发展，早在 1913 年时美国就对中国蛋品征收关税。

美国家禽业的饲养规模较其他国家更大。美国农业部 1940 年的一项调查数据显示，美国有养殖规模在 1000 羽以上的养鸡场 12147 个。[①] 美国鸡蛋的买卖和丹麦类似，也是合作社经营，其中最大的是太平洋产蛋合作社，该合作社经营加利福尼亚、俄勒冈、华盛顿三州的鸡蛋买卖。[②] 美国蛋和蛋制品的国内贸易较其对外出口数量更多。尽管如此，美国作为鸡蛋的最大生产国，其鸡蛋出口总量也非常可观。

1909~1913 年，美国鸡蛋主要出口至美洲各国，其中古巴、加拿大、墨西哥为主要输出地，每年平均输出数量 109.8 万打。第一次世界大战结束之后，美国的鸡蛋出口数量有了较大增长，1922 年达到 346.2 万打，遥远的英国和阿根廷逐渐成为美国鸡蛋的主要输出地。1927 年，美国输往阿根廷的鸡蛋数量为 67.7 万打，占该年阿根廷进口鸡蛋总量的 80%。[③] 1930 年，美国出口鸡蛋数量达到 2.23 亿枚（合 1858.33 万打），此后受世界经济危机的影响，美国鸡蛋对外出口的数量也大幅减少，由 1930 年的 2.23 亿枚减至 1931 年的 0.92 亿枚，1932 年仅有 0.27 亿枚。[④]

5. 波兰

自 1921 年起，波兰开始有鸡蛋出口，1922 年以后才有统计报告。波兰出产的鸡蛋，有 1/3 用于出口，主要出口至英国和德国。自 1929 年 2 月

[①] 胡定寰：《美国养鸡产业的发展和一体化经营模式》，《世界农业》2002 年第 9 期。

[②] 郑源兴、张元龙：《各国蛋业之调查》，《国际贸易导报》第 5 卷第 9 期，1933，第 67 页。

[③] 秦秉中：《译述：世界蛋之贸易概况（续）》，《国立中央大学农学院旬刊》第 33 期，1929，第 4 页。

[④] 郑源兴、张元龙：《各国蛋业之调查》，《国际贸易导报》第 5 卷第 9 期，1933，第 67 页。

1 日起，波兰鸡蛋出口必须按新颁布的规则进行，如分级、包装及提供出口清单等，波兰政府设有检查员进行检查，如果商人不照规则行事，即取消其蛋品出口的资格。① 1926~1930 年，波兰蛋类出口最盛，平均每年净出口 5.73 亿枚，在所有蛋类出口国中居第三位。1930 年后，波兰蛋类出口下降严重，1934 年净出口仅为 2.12 亿枚，在所有蛋类出口国中降至第五位。②

除上述几个主要产蛋国外，埃及、爱尔兰、澳大利亚、南非等国也是蛋品主要输出国。埃及一度被认为是"我国蛋销之大敌，然较俄波二国为弱"③。爱尔兰也是一个鸡蛋出口国，与英国虽然政治关系紧张，但彼此距离较近，仍有大量鸡蛋出口到英国。1930~1932 年输往英国的鸡蛋数量，埃及依次为 0.54 亿枚、0.265 亿枚和 0.22 亿枚；爱尔兰依次为 5.8 亿枚、5.5 亿枚与 4.8 亿枚；澳大利亚依次为 0.65 亿枚、1.1 亿枚与 1.8 亿枚；南非依次为 0.06 亿枚、0.07 亿枚与 0.0525 亿枚。埃及、爱尔兰、澳大利亚、南非等国鸡蛋大量输出至英国，主要是因为英国对它们的鸡蛋不征收关税。④ 另外，日本自 19 世纪末开始扶持养鸡业，经过二三十年的发展，也成为重要的产蛋国之一。

（三）世界蛋品供求变化

由于各国养鸡业发展时间不同，俄国/苏联、中国、丹麦、波兰、比利时、美国和荷兰等蛋品输出国的地位时有变迁。第一次世界大战爆发以前，俄国、丹麦等国是欧洲带壳蛋（以鲜蛋为主）的主要输出国；中国则是去壳蛋（蛋制品）的主要输出国。第一次世界大战结束以后，苏联在鲜蛋供应市场上的地位大大下降，中国、荷兰、美国、丹麦等国的输出量随

---

① 秦秉中：《译述：世界蛋之贸易概况》，《国立中央大学农学院旬刊》第 32 期，1929，第 4 页。
② 沙琳：《我国蛋业与世界蛋业市场》，《实业部月刊》第 2 卷第 6 期，1937，第 132 页。
③ 郑源兴、张元龙：《各国蛋业之调查》，《国际贸易导报》第 5 卷第 9 期，1933，第 66 页。
④ 郑源兴、张元龙：《各国蛋业之调查》，《国际贸易导报》第 5 卷第 9 期，1933，第 66~67 页。

之增加。1923～1926 年，中国年均输出鲜蛋 7478 万打，丹麦 6814 万打，荷兰 5313 万打，美国 2760 万打，法国 1455 万打；蛋制品输出数量上，中国为 11.5 亿磅，荷兰为 603 万磅。在此期间，无论是鲜蛋输出，还是蛋制品贸易，中国均居世界第一位。[1]

1923～1928 年，英国进口蛋品的总量稳定增长。随着各产蛋国家对本国蛋业发展的重视，中国在世界蛋品贸易中的地位受到了严峻挑战，其他国家的蛋及蛋制品出口对中国蛋品出口形成了强有力的替代。英国从中国进口的蛋制品（主要是冷冻蛋品类）量分别为 1113 万打、1033 万打、1001 万打、1232 万打、681 万打和 946 万打，总体趋势是下降的。荷兰、比利时、苏联、爱尔兰对英国的出口则显著增加。第一次世界大战结束后，欧美各国养鸡事业日渐发达，英国市场常有欧洲各国鲜蛋输入。1926 年，荷兰输入英国的鲜蛋有 2.38 亿枚，1927 年增至 2.83 亿枚，1928 年更增至 3.26 亿枚。1926 年，比利时输入英国的鲜蛋有 2.32 亿枚，1927 年增至 2.56 亿枚，1928 年又增至 3.48 亿枚。1926 年，苏联输入英国的鲜蛋为 9300 万枚，1927 年增至 1.9 亿枚，1928 年又增至 2.12 亿枚。"盖莫不有逐年增加之趋势，可见吾国蛋产品竞争之烈。"[2]

与英国这个最大的蛋品消费国相比，20 世纪前 30 年，德国进口各国蛋类的情况有较大变动。

在第一次世界大战之前，德国进口的鲜蛋主要由俄国、波兰、荷兰及周边国家供给。蛋粉、干蛋片等蛋制品方面，因德商在中国经营蛋粉业者颇为兴盛，故中国蛋粉之销路也以德国为最大。1913 年，中国蛋白、蛋黄出口总量为 155973 担，其中运往德国 84709 担，占 1/2 强。[3] 第一次世界大战爆发之后，因交通受阻，德国从中国进口蛋品一度中断。战争结束之后的几年，德国进口蛋品的业务也没有很快恢复。1923 年，德国进口蛋品的业务有所恢复，且从 1924 年开始有了快速进展。1929 年，德国再度成

① 许道夫：《中国近代农业生产及贸易统计资料》，上海人民出版社，1983，第 335 页。
② 陈济元：《中国蛋产品之国际市场》，《国际贸易导报》第 2 卷第 5 期，1931，第 4 页。
③ 陈济元：《中国蛋产品之国际市场》，《国际贸易导报》第 2 卷第 5 期，1931，第 8 页。

为世界第三大蛋品进口国。[①]

三 中国蛋品出口的优势与形势

在 19 世纪末、20 世纪初，在世界各国养鸡业尚未兴起之前，中国的养鸡数量与产蛋数量居世界首位。即使在第一次世界大战结束以后，虽然丹麦、比利时、苏联、美国、日本等国家的养鸡业开始兴起，但中国的养鸡数量与产蛋数量仍位居前列。另外，中国人工成本异常低廉，构成了中国蛋品在国际市场上的最大优势。

（一）中国蛋品出口的优势

1. 产量大

中国人养鸡多是零星散养，每家仅饲养几只或十几只，但几乎每家农户都饲养，家庭基数庞大，因此产蛋量十分大。据 1918 年北洋政府农商部第七次农商统计，当时全国鸡、鸭、鹅总数为 2.07 亿余只，其中鸡最多，约为 1.5 亿只，鸡蛋产量约为 44.89 亿枚。根据鸡蛋与鸡的比例推算，全国鸡、鸭、鹅的总产蛋量为 54.89 亿枚。根据时人刘行骥的估计，1934 年前后，全国鸡、鸭的饲养数量分别约为 3.45 亿只和 0.7 亿只，二者产蛋总量约为 76.03 亿枚。金陵大学农业经济系对全国 22 个省 168 个县的土地利用情况做过调查，调查表中有农户饲养牲畜状况的信息。在调查的样本中，每家农户平均养鸡 4.06 只、养鸭 0.48 只、养鹅 0.04 只，饲养鸡、鸭、鹅的农户占调查样本总量的比重分别为 68.2%、8.4%、1.2%。根据上述数字和全国农业人口总数推算，全国鸡、鸭、鹅的数量分别为 2.02 亿只、296 万只和 88.9 只，三者合计约为 2.06 亿只。假定其中

---

① 陈济元：《中国蛋产品之国际市场》，《国际贸易导报》第 2 卷第 5 期，1931，第 8 页。

1/4 可以生蛋，每头每只平均产蛋 150 枚，每年产蛋总量为 77.3 亿枚。[①]

1934~1935 年，中央农业实验所对察哈尔、绥远、宁夏、青海、甘肃、陕西、山西、河北、山东、江苏、浙江、安徽、湖北、四川、云南、河南、贵州、湖南、江西、福建、广东 21 个省饲养的鸡、鸭、鹅的数量做过两次调查与估计。其中，1934 年的估计为 3.62 亿只，1935 年的估计为 3.14 亿只，相应估计 1934 年蛋的总产量为 136.25 亿枚，1935 年为 117.75 亿枚。[②]

在上述几项调查中，鸡、鸭、鹅的数量，以金陵大学估算的数字为最小，刘行骥估算的数字最大，二者几乎相差一倍。中央农业实验所估算的数字介于两者之间。不过，中央农业实验所 1934 年的估计与 1935 年的估计相差约 0.5 亿只。从以上数字的时间上来说，中央农业实验所的最近；从空间上来说，也比较广阔，而且都是根据比较可靠的各农情报告员的报告统计而来。关于鲜蛋的产量，上述几项调查与估计的结果相差较大。最低的是北洋政府农商部估计的 54.89 亿余枚，最高的是 1935 年中央农业实验所的估计，两者竟然相差 60 亿~80 亿枚之多。中央农业实验所的估计数量较高，主要是假设的每只家禽年平均产量过大，这与刘行骥的估计相近，所以不能断定哪一个估计最为可靠。不过，全国蛋产量在 70 亿枚至 130 亿枚之间，应比较可靠。[③]

2. 价格低

鸡蛋资源丰富加上交通不便，农民售卖鸡蛋困难，因此中国鸡蛋异常廉价。在 1900 年前后的山东，1 美元可以买到 900 枚鸡蛋[④]，而在同期的

---

① 全国人口总数根据胡焕庸的 4.58 亿人的估计，农业人口假定占 80%，每户农户以五口人计算。沙琳：《我国蛋业与世界蛋业市场》，《实业部月刊》第 2 卷第 6 期，1937，第 124~125 页。

② 沙琳：《我国蛋业与世界蛋业市场》，《实业部月刊》第 2 卷第 6 期，1937，第 124~125 页。

③ 沙琳：《我国蛋业与世界蛋业市场》，《实业部月刊》第 2 卷第 6 期，1937，第 124~125 页。

④ "Commerce and Finance：Eggs in ShanTung", *The National Review China*, Volume 16, No. 12, October 17, 1914, p. 224.

国外，1 美元只能买到十几枚。① 1902 年，"中国鸡蛋贩往日本者，日增一日，盖以中国价每枚仅五六文，而日本每枚须三十文"。② 20 世纪初，欧美各国及日本开始重视本国养鸡业的发展。不过，这些国家或由于人工成本高或由于饲料昂贵，所产的鸡蛋与中国鸡蛋相比仍然十分昂贵。1915 年的冬天，上海鲜蛋交易价格，每 1000 枚鸡蛋仅需要 4.50 美元，夏天更低至不足 3.50 美元；而同期养鸡业已经获得巨大发展、鸡蛋生产量世界最多的美国，冬天，每 1000 枚鸡蛋至少需 41.67 美元，即使在鸡蛋廉价的夏天，每 1000 枚鸡蛋至少也要 12.50 美元。"大体而言，美国鸡蛋价格往往是中国鸡蛋价格的三四倍乃至八九倍之高，以致美国家庭主妇听到中国鸡蛋如此廉价，都会感到惊讶不已。"③

人工成本异常低廉是中国蛋品在国际市场上持续具有竞争力的主要原因之一。20 世纪初，据当时美国一个绢业协会的调查，1901 年中国一般男织工每天工资是 0.1~0.12 美元，相当于当时美国的 1/15、法国和瑞士的 1/8；而中国女织工每天的工资是 0.06~0.09 美元，相当于当时美国的 1/16，法国和瑞士的 1/8。④ 由此可见中国人工成本的低廉程度。

在随后的近 30 年里，随着物价上涨以及工人运动的兴起，中国工人工资有所上升，但非常有限。以工人工资水平最高的上海为例。据调查，1930 年前后，上海制蛋厂女工每日工资最高为 0.6 元，最低仅有 0.4 元。⑤ 另据上海市政府社会局调查，1930 年代，上海制蛋厂男工每月实际收入平均为 20.43 元，女工每月实际平均收入仅 13.75 元。⑥ 将 1930 年上海制蛋厂男女工人的工资与 20 多年前美国男女工人的工资相比，差距依然巨大。据统计，1908 年美国男性工人每月工资平均为 47.73 美元，女性工人每月

---

① 朱翔：《南京英商和记洋行研究》，南京师范大学博士学位论文，2013，第 31 页。

② 《外交议事：日议蛋税》，《选报》第 8 期，1902。

③ "Sanitary Egg Products Plant in Shanghai", *The Far Eastern Review*, Volume 13, Issue 5, October, 1916, pp. 161-163.

④ 王全信：《工会法学：工会工作理论与实践》，中国工人出版社，2004，第 19 页。

⑤ 《上海工厂劳工统计》，1930 年，上海市档案馆藏，档号：Q6-8-537。

⑥ 上海市政府社会局编《上海市工人生活程度》，中华书局，1934，第 2 页。

工资平均为 26.44 美元。① 按照 1908 年 1 美元可兑换 2.6810 银元的汇率折算②，该年美国男性与女性工人的每月平均工资分别是 127.96 元和 70.89 元。即使我们不考虑 1908 年之后美国工资的上涨情况，1908 年的美国男性与女性工人的平均工资分别是 1930 年代上海制蛋厂男女工人工资的 6.26 倍和 5.16 倍。其他养鸡业发达国家，如丹麦、挪威、比利时、法国等国家的工人工资虽没有美国工人工资高，但往往也比中国工人工资高出数倍之多。

原料鸡蛋价格与本国工人工资高昂，使美国与欧美其他养鸡业发达国家的蛋制品无法在国际市场上与鸡蛋、人工成本都十分低廉的中国蛋制品相竞争。

（二）中国蛋品出口的形势

在蛋品用途日益广泛的情况下，鲜蛋资源丰富的中国成为西方国家投资的主要对象。早在 1874 年，德国商人就在烟台建立了一家蛋粉厂，专门在农村收购大批鸡蛋，从事蛋粉制造出口，制造方法及蛋粉用途均保密，规模较小。③ 对此，1871～1872 年烟台海关报告也有记载："1872 年春，本埠新开了一家厂号，其营业看来是收购大批鸡蛋从事制造蛋粉，至于制造方法，以及蛋粉的用途，却严格保密。1872 年蛋粉出口 46.76 担，并在本关申报值银 3148 两。"④ 这一蛋粉厂采用的是土法加工技术，属于试验性质，开业后不久以后即倒闭，但它却是日后外国资本大规模地在汉口、芜

---

① 《美国男女工资比较表（一九〇八年调查）》，《妇女杂志》第 10 卷第 6 期，1924，第 886 页。

② 《上海对外汇价指数表（民国十年至民国二十五年一月）》，《上海物价月报》第 12 卷第 1 期，1936，第 21 页。

③ 张玉法：《中国现代化的区域（1860—1916）山东省》，"中研院"近代史研究所，1982，第 215 页。

④ 孙毓棠主编《中国近代工业史资料（1840—1895）》第 1 辑上册，中华书局，1962，第 98 页。

湖等地设立蛋厂的先驱。[①] 1887 年，德商美最时洋行（Melcher & Co.）、礼和洋行（Carlowitz & Co.）来华投资设厂，被视为开中国蛋品工业之先河。[②] 其后，外商纷纷来华投资设厂，至辛亥革命前夕，仅汉口一地就有中外蛋厂 12 家。[③]

蛋品工业利润丰厚，也刺激了华商投资蛋厂的热情。据《兴化县续志》记载，光绪二十四年（1898），兴化人王长庚独资创办同茂协厂，设于东城外文峰镇前河，专搜鸭蛋，雇工六七十名，春秋二季，以土法炕制干蛋白及湿蛋黄运销沪上荷兰、德、英、美、法等外商洋行，获利甚薄，被认为是华商制蛋厂之嚆矢[④]。1907 年，一位经营天津至河南新乡航运的船主见河南省的鸡蛋多且便宜、工人工资低，于是在河南新乡创办了豫兴蛋厂。[⑤] 1909 年，浙江宁波商人阮文衷在平汉线之彰德、许昌、驻马店，津浦线之桑园、宿州、亳州，湖北的武昌、汉口创设大规模蛋厂五处。[⑥] 1909~1910 年，上海王姓、席姓蛋商两人在镇江、芜湖、九江、汉口、扬州、兴化、徐州、亳州、上岗、睢宁、沙沟、高邮、窑湾、灵璧、台儿庄等地一共开设 19 处蛋厂。[⑦] 1911 年，华商蛋厂已达 30 家左右。[⑧]

第一次世界大战期间，中国蛋品出口旺盛，价格高涨，"以前蛋白每担百斤值银七八十两，今则约值一百一二十两矣"[⑨]。加之内地鲜蛋价格低廉，华商蛋厂乘势而起。"当世界大战数年中，交战各国均须依赖我国蛋之供给，势所必然。而干蛋产品事事，莫不大受冲动。自一九一一年至一

---

① 孙毓棠:《中日甲午战前外国资本在中国经营的近代企业》，上海人民出版社，1955，第34 页。

② 袁继成:《汉口租界志》，武汉出版社，2003，第 151 页。

③ 璞之:《洋商蛋厂的演变》，《武汉文史资料》第 2 辑，1994，第 171 页。

④ 李恭简:《兴化县续志》卷四《实业志·工艺》，1934，第 11 页 b。

⑤ 陈昭明:《中国制蛋业发展的片断回忆》，中国人民政治协商会议河南省开封市委员会文史资料研究委员会编《开封文史资料》第 7 辑，1988，第 17 页。

⑥ 《汉口元丰号整理情形》，《申报》1920 年 11 月 20 日。

⑦ 《大同制蛋有限公司招股启》，《申报》1910 年 5 月 10 日。

⑧ 沈元泽:《中国之蛋业》，《中国经济评论》第 3 卷第 5 期，1941，第 63 页。

⑨ 《编辑余谈游美随纪》，《申报》1915 年 11 月 2 日。

九一七年止，蛋厂之设立，如雨后春笋，自三十家增至一百余家之多。"①
伴随着中外蛋厂的日益增多，中国蛋品出口开始迅速增加。

表1-3　1905~1935年中国蛋品出口额及在各类出口商品中的排名

单位：海关两、关金

年份	出口额	在各类出口商品中的排名	年份	出口额	在各类出口商品中的排名
1905	2021589	—	1925	33012530	5
1910	4000089	—	1926	38174830	6
1915	8426286	15	1927	33526302	9
1916	12331477	10	1928	43776041	5
1917	14318070	9	1929	51719803	3
1918	11053215	10	1930	79710940	3
1919	24932494	7	1931	58827838	4
1920	21457401	6	1932	44302413	3
1921	24697199	8	1933	36479624	3
1922	29955239	7	1934	30243526	3
1923	29621994	8	1935	32069462	3
1924	31523164	6			

注：1905~1929年出口额的计量单位为海关两，1930年及以后为关金。

数据来源：实业部上海商品检验局畜产检验组：《中国出口蛋业（续）》，《国际贸易导报》第9卷第2期，1937，第123~124页。

1905年，蛋品被列入中国海关报告中，该年出口额达2021589海关两。② 至1917年，仅蛋粉一项出口就高达40万担以上，而金额高达1200万海关两，但这一数字明显偏低，因为海关仍照十余年前每担蛋粉价格30海关两计征出口关税。"其实近年每担蛋白平均市价已达一百三十两，蛋黄平均市价亦达六十五两，然则表面上所谓一千二百万海关两者，按诸实际，已超过三千万两以外，是足征蛋粉在中国输出品中占重要之地位。"③

---

① 单揆亚：《蛋与蛋产品》，《商业月报》第17卷第1期，1937，第1页。

② 上海商品检验局：《中国出口蛋业》，《国际贸易导报》第9卷第2期，1937，第123~124页。

③ 彭望恕：《中国最近之蛋粉业》，《农商公报》第7卷第7期，1921年2月15日，第35页。

随着出口的快速增长，蛋品在中国出口贸易中的地位日益上升。1915年，蛋品在中国出口商品排行榜上已经名列第15。1919年，蛋品出口额近2500万海关两，在中国各类出口商品中居第7位。[①]

第一次世界大战结束前，中国蛋品出口以鲜蛋和干蛋品为主。冰蛋在中国蛋品出口价值中所占比重不高，主要是因为"大战之时，轮船缺乏，并因其无冷藏之装置，出口大受打击"[②]。1912~1919年，中国蛋制品（除冰蛋外的蛋制品，包括干蛋品和湿蛋品）和鲜蛋的出口数量占中国蛋品出口总量的80%以上，冰蛋所占比重不高（见表1-4）。

表1-4 1912~1920年中国蛋品出口结构

单位：千担；%

年份	蛋制品		鲜蛋		冰蛋		合计
	数量	占比	数量	占比	数量	占比	数量
1912	2000	42.55	2400	51.06	300	6.39	4700
1913	2900	41.42	2800	40.00	600	8.53	7000
1914	2600	38.81	2800	41.79	1300	19.40	6700
1915	4800	57.83	2700	32.53	800	9.63	8300
1916	7700	62.60	3000	24.39	1600	13.01	12300
1917	12000	83.91	1900	13.29	400	2.80	14300
1918	9300	83.78	1600	14.41	200	1.81	11100
1919	19800	79.84	2600	10.48	2400	9.68	24800
1920	11900	55.61	5000	23.36	4500	21.03	21400

数据来源：叔奎：《调查：蛋业贸易之调查》，《上海总商会月报》第3卷第1期，1923，第1页。

第一次世界大战结束后，欧美国家大力发展本国养鸡业，鸡蛋产量与出口量大增。1926~1930年，苏联年均净出口鸡蛋5.22亿枚，在世界出口国中居第五位。[③] 荷兰每年平均净出口鸡蛋6.91亿余枚，在出口国中居第一位。丹麦的鸡蛋出口也增长迅速，1933年达6.42亿枚，超越荷兰，在

---

① 上海商品检验局：《中国出口蛋业》，《国际贸易导报》第9卷第2期，1937，第123页。

② 童致桢：《中国出口贸易中之蛋类》，《申报》1928年7月10日。

③ 秦秉中：《译述：世界蛋之贸易概况》，《中央大学农学院旬刊》第32期，1929，第4页。

世界出口国中居第一位。波兰自 1921 年起开始有鸡蛋输出，主要出口至英国和德国。1926~1930 年，波兰平均每年净出口鸡蛋约 5.73 亿枚，在所有蛋类出口国中居第三位。[①] 战争结束后，美国鸡蛋出口数量大增，1922 年达到 346.2 万打[②]，1930 年更达到 2.23 亿枚。[③] 其他产蛋国也有大量鸡蛋出口。

与此同时，中国蛋业逐渐失去了日本这个最大的鲜蛋市场。1911 年以后，日本成为中国鲜蛋的最大进口国。1912~1920 年，中国输往日本的鲜蛋价值每年都在 100 万海关两以上，1920 年达到 300 余万海关两。1913~1920 年，中国鲜蛋输出总额尚未增加一倍，而对日本的输出已增加 2.5 倍。[④] 1921 年，白银大幅贬值刺激了中国蛋品对日出口。1921 年中国蛋品对日输出较 1920 年增加 3 倍左右，1922 年略有增加，达到 911 万海关两，为中国对日蛋品输出最高值。[⑤]

1922 年以后，日本政府开始大力倡导发展本国养鸡业，一方面通过提供无息贷款等方式积极鼓励本国人民发展养鸡业和蛋品出口，另一方面对中国蛋品征税，这些政策导致日本进口中国鲜蛋开始大幅下降。尽管如此，日本在大力发展养鸡业的同时，对中国鲜鸡蛋进口的数量还是相当可观的。1929 年，仅从胶济铁路济南站发货的鸡蛋就达到 7829 吨，其中日商运送的有 3132 吨，占运送总量的 40%，交易总额近 73 万元。[⑥] 1930 年，从胶济铁路济南站发送的鸡蛋达到 8205 吨，其中日商运送的有 3282 吨，占运送总量的 40%，交易总额达到 76 万多元。[⑦]

随着日本养鸡业的迅猛发展，日本很快就摆脱了对中国鸡蛋的依赖。

① 沙琳：《我国蛋业与世界蛋业市场》，《实业部月刊》第 2 卷第 6 期，1937，第 132 页。
② 秦秉中：《译述：世界蛋之贸易概况》，《国立中央大学农学院旬刊》第 33 期，1929，第 4 页。
③ 郑源兴、张元龙：《各国蛋业之调查》，《国际贸易导报》第 5 卷第 9 期，1933，第 67 页。
④ 范师任：《中国之蛋业》，《社会杂志（上海1931）》第 1 卷第 5 期，1931，第 14 页。
⑤ 严仁赓《中国对日蛋类贸易之回顾与前瞻》，《社会科学杂志》第 4 卷第 4 期，1933，第 496~497 页。
⑥ 周建波主编《东亚同文书院经济调查资料：商业流通卷》，社会科学文献出版社，待出版。
⑦ 周建波主编《东亚同文书院经济调查资料：商业流通卷》，社会科学文献出版社，待出版。

中国输往日本的鲜鸡蛋最高峰为 4.181 亿枚，1927 年降至 3.547 亿枚，1928 年降至 2.751 亿枚，1929 年降至 1.751 亿枚。[1] 1932 年，日本本土鸡蛋产量增至 35.59 亿枚，不仅完全可以满足国内需求，还有一些剩余用于出口，该年出口近 1140 万枚，价值 27 万余日元。[2] 同时，日本还积极抢占中国的鲜蛋市场，菲律宾、印度尼西亚、苏联的西伯利亚等地市场也被日本抢夺殆尽，中国东北也成为日本鸡蛋的倾销地。[3]

欧美各国养鸡业的大发展与大量鸡蛋出口，对中国干蛋品出口产生了严重影响。一方面，各类蛋粉、蛋白、蛋黄可用来制作蛋糕、饼干等烘烤类食品，但其起泡性不如鲜蛋。欧美各国养鸡业发展起来后，其国内食品企业纷纷用鲜蛋替代各类干蛋品，减少了对中国干蛋品的进口。另一方面，欧美企业开始生产干蛋品，进一步减少了对中国干蛋品的需求。"及至大战告终，各国提倡养鸡，注意生产，鲜蛋产量既增，又皆设法自制蛋品，增加关税，抵制外货，致我国干湿蛋品外销，年少一年。现因各国视此种蛋品为必需品，除自给外，尚有少量需向我国采购，约当我全盛时代十分之一二。"[4]

欧美各国对中国干蛋品需求减少的同时，还对外国蛋品实行高关税。中国干蛋品最主要的消费国美国较早对本国养鸡业实施贸易保护。1922年，美国增收蛋品进口税，鲜蛋每打八美分，湿冻蛋每磅六美分，蛋粉每磅高达十八美分。[5] 高关税大大降低了中国蛋品在美国市场上的竞争力。[6] 其后，美国对中国蛋品所征关税"陆续增加"。[7] 1931 年，美国将中国蛋粉关税提高至每磅二十七美分，按照当时美国市场每磅蛋粉售价二十美分计算，从价税已高达 135%，相当于每磅售价为四十七美分，而美国土产

① 范师任：《中国之蛋业》，《社会杂志（上海1931）》第 1 卷第 5 期，1931，第 15 页。
② 王乐尧：《日本养鸡业之现况及将来》，《农声》第 203~204 期，1937，第 K3~K6 页。
③ 佚名：《日本鸡卵输出激增》，《鸡与蛋杂志》第 2 卷第 1 期，1937，第 83 页。
④ 郑源兴：《我国蛋业之前途》，《青岛工商季刊》第 3 卷第 4 期，1935，第 94 页。
⑤ 《吾国蛋业在美销路之危机》，《工商半月刊》第 3 卷第 15 期，1931，第 3 页。
⑥ 《出口蛋市之现状》，《申报》1922 年 11 月 25 日。
⑦ 《我国出口蛋业之衰落》，《银行周报》第 17 卷第 28 期，1933，第 2 页。

蛋粉，每磅成本为四十四美分，相差仅三美分。[1] 贸易保护主义使中国干蛋品出口急剧衰落，很多华商蛋厂纷纷倒闭。至 1937 年时，在内地设立的小规模工厂，大半被迫结束营业。[2]

在干蛋品出口衰落之后，冰蛋继之成为中国蛋品出口大项（见表 1-5），这反映了外贸蛋品行业产品结构的变化。

表 1-5　1913~1932 年部分年份中国冰蛋和蛋品出口情况

年份	冰蛋出口额（海关两）	蛋品出口额（海关两）	冰蛋占比（%）
1913	600000	2943956	20.38
1918	190261	11053215	1.72
1920	4534312	21457401	21.13
1924	10474675	31523164	33.23
1925	13019004	33012530	39.44
1926	17950153	38173830	47.02
1927	16487837	33526302	49.18
1928	23560529	43779041	53.82
1929	28985107	51719803	56.04
1930	30945153	51160972	60.49
1931	21893929	37439061	58.48
1932	16648149	28408915	58.60

数据来源：①1913 年蛋品出口额来自范师任：《中国之蛋业》，《社会杂志（上海 1931）》第 1 卷第 5 期，1931，第 23 页；②1924 年之前的冰蛋出口额来自叔奎：《蛋业贸易之调查》，《上海总商会月报》第 3 卷第 1 期，1921，第 1 页；③除 1913 年外其他年份中国蛋品出口额来自上海商品检验局畜产检验组：《中国出口蛋业（续）》，《国际贸易导报》第 9 卷第 2 期，1937，第 123~124 页；④1924~1932 冰蛋出口额引自张玮明：《中国蛋业研究（下）》，《商业月报》第 15 卷第 6 期，1935。

1920 年以后，冰蛋工业代替干蛋品工业，成为中国蛋品工业发展的主角。冰蛋不仅可以直接被消费者食用，还可以作为中间品原料用于各类食

[1] 《实业消息：国内：救济蛋厂业办法》，《实业杂志》第 165 期，1931，第 16 页。
[2] 单揆亚：《蛋与蛋产品》，《商业月报》第 17 卷第 1 期，1937，第 4 页。

品生产中。作为冷冻技术制作的产品，在冷藏环境下，冰蛋可在长达两年的时间内保持鲜鸡蛋原有的品质，这一优势可以很好地克服鸡蛋生产季节性带来的供给不均衡问题。

鸡蛋生产具有季节性，一般情况是春天产蛋量高，冬季最低。最大的蛋品消费国英国的产蛋数量以二月至六月为最盛。过此季节，则鸡的产蛋数量逐渐减少，以十一月为最低。因季节关系，英国本土鸡蛋供给的数量时有高低，市场亦受其影响。秋冬之交，鸡蛋昂贵。季节生产的不均衡，为中国冰蛋输出留下了巨大的空间。

为了保障本国对鸡蛋的消费，欧美蛋商用冷冻或其他方法，将春夏产蛋储藏至秋冬。不足部分，则从外国进口。因此，从 1920 年开始，中国冰蛋出口快速上升，成为引领近代中国蛋品工业与贸易发展的关键力量，为挽回同时期中国出口贸易的颓势做出了重要贡献。

由表 1-6 可见，1918 年冰蛋出口与干蛋出口之比仅为 4∶96；1923 年已达到 50∶50。此后，冰蛋与干蛋出口数量之比快速上升，长期保持在80∶20 左右。干蛋在大部分年份占比仅为百分之十几，成为中国蛋品出口的配角。

表 1-6　1918~1940 年中国出口冰蛋与干蛋数量

单位：担，%

年份	冰蛋		干蛋		总量	年份	冰蛋		干蛋		总量
	数量	占比	数量	占比	数量		数量	占比	数量	占比	数量
1918	13074	4	289357	96	302431	1930	1005608	87	144173	13	1149781
1919	188206	24	606182	76	794388	1931	880379	89	114167	11	994546
1920	322613	43	423203	57	745816	1932	803103	90	93103	10	896206
1921	91262	19	392822	81	484084	1933	693281	87	101579	13	794860
1922	276097	39	432314	61	708411	1934	438278	87	64379	13	502657
1923	375365	50	377523	50	752900	1935	472678	84	88208	16	506886
1924	555561	78	154779	22	710340	1936	530657	84	101221	16	631878
1925	770066	77	234149	23	1004215	1937	534688	85	94520	15	629208

续表

年份	冰蛋		干蛋		总量	年份	冰蛋		干蛋		总量
	数量	占比	数量	占比	数量		数量	占比	数量	占比	数量
1926	848767	85	144764	15	993531	1938	408639	87	59411	13	468050
1927	631318	83	125102	17	756420	1939	449255	88	60541	12	509796
1928	802042	84	148982	16	951024	1940	479342	88	65828	12	545170
1929	956103	84	175816	16	1131919						

注：在张宁（Chang，2005）的统计数据中，1933 年冰蛋数量为 40641102 担，干蛋为 101579 担，冰蛋数量明显异常，经核查当年贸易报告，冰担数量为 693281 担，干蛋为 101579 担，表中数据来自 1933 年海关报告。

数据来源：Chang, N. J., Vertical Integration, Business Diversification, and Firm Architecture: The Case of the China Egg Produce Company in Shanghai, 1923-1950, *Enterprise and Society*, 2005, 6 (3)：429；1933 年数据引自《民国二十二年第三、第四季贸易报告》，《国际贸易导报》第 6 卷第 5 期，1934，第 63~64 页。

第二章　和记镇守长江口

"中国之所以没有饭吃，原因是很多的，其中最大的原因就是农业不进步，其次就是由于受外国经济的压迫……中国因为受外国经济的压迫，每年要损失十二万万元。中国把这十二万万元是用什么方法贡献到外国呢？是不是把这十二万万元的金钱运送到外国呢？这十二万万元的损失，不是完全用金钱，有一部分是用粮食。中国粮食供给本国已经是不足，为什么还有粮食运送到外国去呢？从什么地方可以看得出来呢？照前几天外国的报告，中国出口货中，以鸡蛋一项，除了制成蛋白质者不算，只就有壳的鸡蛋而论，每年运进美国便有十万万个，运进日本及英国的也是很多。大家如果是到过了南京的，一抵下关便见有一所宏伟的建筑，那所建筑是外国人所办的制肉厂，把中国的猪、鸡、鹅、鸭各种家畜，都在那个制肉厂内制成肉类，运送到外国。"

——孙中山先生演讲《民生主义》，1924 年①

冰蛋技术始于 1890 年的美国明尼苏达州明尼阿波利斯市，它是随着机械制冷业的发展而出现的新技术。美国企业基思公司（Keith. Co.）的创始人 H. J. 基思（H. J. Keith）被认为是冰蛋技术的发明者，是他首次将鸡蛋

---

① 孙中山所说的南京下关的"宏伟的建筑"，就是英国联合冷藏公司下属和记洋行的工厂。参见孙中山：《三民主义》，东方出版社，2014，第 225 页。

进行冷冻包装①，但最早来华涉足冰蛋工业的却是当时享誉全球的冷藏食品工业巨头——英国联合冷藏公司（Union Cold Storage Co.，Ltd.，以下简称"联合冷藏公司"）。② 联合冷藏公司在中国有众多投资，和记洋行是其中最重要的一项投资，在中国近代经济史上赫赫有名。和记洋行是在中国经营蛋品的最重要的外商企业，更是华商蛋品企业的主要竞争对手。鉴于联合冷藏公司在中外蛋业发展中的重要地位，有必要对其历史与经营方式做必要的介绍，因为它的在华子公司深受其影响。

一　韦斯特兄弟的冻肉帝国

联合冷藏公司是英国贵族威廉·韦斯特（William Vestey，1859~1940）和埃德蒙德·韦斯特（Edmund Vestey，1866~1953）兄弟于 1897 年建立的家族企业。时至今日，韦斯特家族仍控制着 12 家大型食品公司及其关联企业的绝大部分股权，由韦斯特家族成员担任公司主要负责人。③

韦斯特家族在冷藏食品工业取得的巨大成功，得益于 19 世纪八九十年代全球食品工业发生的一场革命。在此之前，由于没有可靠的冷藏或冷冻技术，易腐食品的国际贸易受到了很大限制。为了长途旅行，食物必须通过罐装、腌制来保存。19 世纪 70 年代中期，冷藏蒸汽船与制冷技术被发明出来并被运用到食品冷藏和远距离运输之中。英国经济史学者克拉潘在其经典著作《现代英国经济史》中说："在一般冷藏史上远为重要的是 1873 年和 1878 年之间在这里领得专利权的各式压缩机——诸如季弗德式机（Giffard's）、贝尔·科尔曼式机（Bell‑Coleman's）、莱特富特式机

---

① William J Stadelman, Debbile Newkirk, Lynne Newby, *Egg Science and Technology*, Food Products Press, 1955, p. 222.

② 廖中一等编《天津和记洋行史料》，《天津历史资料》第 6 辑，1980，第 7 页。联合冷藏公司的原名为英国联合国际有限公司；1907 年，联合国际有限公司改名为联合冷藏公司，1949 年又恢复原名。1907~1949 年是本书研究的时段，故使用联合冷藏公司的名称。

③ https：//www.vesteyfoods.com/。

（Lightfood's）——因为这些都是可以最最方便地应用于陆上和海上冷藏库的。"①

　　韦斯特家族的食品生意赶上了食品工业革命、冷藏技术、制冷技术日新月异的浪潮。1876 年，年仅 17 岁的威廉·韦斯特被他父亲塞缪尔·韦斯特（Samuel Vestey）派到美国芝加哥，独立打理家族在美国的产业。从这时起，威廉·韦斯特就开始展现出非凡的商业头脑与创业才干。他最初在芝加哥经营一家由他父亲资助的肉罐头厂，并将产品运销英国市场，取得了初步的成功。几年之后，弟弟埃德蒙德也来到芝加哥，与哥哥威廉一起合伙经营他们的家族产业。他们以韦斯特兄弟的名义进行交易，其核心业务是批发食品杂货，主要是进口食品。

　　在 19 世纪的最后 20 年，英国出现了严重的食品短缺问题，特别是牛羊肉，非常紧缺。与此同时，畜牧业十分发达的南美洲和大洋洲则牛羊遍地，价格极为低廉。在 1871 年的新西兰，平均每人拥有 38 头羊，1 先令就可以买到一头牲口。② 韦斯特兄弟敏锐觉察到冷冻肉类市场的巨大潜力，1890 年在利物浦创办了第一家冷藏店。此时，他们仍是食品批发商，在上游（农业生产）和下游（零售）方面没有参与。③ 不过，他们很快就致力于在全球创建冷冻食品帝国。1897 年，韦斯特兄弟在利物浦建立了英国本土的第一家食品冷藏运输公司，不久之后迁往伦敦，将公司总部设在伦敦西史密斯菲尔德街 14 号，这就是后来大名鼎鼎的联合冷藏公司。④ 在接下来的 20 多年里，他们横向和纵向大大扩展了业务。

　　一方面是大力提升国际运销能力。联合冷藏公司在伦敦、格拉斯哥和曼彻斯特等英国主要城市的市中心建立更多的冷藏店。他们还在伦敦最大、历史最悠久的肉类批发市场史密斯菲尔德市场（Smithfield Market）和

① 〔英〕克拉潘：《现代英国经济史（中卷）：自由贸易和钢（1850—1886 年）》，姚曾廙译，商务印书馆，1997，第 126 页。
② Godfrey Harrison, Bothwicks, *A Century in the Meat Trade, 1863-1963*, 1963, p. 21.
③ Walter Bagehot, *Union Cold Storage and the Birth of Multinational Tax Planning, 1897-1922*, Global History of Capitalism Project, 2019, p. 1.
④ 廖中一等编《天津和记洋行史料》，《天津历史资料》第 6 辑，1980，第 7 页。

英国各地的肉店开设了摊位。1912年，他们买下了弗莱彻（Fletcher）肉铺连锁店，弗莱彻在英国各城市拥有约400家分店。[1] 联合冷藏公司的肉店数量稳步增加，1923年达到约3000家。[2] 此外，他们在中国、菲律宾、新加坡、俄国、澳大利亚、新西兰、埃及、罗得西亚（现在的津巴布韦）、南非、阿根廷、巴西、哥伦比亚、美国和欧洲的大部分国家都设有众多的销售机构。此外，韦斯特家族还进军海上运输与保险领域。至20世纪20年代，韦斯特家族在英国本土设有蓝星轮船公司、赖姆泼特·霍尔特轮船公司、布斯轮船公司、阿勒宾保险公司。[3]

另一方面是在全球建立自己的肉类加工基地。在第一次世界大战前的几年里，韦斯特兄弟开始从事肉类生产和零售业务，他们在澳大利亚、新西兰、南非、委内瑞拉、阿根廷、乌拉圭和其他地方收购了数百万英亩的牧场，组建了海外公司来开发和管理这些地产，大力发展畜牧业。据南京和记洋行买办何醒愚回忆，"他们在澳大利亚有巨大的牧场，坐汽车兜圈子一天还跑不完，澳洲的牛羊有四分之三属于他们，人们称他为'牛大王'。十月革命前，在莫斯科也有他们的企业，十月革命后为苏联政府没收，欧战后统计，莫斯科公司损失达700万镑，此外在阿根廷、荷兰、捷克、波兰、土耳其、新加坡、德国等地都有他们的冷藏库"。[4]

韦斯特兄弟还在其投资牧场的国家建立大型的屠宰场，并将生产的牛肉、羊肉源源不断地销往人口不断增长的英国，获得了巨大成功。但他们并不满足，还积极开拓其他冷冻食品市场，如乳酪、罐头、油脂、牛羊骨、冷冻鲜鱼等农畜产品市场。同时，他们在世界各地采购肉类、蛋类、水果、豆类、糖等农副产品，加工后，向英国和其他欧美国家推销。第一次世界大战期间，欧洲主要交战国粮食普遍不足，联合冷藏公司由于能够

---

① Walter Bagehot, *Union Cold Storage and the Birth of Multinational Tax Planning*, 1897–1922, Global History of Capitalism Project, 2019, p.1.
② https://www.vesteyfoods.com。
③ 廖中一等编《天津和记洋行史料》，《天津历史资料》第6辑，1980，第7页。
④ 朱翔：《南京英商和记洋行研究》，南京师范大学博士学位论文，2013，第18页。

从南半球持续运来大量牛羊肉供给同盟国军队，在英国政府的全力支持下，实现了跨越式发展，成为从收购、加工直到批发、零售的庞大的国际食品行业托拉斯企业。①

20世纪20年代，以产品生产、原料采购和产品销售高度纵向一体化战略为后盾，联合冷藏公司已经可以与美国冷藏食品工业的两大巨头阿穆尔公司（Armour & Co.）和斯威夫特食品公司（Swift Food & Co.）相抗衡。到1926年时，联合冷藏公司已经可以与阿穆尔公司、斯威夫特食品公司平起平坐，在南美洲的肉类收购市场与英国的销售市场上，维持三分天下的局面。②

二　南京下关的新地标

联合冷藏公司在全球的发展壮大，离不开它在中国的大规模投资与快速扩张。

20世纪初，为了进一步拓展在全球各地的业务，联合冷藏公司将家畜、家禽、蛋类和各种土货资源丰富的中国作为投资与扩张的重要目标。1907年，经过前期的深入考察，联合冷藏公司最终决定在交通发达，周边家畜、家禽与鲜蛋资源丰富，被称为九省通衢的汉口筹建其在中国的第一家子公司——汉口和记洋行。之所以选择在汉口开展肉类与蛋品生产与出口业务，主要是因为汉口具有以下两个优势。

一是汉口的地理位置十分优越。19世纪下半叶，汉口已崛起为繁华的商业中心和转运中心，水运特别发达。1905年，京汉铁路通车以后，汉口交通更加便利。同时，这里有成熟的蛋品交易市场。1887年，德商美最时

---

① 廖中一等编《天津和记洋行史料》，《天津历史资料》第6辑，1980，第7~8页。
② 张宁：《跨国公司与中国民族资本企业的互动：以两次世界大战之间在华冷冻蛋品工业的发展为例》，《"中研院"近代史研究所集刊》2001年第37期，第192~193页。

洋行、礼和洋行来华投资蛋厂，开中国蛋品工业之先河。[1] 外商蛋厂需要大量鸡蛋，起初美最时洋行通过一个胡姓商人牵线，与一家名叫"江同兴"的蛋行达成协议，由该蛋行供给鲜蛋。随后若干年中，又有很多中外蛋厂在汉口设立，彼此争购鲜蛋，鲜蛋价格也越来越高。蛋行、蛋客、蛋贩以汉口为中心，前往湖北、湖南、河南、安徽等省广为收购，然后运至汉口进行交易，汉口逐渐成为蛋品交易的聚集地。[2] 成熟的蛋品交易市场、有利的地理位置和发达的交通条件，是联合冷藏公司选择汉口作为其在华投资第一站的主要原因。

二是周边禽畜与鸡蛋资源十分丰富。汉口周边的河南、安徽、江西、湖南，包括湖北本省，禽畜和鸡蛋非常多，且水路交通十分发达，因此汉口成为这些地方禽畜和鸡蛋的主要销售目的地。经过深入调查以后，联合冷藏公司发现，中国农民喜欢用自家所产的鸡蛋换取石蜡、棉布、火柴、针头线脑等日用品，而这些日用品在英国价格非常便宜，可以大量采购，运到中国换取鸡蛋，这样可以大量节省鲜蛋的采购成本。[3]

1907 年 8 月 23 日，联合冷藏公司在中国投资设立的第一家子公司汉口和记洋行股份有限公司（The International Export Company Ltd.，以下简称"汉和记洋行"）正式成立，该行共有股东 9 人，资本总额 5 万英镑，其建设所需的资金，均由伦敦母行联合冷藏公司汇寄到汉口的英资银行，以信贷或押汇的方式供汉口和记洋行使用。[4] 联合冷藏公司委任英国人 E. 恺撒·纪尔（E. Caesar Gill）来华全面负责汉口和记洋行的筹建和业务开展，这位纪尔先生在中国，一般被称为"纪大班"或"季大班"。1908 年 6 月 11 日，汉口和记洋行在伦敦召开股东特别会议，议定该行股东数以 50 人为限，股东持有数额不等的股份。同时，会议决议该行不得向外界招募

---

① 袁继成：《汉口租界志》，武汉出版社，2003，第 151 页。

② 既明：《调查：汉口之蛋行与蛋厂》，《银行杂志》第 2 卷第 17 期，1925，第 4 页。

③ Knightley, *The Rise and Fall of The House of Vestey: The True Story of How Britain's Richest Family Beat The Taxman and Came to Grief*, Warner Books, 1993, p. 14.

④ 武汉市地方志编纂委员会编《汉口市志：对外经济贸易志》，武汉大学出版社，1996，第 241 页。

公司股票和债券。[1]

汉口和记洋行置办的制冷机器和冷藏设备是从英、美两国购买的。联合冷藏公司为汉口和记洋行提供了雄厚的资本支持和先进的技术，聘用熟悉禽蛋业的湖北人杨坤山为买办，业务发展颇为顺利。

在筹建时，汉口和记洋行就开始经营蛋品出口业务。1909 年 6 月 1 日，英文报刊《字林西报》（*The North-China Daily News*）报道说："（近来）位于汉口的一家工厂正在出口包装好的猪肉（和其他货物）至英国，该批货物是由英国半岛东方轮船公司（Peninsular and Oriental and Steam-Navigation Company，也称 P. & O. 轮船公司或大英火轮公司）承运，该轮船公司管理着曼彻斯特的冷库。此批用于出口的猪肉，所有的活猪被屠宰之前都经过了最严格的检验。"[2] 该批货物经过两个多月的航行，于 1909 年 7 月 24 日到达伦敦。1909 年 8 月 27 日，《字林西报》报道说："来自中国的第一批冷冻猪肉到达伦敦。此批货物还包括：8418 箱家禽、10674 箱野味、20148 箱鸡蛋、1345 头冻鹿、12 夸特（每夸特 28 磅）牛肉。在本月 5 日，这些货物已在市场上公开报价了，被摆放在西区的商店里出售，并被贴上醒目的'中国家禽'的标签。"[3]

在设立汉口和记洋行之后，联合冷藏公司又陆续在中国进行了一系列重要的投资。

1912 年 6 月 9 日，联合冷藏公司在哈尔滨注册成立了滨江物产出口公司（Produce Export Company，Ltd.）。滨江物产出口公司主要收购并加工牛、羊、猪、鸡、鸭、蛋品和野味，用于出口。同时出口大豆和小麦等。它在东北三省和内蒙古各交通沿线城镇设有 50 多个农产品收购机构——分庄。每个分庄又分设 2~5 个处。这样的分支收购机构总计 200 多个，每年大约加工羊 30 多万头、牛 2 万多头、鸡蛋 3000 多吨、鸡鸭 20 多万只、野味 20 多万对、猪 20 万~30 万头。滨江物产出口公司雇有固定职工 200 多

---

① "中研院"近代史研究所档案馆经济部藏《英商和记公司》，档号：18-23-01-78-18-022。

② Chinese News, *The North-China Daily News*, June 1th, 1909, p. 7.

③ Chinese News, *The North-China Daily News*, August 27th, 1909, p. 7.

人、临时工 2000 多人。"九一八"事变后，其营业锐减，伪满时期则基本上停止了运营。①

在长江沿线继续追加投资也是必要的。因为对冷冻冷藏食品工业来说，从原料收购、产品加工、运输到销售，每一个环节都需要完整的制冷与冷藏设备，即今天所谓的冷链。稍一疏忽，食品便会失去新鲜度，甚至腐坏与变质，遭受损失。为保证供应链的安全，先行者需要做很多基础工作、打通很多环节。另外，为了克服消费者对冷藏食品的偏见，也需要用较长的时间加以宣传与促销。

这些前期市场培育活动，存在被竞争者搭便车分享果实的危险。为了防止潜在的竞争者进入冷冻冷藏食品行业、侵害其既有的市场利益，联合冷藏公司时刻注意着可能出现的潜在竞争者。因此，联合冷藏公司一旦发现有从事冷冻冷藏业者，都想尽办法加以阻挠、收买与挤压。

例如，1912 年以前，在上海地区，除联合冷藏公司的制冰厂以外，仅有英商华昌冰厂（Shanghai Ice Co. Ltd.）与东方冰厂（Oriented Ice Works Ltd.）两家外商制冰厂。该两厂主要使用机器制作冰块，供上海公共租界、法租界、部分华界的居民之用，不过规模较小，机器设备亦欠新颖。为了防止这两家机制冰厂涉足冷藏食品工业、对其业务形成竞争，1912 年联合冷藏公司派员来华收购了华昌、东方两家制冰厂，合并以后改称上海机器冰厂（Shanghai Ice and Cold Storage Co.）。② 上海机器冰厂成为继汉口和记洋行、滨江物产出口公司之后，联合冷藏公司在华的第三个子公司。

联合冷藏公司在华投资最重要的子公司是南京和记洋行。南京位于长江下游，水路交通十分便利，海轮可以直达。同时江苏省的家庭禽畜饲养发达，周边安徽、江苏、浙江以及往来便利的河南、山东等省的牲畜和家禽饲养也极为发达。以上有利条件成为联合冷藏公司选址南京的主要因素。

---

① 廖中一等编《天津和记洋行史料》，《天津历史资料》第 6 辑，1980，第 9 页。
② Shanghai Ice and Cold Storage Co. Special Meeting, *The North-China Daily News*, January 22th, 1913, p. 5.

　　1911 年，汉口和记洋行大班纪尔、副大班杰克尔、会计主任哈尔逊等一批英国人以及从汉口抽调的一批中国职员和技术工人来到南京，筹建南京和记洋行。1913 年，他们在江宁县金川门外（今南京市下关区）复城桥和宝塔桥附近购地 12 亩，租地（租期 50 年）31 亩，修建简易厂房，安装小型发电机 2 台、冷气压缩机 3 台、小锅炉 4 个以及管道等设备，雇了数百名临时工，当年即开工生产，加工蛋品和肉类，运销海外市场。①

　　根据中英不平等条约提供的特权，南京和记洋行并没有向中国政府注册。直至 1916 年 7 月 7 日，联合冷藏公司才根据 1911 年颁布的香港地区《公司条例》，向港英政府正式申请在南京成立公司，注册英文名为 "The International Export Company, Ltd.（Kiangsu）"，翻译为 "江苏国际出口有限公司"。中国人则称之为南京和记洋行，在英文资料或档案中有时也被称作 "Hogge"。南京和记洋行注册资本为 25 万英镑，分为 2500 股，其中韦斯特兄弟占股 80%，其余股份分配给和记洋行的主要英国职员。注册时英方经理为汉口的纪尔和威廉·雷诺（William Reynold），副经理为约翰·詹姆斯（John James）和托马斯·欧文（Thomas Irvine）。②

　　第一次世界大战的爆发，为联合冷藏公司在中国大力发展蛋品事业提供了非常有利的机会。战争期间，由于世界蛋品市场需求十分旺盛，经营蛋品者获利丰厚："欧美各国以面粉或干肉粉和蛋粉制成饼干，以为军食，故蛋粉之行销极畅，市价亦高，赢利常在一倍以上，是为蛋业之黄金时代。"③ 加之德商从中国市场的退出和英国政府的支持，汉口和记洋行与南京和记洋行都步入快速发展期，"和记洋行又有英国政府及麦加利银行为之后盾，鸡蛋之运回英国者，政府特减收关税，若遇存货过多，不易销售，则归政府收买，以充军队给养"④，大大刺激和促进了联合冷藏公司在华蛋品业务的发展。

---

① 季士家、韩品峥主编《金陵胜迹大全》，南京出版社，1993，第 612 页。
② 朱翔：《南京英商和记洋行研究》，南京师范大学博士学位论文，2013，第 23~24 页。
③ 方显廷：《中国工业资本问题》，商务印书馆，1937，第 28 页。
④ 《我国鸡蛋出口之数量及制造方法》，《农林新报》，第 9 卷第 16 期，1932，第 201 页。

南京和记洋行在中国创业的时期，也是其母行联合冷藏公司业务快速发展的重要阶段。据英国《卫报》1915 年 6 月 21 日报道，仅 1914 年，联合冷藏公司的净利润就达到了 58159 英镑，持续吸引投资者的关注，不过由于韦斯特兄弟对未来的盈利预期降低，并没有答应吸收外部的资金。相应地，南京和记洋行的建设资金也主要来自其在中国所获得的利润。[①]

1916~1922 年，南京和记洋行大规模兴建新式厂房。根据新中国成立后的调查，南京和记洋行在宝塔桥土地共有四百余亩，分为宝塔桥桥东桥西两部分，桥西部分建有仓库及厂房六幢（六层二幢，五层三幢，四层一幢），五层冷藏库一幢，二层办公大楼一座，三层门警宿舍一座，另有机器房、泵浦间、锅炉间、门房等附属房屋，其中有两座仓库房屋中设有电梯设备，负荷量为三千吨，在桥西部分还有码头两个，栈桥、活动栈桥各一座，170、150、50 趸船三艘，在桥东部分有外国职员宿舍及办公大楼一座，鸭子房十六间，华籍职员办公平房一幢，油库一间。[②] 凭借先进的技术、完善的设备，南京和记洋行在中外蛋厂中实力最为雄厚，"是当时中国最现代化的食品加工厂，拥有亚洲'第一冷库''南京的北极'等称号"。[③] 一座现代化的大型冷藏食品厂出现在下关江口，成为南京近代工业发展的一个重要标志。

然而，联合冷藏公司并不满足于此。为了进一步扩大蛋制品供给能力，早在 1914 年，联合冷藏公司就指派南京和记洋行在鸡蛋资源丰富的华北地区筹设分厂。1915 年和 1916 年，南京和记洋行先后在天津新河以"永租"的名义，购买三处土地共 157 亩，用于建厂。在天津分厂筹设期间，南京和记洋行以天津为基地，在周边收购了相当多的新鲜鸡蛋，如1914 年 11 月至 1915 年 8 月，收购价值 15.33 万两的鸡蛋。1922 年，联合

---

① 朱翔：《南京英商和记洋行研究》，南京师范大学博士学位论文，2013，第 22~23 页。
② 朱翔：《南京英商和记洋行研究》，南京师范大学博士学位论文，2013，第 26 页。
③ 周建波主编《东亚同文书院经济调查资料选择：商品流通卷》，社会科学文献出版社，待出版。

冷藏公司又在天津比利时租界内购买土地两处，共 80 亩，同样用于建厂。[①] 1924 年 7 月，天津和记洋行在比利时租界内的厂房建成，成为华北最大的蛋品生产与出口基地。

三 后来的外商竞争者

1910～1920 年，外商企业在华投资冰蛋工业掀起了一个高潮。一方面，在中国投资设厂的联合冷藏公司取得了巨大成功，引起了其他欧美企业的积极效仿。关于汉口和记洋行、南京和记洋行经营冰蛋的盈利情况，因资料缺乏而难知细情，只有时人对南京和记洋行的模糊估算，"十年之间，获利几有千余万元"。[②] 不过，我们从经济大危机期间（1929～1934 年冰蛋利润下降严重）天津和记洋行（原始投资 284 万元）盈利情况可以看出，在中国经营冰蛋有巨大获利机会。

表 2-1 1929～1934 年天津和记洋行的盈利情况

单位：万元

年份	企业纯益	加工总值	企业纯益/加工总值	企业纯益/原始投资
1929	297.68	411.48	72.35%	104.80%
1930	403.30	637.00	63.31%	142.00%
1932	320.48	465.55	68.83%	112.90%
1933	288.75	397.37	72.73%	101.98%
1934	209.43	296.73	70.52%	73.70%
平均	304	441.62	68.84%	107.04%

数据来源：廖中一等编《天津和记洋行史料》，《天津历史资料》第 6 辑，1980，第 55 页。

由表 2-1 可见，天津和记洋行企业纯益（净利润）最高年份达原始投资的 1.42 倍，平均为 1.07 倍。也就是说，天津和记洋行一年就把它的原

———————————

[①] 廖中一等编《天津和记洋行史料》，《天津历史资料》第 6 辑，1980，第 9 页。

[②] 《浦口利寰蛋厂小史》，《国货月报（上海 1934）》第 1 卷第 7 期，1934，第 59 页。

始投资全部收回。由此不难推想，在市场需求旺盛时期，经营冰蛋的巨大获利机会。

另外，在第一次世界大战期间以及战后的两三年，欧美国家因战争及战后经济恢复的原因，物资比较匮乏，食品需求旺盛，食品大宗商品价格因此上涨很多，特别是营养价值丰富的蛋及蛋制品的价格上涨最为显著。

比如在美国，与 1913 年的物价相比，1920 年糖的价格上涨了 75%，而鸡蛋的价格则上涨了 275%。① 在此时期的中国，鸡蛋价格却异常低廉。1914 年 5 月 28 日，《大陆报》报道说，加拿大太平洋铁路公司的"亚洲皇帝号"轮船装载 12000 箱来自中国的鸡蛋，于三月运抵温哥华，其中 6000 箱运往美国旧金山销售。据说，在温哥华市场上，每打鸡蛋可以获利 20 美分，而最初的收购价仅有 10 美分。② 这种行情引起了美国和加拿大两国冷藏公司的关注。很快，美国的一些冷藏公司步联合冷藏公司的后尘，前来中国从事冰蛋生产与出口。

1914~1915 年，总部位于波士顿的基思公司（Messrs Keith & Company）在上海杨树浦路 91 号与腾越路 2 号开设了干蛋厂与冰蛋厂，大力开展干蛋品和冰蛋生产与出口业务。基思公司在上海的分公司，在中国被称为班达洋行（Amos Bird Co.）。班达洋行所制蛋品运往欧美各国以后，交由其总部下属的大量销售机构销售，作为英国联合冷藏公司主要竞争对手之一的美商阿穆尔食品公司也为其代理销售。③ 班达洋行在上海设立的工厂规模巨大，生产管理科学，使用的各种制蛋机器也非常先进，生产干蛋粉和冰蛋等多种产品，被时人誉为"上海卫生生产企业的典范"。④

专门来中国冰蛋行业中淘金的外国商人也大有人在。1915 年，英国商人 L. F. 马修（L. F. Mathew）、萨缪尔·培林和库赛尔·培林兄弟（Samual

① From Prices American Double Those of 1913, *The China Press*, May 8, 1920.
② 12000 Cases of Eggs Shipped to America, *The China Press*, May 28, 1914.
③ 黄光域：《外国在华工商企业辞典》，四川人民出版社，1995，第 562 页。
④ Sanitary Egg Products Plant in Shanghai, *The Far Eastern Review*, Volume 13, Issue 5, 1916, pp. 161-163.

Behr，Kusel Behr）合资开办的培林洋行（S. Behr & Mathew Ltd.）来华开拓业务，在上海杨树浦路 77 号开设蛋厂，主要经营冰蛋与冷藏鲜蛋的出口贸易，尤以冷藏鲜蛋的出口为多。[①] 1926 年 3 月，萨缪尔·培林和马修先后去世，库赛尔·培林成为培林洋行的唯一的合伙人。其后，培林洋行成为库赛尔·培林个人的独资公司，但公司名字没有更改。[②]

1918 年，在华经营蛋品出口已有五年之久的美商海宁洋行（Henningsen Produce Co.）在上海的香烟桥设立工厂，"以从事于采办中华鲜蛋、冰蛋及蛋白，运销英美"。海宁洋行的首任经理为 W. M. 罗伯特森（W. M. Robertson）。1923 年，U. S. 哈克森（U. S. Harkson）来华主持业务，聘请了著名蛋商王雪飘为该行买办，"王氏为蛋业领袖之一，远近同业，无不知之。其余暇为社会服务，尤热心教育"。[③] 其后，阿瑟·亨宁森（Arther Henningsen）长期主持该行工作。1926 年以后，海宁洋行开始从事冰淇淋、人造奶油和糖果糕点的制作与销售，但冰蛋生产与出口仍为其主营业务之一。[④]

1920 年，老牌的怡和洋行也觉得从事冰蛋事业有厚利可图，于是在上海杨树浦路桥东 242 号设立了怡和冷气堆栈（Ewo Cold Storage Co.）。怡和冷气堆栈主要从事冰蛋、蛋黄粉、蛋白粉等蛋品的加工与出口业务，也包装新鲜的冷藏鸡蛋运销欧美市场，同时兼营公共堆栈、机器制冰等业务。[⑤] 怡和冷气堆栈的生产部门也较为完备，内分冷气间、烘蛋、装箱等部门。[⑥] 其后，怡和洋行又在青岛设立分厂。各种蛋品包装的箱子上多印有"伦敦"等字样，"盖备输往英美等国者也"。[⑦]

---

① 黄光域：《外国在华工商企业辞典》，四川人民出版社，1995，第 515~516 页。

② Note of The Day, *The Shanghai Times*, April 15, 1926, p. 2.

③ 《海宁洋行简史》，《家庭（上海 1937）》第 3 卷第 1 期，1938，第 78 页；Henningsen Produce Co, *The North China Desk Hong List*, July. 1919, p. 100.

④ 《海宁洋行简史》，《家庭（上海 1937）》第 3 卷第 1 期，1938，第 78 页。

⑤ 黄光域：《外国在华工商企业辞典》，四川人民出版社，1995，第 442 页。

⑥ 《怡和蛋厂商复工条件》，《民国日报》1925 年 9 月 17 日。

⑦ 马任全：《工业化学系工厂参观记：怡和冷气堆栈》，《科学丛刊》第 3 期，1930，第 32 页。

联合冷藏公司虽然没有在上海设立冰蛋厂，但它在上海南京路 153 号即上海机器冰厂所在地设有一个总管理处。该总管理处的经理通常由上海机器冰厂的经理兼任，作为统筹管理除香港分公司以外的所有在华子公司的业务。[1] 该总管理处主要负责订船、组织冰蛋出口和其他中外蛋厂交涉的相关事宜。

班达洋行和培林洋行是它们在纽约和伦敦总公司分设在上海的分支机构，主营蛋品生产与出口事业。培林洋行在汉口和青岛设有生产冰蛋的分厂。美商海宁洋行除经营冰蛋和干湿蛋外，还是上海有名的食品糖果进口商。外商冰蛋企业还兼营冷餐制冰业务，它们均采用机械喷粉和冷藏新工艺生产冰蛋、干蛋和鲜蛋，垄断着中国冷冻蛋品的生产与出口。

四　资本门槛与技术黑箱

冰蛋发明于 1890 年，其制法并不是一开始就很完美，而是有一个不断试验、不断完善的过程。外商对这项来之不易的技术严守秘密，这是它们一度垄断冰蛋生产与出口业务的重要因素与优势所在，也是后来者从事冰蛋事业必须加以解决的难题。

一般来说，制作某种产品所需的技术，包括机器设备、制作方法和人力资本。冰蛋和冷藏鲜蛋的加工、包装、运输与销售，需要制冷机器、冷藏仓库与冷藏船舶，只有这样才能让冰蛋和冷藏鲜蛋维持在一定的温度，以防止它们腐坏，从而达到保持原有鲜味的目的。用于制造、贮藏和运输冰蛋、冷藏鲜蛋的机器设备，主要包括制冷机、压缩机、冷藏库和冷藏船舶等。概而言之，只有共同使用这些机器设备，才能保证鸡蛋从农户家里安全、卫生地送到最后的消费者手中。因此，外商冰蛋企业对用于冰蛋制造的制冷机器、冷藏设施和冷藏运输投资颇多，这一点从下面的几个例子

---

① 廖中一等编《天津和记洋行史料》，《天津历史资料》第 6 辑，1980，第 10 页。

中可窥一斑。

据英文杂志《远东时报》（*The Far Eastern Review*）1916 年的一篇报道，在班达洋行的冷藏室中，安装有两台弗里克压缩机（Frick Compressors），其中一台 40 吨，一台 20 吨。该行保持一台压缩机处于工作状态，另外一台留作备用，以防处于工作状态之中的压缩机出现故障。这些压缩机由阿利斯-恰尔默斯（Allis-Chalmers）式电动机带动，这些电动机从上海市政的电力公司引取电流。一个变压器被安装在工厂的门前。蒸汽装置由一台伊利锅炉（Erie Boiler）组成，只有一半的装置在工作，第二台锅炉是备用的。电厂的设计人员为机器的各部分的故障都提供了预案。氨压缩机配有一个电气装置，确保在管道破裂或发生任何其他事故时立即停止工作。[①]

怡和冷气堆栈所用的制冷压缩机、引擎联合机、变压器、锅炉等机器设备都是从美国进口的，技术"十分先进"，功能"十分强大"。[②] 这些机器在当时都是价值不菲的，需要投入较大的资本。天津和记洋行拥有厂房及主要库房面积近 300 万平方英尺，拥有蒸汽机 4 台、发电机 3 台（发电总功率达 630 千瓦）、各种类型的压缩机 8 台、压缩吸筒 3 个、搅拌机 2 个、大小锅炉 7 个。[③] 可以说，当时的冰蛋加工是资本密集型行业。

除了制冷、冷冻与冷藏机器外，制作方法更为重要，这是冰蛋制作的核心技术。要使冰蛋能够长期保存并保持鲜蛋原有的美味，必须解决冰蛋遇热融化、易于产生微生物等难题。

1924 年，美国人乔治·W. 米斯默（George W. Missemer）对冰蛋易于融化、易于产生微生物的问题有过详细的描述："很多年以来，从事冰蛋制作的人们总是面临这样的难题：人们冷冻大量的冰蛋之后，就会很容易地发现，当蛋浆（鸡蛋打碎之后，将蛋白与蛋黄搅拌均匀而成的一种液体

---

① Sanitary Egg Products Plant in Shanghai, *The Far Eastern Review*, Volume 13, Issue 5, 1916, p. 163.

② 马任全：《工业化学系工厂参观记：怡和冷气堆栈》，《科学丛刊》第 3 期，1930，第 31 页。

③ 廖中一等编《天津和记洋行史料》，《天津历史资料》第 6 辑，1980，第 19 页。

混合物）融化的时候，就会改变原有的品质，以致这种蛋浆难以保持鸡蛋原有的味道，并且变成一种带有厚厚水渍的胶状物。换句话说，如果在凝固点以下几度，蛋浆就会通过很多种方式慢慢地变质，从而失去它原来的味道，即所谓的变坏。用化学家的话说，蛋液被细菌分解了。"①

经过很多年的试验，人们才发现防止冰蛋融化与避免产生微生物的方法与技术。"经过很多年的试验，人们发现蛋液被冷冻到一个较低的温度时，比如说华氏零度，再向蛋液中添加适量的蔗糖或糖精，即使蛋液融化，也可以很好地保持鸡蛋的原味。""只有制作冰蛋黄、冰全蛋时，才能向蛋液中加 5%～25% 比例的蔗糖，比例的多少取决于蛋黄在蛋液中的占比，蛋黄的占比越高，放入蔗糖的占比越高。在冰蛋白的制作中，加糖不能起到应有的作用，因为它无论被冷冻到何种程度，都会融化到它原有的状态。"问题是，加多少蔗糖，需要依据蛋液中所含脂肪、蛋白质和水分的比例而定。在实际的生产过程中，冰蛋的制作要比米斯默描述的复杂得多。外商企业经过很多年的试验，才掌握冰蛋的制作技术与方法，到了1924 年，米斯默才认为"现在冰蛋的冷冻过程才日趋完美"②。

由以上描述可见，能够较好地掌握冰蛋的制作技术与制作方法并不是一件容易的事。外商对他们掌握的冰蛋制作技术与方法多申请专利，从不肯传授给外人。例如，班达洋行对其生产的冰蛋、加糖蛋黄和加糖冰蛋都申请了专利。③ 其他外商冰蛋企业同样如此。另外，冰蛋的制作还需要拥有先进的制冷与冷藏设备，及时熟悉欧美国家制定的卫生标准，需要具备卫生生产的管理能力。④ 而这一切完全取决于是否拥有相应的专业人才。

---

① Missemer, G. W., Addition of Sugar The Secret of Obtaining Best Results in Freezing Eggs, *The China Press*, November 5th, 1924, p. 10.

② Missemer, G. W., Addition of Sugar The Secret of Obtaining Best Results in Freezing Eggs, *The China Press*, November 5, 1924, p. 10.

③ Sanitary Egg Products Plant in Shanghai, *The Far Eastern Review*, Volume 13, Issue 5, October, 1916, pp. 161–163.

④ Health Standards High at Henningsen Factory, Concern Best Known for Popular Hazelwood Ice Cream, But Main Business is Still Frozen Eggs, *The China Press*, July 4, 1937.

相关技术方法是典型的产业窍门（know-how），为了维持这条技术"护城河"，各外商可谓严防死守。

五　细菌学家的秘密

　　冰蛋等各类蛋品属于食品，因此各国对其卫生标准要求甚高，达不到标准就会招致退货与各种责难。1921年4月，加拿大蛋商对大量进口的中国蛋品颇为抵制，他们声称中国蛋品质量低下，大部分产品不符合卫生要求。[①] 1921年7月，法国卫生官员声称，热天使用中国蛋品制作蛋糕与馒头是件非常"危险"的事情，因为中国蛋品中含有大量的微生物。[②]

　　包括冰蛋在内的蛋品生产，对卫生管理与制作过程的要求非常严格。1921年8月1日，《时报》对冰蛋生产的卫生要求及制作过程有过如下报道：

　　　　蛋在中国预备出口之前，一切做法，十分清洁，实行消毒。得有微生虫，必在抵法（法国）后始染虫。在中国蛋厂内容，极合卫生之道。鸡产蛋之期，每年一月至七月。蛋厂每日打蛋多至一百万枚。每蛋必先在暗室经专家验后，始打，如黄稍散，即可不用，坏蛋立刻移至厂外。好蛋由女工打之，或分黄白。女工均穿白衣，手指与甲，均经医官一星期验两次，如指碎破，即不令打蛋。置蛋之器，不问大小，未用之前，必经消毒。凡蛋欲冻者，倾入有蜡之罐内，冷度在零下三十有二，及运入存栈，亦在冷度零下二十度。每罐重六十磅。欲化之必在温度气候停八小时。但外国饼师，每将罐置热水之内煮之，

① 《加拿大禁止华蛋输入说》，《申报》1921年4月6日。
② 《法国研究中国蛋质》，《新闻报》1921年7月26日。

岂不大错？再拣蛋自中国出口，只外国行承办，中国厂只运出黄与白。[①]

我们从当时外国人对外商企业生产冰蛋过程的描述中，可以进一步看出冰蛋生产对卫生标准的严格管理：

> 女工将鸡蛋打碎以后，根据不同订单的要求，将蛋白和蛋黄分离（分别制作冰蛋白和冰蛋黄），或将二者搅拌在一起（用来制作冰全蛋）。女工必须穿上每夜都清洗得整洁的白色工作制服。她们的指甲和手总是保持着卫生，这主要归因于公司医务人员每周两次的定期检查。如果女工的手指被划破或受到损伤，她就必须离开破蛋室……在每天午餐时间和夜里，用来装冰蛋的镀锡罐和杯子都要在蒸汽缸里消毒。鸡蛋接触到的每一件物品都要用巴氏杀菌法消毒……当女工怀疑一枚鸡蛋变坏，她得喊来经理进行处理。[②]

为了确保蛋品的卫生生产，班达洋行甚至"只雇用漂亮的女性"，因为他们认为"漂亮的女性会更注重个人卫生"，只有更讲个人卫生的人才能够最大限度地确保冰蛋的卫生标准。这些被外商考察后认为符合要求的中国女工，在生产中遵守着一道道严格的工艺流程：

> 鸡蛋在工厂门前被接收，每个篮子内装有大约 1000 枚鸡蛋，因为工厂报了较高的价格，所以它有很大的选择余地。这些最高等级的鸡蛋产自方圆大约一百英里的范围之内。鸡蛋被搬运到"拣蛋室"以后，篮子中的所有鸡蛋都要被仔细检查，而所有破裂的或有其他破损的鸡蛋都被别除。接着，检查合格的鸡蛋被移到"照蛋室"进行"照蛋"，就是工人将鸡蛋放到蜡烛灯或电灯前，利用光线查看鸡蛋是否

---

① 《欧美反对华蛋之由来》，《时报》1921 年 8 月 1 日。

② Hopper, B., China's Plants For Freezing Eggs are in Hands of Foreigners Who have Sanitary Experts to Control Factories, *The China Press*, July 31, 1921, p. 4.

变坏或有异样，变坏或有异样者将被剔除。每名工人每小时可照看500枚鸡蛋。照蛋室内的温度保持在华氏56度（13.33摄氏度）以下。分别用来制作冰蛋和干蛋品的冷藏室和干燥室内的温度保持在华氏0度（零下17.78摄氏度）至华氏100度（37.78摄氏度）之间。

从照蛋室出来的没有去壳的鲜鸡蛋被搬运至"破蛋室"。在破蛋室里，就卫生设备和个人卫生而言，即使是医院的手术室也几乎无法超越。除了低温外，"破蛋室"简直就是一间秩序井然的"医院"，里面有十名戴着白帽和围裙的"护士"。这家工厂目前雇用了100名女工，她们中的每一位都被要求在每天12个小时的工作时间内破蛋和区分1500~2000枚鸡蛋。由于这家工厂给女工开出的工资比同类工厂高，而且每周仅有六天的工作时间（在上海纱厂和丝厂里上班的女工每周七天都要工作），因此它在雇用女工方面有挑选的余地，它雇用女工的标准要比任何其他中国工厂的标准都高。如果给这100名女孩拍一张照，这张照片就可能会让人了解中国人对女性美的看法。

每天早上，女工在进入生产车间以前必须穿上工厂提供的消毒过的工作服，然后修剪她们的指甲后才被允许进入工作场所。非常坚固的破蛋室每天都被仔细地消毒，像医院的手术室一样清洁。女工们坐在低矮的新桌子旁边的金属凳上，在她们每个人面前都有一个奇怪的装置，它可以机械地将蛋清和蛋黄分开。女工从罐子里拿出一个鸡蛋——这些鸡蛋在照蛋室已经被照蛋女工检查过——用右手将它在分离机的横杆上破开。鸡蛋破开之后，女工们用她们灵巧的手指将蛋黄放入一个较浅的杯子里，蛋清则从杯子的侧壁流出。杯子每装完三个蛋黄以后，就会被女工用鼻子嗅一次，主要是检查是否有霉味，因为一个鸡蛋即使看起来很好，但仍有可能发霉。如果发现任何鸡蛋发霉，女工就会将其扔掉，并将一个消过毒的新杯子放在扔掉的杯子的原来位置。这些从分离器的小罐子里集合而来的蛋黄经过滤后被装进大的罐子里，然后形成同质的流体以待干燥。[①]

在 1922 年以前，也就是茂昌公司成立以前，只有和记、怡和、班达、培林、海宁等少数几家外商企业拥有掌握冰蛋的生产技术和制作方法的人才。正如当时外国人所言："需要特别指出的是，只有外国公司才能够制作冷冻鸡蛋，中国工厂主要生产硼化的蛋黄粉和蛋白粉"，"这些中国冷冻鸡蛋厂掌握在有卫生专家监督的外国人手里"。[②]

美国人基思（S. C. Keith）是波士顿基思公司的董事长，也是班达洋行的创始人、常务董事、经理，他于 1917 年和 1920 的冬天两次来到上海，"在这里他有很多朋友"。基思原本是一位任教于美国曼彻斯特技术学院（波士顿）的细菌学教授，"基思是冰蛋工业的奠基者，长期从事冰蛋和干蛋品贸易，他亲自主持了上海班达公司的创建"。[③]

为了防止他人染指蛋品工业，外商蛋品企业都十分严格地保密它们的制作技术、生产方法和所谓的"配方"秘密。对此，当时南京和记洋行的中国职员谢光来有记录："从前有好多学校及实业团体来函要求参观，多被迈力吉葛尔拒绝。这是英国人癖性，恐怕泄露秘密，不能专利……我在写字间与各厂无接洽，按该行规则不得入厂。"[④] 怡和冷气堆栈也是如此，"干制蛋粉乃一秘法，故该厂西人声明不能领往参观"。[⑤] 天津和记洋行与法商永兴洋行同样拒绝外人参观，"该二厂之营业情形，多秘而不宣，厂主均拒绝参观，旁人只能间接采询，其底蕴俱非局外人所能探悉"。[⑥] 由此可见，志在从事冰蛋事业的企业必须解决机器设备、制作方法与卫生管理等问题，这也是制约华商从事冰蛋事业的主要难题之一。

① Sanitary Egg Products Plant in Shanghai, *The Far Eastern Review*, Volume 13, Issue 5, 1916, pp. 161–163.
② Hopper, B., China's Plants for Freezing Eggs are in Hands of Foreigners Who have Sanitary Experts to Control Factories, *The China Press*, July 31, 1921, p. 4.
③ Keith, S. C., Head of Amos Bird Company Dead, *The China Press*, June 8, 1927, p. 3.
④ 谢光来：《南京和记洋行八年之回顾》，《池州旅京学会会刊》第 1 期，1925，第 91 页。
⑤ 马任全：《工业化学系工厂参观记：怡和冷气堆栈》，《科学丛刊》第 3 期，1930，第 32 页。
⑥ 张效良：《华北蛋业之检讨》，《天津商检月刊》第 2 期，1935，第 44 页。

六 扎稳"海底篱笆"

当时的英文媒体将远洋海运能力称为外商独占的一项能力，这被视为中国企业面对的一道无法逾越的"海底篱笆"。冰蛋制作需要冷藏设备与技术，而将冰蛋漂洋过海送至消费者手中，则需要装配冷藏设备的远洋船舶。华商囿于远洋船舶缺乏，受制于外国轮船公司。外商冰蛋公司则充分利用华商冷藏运输船舶缺乏的劣势，一度垄断着中国冰蛋的出口。

20 世纪初，外国轮船公司已开始用冷藏船舶从中国装运水果、肉类运销欧美国家。1910 年，英国巨商赫德氏独资开办的蓝烟囱公司（The Blue Funnel Line）开始在轮船上装置冷气舱，将中国的肉类、水果运销澳大利亚等地。[1] 蓝烟囱公司在中国开展的远洋航线业务，是由太古洋行（But-terfield & Swire Co.）代理的。[2] 因此，人们订蓝烟囱公司的舱位就是向太古洋行订舱位。

当时往来于中国与欧洲、中国与美洲的轮船公司，仅有蓝烟囱公司等少数几家外国轮船公司拥有冷气舱。联合冷藏公司最初没有往来于中国和英国之间的轮船，其在华子公司收购的土货和加工的肉类、冰蛋，只有向太古洋行订冷藏舱位，但由于船期安排等原因，受制颇多。

为了解决远洋冷藏运输问题，1911 年 7 月 28 日，联合冷藏公司注资 10 万英镑组建了蓝星轮船公司（Blue Star Line Ltd.），建立了自己的冷藏远洋船队。[3] 蓝星轮船公司拥有 60 多艘巨轮，其中，一些巨轮专门负责中国各通商口岸与英国本土之间的商品往来。对此，1913 年 5 月 3 日的英文刊物《中国国家评论》（*The National Review of China*）有过报道："该公司

---

[1] Romance of The Blue Funnel Line and The China Trade, *The Shanghai Sunday Times*, December 13, 1925.

[2] 陈潮：《晚清招商局新考：外资航运业与晚清招商局》，上海辞书出版社，2007，第 17 页。

[3] 朱翔：《南京英商和记洋行研究》，南京师范大学博士学位论文，2013，第 20 页。

发现派轮船到中国来是有利可图的，这对未来的业务是有利的。"① 1930
年 4 月 30 日《申报》报道说，蓝星公司早在"十七年以前，曾经派船来
华，开行欧洲班，后即停航唯每年间派一二轮到南京，代和记洋行装
货"。② 其后，蓝星公司又开辟前往天津的航线，如芝罘—天津航线③，为
天津和记洋行提供运输服务。联合冷藏公司所属的轮船公司是英国控制殖
民地航运业的七大轮船公司之一。④

　　早在 19 世纪末，怡和洋行就与英国半岛东方轮船公司建立了密切的合
作关系。1920 年代以前，英国半岛东方轮船公司的轮船已经配有冷气舱
位，怡和冷气堆栈从中国输往欧洲的冰蛋和冷藏鲜蛋是由该轮船公司承运
的。1920 年以后，怡和轮船公司的船舶也开始配备冷气舱位，为怡和冷气
堆栈提供运输服务。"怡和洋行的国际货轮，由上海开往英国、德国、法
国，每月两次。"⑤ 海宁、班达、培林三家外商冰蛋企业没有自己的轮船公
司，不得不依赖总部位于伦敦的格林邮船公司（Glen Line）或总部位于利
物浦的蓝烟囱公司。

　　在 1925 年以前，尽管渐有外国轮船公司增加冷藏船舶和冷气舱位的数
量，但增长并不显著，而且外国轮船公司的冷藏船舶驶来上海的班次也不
多，这主要是此前上海少有冷藏类商品出口海外市场的缘故。1925 年《申
报》的一则报道称"上海向少冷气货运往欧洲"。⑥ 凭借对冷藏船舶的控制
和其他优势，外商冰蛋企业控制着中国蛋品的出口权。如果中国蛋商组织
直接出口，则会招致它们的联合挤压。⑦

　　外商冰蛋企业都拥有自己强大的海外销售渠道与网络。和记洋行的产

---

① Freezing Works at Nanking, *The National Review of China*, May 3, 1913, p. 416.
② 《英商扩张对华航业》，《申报》1930 年 4 月 30 日。
③ 周建波主编《东亚同文书院经济调查资料选译：商品流通卷》，社会科学文献出版社，待
　出版。
④ 廖中一等编《天津和记洋行史料》，《天津历史资料》第 6 期，1980，第 8 页。
⑤ 退之：《外商在华行业之概况（十五）》，《申报》1926 年 8 月 8 日。
⑥ 《航业杂讯：运欧增冷汽费》，《申报》1925 年 8 月 5 日。
⑦ 袁恒通：《中国蛋业发展简史、茂昌蛋业冷藏公司沿革史》，1961 年 12 月，上海市档案馆藏，
　档号：Q229-1-181。

品由其母公司英国联合冷藏公司庞大的销售网络销售。班达洋行同样是一家很有实力的大型跨国公司，其母公司是美国的基思公司，总部位于美国马萨诸塞州的波士顿。1916 年 10 月，英文杂志《远东时报》对班达公司在华生产情况做过详细的报道，文中谈道："美国对冰蛋的需求很大，并且增长迅速。所以基思公司有销售机构为上海工厂以及美国其他重要工厂提供服务。去年（1915 年）的冰蛋产量达到 600 万磅。"① "因其乳制品享誉世界，至 1929 年它已经收购了五十二家公司从事乳制品和类似产品的业务。"② 这些公司的销售渠道成了班达洋行的庞大的海外销售网络，另有美国冷藏食品巨头阿穆尔公司等代理商为其提供代理销售服务。怡和、培林、海宁洋行同样有自己的母公司和众多的海外代理商为其产品提供销售服务。在华经营冰蛋业务的洋行，在海外销路方面，都有其跨国母公司的强有力支撑。

七 设"镇"：外商蛋厂的规模经济

一般经验表明，规模化生产可以有效增强企业的竞争能力以及承担亏损和抗风险的能力，同时还可以大量减少原料采购成本和交易费用。为了提高生产效率、降低生产成本和迅速进入流水线生产，外商冰蛋企业在中国普遍组织实施规模化生产。

和记洋行在兴旺时期，每日用蛋量非常大。据该行买办何醒愚回忆："营业最旺时是在 1914~1924 年，那时和记在中国鸡蛋出口最多时年达 25000 吨，南京和记年达 12000 吨（由于鸡蛋在炎热的天气中易于腐坏，蛋厂每年都会在炎热的时候停产，一年之中正常生产在 100 至 180 天），主要是冰蛋，约需毛蛋 3 亿至 3 亿 3 千万只，看鸡蛋的大小，徐州的蛋较小，

① Sanitary Egg Products Plant in Shanghai, *The Far Eastern Review*, October, 1916, p.163.
② Shanghai Firm is Bought Out, *The Shanghai Times*, July 13, 1929.

要 1000 多只装一篓，芜湖的蛋较大，只需 750 只装一篓"。[1]

为了满足大量生产的需要，南京和记洋行派人至中国各省设立蛋庄收买鸡蛋，每日平均打蛋数目，约在 2000 篓以上（每篓为 800 至 850 枚），每日支出的蛋价及工资达到 20 万两以上，加工厂规模之大可想而知。[2] 当时国人对南京和记洋行的生产规模及其影响力多有描述："南京有英商所经营之和记蛋厂，位于下关江边，规模宏大，国内鲜有其匹。每日生产力三百吨（约五千担），年产力可达百余万担，超过上海六家蛋厂生产力之总额。每日需要蛋至四百万个，影响所及，苏皖两省之蛋价，较内地腾贵至数倍。近虽因国外销路不佳，存货颇多，生产力已渐减低，然其力量之雄厚，仍为国内各蛋厂之冠。天津、汉口两地之蛋厂，均有该行之分厂，年产力各五千吨（约八万四千担），河南亦有该行分厂，生产力亦属不弱，故除山东外，黄河长江两流域之蛋业，几皆为该行所操纵。"[3]

南京和记洋行的大规模生产决定了它在中国食品加工业中的霸主地位，也决定了它在南京对外贸易中的重要地位。据统计，1918~1920 年，南京港出口的蛋制品（主要是和记洋行生产的）的价值，在全港出口物资中分别占 19.7%、26.9% 和 40.1%。[4]

在外商蛋品企业中，和记洋行对鸡蛋货源的掌控力是最强的。1935 年，汉口有英商和记、培林，安利英，比商瑞兴，德商美最时、加利、礼和等七家外商蛋厂，"就中以英商和记规模最大，进胃特强，其营业额几占整个外商蛋厂之半。惟其蛋均直接购于产地，实为蛋业之敌人，河南、湖北、湖南三省之蛋产区几无地不有该厂之蛋庄，据蛋业中人云，二十年前该厂在产区所设之庄计达八十余所……其他各厂，亦有设庄者，惟蛋之

---

[1] 原和记洋行买办何醒愚访问录，1962，引自朱翔《南京英商和记洋行研究》，南京师范大学博士学位论文，2013，第 33 页。

[2] 《我国鸡蛋出口之数量及制造方法》，《农林新报》第 9 卷第 16 期，1932，第 201 页。

[3] 范师任：《中国之蛋业》，《社会杂志》第 1 卷第 5 期，1931，第 12 页。

[4] 南京市地方志编纂委员会办公室编《南京通史·民国卷》，南京出版社，2011，第 116~117 页。

泰半来源仍仰于本市蛋业"。① 即使在世界经济危机期间，世界市场蛋品需求锐减的情况下，汉口和记洋行在产区设立的外庄仍有二十多所。②

天津和记洋行的生产规模也十分庞大，生产效率也非常高。该行占地七八十亩，前临海河，数千吨的海洋货轮可以停泊，背靠铁路，可以联络全国各地，房屋约有数千间，主要为打蛋厂、烤蛋厂、屠宰厂、冷藏库、机器房等，打蛋厂内计分过蛋、照蛋、磕蛋三部；到了1937年和1938年，每日用蛋7200箱，可生产冰蛋120吨（消耗鸡蛋360万枚）；烤蛋厂每日可制成干蛋14吨，约合冻蛋400余吨。另外，屠宰场每日可以宰杀牛羊两三千头，冷藏库可以容纳货物一万数千吨。其他普通库房，也可容纳两三万吨。所有上述建筑都是钢筋水泥建成的，"其高大雄伟之状，实为津市之冠，其生产能力及机器设备更为全华北之冠"。③

其他几家外商冰蛋企业虽然没有和记洋行规模大，但也都颇具实力，培林蛋厂有资本200万元，怡和、海宁、班达等蛋厂也都有资本50万两，均为大规模生产经营，培林蛋厂每年生产能力为10000吨，怡和、海宁、班达每年产量都在5000吨以上。④

八　结网：靠"外庄"向货源腹地渗透

外商冰蛋企业在中国大规模投资，决定了它们必须大量生产才能取得规模效益，实现企业的利益最大化。大规模生产又决定了大量鸡蛋的供应。为了将鸡蛋采买之利益掌握在自己手中，外商冰蛋企业纷纷派人至产区收买鸡蛋，这严重危及了那些曾为它们提供鸡蛋货源的蛋行的利益。

---

① 汉口市商会商业月刊社调查部：《工商调查：武汉之工商业（十一）：蛋业》，《汉口商业月刊》第2卷第9期，1935，第47页。
② 汉口市商会商业月刊社调查部：《工商调查：武汉之工商业（十一）：蛋业》，《汉口商业月刊》第2卷第9期，1935，第47页。
③ 《从和记洋行看外国资本》，《天津市周刊》第5卷第2期，1947，第8页。
④ 范师任：《中国之蛋业》，《社会杂志》第1卷第5期，1931，第12页。

养鸡是中国农家的副业，一般每户饲养的数量仅有几只或十数只。农户养鸡所产的鸡蛋，除一部分自己食用和留作传种之用外，其余部分用于出售。在中国广大的区域内，从分散的农户手中收集大量且易于腐坏和破碎的鸡蛋，对不熟悉中国本土市场、交易习惯和信息严重不对称的外商企业而言，并不是一件容易的事。

从19世纪末外商企业在华加工蛋品之始，就形成了一个为其提供鲜蛋供给的贸易链条，这个贸易链条主要由以下中间商组成。

（1）蛋贩，大多是农民或工人，以经营鸡蛋买卖为副业，所需资本不多，或自筹资金，或向蛋行、蛋厂所设采办处借款，收购上来后按照事先商定的价格，将鸡蛋卖给采办处，价格于事前商定。

（2）蛋行，分为口岸蛋行和内地蛋行。口岸蛋行的资本多为开办者自有，从撮合鸡蛋交易中获取佣金，在各大商埠，口岸蛋行的交易对象主要是中外蛋厂或出口商。内地蛋行主要为蛋厂收购鸡蛋。在收货之前，蛋厂须向内地蛋行预付一部分定金，内地蛋行则将这笔定金转借给蛋贩。

（3）外庄，也被称作"采办处"，原是口岸蛋行在产蛋地区设立的专门收购鲜蛋的商业机构，它们将收购的鸡蛋运回口岸城市，供给中外蛋厂使用或批发给本地市场。

概而言之，鲜蛋从农家之手到中外蛋厂手中，大致经过由农家到蛋贩，由蛋贩到内地蛋行，由内地蛋行到口岸蛋行，再由口岸蛋行到中外蛋厂的过程。在这个贸易链条中，口岸蛋行掌握着鲜蛋收购的主导权与定价权。外商蛋厂收购鲜蛋的流程如图2-1所示。

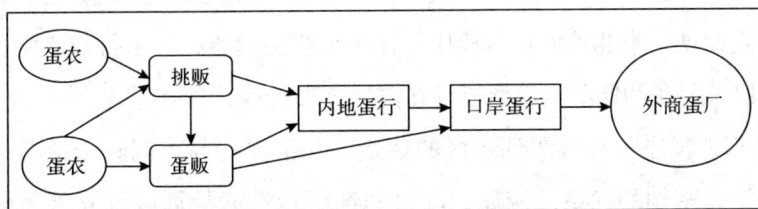

图2-1　外商蛋厂收购鲜蛋的流程

联合冷藏公司在华投资蛋品加工以后，认为原有的鸡蛋收购网络受制于中国商人，不仅鸡蛋的供给时间和质量难有保障，而且更不利于掌握鸡蛋购买的主动权与定价权。为了降低鸡蛋交易成本、将收购的主动权与管理权掌握在自己的手中，汉口和记洋行自从事冰蛋事业开始，就致力于实施"纵向一体化战略"，即致力于构建自己控制的鲜蛋收购网络，将鸡蛋收购置于内部化管理之中。后来的南京和记洋行、天津和记洋行和其他的外商冰蛋企业也同样照做。其方式是：外商冰蛋企业派买办至产蛋区设立"外庄"直接收买鲜蛋。外商冰蛋企业收购鲜蛋的流程转变为图 2-2 所示的流程。

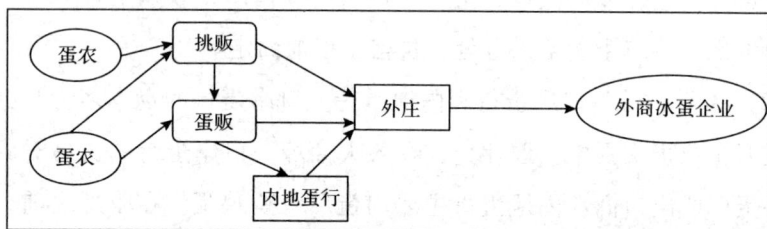

图 2-2　外商冰蛋企业收购鲜蛋的流程

为了满足大量生产的需要，至迟从 1914 年起，南京和记洋行就派人至产蛋区设立外庄，直接采购鲜蛋。"英商和记洋行赴国税厅呈诉在江北收买鸡鸭蛋千万枚。"[1] 尽管和记洋行在中国构建自己主导的鲜蛋收购网络的过程并非一帆风顺，其他外商也面临着同样的困难，但最终还是一一化解了各种难题。根据近代中外商约规定，外商不得在中国内地开设行栈收购土货和销售外国工业制品。因此，外商在产区设立外庄，常会受到中国人和地方政府的抵制。1924 年 5 月 28 日《申报》报道："美商班达、和记各公司，在曲塘、泰北等处自行设庄，往各乡收买鸡蛋，不由行户经手。江苏财政厅以核与条约所载，洋商不许在内地开设行栈，显有违背。"[2]

为了"合法"地收买到产区的鸡蛋，和记洋行与英国驻华使节、驻华机构保持着密切的联系。例如，汉口和记洋行在武昌周围设立外庄收购鲜

---

[1] 《专电》，《时事新报（上海）》1914 年 5 月 5 日。

[2] 《美商在内地设庄收蛋之交涉》，《申报》1924 年 5 月 28 日。

蛋时，经常受到地方官府的阻挠，外庄人员也多次被逮捕。为此，汉口和记洋行大班纪尔就请求英国驻华公使朱尔典直接向庆亲王奕劻提出所谓的严正交涉，要求清政府采取实际的步骤以约束湖北、湖南等地方政府限制和记洋行业务发展的各种行为。[①] 为了解决中国人民和地方官府的抵制问题，和记洋行更多利用买办的商业网络和地方士绅的影响力来完成对牲畜、家禽和鲜蛋的收买。韩永清为南京和记洋行的首任买办，罗步洲为副买办，二人都是湖北人，他们雇用的外庄的职员绝大多数是他们的同乡与亲族。

经过各种努力，汉口和记洋行、南京和记洋行、天津和记洋行都在各自周边省份建立了为其服务的庞大的鲜蛋采购网络。它们的鲜蛋收购网络都十分庞大。河北、安徽、江苏、山东、浙江、河南东部商丘一带、江西九江以西、四川、湖南、湖北等地是汉口和记洋行设立"外庄"的范围，九江以南归南京和记洋行。[②] 在业务全盛时代，南京和记洋行基本垄断了江苏、安徽、山东、河北、江西北部的畜产禽蛋等土特产品，出口贸易额占三家和记出口总额的60%。[③] 天津和记洋行在华北各地建立的分支庄共达130多处，几乎垄断了华北地区的鲜蛋收购。[④]

班达、怡和、海宁、培林等其他几家外商冰蛋企业也纷纷效仿和记洋行的鲜蛋收购模式，聘用买办或产区的士绅开设外庄。完善的鲜蛋收购网络不仅使外商冰蛋企业在中国的冷藏食品工业中保持着业务领先的地位，还对传统中国农副产品市场带来了冲击。为了追求利润最大化，外商冰蛋企业不断改进鲜蛋的收购方式与管理模式，迫使中国原有的蛋业组织不得不对原有的收购模式和生产技术进行革新。

外商冰蛋企业把大量生产与大量销售结合，并在从鸡蛋的购买到最后

---

① 朱翔：《南京英商和记洋行研究》，南京师范大学博士学位论文，2013，第20页。

② 原和记洋行买办何醒愚访问录，引自朱翔《南京英商和记洋行研究》，南京师范大学博士论文，2013，第39页。

③ 姚忠炎、童蔚冬：《大实业家国会议员韩永清》，载中国人民政治协商会议武汉市汉南区委员会文史资料委员会编《汉南文史（第一辑）》，1992年，第142页。

④ 廖中一等编《天津和记洋行史料》，《天津历史资料》第6期，1980，第30页。

向消费者销售的整个流程中，形成了严密的协调与控制组织，这往往是通过它们母公司联合冷藏公司的统一管理实现的。天津和记洋行"有关经营管理的一切重大问题，诸如生产规模、生产品种、基本建设、出口地址、销售利润的计算，以及欧籍职员、中国买办和主要职员的雇佣等问题，均须听命于伦敦总公司。甚至数目不大的开支和加工业务方面的细节问题，也须由总公司决定。例如总公司曾决定天津和记洋行用于基建、维修经费在一百英镑以上者，均须经伦敦总公司批准。又如，什么时间磕完鸡蛋、怎样减少鲜蛋的黑皮等技术问题，总公司也直接抓。所以，天津和记洋行只是一个管理机构，不是权力部门。"[1] 汉口和记洋行与南京和记洋行的经营管理方式同样如此。

概而言之，借助较早进入冰蛋市场的优势，以及凭借先进的技术设备、雄厚的资本、把控远洋冷藏船舶、拥有庞大的海外销售市场和纵向一体化的实施，外商冰蛋企业一度垄断中国冰蛋的生产与出口。同时，外商冰蛋企业通过利用买办和地方士绅构建了一个组织结构完备、实行等级制管理的鲜蛋收购网络，给华商蛋业带来了巨大的生存压力。

与外商垄断中国对外贸易相比，受远洋运输、国际金融服务不足、缺乏海外销售渠道和其他各种不利因素的制约，中国近代华商企业鲜有直接对外贸易者，对外贸易一直为外商左右。中国近代华商企业对海外市场十分隔膜，对海外市场的迅捷变化难有及时把握和，没有应对之策，很多出口产品只能随着海外市场的需求变迁而兴衰更替。"我国蛋品出口必须经过外商出口洋行代销，中间剥削很大，且国际市场消息隔膜，完全为外商所垄断。"[2]

---

① 廖中一等编《天津和记洋行史料》，《天津历史资料》第 6 期，1980，第 12 页。

② 袁恒通：《中国蛋业发展简史、茂昌蛋业冷藏公司沿革史》，1961 年 12 月，上海市档案馆藏，档号：Q229-1-181。

第三章　我们为什么不能走出去呢？

"现在是国家艰难的日子。我们的国家就像襁褓中的弱小婴儿，正面临病毒从四面八方的攻击。我们一定要联合起来，在不利的环境下把他养大"。

"在改善经济和增加政府税收的奋斗过程中，我们必须扩大贸易。西方国家既然想买鸡蛋，我们便卖给他们，赚他们的钱！让我们把蛋业变成中国收入的重要来源吧！"

——股东郑奎元、刘泉皋在承余公司开张典礼上的发言，1916 年[①]

中国近代蛋业没有按照列强预设的"脚本"发展，即外商负责深加工和垄断国际贸易，华商则仅发挥其本土优势，负责从产地收购鲜蛋。在保卫蛋品出口利权、争取在国际贸易中获得更高的产业链利润的过程中，最重要的两个主体是先后是成立于 1916 年的"承余顺记公司"，以及成立于 1923 年的"茂昌公司"，后者是前者的延续与进化。

在讲述这两家公司之前，它们背后的灵魂人物无法绕过：出身于浙江农家的养鸡少年——郑源兴。几十年中，郑源兴从慈林村的一户灾民之家走出，从一名蛋行学徒成长为蛋业跨国巨头的缔造者，在近代中国经济史上留下了自己的名字。

[①] 郑爱青、戴丽荣：《郑源兴：中国人的企业家（1891~1955）》，上海社会科学院出版社，2021，第 54 页。

一　永远装放得稳妥

郑源兴（1891~1955），字福明，生于浙江奉化慈林村的一个普通农家。1900 年前后，童年郑源兴与姐姐在家中养鸡，两三年后姐姐出嫁，郑源兴还是在家里养鸡，他的后人认为"这是源兴蛋业的开始"。①

1904 年，奉化旱灾严重，村民生计断绝，生活异常艰难，郑源兴跟随在上海弄堂做摊贩生意的舅父赴上海谋生。他先是做舅父的帮手，后进入菜市街金记蛋行做学徒。

在做学徒阶段，郑源兴非常刻苦，也颇有天资。他不仅自学文化知识，对鸡蛋买卖相关的各项业务学习得更是用心。在做学徒阶段，郑源兴学会了让其受益终生的本领，比如识别好蛋与坏蛋、保存鲜蛋最好的方法、腌制咸蛋和皮蛋，当然也包括做鸡蛋生意的本领与眼光。据其孙女郑美珠和茂昌公司职员袁巨高的回忆，"他一手可以从鸡蛋篮子中抓起六枚鸡蛋"②。笔者试过，发现这需要高超的技巧，好奇的读者也不妨一试（需要迅速、一次性用一只手抓取 6 枚鸡蛋，而且不弄破蛋壳）。当然，这只是郑源兴学徒生涯练就的高超技艺之一。

由于郑源兴做事勤奋、好学、用心、品行端正，深受正直的金记蛋行老板金先生喜爱（出于敬重，郑源兴从来不提他的全名，因此金先生的全名在相关材料里也阙如）。金老板把他做生意的全部经验和商业智慧毫无保留地传授给郑源兴，郑源兴对其也倍加敬重。

1906 年，15 岁的郑源兴学徒期满，由老板金先生介绍到当时规模最大的天童路"郑源泰蛋行"工作。从那时起，郑源兴的领导才能、创新精神和人格魅力得以充分彰显，而这也是他在后来将其企业家"非职权影响

---

① 郑爱青、戴丽荣、郑美珠：《华人大班郑源兴（1891~1955）》，香港 Icicle Group 印刷，2011，第 21 页。
② 与郑美珠的访谈，2023 年 4 月 1 日；与袁巨高的访谈，2023 年 4 月 6 日。

力"展现得淋漓尽致的基础。

郑源兴精明干练、胆大心细，又肯吃苦，因此深获店主信任，不久便被提拔为副经理。这一时期的材料不多，我们只知道，为加强对郑源泰蛋行的管理，郑源兴制定了几条新店规，因此得罪了同行，工作一度难以开展。

不过，郑源兴的精明、干练、勤奋还是使其很快在上海蛋业中崭露头角。1910年，郑源兴被郑源泰蛋行隔壁的"朱慎昌蛋行"（或作"朱顺昌蛋行"）的朱阿九请去做经理，并借给他400元，用于入股。从此，郑源兴成了主持朱慎昌蛋行的小股东。[①] 时值辛亥革命前夕，郑源兴年仅20岁。

1911年4月，中国同盟会组织了黄花岗起义，被清廷任命为两广总督兼广州将军的张鸣岐出兵镇压。惨烈的战斗波及面广，社会秩序大乱，长江上的交通陷入停顿。所有蛋业的大商号，包括外商在内都受到了影响。金先生告诉郑源兴外商计划向黄河支流地区扩展，因为长江沿岸有太多劫匪集结。于是郑源兴到黄河流域的河南、山东的一些城镇进行考察，看看有什么机会。同时，郑源兴替新店东建立了一套临时制度，让农村个体户或合营的养鸡户，可以把鸡蛋交到距离最近的当地指派收购员，换取等值的物品。他们可以换取食物、生活必需品或金钱。养鸡户都庆幸鸡蛋还有销路。[②] 郑源兴开创了到产区收购鲜蛋的先例。

1912年，在金先生的支持下，郑源兴在上海外滩北黄浦江边创办了"源通蛋行"，并发展出了自己的务实主义商业哲学。其中重要的一点是，郑源兴不再像很多同行一样，把洋人视为敌人，而是视为竞争对手与合作伙伴，跟他们做生意。他认为，从外商手中争取利权与商业合作并无矛盾。郑源兴的这一理念也是受他的商业导师金先生的影响："金先生相信

---

① 崔蔚人：《蛋大王郑源兴》，载中国人民政治协商会议全国委员会文史资料委员会编《文史资料选辑》第46辑（总第146辑），中国文史出版社，2001，第77页。

② 郑爱青、戴丽荣、郑美珠：《华人大班郑源兴（1891~1955）》，香港 Icicle Group 印刷，2011，第34页。

外国人中有好有坏，应该跟好的交易，避开坏的。源兴认为应该利用洋人，不管好坏，以寻求中国人的利益。他不想让洋人按原有的想法来占中国人便宜。机会出现的时候，他会带领同胞去争夺。他不能袖手旁观让洋人践踏华人。虽然赤手空拳，基础薄弱，且蛋行刚开始营业，他还是准备跟外国蛋商搏斗。"①

为了将生意做大，郑源兴从他的老家奉化慈林村招募了一些青年，花了很多时间训练他们，并教导他们从事蛋业"要有耐心"，其中很多人后来都成为他的忠实员工。由于经营得法、积极进取，郑源兴的鸡蛋"永远装放得稳妥，新鲜出售，送货快捷"。为了扩充鸡蛋来源，"源兴又在长江中游增加货运，在上海也增加客户，尤其是在英法租界，那里不受中国内战的干扰，消耗量稳定。因为他能够保持鸡蛋新鲜，价格低廉，大量购买还有折扣优待，兼且送货快捷，因此客户急速倍增。不久，他已经是英法租界餐厅最受欢迎的鸡蛋供应商"。②

生意红火引来了敌人，发生了外商用"盘外招"恶性竞争的"撞船事件"和"霉菌事件"。1913~1914年，郑源兴的蛋船在黄浦江上被不知名的外国轮船连续撞翻两次，损失很大。在第二次被撞时，正在船里的郑源兴看到一个长着绿眼睛、黄色卷发的头颅从大船窗口探出来窥视，对着他们轻蔑地冷笑。郑源兴记下了这个外国人，心里发誓：我会找到那洋人，按他国家的法律跟他算账。值得一提的是，后续处理被外国轮船撞坏的鸡蛋、以最大程度地降低损失的止损经历，也使郑源兴认识到了对蛋品进行深加工的意义，决定终有一天要设计一个方法，让破蛋也可以卖钱。翌年，他研究生产出干蛋制品。

在第二次被撞的几个月后，源通蛋行的店里存货发霉，霉菌迅速蔓延，布满箩筐和纸板。郑源兴仔细检查后说："上海因为靠海，这些都是

---

① 郑爱青、戴丽荣：《郑源兴：中国人的企业家（1891~1955）》，上海社会科学院出版社，2021，第36页。

② 郑爱青、戴丽荣：《郑源兴：中国人的企业家（1891~1955）》，上海社会科学院出版社，2021，第39页。

本地霉菌，不是由产地带来的。"① 长霉菌的鸡蛋显然没法卖了。他到别家店铺查看时发现，其他人的鸡蛋并没有问题，只有他的鸡蛋发霉。郑源兴因此知道，自家的霉菌有可能是别有用心的人使的手段。

由于留下的线索不多，郑源兴及源通蛋行的职员一时难以找到那个外国人及其所属的公司，也无法查出何人让他的鸡蛋发霉。于是，郑源兴放下查找敌人这件事，到河南、山东等地做了一次蛋业调查，并与那里的蛋商签订收购鸡蛋的合同，更重要的是他想到了一个新的商业计划，以及找出敌人的方法。

郑源兴回到上海后首先拜访了其他中国蛋商，告知他们在黄河沿岸和河南、山东两省探得的货源情况，随后也去拜访了一些外国蛋商，提出新的商业合作计划。根据郑源兴的回忆，拜访外商的意外收获是搞清楚了"撞船事件"和"霉菌事件"背后是谁在捣鬼："所有接待他的蛋商都是副经理或高级职员，只有一间正在开展蛋业、规模比其他英美洋行小但被视为明日之星的德国洋行，却让门卫把他挡在门外。"郑源兴顺势查明，那个长着绿眼睛、黄卷发的男子是个德国人，就是这家德国洋行的职员，而且"霉菌事件"也与这个德国人有关，是他设法买通了源通蛋行里的一名年轻职员，让他在源通蛋行散布霉菌。

此时，这家德国洋行的经理仍对此毫不知情。他问郑源兴，为什么所有蛋商都收到了郑源兴新的商业计划，唯独自己没有，郑源兴才把"撞船事件"和"霉菌事件"告诉了他，那位搞小动作的德国职员受到经理的严厉斥责，被调离中国。"这是源兴第一次把洋人打倒。"

除了这个收获以外，郑源兴的合作提议却没有被外商采纳。他提议中外蛋商合作，一起在黄河流域大量收购鸡蛋——外商提供货运设施，华商负责联络村民。他用从村民处得到的合同来证明方法可行。郑源兴的提议在上海中外蛋业同行中得到广泛的讨论，虽然得到了不少华商的支持，但

---

① 郑爱青、戴丽荣：《郑源兴：中国人的企业家（1891—1955）》，上海社会科学院出版社，2021，第 40 页。

没有得到大多数洋行的认真考虑，"因为洋人可以雇用中国职员负责联络，华商也不信任由洋人运货"。①

然而，拒绝合作不代表郑源兴提议的做法不可行。在郑源兴1914年的这次业内倡议后不久，和记洋行独自发展出了货源组织网络，"英商和记洋行很快便在那一带地方独自发展起来。究竟他们是在源兴建议前已经设计了这个计划，还是把源兴的想法借为己用，那就不得而知了"。② 至迟从1914年开始，南京和记洋行就派人至产区直接采购鲜蛋，这从该年5月5日《时事新报》的报道中可以看出："英商和记洋行赴国税厅呈诉在江北收买鸡鸭蛋千万枚，经过厘局各卡，税率不同，捐票所填钱数，与所完钱数不同，请改办认捐，蒋厅长批准洋行专认。"③

虽然此次没有达成合作，凭借着新商业计划表现出来的眼光，一些英美商人开始对郑源兴尊重与信任起来，他们愿意跟他谈论生意，也愿意跟他交易。不过，由于担心郑源兴借助新商业计划控制货源而做大，外商始终不愿意与郑源兴进行深入的分工合作。

既然没有外资蛋商乐意按照建议跟他合作，郑源兴开始独立地在河南、山东等地开展他的鲜蛋收购计划。"他首先联络上由他协助建立的鸡场，并在其附近寻找更多鸡场。然后，像在长江沿岸一样，设立收购站。农民和收购员指引他用古运河路线，沿着只有本地人才熟识的水道，从河南、山东把鸡蛋运到上海。为此，船只要改装成比在长江上行驶的船还小"。在靠近铁路的一些地区，郑源兴还利用快捷的铁路运输他收购的新鲜鸡蛋。由于郑源兴收购鸡蛋的地区广、渠道多，运输又跟得上，"不久，他的存蛋量已经超过上海的消耗量"。④

① 郑爱青、戴丽荣：《郑源兴：中国人的企业家（1891—1955）》，上海社会科学院出版社，2021，第43页。
② 郑爱青、戴丽荣：《郑源兴：中国人的企业家（1891—1955）》，上海社会科学院出版社，2021，第43~44页。
③ 《专电》，《时事新报（上海）》1914年5月5日。
④ 郑爱青、戴丽荣：《郑源兴：中国人的企业家（1891—1955）》，上海社会科学院出版社，2021，第44页。

没能与外商建立紧密的合作,但是一般的商业交易还是开展了起来。1914 年前后,郑源兴开始打算把鸡蛋外输英国。他向外商展示了贸易数字庞大的账目,随即得到了和记洋行副经理的同意,和记洋行成了源通蛋行的主要客户,但双方一开始的合作并不顺利。

和记洋行向郑源兴投诉,说他没有将鸡蛋好好地装箱,不仅使鸡蛋易碎、易腐坏,而且浪费了不少装船的空间。对此,郑源兴与纸箱供货商连夜商议改善的办法。一种新的纸箱被设计出来,能把鸡蛋装得更稳当,更节省空间,比外商常用的纸箱还要好。很快,几乎所有的外商都使用了这种新设计的纸箱。

纸箱问题解决以后,和记洋行又对郑源兴提供的鸡蛋是否"适合食用"产生了怀疑。为了消除和记洋行的疑虑,郑源兴免费给和记洋行伦敦母公司联合冷藏公司运送了一大批鸡蛋,以证明他提供的鸡蛋绝对可靠、"适合食用"。这批货物经过一个多月的海上颠簸,被送到了伦敦,"总公司认为源兴的鸡蛋跟他们自己的无异"[1]。

这些早期事迹使郑源兴得以在上海蛋业立足,并建立了良好的声誉基础。在中外同行看来,这个来自宁波的年轻人是一个很有头脑的、可信的商人。这种口碑,对郑源兴后续的资金筹集和发展至关重要。

第一次世界大战期间,欧美参战各国忙于战事,国内食品物资比较缺乏,因为蛋及蛋制品能够充作军粮,因此对其需求激增,中国蛋业由此进入全盛时期,中外蛋厂纷纷设立。而一些德商等外商的撤离,使华商蛋厂增至 100 多家。[2]

1918 年,郑源兴独自在黄浦路百禄坊的过街楼上,靠几只钵斗和几个工人,加工试制咸鸡黄,这是他决心办厂的起点。后来传说"茂昌是由三

---

[1] 郑爱青、戴丽荣:《郑源兴:中国人的企业家(1891—1955)》,上海社会科学院出版社,2021,第 44 页。
[2] 单揆亚:《蛋与蛋产品》,《商业月报》第 17 卷第 1 期,1937,第 1 页。

只钵斗起家"，"或即渊源于此"。① 同年，郑源兴也适时地设立了蛋厂，制造干蛋，售与上海各洋行。② 然而办蛋厂不是"三只钵斗"那么简单，而是需要资本支持，尤其是信贷支持。向郑源兴提供这种关键支持的人是银行家陈光甫。他是近代史上重要的银行家，创办了民国第一家民营银行——上海商业储蓄银行，在当时的商界、金融界乃至政界都有很强的影响力。

陈光甫（1881～1976）是江苏镇江人，12 岁在汉口的一家洋行当学徒，业余勤奋学习英语，后通过其岳父的举荐，得以被署理湖广总督端方注意到，被派到美国参加圣路易斯世界博览会，当"赛品员"，负责展示推广中国商品。在美国，陈光甫与正在耶鲁大学读硕士的孔祥熙成为好友。陈光甫也正是受孔祥熙的激励，下定决心在美国从高中读起，并成功被宾夕法尼亚大学沃顿商学院录取，成为那里的第一个中国学生。

陈光甫毕业后在美国银行实习。回国后，1911 年进入银行界工作。1915 年发起成立了上海商业储蓄银行，任总经理。陈光甫素来抱有支持工商、实业救国的宏伟理想，他在上海商业储蓄银行开幕式时的致来宾词中就强调了银行辅助工商业的重要性，"一国工商业之发达，全恃金融机关为之枢纽，我国商业凋敝，其故即因金融机关阻滞之故。吾人从此次欧战所得之教训可知；一国国民若无志力识力者，殊不能立足于二十世纪之竞争世界，我国实业尚在幼稚时代，欲培植之，启发之，不可无完善之金融机关。本行宗旨注重储蓄，其目的在辅翼，中国、交通两银行而为其补助机关"。③ 本着银行业应该"服务社会""联络工商""扶助工商"的口号，陈光甫主持的上海商业储蓄银行大力向民族工业放款，支持其发展。④

郑源兴的精明强干和诚信精神，使其获得了陈光甫的信任与支持。

---

① 崔蔚人：《"蛋大王"郑源兴》，中国人民政治协商会议全国委员会文史资料委员会编《文史资料选辑》第 46 辑（总第 146 辑），中国文史出版社，2001，第 78 页。

② 郑源兴：《茂昌股份有限公司创始经过暨业务情况以及目前危急待援之报告书》1950 年 4 月，上海市档案馆藏，档号：Q229-1-213。

③ 《上海商业储蓄银行开幕》，《申报》1915 年 6 月 3 日。

④ 朱志元：《商界精英：长江流域的金融与巨家》，长江出版社，2014，第 224～225 页。

"新银行的总经理陈光甫是个能干而且有远见的人。他了解源兴,知道他跟别的大企业家一样,需要资金周转和投资。他给源兴在财务上的支持比洋人的多,贷款期亦更长。""'你想干便去干。只要我的职位不变,我会尽力支持你。让我们一起建设新中国',他跟源兴握着手含着泪说。他们见面和交谈不多,但源兴知道陈光甫是个志同道合的好朋友。"[1]

有了实力雄厚的银行家的鼓励与支持,郑源兴的生意更加顺利,鸡蛋收购中心的数目也日益增多,客户网覆盖了上海周边的好几个省份。郑源兴在各种阻碍与困境中的表现,加上外有银行界的奥援,使上海最受尊重的蛋商都逐渐认识到与他合作的价值。因此,在1916年八家口岸蛋行联手成立的承余公司中,郑源兴虽然是资历尚浅的年轻商人,却能够被公推为经理。

二 宁波籍蛋商中的耆老与先驱

如前所述,外商在中国广设蛋厂,对鸡蛋的需求十分大。为了满足大规模生产所需,步郑源兴后尘,外国蛋商也纷纷派人到产区直接设庄采购鲜蛋。在兴旺时期,南京和记洋行所设蛋庄将近150处,[2] 汉口和记洋行所设蛋庄也有50多处。[3] 天津和记洋行在华北所设蛋庄有130多处,几乎垄断了华北地区的鲜蛋收购。[4]

外商绕过华商蛋行大肆收买鸡蛋,冲击了清末以来华商发展的蛋行网络,严重影响了中国蛋商的利益。为了挽回利权,华商开始走向联合,试图通过联合同业的方式应对来自外商的挤压,其中上海颇有实力的八家口

① 郑爱青、戴丽荣:《郑源兴:中国人的企业家(1891—1955)》,上海社会科学院出版社,2021,第52页。
② 唐文起:《南京和记洋行》,《史学月刊》1983年第3期,第93页。
③ 中国人民政治协商会议全国委员会文史资料委员会编《文史资料存稿选编:经济(下)》,中国文史出版社,2002,第569页。
④ 廖中一等著《天津和记洋行史料》,《天津历史资料》第6辑,1980,第30页。

岸蛋行成立的上海"承余顺记公司"就是其中的典型代表。

1916 年，上海颇有实力的八家"口岸蛋行"的宁波籍蛋商——"新记泰蛋行"的郑奎元、"朱顺昌蛋行"的郑源兴、"协记蛋行"的刘泉皋、"介顺记蛋行"的楼其樑、"郑源泰蛋行"的郑兴炎、"郑恒记蛋行"的郑方正、"董源兴蛋行"的董佑章、"永泰蛋行"的杨久和共同出资两万元，合组"承余顺记公司"。[①] 公司地址位于上海黄浦路 36 号，合力为中外蛋厂供给鲜蛋。[②]

此时的郑源兴尽管已经颇有名气，但仍谈不上成为商业领袖。在新组建的承余顺记公司中，声望最著者另有其人。

19 世纪下半叶，伴随着上海、汉口等城市规模的扩大，人们对鸡蛋的需求日益增长，蛋行业也随之兴盛。在上海法租界菜市街、虹口天潼路、南市十六铺、北市三茅家桥等一带多有蛋行设立，且经营蛋行者多为宁波人，他们眼光开阔、善于经营，成为上海乃至全国蛋业的中坚力量。其中很多人是郑源兴的重要支持者和帮手。

当时有一位蛋业前辈楼其樑（1840~1932），浙江镇海人，是上海蛋业著名的领袖，早年开有介顺鱼行与介顺蛋行。楼其樑长期担任上海蛋业公所的总董、上海县商会副董、上海敦义堂腌腊业公所的副董等职。

楼其樑"乐善好施，素行善举"，为社会各项慈善事业颇多捐助。例如，1920 年，上海蛋业公所、承余顺记公司与众亲友为其举办八十寿诞，他将所收的礼金 1000 元分别拨给华洋义赈会、沪南神州医院、镇海同善医院、普善材会等作为公益费用。[③] 1922 年，楼其樑与同业董佑章、郑奎元、刘全皋、郑源兴、朱友生、郑方正、杨久和、郭小泉、刘颐云等在上海南市创办乙种商业学校及附属义务国民学校，"完全由该堂（承余堂）设立，

---

① 袁恒通：《中国蛋业发展简史、茂昌蛋业冷藏公司沿革史》，1961 年 12 月，上海市档案馆藏，档号：Q229-1-181。
② 《国内养鸡者与蛋商介绍：郑源兴先生》，《鸡与蛋杂志》第 1 卷第 1 期，1936，第 62 页。
③ 楼其樑：《隆仪移作善举》，《申报》1920 年 12 月 6 日。

贫民弟子概不收资，提出市房数幢以固基金"。① 1925 年，楼其樑捐资"四五万金，浚治镇海北大河及其支河七八处，乡人至今，称道弗衰"。②

1922 年，茂昌公司成立之时，楼其樑被推举为公司董事长。1927 年，以"年事过高，自请退让贤路"，请辞董事长职务。③ 1930 年，作为宁波帮的"九老"之一，④ 上海各界为其举办了盛大的九十寿诞。"国民政府主席蒋介石氏，以楼君耆年硕望，巍为四明人瑞，特亲笔书'仁者寿'三字匾额赠之。"⑤ 浙江省政府主席张静江"以楼君耆年硕望，堪为乡里表率，为题'蛟门人瑞'四字，由杭寄沪，藉申庆祝"。⑥ 楼其樑将此次过寿礼金捐出以治理家乡河道。⑦ "而旅沪同乡以楼君此次寿仪，悉数移充治河之费，热忱公益，至足钦佩，输款者甚为踊跃云"。⑧ 由此可见，楼其樑看重乡谊与公益，是当时宁波商人的精神领袖之一，也是在一定程度上维系宁波籍商人与南京国民政府沟通纽带的关键人物。

宁波籍蛋商中的另一位重要人物是郑奎元，他是业内较早地用轻工业思维重新审视蛋业的人，也是较早与外商展开系统合作的人。郑奎元出生于浙江镇海，其先人以商业起家。小时候在咸鱼行"学业"，年龄稍长，任上海"新记泰蛋行"经理。1915 年前后，海宁洋行在中国收购鲜蛋，试办鲜蛋装箱出口业务，郑奎元"遂脱颖以出，策划其间，多方贡献，确立基础"。1916 年，"郑源泰蛋行"与"新记泰蛋行"并股于"源泰蛋行"，郑奎元出任该行经理。此时，装运鲜蛋出口，还没有冷气轮船设备，每在十一月下旬鲜蛋来源稀少时，郑奎元苦心经营，竭力推广，吸引外埠蛋

① 《蛋业巨商创办学校》，《申报》1922 年 7 月 9 日。
② 《七邑近闻：甬同乡祝楼其樑寿》，《宁波旅沪同乡会月刊》第 89 期，1930，第 7 页。
③ 王锡蕃：《养鸡与蛋商介绍：郑奎元先生小传》，《鸡与蛋杂志》第 1 卷第 4 期，1936，第 61 页。
④ 1922 年 5 月 15 日，朱葆三等人在宁波旅沪同乡会举行九老叙餐会。参加者镇海周维翘 90 岁、镇海楼其樑 82 岁，鄞县袁燮光 80 岁，慈溪周金箴 76 岁、定海朱葆三 75 岁、慈溪陈瑶圃 72 岁，鄞县徐棣荪 71 岁，定海的王松堂 71 岁，鄞县何立卿 68 岁。
⑤ 《蒋主席赠楼其樑寿额》，《申报》1930 年 11 月 29 日。
⑥ 《张静江赠楼其樑寿额》，《申报》1930 年 12 月 4 日。
⑦ 《七邑近闻：甬同乡祝楼其樑寿》，《宁波旅沪同乡会月刊》第 89 期，1930，第 7 页。
⑧ 《张静江赠楼其樑寿额》，《申报》1930 年 12 月 4 日。

源，使一些地方的鸡蛋贸易开始兴起，如芜湖、安庆、泰州等地，"渐知蛋业可为"。源泰蛋行采办的鲜蛋供给海宁洋行、麦天生洋行、来生洋行、泰和洋行等。①

第一次世界大战期间，中国蛋粉工业兴盛。郑奎元不满足于仅为外商供给鲜蛋，于是在苏州河畔创设蛋粉厂。他还设法倡导国人注意养鸡事业，使国内商人用轻工业的思维去看待蛋品，而不是继续将其视为"轻微副业"。1916 年，郑奎元与郑源兴等人合组承余顺记公司，任公司经理。

除了郑源兴、楼其樑、郑奎元三人外，合资创办承余顺记公司的还有郑星炎、董佑章、杨久和、刘泉皋、郑方正。令人遗憾的是，关于郑星炎、董佑章、杨久和的相关史料非常有限，不能概其全貌。而关于刘泉皋、郑方正的史料相对丰富一点。

其中，刘泉皋是上海的松花蛋巨子。他是浙江镇海人，出生日期不详，过世于 1932 年。《申报》载，1909 年刘泉皋与一位名叫费常顺的商人在上海北市三茅家桥合股开办"协记源彩蛋行"。② 1912 年，费氏无意继续经营，于是将其在协记源彩蛋行的股份全部转让给刘泉皋，改称"协记蛋行"，为刘泉皋独资开办。③ 其后，该行"专造陈年松花彩蛋，各省均设分庄，并转运国外各地"。④ 1916 年，刘泉皋出任承余顺记公司副经理。茂昌公司成立后，长期担任公司常务董事，在茂昌公司创业阶段贡献颇多。

郑方正是郑源兴的挚友，浙江镇海人，生于 1894 年，卒于 1967 年，绰号"福将"，经营蛋业 40 多年，是一名虔诚的佛教徒。清末民初，与其兄郑方杏在上海开设"郑恒记蛋行"，该行也颇具实力。1910 年以前，与同乡郑源兴相识，并成为终生挚友，两家始终往来甚密，孩子们都在一起

──────────────

① 王锡蕃：《养鸡与蛋商介绍：郑奎元先生小传》，《鸡与蛋杂志》第 1 卷第 4 期，1936，第 61 页。

② 《拆股声明》，《申报》1912 年 3 月 3 日。

③ 《拆股声明》，《申报》1912 年 3 月 3 日。

④ 《商场消息》，《申报》1930 年 12 月 5 日。

成长。郑源兴对这位挚友有如此描述："方正是我认识的人当中最可靠的。他为人坚定稳当。有风险的工作我都信赖他去处理。有人说只因为他是福将，但我却认为他警觉性高、判断力强、行事小心。"①

1916年，承余顺记公司成立以后，郑方正成为郑源兴的得力助手。1923年茂昌公司成立后，郑方正长期担任茂昌公司的常务董事，将其名下所有收购鲜蛋的"外庄"一律改为茂昌公司的采购办事处。1930年，茂昌公司青岛分厂成立后，长期主持该厂工作，并出任茂昌公司总部副总经理、上海市蛋业同业公会理事长、上海明德集义善会董事，是茂昌公司的重要人物，也是郑源兴的左膀右臂。

唐鼎臣原为洋行买办，商业天分过人。唐鼎臣是浙江鄞县人，生于1893年，卒年不详。"性豪爽、重信义，幼时颖慧好学。"小时候读过私塾，16岁弃学从商，"因刻苦自励，治事勤奋，升迁至速"。唐鼎臣对经营牛皮、羊皮和蛋品对外贸易"尤多心得"。② 1919~1920年，曾出任英商来生洋行（Rakusen and Sons，Shanghai）买办一职。③ 其后，唐氏出任美商摩斯洋行买办，"凡所规划，莫不利市三倍"。后在安徽亳州设立"鼎记蛋厂"，专制各类干蛋品运销欧美各国，颇有成绩，据说"（一年时间）获利二十余万银元"。④ 唐氏在中国蛋业颇有声望，被土法蛋厂公会公举为监察委员。⑤ 唐鼎臣在抗战与国共内战时期，成为郑源兴的得力助手，为公司贡献颇多。

在承余顺记公司的开张典礼上，股东郑奎元对大家说："现在是国家艰难的日子。我们的国家就像襁褓中的弱小婴儿，正面临病毒从四面八方的攻击。我们一定要联合起来，在不利的环境下把他养大。"郑奎元在上

① 郑爱青、戴丽荣：《郑源兴：中国人的企业家（1891—1955）》，上海社会科学院出版社，2021，第34页。
② 《养鸡与蛋商介绍：唐鼎臣君小传》，《鸡与蛋杂志》第1卷第12期，1936，第61页。
③ 《唐鼎臣、郑源兴被控案之续审》，《申报》1921年3月26日。
④ 张荫庭：《亳州茂昌蛋厂的前前后后》；政协安徽省亳州市委员会文史资料研究委员会编《亳县文史资料》第4辑，1990，第74页。
⑤ 《养鸡与蛋商介绍：唐鼎臣君小传》，《鸡与蛋杂志》第1卷第12期，1936，第61页。

海蛋业中颇受人尊重，他的话对年轻人有指导性的意义。另一位资历深、地位高的股东刘泉皋说："在改善经济和增加政府税收的奋斗过程中，我们必须扩大贸易。西方国家既然想买鸡蛋，我们便卖给他们，赚他们的钱！让我们把蛋业变成中国收入的重要来源吧！"备受郑源兴尊敬的同业领袖、公司股东金先生说："社会被太多的贪污贿赂所侵蚀。让我们向国民显示出诚实是最好的行事方法。问题总会有不用贿赂来解决的方法。让我们的新公司为所有中国商人树立起诚实的榜样。"①

为了使公司适应竞争的需要，上海蛋业领袖楼其樑主张推举年富力强的同行主持公司工作，他说："新时代需要新方法，我们这老行业和老方法都不足以应付现在的竞争。我们需要坚忍不屈、精力充沛的青年接手扩充蛋业。"② 在老一辈的支持下，时年 25 岁，年富力强、勇于创新、已在上海蛋业展现出领导能力和威望的郑源兴被推举为经理，总揽公司全局，他的好友郑方正出任副经理。郑源兴把几位前辈的讲话谨记于心，作为他以后的商业准则。"如果没有这些合伙人忠实坚定的支持，源兴绝不能达到他远大的商业目标。"③

三　突围的决心

承余顺记公司成立以后，在股东们的大力支持下，有了新的资本和财务资源的郑源兴可以对一些不友好的银行不予理睬了。在郑源兴的主持下，承余顺记公司很快把简陋但仍然可以使用的码头进行了改建，把办公室和工厂进行了扩充，还加建了一间仓库。很快，承余顺记公司所在地黄浦路36号变成了一个重要的地标。承余顺记公司在长江和黄河流域建有12个大的收购站,都是比较现代化的。承余顺记公司从内地采办新鲜鸡蛋,运到上海,销售给洋商。仓库也改建得更大,足以与外商的仓库媲美。承余顺记公司的鲜蛋不仅供给上海的中外蛋商,还供给南京蛋商。这样,承余顺记公司逐渐使大部分的中国蛋品业务(在鲜蛋采购市场上)从外商转移到华商手上,[①] 实现了设立公司的目的。

在主持承余顺记公司期间,郑源兴在上海蛋业中的声望与领导者得以确立,这不仅归因于他勇于创新、化解各种困难的智慧与方法,更重要的是他给合伙人、员工、同行带来了丰厚的利润。

郑源兴给出任承余顺记公司职员的股东开出很高的薪水,也给其他股东相当多的股息与花红。

郑源兴"有钱多分"的理念,一方面是因为承余顺记公司开办的头几年赶上了蛋及蛋品工业兴盛时期,获利颇多;另一方面,与郑源兴的成功经营策略有关。"他相信公司利润不一定来自价格提高,而是有赖于营业额在一段时间内的增长。"[②]

为了能够多买到鸡蛋,郑源兴给鸡蛋收购员的佣金远比外商高,且在议价方面给他们很大的自主权。郑源兴经常劝告收购员对农户慷慨些,因此得到农民的认可,"郑买办当然跟其他的不同。他永远都是通情达理,诚实可靠,又直接坦率,像我们这些勤劳的中国人一样,他从来没有使我们失望。"[③] 鸡蛋收购员、农民都愿意与郑源兴交易。"货源多的时候,他用高价拿到最上乘的鸡蛋;货源少的时候,其他商人也许什么货都买不到,但他还是拿到最好的鸡蛋,因为他跟鸡农和收购员有密切可靠的关

① 郑爱青、戴丽荣:《郑源兴:中国人的企业家(1891—1955)》,上海社会科学院出版社,2021,第56页。

② 郑爱青、戴丽荣:《郑源兴:中国人的企业家(1891—1955)》,上海社会科学院出版社,2021,第57页。

③ 郑爱青、戴丽荣:《郑源兴:中国人的企业家(1891—1955)》,上海社会科学院出版社,2021,第57~58页。

系。他的生意整年源源不断，不受天气时令的影响，同行里无人能及。"①
这种"慷慨"既是郑源兴的本性使然，也体现了一种利益绑定的长期商业
策略。这种收买鸡蛋的模式，在茂昌公司成立后，一直被采用，成为与外
商竞购鸡蛋的优势所在。通过利益分享，加上个人的诚信与魅力，郑源兴
在同业中的领袖地位与崇高声望得以确立，也得到了蛋行、鸡蛋收购员和
广大农民的支持与信赖。

鉴于承余顺记公司在收购鲜蛋方面实力不俗，英美蛋商此时开始试图
与承余顺记公司建立合作关系了，改变了郑源兴主持源通蛋行时期，与他
只交易、不合作的策略，开始提出由承余顺记公司为他们源源不断地提供
鲜蛋，同时试图通过业务捆绑来控制承余顺记公司的业务。

例如，和记洋行在汉口、南京设有冷藏仓库，但在上海没有冷藏仓
库。他们发现在产区处理鲜蛋，要比沿着长江运到上海再进行处理要容易
许多。如果承余顺记公司能够给它们提供大量鸡蛋，在上海设立冷藏厂便
是经济的。"现在承余差不多有一百个分布在中国中部和东部的收购站供
应鸡蛋，这就是和记洋行所虎视眈眈的。"② 承余顺记公司的这种鲜蛋收购
能力，使和记等洋行既忌惮，又忍不住想与之合作。

1918 年前后，以南京和记洋行为代表的外国蛋商邀请郑源兴，请他把
承余顺记公司收购的鲜蛋送到他们的工厂里冷藏，以便连同他们自己的蛋
制品一起运到海外市场销售。针对南京和记洋行提出的合作邀请，郑源兴
跟承余顺记公司的股东商讨了一番，他们普遍表示了各种担忧。

"如果他们像以前般设计害你怎么办？"

"他们可以给你一仙（先令）而在英国卖十仙，你也永远不会知
道的。"

---

① 郑爱青、戴丽荣：《郑源兴：中国人的企业家（1891—1955）》，上海社会科学院出版社，
2021，第 57 页。

② 郑爱青、戴丽荣：《郑源兴：中国人的企业家（1891—1955）》，上海社会科学院出版社，
2021，第 60 页。

"把鸡蛋交给他们包装无异于把命运交到他们手上。如果他们搅得一团糟怎么办？"

"从中国长途运到英国，冰块不会融化吗？还有，苏伊士运河可以随时关闭，运输时间要延长，鸡蛋必然变坏。"

"他们一定会要你花很多工夫来满足他们的要求。他们的要求将会严苛而不切实际"。[1]

经过慎重考虑，承余顺记公司最终没有答应和记洋行的合作邀请。

尽管承余顺记公司在鲜蛋收购方面具有优势，但外商在内地大量收购鸡蛋，使承余顺记公司的鲜蛋收购业务仍然承受很大压力。为此承余公司苦思应对之道，最后决定自己设厂加工冰蛋，并直接出口外洋。郑源兴等人慨然表示："外商可在我国设厂直接采购鲜蛋，我华商何独不可以自己设厂向外推销？"[2] 应该说，此前股东会上各人的担忧，已经体现了宁波籍蛋商的高远志向，并不满足于供货和获取产业链利润的一小部分。郑源兴的这一豪言壮语，体现的是承余顺记公司打破外商垄断冰蛋生产与出口、突围出去的决心。

不过，要涉足冰蛋生意，需要先有制冷机。

在 1919 年之前，英国和记洋行、培林洋行，美国班达洋行都已经使用成熟的冷冻冷藏技术，可以把大量的鸡蛋冷冻成块，运销海外市场。对此，郑源兴与承余顺记公司的股东十分羡慕。冷冻和冷藏能力，是进军冰蛋国际贸易的前提。

1919 年，郑源兴计划建立承余顺记公司自己的冷藏系统，并编写了预算和投资建议书。郑源兴为此向股东们多次征询意见。听过郑源兴拒绝英美蛋商建议、要自己建立冷藏系统的理由后，大多数股东表示："我们同意应当建立自己的冷藏系统，无须把鸡蛋送往外国商户。是时候独立了。

---

① 郑爱青、戴丽荣：《郑源兴：中国人的企业家（1891—1955）》，上海社会科学院出版社，2021，第 60~61 页。

② 袁恒通：《中国蛋业发展简史、茂昌蛋业冷藏公司沿革史》，1961 年 12 月，上海市档案馆藏，档号：Q229-1-181。

洋人不再是高高在上，让我们跟他们平起平坐吧！"① 楼其樑率先提出公司集资方案，表态增加他的个人投资。股东们花了不少的时间筹措资金，按照新投入的资金比例，重新分配股份。但并不是所有股东都对冷藏事业的前景看好，有因此选择退出承余顺记公司的，比如有股东 1921 年在报纸上刊登了一则启事：

> 启者，本号前摒股承余顺记鸡蛋公司，已历五载，现因无意经营，将该公司所摒股银及应得余利、一切账目，凭中照数算清，立有推据为凭。自本年端节以后，该公司一切营业进出，人欠欠人，概与本号无涉，特登申、新两报声明。民国十年五月，丰茂蛋行启。②

1920 年前后，海宁洋行在上海建立冷藏仓库，郑源兴大为羡慕，进一步坚定了建设冷藏仓库、进军冰蛋行业、突破外商垄断、开展国际贸易的决心。

郑源兴试验各种方法，制造不同形式适合英国需要的蛋品：干全蛋片、干蛋白片、干蛋黄片、冰全蛋、冰蛋白、冰蛋黄、蛋白粉、蛋黄粉、蛋全粉等。他还花了很多时间研究冷藏技术和设备。③

1922 年，在郑源兴的主持下，承余顺记公司委托是年刚刚成立的美商大美机冰厂加工 10 吨冰蛋，并委托英商洛士利洋行试销。洛士利洋行"认为质高价廉，愿为经销"，试销结果令人满意。为此，郑源兴和承余顺记公司股东们"增加了经营信心"。④

在与外商长期打交道的过程中，郑源兴练就了准确判断国际市场前景的能力，同时也表现出超强的自信心与智慧。凭借成功的商业运作，郑源

---

① 郑爱青、戴丽荣：《郑源兴：中国人的企业家（1891—1955）》，上海社会科学院出版社，2021，第 61 页。

② 《推股声明》，《申报》1921 年 6 月 30 日。

③ 郑爱青、戴丽荣：《郑源兴：中国人的企业家（1891—1955）》，上海社会科学院出版社，2021，第 60~61 页。

④ 上海社会科学院经济研究所、上海市国际贸易学术委员会编《上海对外贸易：1840—1949》上册，上海社会科学院出版社，1989，第 300 页。

兴建立了成熟的、可与外商抗衡的鲜蛋收购网络，也初步突破了进军下游深加工的技术、工艺问题。这些前期的铺垫，是郑源兴提出"我华商何独不可以自己设厂向外推销"的底气所在。

　　然而，仅有上述准备以及坚定的决心，对华商蛋品的全球突围来说还是不够的。

第四章 从口岸蛋行到冰蛋工厂

> 1919 年清明节过后，源兴从慈林返回上海，精神抖擞。想到许多家庭的生计都有赖于他的生意决策，他决定向前冲刺。……他花了很多时间研究冷藏设备。英美友人教给他的一切都使他着迷。
>
> ——郑爱青的回忆①

从承余顺记公司发展为茂昌公司，从口岸蛋行变身为冰蛋工厂，茂昌公司面临着外部环境的转变、自身实力提升的困境以及内外制度的掣肘，然而其中也蕴藏着重大的转机。

一 一战后的鸡蛋贸易保护主义

1920 年前，中国干蛋品工业和其他民族工业一样，经历了一个"灿烂的春天"，无论是中外企业的数量还是出口的数量与价值，均显著增长，蛋品（主要是干蛋品）成为中国重要出口商品之一。然而，工业的春天中暗藏着种种危机。

第一次世界大战结束后，美国、英国和日本等鲜蛋及蛋制品的主要消

---

① 郑爱青、戴丽荣：《郑源兴：中国人的企业家（1891—1955）》，上海社会科学院出版社，2021，第 61 页。

费国，都开始积极鼓励本国或附属地区的养鸡业发展。为了保护本国的养鸡业，作为当时最大的养鸡国和中国干蛋品主要进口国的美国，开始对进口的外国蛋品征收高关税。1922 年，美国增收"蛋品入口税"，鲜蛋每打征税八美分，湿冻蛋每磅征税六美分，蛋粉每磅征税高达美金一角八分。[1]由于北洋政府外交无力，中国蛋商通过中国驻美公使与美方交涉难以成功，不得不接受美方征税的政令。

高关税严重削弱了中国蛋品在美国市场上的竞争力。"目下美国储藏蛋市，价约每打三角之谱，而自沪运至西雅图，每打成本须二角六分，倘不征关税，中国出口商尚能与美商竞争，今加关税，在西雅图须售三角四分，方免亏蚀。"[2] 其后美国对中国蛋品所征关税陆续增加。在此困境下，采用土法加工和缺乏海外市场的华商蛋厂，多选择缩减规模甚至退出市场。至 1925 年，华商蛋厂存活下来的只有十之二三。[3]

即使技术先进、在美国有销售渠道的在华美商蛋厂同样如此。对 1922 年美国的高关税，美商都直言其必将摧毁中美蛋品贸易，因为高关税对在华投资的美国蛋品出口企业的打击是一样大的。[4]

高关税的冲击向下游蔓延。《字林西报》1922 年 11 月 24 日报道称："美国市场上的中国冰蛋和干蛋品由于新关税的实施而损失惨重……在上海的（美国）包装公司[5]发现它们不得不临时关停。例如，美发鸡蛋公司（The Superior Egg Products Corporation）已将其 300 名工人裁减至 50 人，只能做一些小的家禽生意和样品出口生意。"[6] 1923 年 2 月 17 日，英文报刊《密勒氏评论报》（The Weekly Review）报道说："一家重要的美国鸡蛋公司

---

① 《调查：吾国蛋业在美销路之危机》，《工商半月刊》第 3 卷第 15 期，1931，第 3 页。
② 《出口蛋市之现状》，《申报》1922 年 11 月 25 日。
③ 袁恒通：《中国蛋业发展简史、茂昌蛋业冷藏公司沿革史》，1961 年 12 月，上海市档案馆藏，档号：Q229-1-118。
④ 《美新税则影响中国出口品》，《申报》1922 年 11 月 7 日。
⑤ 外国蛋品公司在中国购买鸡蛋以后，按一定规格、等级将鸡蛋装箱，贴上自己的标记或商标，装上冷藏船舶运销海外，因此外国人有时也称蛋品公司为包装公司。
⑥ Frozen and Dried Eggs of China, News American Tariff's killing Effect on Market: But Eggs Still Dear, *The North-China Daily News*, November 24, 1922, p. 10.

正在出售给其他国家的企业……高关税的实施将使中美蛋品贸易成为不可能之事"。[1]

同时，欧美各国还设置各种非关税壁垒，以求本国蛋品市场能免受冲击，乃至占领国外市场。早在 1917 年，美国农业部就规定，进入美国境内的中国蛋品含铅量不得超过万分之一。[2] 英国的一些议员和蛋商也对中国蛋及蛋制品进行毫无依据的诋毁与诽谤。1921 年，法国卫生官员对外宣称中国蛋品含有较多细菌不宜食用。"卫生官查明热天用中国（蛋）制蛋糕或馒首，殊为危险。据化验之结果观之，冻蛋融解后二十四小时，一匙之混合物，含有有害之微菌三千六百个，卫生检查员玛尔台氏主张应禁制馒食及饮食店用中国蛋。"[3] 1923 年，英国下议院的一些议员再次诋毁中国干蛋品含锌有毒，要求英国政府严令禁止进口中国的干蛋品。后经英国专业人士检验发现并无此事。"远东化验所之化学师达尔顿昨函西报云：英国下议院近又提出中国干蛋含锌有毒之事，闻之颇为可异，予于二年以来，历验中国干蛋黄蛋白质之样子，不下数百次，未尝查见含锌。"[4]

中国的蛋黄也是欧洲各国重要的进口商品。从 1917 年开始，欧洲各国开始对中国蛋黄进行各种诋毁，给中国蛋品出口带来了很大阻力，用于防腐的硼酸含量成为精心选择的非关税壁垒。"欧人用其竞争商业之手段，谋抵制外货之输入，取缔黄内用硼酸粉，谓此粉有碍卫生，求其政府出禁令，限制用此，其前所制蛋黄和以硼酸粉百分之二者，特减为百分之一点五。盖制造蛋黄须和以此粉，以防臭腐，少和之，即失其效力。中商不察盲从，以致货遭损坏。虽其间亦有因选料精良，制造合法，少和硼酸亦属不妨者，然究竟因此而遭臭腐者为多，损失不少。"

1924 年，欧洲各国又下令完全禁绝添加硼酸的蛋黄，不过"彼时虽有

---

[1] New United States Tariff Serious Blow to China Egg Industry, *The Weekly Review*, February 17, 1923, p. 468.

[2] 《美禁含铅蛋质交涉部电》，《新闻报》1918 年 2 月 3 日。

[3] 《法国研究中国蛋质》，《新闻报》1921 年 7 月 26 日。

[4] 《近闻：英化学师证明中国干蛋品无含锌》，《农商公报》第 9 卷第 11 期，1923，第 12 页。

禁令，尚可稍为通融"。到 1926 年时，欧洲各国完全禁绝中国蛋黄输入。华商蛋厂设法挽救，不得不改变工艺，"乃效英人所发明者，改造蜜黄，始准进口，但与前之水黄相比较，其销数不及十分之三四矣。近来虽仍有用硼酸所制之蛋黄运输国外，系用咸质硼酸粉所制成，为工艺上用料，并非充作食品也"。①

概而言之，原来进口中国干蛋制品的主要国家，出于保护本国养鸡业和蛋品工业发展的需要，对中国蛋品征收高关税和采取限制措施，致使中国鲜蛋和干湿蛋制品的出口非常困难。

这是第一次世界大战结束后，一幅中国蛋品出口形势的略要画像。在此国际大环境下，如何促进本国蛋品对外贸易的发展，这是有志于推动中国蛋业发展的人们不得不思考和加以解决的问题。

二　抱团取暖的本土蛋行

在第一次世界大战期间，外商在中国内地广设外庄、绕开本土蛋行直接采购鲜鸡蛋的做法，严重侵夺了口岸蛋行的既有利益。如前所述，在一战爆发之前，外商多仰赖口岸蛋行提供货源，因而能在春季获取大量鲜蛋。至迟从 1914 年开始，和记洋行到中国内地设立外庄，自行采买鲜蛋。由于蛋厂不断增多，生产规模也不断扩大，鲜蛋需求量日益增大，培林、怡和、班达与海宁等外商蛋厂也纷纷效法和记洋行，在中国内地设立外庄或采办处，争购鲜蛋。

外商在中国大量收购鲜蛋，最初仅限于在上海、汉口、天津等少数几个大城市周边，后来则不断深入农村、市镇。这样一来，不仅口岸城市的鲜蛋价格为外商操纵，连蛋产区的价格也为其左右。外商此举尤其对上海、汉口、天津等城市的华商口岸蛋行的既有利益冲击很大。因此，本土

---

① 郑源兴：《专论：中国蛋业史略》，《国际贸易导报》第 5 卷第 9 期，1933，第 47 页。

蛋商选择了抱团取暖：

> 民元以前，蛋业向无团结。嗣后因欧美日本，华蛋销数，年有增加，而同业中各自为政，不相联络，总觉力量薄弱，有时穷于应付，遂组织进出货合作机关，先后成立协新昌、协新慎、协新慎公记、信义公等蛋号或公司。①

1916 年，上海八大口岸蛋行组建承余顺记公司合力运销鲜蛋、供给市面。同理，1921 年，武汉十多家口岸蛋行也合资组建"慎余公司"，"将分散的货源集中起来，以共同的力量适应大量的需要"。② 1925 年左右，汉口另外八家口岸蛋行组建"同和公司"，专门向汉口的美最时、礼和、安利英三家洋行销售鲜蛋，"几乎是把三厂的进货全包下来了，掌握了武汉三分之一的业务"。③

尽管本土蛋商之间加强了合作，但是它们在与洋行交易的过程中，仍然处于非常不利的地位。尤其在市场环境不好时，外商凭借对中国蛋品出口权和定价权的垄断，特别是对贸易规则制定权的垄断，经常将损失和危机转嫁给他们。正是这些原因的共同作用迫使慎余公司仅成立两年即行结束。④ 本土蛋商的苦涩，可从郑源兴在 1933 年写成的《中国蛋业史略》一文中读到：

> 欧战告终，各国始注意国产蛋品，设法提倡，以图摈绝外货，以挽利权，于是中蛋之销路，即有呆滞之象。而一般订货之外商，习诈异常，见其国产丰足，对于所定之蛋品，吹毛求疵，纷纷藉端退货。盖以中商定出蛋品，售与外商，向有担保其货四个月不致腐坏之旧

① 《上海茂昌公司之过去与现在》，《国际贸易导报》第 5 卷第 9 期，1933。
② 吴子净：《武汉蛋商行业史简述》，中国人民政治协商会议武汉市委员会文史资料研究委员会编《武汉工商经济史料》，《武汉文史资料》汇编专辑第 1 辑，1983，第 71 页。
③ 同②，第 74 页。
④ 吴子净：《武汉蛋商行业史简述》，中国人民政治协商会议武汉市委员会文史资料研究委员会编《武汉工商经济史料》，《武汉文史资料》汇编专辑第 1 辑，1983，第 71 页。

例。如所保期内，货有损坏者，则剔而退之，出定者应即赔还其损失，名曰"保货赔款"。

至其货物装运到境，是否期内损坏，向凭外商片面之论据，以作证明，并无双方可以对证之确据，故奸诈外商得以上下其手，见其定货便宜而质又高尚者，即收之，而无异言。万一货稍参差，价又不廉（即定货吃亏者）即多方设法，借端以退，此中损失甚巨。华商已久受其痛苦矣。

又因先令之影响，当赔款时，往往复受汇兑意外之损失，痛苦更难胜言。例如定货之时，金价贱而银价贵，八九先令，始可合银一两，及退货之时，则反之，市面为金贵银贱，四五先令即可合银一两，倘一批定货，须退半数，照此先令合算，则须返还其定货时所付之全价，而送去其半数之蛋品矣。虽先令之涨跌，固听之于大市，然定货之外商，得以看先令之涨跌，以作收货退货之伸缩，商战失败，莫此为甚。故自欧战告终后，中国蛋厂，多以破产闻者，职是故也。[1]

可见，外商凭借其强大的议价能力，经常以一面之词无故退货、转嫁汇率变动风险，令中国商人非常痛苦。

三　冰蛋成为国际贸易中的黑马

中国鲜蛋与干蛋品出口在一战后各国的贸易保护之下，已有江河日下之势，且华商在本土还面临议价能力不足的困境。这些因素，是华商走向冰蛋出口业务员的"推力"。另一边，冰蛋和冷藏蛋品的巨大市场前景更是民族蛋业资本组建公司、走上直接对外贸易道路的重要"拉力"。

鸡蛋生产具有季节性，一般情况是春天产蛋量大，冬季最少。最大的

---

[1]　郑源兴：《中国蛋业史略》，《国际贸易导报》第 5 卷第 9 期，1933，第 48~49 页。

蛋品消费国英国的产蛋数量，以 2～7 月最盛。过此季节，则鸡的产蛋量逐渐减少，11 月最低。由于季节关系，英国本国鸡蛋供给的数量，时有高低，市场行情当然也受影响，秋冬之交鸡蛋价格最贵。[1]

可见，在春夏与秋冬之间，英国母鸡产蛋的数量相差悬殊。欧洲主要鸡蛋出口国的生产情况大致相同，每年第二和第三季度产出最多，第一季度和第四季度产出减少。季节生产的不均衡，为冰蛋出口留下了巨大空间。为了平滑本国鸡蛋消费，欧美蛋商用冷冻或其他方法，将春夏产蛋储藏至秋冬。还不够的，就从外国进口，最理想的是冰蛋。

同时，冰蛋和冷藏蛋品由于不用硼酸粉也能长久保存，满足了世界市场消费和长途运输的要求。郑源兴认为，冰蛋制法"确系精良，既无杂质之掺和，又能经久不变，故为用者所欢迎，彼外商亦无瑕疵可寻，当然不能作无理之反对"。[2] 因此，步入 20 世纪 20 年代，国际市场对冰蛋需求快速增长。"尽管前几年美国大幅提高关税使冷冻蛋品的出口遭受了一定的挫折，但近年来，冷冻蛋品还是取得了显著的进步。近来（1924 年）海关报告统计表明，去年这个行业（冰蛋业）达到了相当的高度，出口总额达到 575 万海关两，几乎是过去两年的四倍。"[3]

1921 年中国出口冰蛋 91262 担，1930 年已增至 1005608 担，[4] 增长了 10 倍之多。这一时期，冰蛋需求数量不仅大幅增加，而且冰蛋价格也较为高昂并且比较稳定。1925～1929 年，每 112 磅冰蛋、湿蛋的平均价格在七八十先令。[5] 需求的大幅增加以及相对稳定的高价，无不刺激着冰蛋业的发展。

---

[1] 微之译：《专论：英国蛋业概况（一）》，《鸡与蛋杂志》第 1 卷第 9 期，1936，第 5 页。

[2] 郑源兴：《中国蛋业史略》，《国际贸易导报》第 5 卷第 9 期，1933，第 47 页。

[3] George. W. Missemer, Addition of Sugar The Secret of Obtain Best Results in Freezing Eggs, *The China Press*, November 5, 1924, p. 10.

[4] *Ning Jennifer Chang*, Vertical Integration, Business Diversification, and Firm Architecture: The Case of the China Egg Produce Company in Shanghai, 1923-1950, *Enterprise and Society*, 2005, 6 (3): 429.

[5] 微之译：《专论：英国蛋业概况（一）》，《鸡与蛋杂志》第 1 卷第 9 期，1936，第 8 页。

冰蛋和冷藏蛋品出口蕴含的巨大商机，刺激了民族资本从事冰蛋生产与出口的意愿。1922 年，承余顺记公司对冰蛋的试制试销，取得了很好的反响。[①]

承余顺记公司也已经形成了相当的资本积累。由于蛋品可作军需食品，欧洲市场对其需求很大，其中蛋粉因体积小、不占舱位，价格尤其看涨。在第一次世界大战期间，承余顺记公司不仅为外商蛋厂和外国洋行收购鲜蛋，还趁此机会开办干蛋厂，获利不少，资本积累基本完成，因此具备了投资开展冰蛋业务的基础。

四　像北极一样冷

1922 年是茂昌公司开展冰蛋出口业务的起点。承余顺记公司资本积累雄厚，冰蛋产品试制成功，冰蛋国际需求量大，时机刚刚好。介入冰蛋行业的绝佳机会，出现在 1923 年初：美商上海大美机冰厂宣布破产，其制冰机器全部拍卖。善于捕捉商机的郑源兴认为，这是华商挤进冰蛋业的一个千载难逢的机会。在他的积极推动下，承余顺记公司以 20 万元的价格将美商大美机冰厂的全部制冰机器收购下来，并在此基础上，成立了"上海茂昌蛋品公司"（China Egg Produce Co.），地址依然在上海黄浦路 38 号，主要经营鲜蛋、蛋制品和冰蛋出口业务。[②] 茂昌公司作为近代中国蛋品行业尤其是冰蛋贸易的绝对主体，成为本书的主角，由此闪亮登场。

茂昌公司仍以上海蛋业领袖楼其樑为董事长，常务董事为郑奎元、郑源兴、刘泉皋、楼其樑、郑方正五人。同时，为了以外商身份经营海外市

[①] 《中国蛋业发展简史、茂昌蛋业冷藏公司沿革史》，1961 年 12 月，上海市档案馆藏，档号：Q229-1-181。

[②] China Egg Produce Co, *The North-China Desk Hong List*, July, 1922, p. 62. 一般认为茂昌公司成立于 1923 年，其实这不严谨，茂昌公司成立于 1922 年。之所以被普遍认为是 1923 年，是因为该年茂昌公司开始置办机器，自行组织生产，揭开与外商全面竞争的序幕，鉴于此意义，本书仍采用传统观点。

场业务，茂昌公司还吸纳了外籍股东 12 人。郑源兴被推选为公司总经理，郑方正为副经理，以承余顺记公司原有的工作人员为业务骨干。重组后的茂昌公司建立了西方商业习惯认同的公司框架，因为郑源兴等宁波籍蛋商明白，中国蛋业要突围就必须企业化、现代化。鉴于当时内外各种因素，中国人在蛋品贸易方面举步维艰，而外商仍不断涌进中国，所以中国商人必须全方位地装备自己去应付外商的竞争。

茂昌公司留用了原承余顺记公司大部分合伙人、股东、员工，吸收了原承余顺记公司的大部分主营业务，改组后的承余顺记公司的主要业务转向经营房屋租赁，茂昌公司成立的当年，承余顺记公司就开始在公共租界内建造房屋对外租赁。[1] 同时，承余顺记公司还为茂昌公司提供资金融通服务。[2] 承余顺记公司后续扮演着类似财务公司和资产管理公司的角色。

茂昌公司成立时，英商和记洋行、怡和洋行、培林洋行，美商班达洋行、海宁洋行，为了维护垄断中国冰蛋生产与出口的利益与地位，联合起来对茂昌公司进行挤压。

在茂昌公司筹建期间，南京和记洋行与怡和洋行就派遣买办刘步洲与郑源兴交涉，表示茂昌公司如果能够永久放弃建厂的计划，他们可以补偿茂昌公司已经动工所花费的十万多元成本。同时，还许诺以每月一千两的高薪引诱茂昌公司的其他股东到和记洋行任职，企图釜底抽薪，拉走茂昌公司的股东。面对外资冰蛋企业的收买，有的股东曾有动摇，郑源兴则反而更坚定了信心："和记每月肯送我 1000 两，可想而知，将来茂昌经营冰蛋的利润何止十万百万。"大家被郑源兴说服了。[3]

在上海大美机冰厂拍卖的时候，茂昌公司的主要竞争对手南京和记洋行为了阻止茂昌公司收购该厂，也曾提出收购大美机冰厂。1923 年 2 月 11 日，英文报刊《大陆报》（*The China Press*）甚至报道大美机冰厂"已经"

---

[1] 《又一高估地价之反响，承余公司极端反对》，《申报》1933 年 7 月 12 日。

[2] 《茂昌股份有限公司股东会议记录》，1937 年 6 月 20 日，上海市档案馆藏，档号 Q229-1-196。

[3] 崔蔚人：《"蛋大王"郑源兴》，中国人民政治协商会议全国委员会文史资料委员会编《文史资料选辑》第 46 辑（总第 146 辑），中国文史出版社，2001，第 79 页。

被和记洋行的附属机构上海机器冰厂收购的消息：

> 根据昨天夜里收到的信息，去年暑假开设在狄思威路（Dixwell Road，今天的溧阳路）的大美机冰厂已经被上海机器冰厂收购，后者已经收购了两家机器冰厂。大美机冰厂是由哈斯克尔（Mr. R. S. Haskell）、弗兰克·考特尼（Mr Frank Courtney）、卡尔登（Mr W. L. Carleton）、布朗（Mr. C. B. Brown）合资创办，是在美国总领事馆注册的。[1]

然而实际上，由于茂昌公司出的价格比其他竞争对手高，上海大美机冰厂最后还是将机器设备和冷库售卖给了茂昌公司。

在收购大美机冰厂失败之后，为了挤压茂昌公司和其他机器冰厂，南京和记洋行扩大了上海机器冰厂的制冰与冷藏能力。据1923年6月25日的《字林西报》报道：

> 位于南京路24号的上海机器冰厂告知我们，他们将在秋天扩大工厂，他们正在安装最新式的电力驱动的每日能够生产2~100吨冰块的哈斯拉姆压缩机（Haslam Compressors），制冰犹如在"北极"地区一样。他们企业完全能够满足上海地区不断增长的对冷冻或冷藏业务的需求，并且在未来一段时间内，他们的价格也是极具竞争力的。[2]

五　厘金难题与"葡商茂昌"

厘金制度，是茂昌公司面对的又一个难题，为与外商蛋厂站在同一起跑线上竞争，这也是不得不解决的问题。

当时在中国境内贩运产品，中外商人所纳的捐税是不同的。自1858年《天津条约》签订之后，外商在中国内地采购产品，运往通商口岸，沿途

---

[1] Shanghai Ice and Storage Co. Buys Plant, *The China Press*, February 11, 1923, p. 6.
[2] From day to day, *The North-China Daily News*, June 25, 1923, p. 22.

可不缴税，待运到商埠，做一次缴纳。其所缴纳税额，定为货值的 2.5%，即为"子口半税"。沿途凭借缴纳的子口半税的三联单据，即可畅通无阻，免去一切关卡厘捐与检验过程。进口货缴纳海关正税后，运销内地，也只需缴纳子口半税，即可畅通无阻。

然而，中国人却需要面临层层厘金关卡的捐税与检验。据 1921 年的统计，全国共有厘金总局 735 处，尤以蛋品资源丰富的江苏、安徽、浙江、河北、湖北、湖南、江西、山东、河南、山西等省为多，每省厘金总局均在 40 处以上，每个厘金总局之下，又分若干分所。层层厘金关卡加重了中国商人的运销成本。厘金原指对于往来商品征税，原定总额最多不超过五厘，但是如果路过的不止一省，则缴税总额有多至一分或一分半的，也有增到一分五厘至二分的。厘金征收方法极为紊乱，"各省各自为政，厘捐之征收，无一定规则，无一定数额，于是商民不胜其扰，遂为莫大之病政矣"。①

厘金制度还给鲜蛋的贩运带来了很多困难与不利。鲜蛋怕热，不宜久放，对运输时间的要求较高。层层厘金关卡的检验与拖延，增加了鲜蛋的破损与腐坏，增加了蛋品制作的成本。对此，郑源兴有详细的陈述：

> 中国产蛋之区，多在穷乡僻壤，收罗既属不便，而从前关卡林立，处处须加查验，实属多费时间，大有碍于实业之发展。盖是项鲜蛋，均须收自内地，交通不便，运输迟缓，且每过一卡，又须静候验讫，方可开行。蛋为鲜货，受日光之晒炙，或因气候之变化，耽误时间，最易损腐。故老于运蛋者，每在夜间，以避日光。惟关吏对此鲜货，又未能体恤商情，其在夜间，不肯查验放行，固无论矣。即在日中，尚且有留难等情。一关如此，他卡复然，及货运到，损坏之数已占过半矣。挑选其新鲜完好者，则十无四五，有此原因，以致成本较昂，收罗为难。②

① 受百：《厘金制度述略》，《银行周报》第 10 卷第 28 期，1926，第 10 页。
② 郑源兴：《中国蛋业史略》，《国际贸易导报》第 5 卷第 9 期，1933，第 44~45 页。

有了先进的蛋品加工设备和冷藏仓库,有了大量鲜蛋收购站,如何获取蛋品出口经营权、怎样获取与洋商同等的税收待遇,成为茂昌公司亟须解决的重要问题。对于这一最敏感、最实际的问题,其他股东们充满了担忧。郑源兴早在收购大美机冰厂设备之前就已经想到了策略,即假借外国公司之名来获取蛋品出口经营权。

以华商身份还是以外商身份注册公司,一度引起股东们的热烈讨论。大多数股东主张以外商身份注册,理由是中国政府的税收、厘金过于沉重,官员和其他各种势力勒索无度。[1] 特别是厘金制度,对华商贩运鲜蛋和蛋品非常不利。

为了降低厘金负担、实现鲜蛋的快速运输和与外商公平竞争,茂昌公司决定以外商身份注册登记。1922 年前后,郑源兴向葡萄牙驻上海领事馆申请加入葡萄牙国籍,取得了葡萄牙商人的身份。"他似乎从来没有到过葡萄牙,入籍只需要交付申请费用。申请程序很简单……源兴以葡籍身份,成立在葡国注册的控股公司,管理承余业务,避开政府官员的打扰。"[2]

在郑源兴后人的回忆中,郑源兴对自己拥有双重国籍的身份颇感羞愧,他对他的太太冯蕉影说:"我羞于拥有双重国籍,但这是唯一继续合理地经营承余的方法,这是许多人的生计之所在,我没有其他办法。"在其后人叙述的场景中,他的太太一面替他刷衣服,一面笑着对他说:"你没有做错。昆虫动物都会为生存而披上保护色。"[3]

茂昌公司对外定名为"葡商茂昌洋行"(英文名为 China Egg Produce Co.),以葡萄牙商人的名义注册。利用外商身份,茂昌公司不仅取得了在捐税方面与外商蛋厂同等的权利,还解决了运输鲜蛋过程中因为关卡林立

---

[1] 郑爱青、戴丽荣:《郑源兴:中国人的企业家(1891—1955)》,上海社会科学院出版,2021,第 63 页。

[2] 郑爱青、戴丽荣:《郑源兴:中国人的企业家(1891—1955)》,上海社会科学院出版社,2021,第 63 页。

[3] 郑爱青、戴丽荣:《郑源兴:中国人的企业家(1891—1955)》,上海社会科学院出版社,2021,第 63 页。

检验导致的时滞带来的损失①，也由此以平等的身份开启了与外商企业进行全方位的竞争，以下为几例茂昌公司的葡商身份带来的便利。1923 年 4 月 26 日《时报》报道，茂昌公司通过葡萄牙驻上海总领事这个渠道，获取了以"葡商"身份赴内地收购鲜蛋的权利。"驻沪葡萄牙总领事加萨鲁伐昨函江苏交涉公署，以据葡商茂昌洋行禀称，现派行员郑芳桢（即郑方正）、朱金水、李性根、邱春泉分赴苏皖内地，采办大宗鲜蛋，请发给护照，以资保护，并附照片四纸到署。闻许特派交涉员，业已饬科照填护照四纸，函送葡领查收转发矣。"②

1923 年 5 月 13 日《申报》报道，茂昌公司派人赴江苏盐城采购的土货被该处税务所查扣，理由是没有江苏省财政厅批文，需要缴纳内地税。为此，葡萄牙驻沪总领事致函江苏省财政厅交涉。江苏省财政厅函令盐城税务所放行扣留的茂昌公司货物，因为该厅早在 1922 年 9 月就已收到茂昌公司申请完纳内地税三联单的呈请，并发给三联单。③

1923 年 8 月，赴安徽省怀宁县石牌镇采购鲜蛋的茂昌公司某采购员向茂昌公司去电，说他收购的 81 件鲜鸡蛋用三联单装运沪上，途中经过石牌镇，此批货物遭到石牌镇"厘局"的扣押，希图勒索。茂昌公司知悉后，请葡萄牙驻上海总领事派员至安徽省财政厅交涉。安徽省财政厅"责令该局迅予放行，鲜蛋如有变坏，须负赔偿之责"。石牌镇"厘局"接到命令后立即放行，"无如鲜蛋多已变坏，该商坚不肯收。嗣经商会出为调解，由该厘局赔偿损失七百元，始寝其事云"。④

当然，此种不正常的商业安排也是一柄双刃剑。1925 年，五卅运动使中国人民的民族主义情绪高涨。"葡商"茂昌公司也受到冲击。1925 年 6 月 15 日，茂昌公司从内地运至上海大达码头的多件鲜蛋被上海学生联合会

---

① 袁恒通：《中国蛋业发展简史、茂昌蛋业冷藏公司沿革史》，1961 年 12 月，上海市档案馆藏，档号：Q229-1-181。
② 《洋商采办鲜蛋》，《时报》1923 年 4 月 26 日。
③ 《扣留葡商采办土货之令查》，《申报》1923 年 5 月 13 日。
④ 《葡商运蛋之纠葛》，《时报》1923 年 8 月 11 日。

扣留。两三天以后，茂昌公司的一千余件鲜蛋又被闸北保卫团扣留。[①] 后经葡萄牙驻沪领事与上海戒严司令部交涉，事情方才解决。[②]

1927年，鼎定南京后的国民政府，面对全国工商业者的强烈呼吁，最终废除了厘金制度。"于是洋商在厘金上的特权无形消失，茂昌和郑源兴的葡商、葡籍都不再起作用"。[③] 同时，经过几年的快速发展，至1928年时茂昌公司在国际市场上已经有了相当的信誉，已牢牢地站稳了脚跟，对外商的竞争与排挤已经没有什么顾虑，挂外商名义已成多余之举，故决定更名为茂昌公司。[④] 此后，茂昌公司始终保持华商的身份。

① 《惨案交涉停顿后之所闻：（七）关于商业之消息》，《申报》1925年6月20日。
② 《茂昌洋行请保护运货之司令部函》，《申报》1925年7月28日。
③ 崔蔚人：《蛋大王郑源兴》，中国人民政治协商会议全国委员会文史资料委员会编《文史资料选辑》第46辑（总第146辑），中国文史出版社，2001，第82页。
④ 袁恒通：《中国蛋业发展简史、茂昌蛋业冷藏公司沿革史》，1961年12月，上海市档案馆藏，档号：Q229-1-118。

第五章　将鸡蛋与浪漫联系在一起

这些制冷与冷藏机器都是按照最新设计理念制造出来的，且是在美国安装好直接运至上海的，它们由直接连接的同步电动机驱动，电动机的最大功率高达 6000 伏特。这两部大型制冷压缩机的安装与使用，使茂昌公司的制冷设备在当时中外制冷行业中达到了世界领先水平。茂昌公司的制冷与冷藏机器是当今世界上最现代化与最有效率的，世界上可能没有哪一家制冷厂的机器比得上。

——Founder of Egg–Freezing Industry Quits China, *The Shanghai Sunday Times*, October 23, 1927, p. 3.

一　充满风险的新兴行业

冰蛋是食用产品，欧美国家对其卫生标准要求甚严。如果不达标准或者稍有变质，就会招致消费国相关管理机构和消费者的投诉乃至抵制。1921 年，法国巴黎的卫生检查员就曾断言说："中国的冰蛋在溶解以后的24 小时内，每一汤匙就会产生 36000 个对身体有害的微生物，这在炎热的夏天是十分危险的。"[1] 为此，巴黎的卫生检查员玛尔台主张法国的饮食店

---

① Bruce Hopper, Yes, Any New Egg Will Go Bad If It Is Allowed To Stand Awhile In The Sun——China's Plants For Freezing Eggs are In Hands of Foreigners Who have Sanitary Experts to Control Factories, *The China Press*, July 31, 1921, p. 4.

禁止使用中国冰蛋和其他蛋品。① 因此，如何制作出既能迎合消费者口味、又能适合远距离运输、保持鸡蛋原味不变，更要符合欧美国家高卫生标准的冰蛋，在当时的技术条件下，对初入冰蛋行业的华商企业而言，并不是一件容易的事情。如此观之，当时的冷冻冰蛋行业不失为高新技术行业。

经济史研究表明，当时的冷藏和冰蛋行业是资本密集行业和技术密集行业。冰蛋的生产不仅需要生产技术与制作方法，还要投入大量资金置办制冷机器与冷藏设备。

美国企业史专家小艾尔弗雷德·D.钱德勒在分析美国冷藏食品工业巨头斯威夫特食品公司与阿穆尔公司时就曾指出，冷藏食品公司要保证从原料的购买到最后向消费者销售的产品是新鲜的，它们必须对冷藏设备进行很大的投资。② 这对普遍资金不足的华商企业来说，可谓困难重重。

更为关键的问题是，对华商企业而言，制冷与冷藏行业是一个新兴的行业，他们对这些新兴行业是否有市场潜力、企业能否获利，以及各种不确定性引致的各种风险充满了担忧，凡此种种都使他们不敢轻易涉足其间。甚至不仅对华商是这样，对全球的企业来说，制冷与冷藏都是充满风险的新兴行业。外商"熙成洋行"筹集开设制冰厂的资本所遇到的困难是典型的例证。1905 年 8 月 17 日，熙成洋行在《申报》上刊登了一则招股启事：

> 洋商熙成与本埠华商纠集资本银二十万两，拟就苏州河畔，择地建一极大厂屋，开设制冰公司，制造自来冰出售。厂中应用一切机器，由该洋商向外洋承办，共计银十四万两，并请洋工程师至沪装配，约于明年正月开办。现在预估将来用煤出冰之数，倘用最贱价值之开平煤或东洋碎煤，一吨出冰五吨，每日可出冰六十五吨。如果所估不符，该洋商情愿以自己所入之股份四百五十股作为保据，所保之

① 《法国研究中国蛋质》，《新闻报》1921 年 7 月 26 日。
② 〔美〕小艾尔弗雷德·D.钱德勒：《看得见的手——美国企业的管理革命》，重武译，商务印书馆，2001，第 457 页。

期以三年为限，与在股各华商同在上海素有名望之某律师处订立合同云。①

在这个案例中，熙成洋行为了让华商入股，不仅给华商算了一笔经济账，还愿意用自己的股份向华商投资人提供财产担保。熙成洋行这样做，主要是因为华商普遍认为投资冷藏行业是一件很有风险的事情。后来的历史也表明，华商对风险的担忧不是没有道理的。

尽管冷藏业与制冰业是很有前途的事业，但在第一次世界大战以前，由于冷冻与冷藏市场尚未得到充分开发，人们对机器制冰与冷藏的需求不足，以至于在上海开设机器制冰厂的外商企业的经营十分惨淡，很多机器制冰厂倒闭。1914 年的《申报》报道："上海机器冰厂创立于西历一千八百九十八年，迄今已十有三载，资本银二十万两。近年以来营业不甚发达，乃将地产、厂屋出售，得价二十万两。每股照票面发足银二十五两，余产结算，每股尚可发银□两七钱五分，昨已由清理处通告各股东矣。"②1923 年，茂昌公司收购的美商上海大美机冰厂也是因为业务难以开展而被迫拍卖。

可见，冰蛋行业作为新鲜事物，充满了风险。中国商人要涉足这个领域，在当时的一些人看来，无异于浪漫的狂想。

二 结识威廉·卡尔登

茂昌公司确定冰蛋生产与出口为其主营业务，足以证明以郑源兴为代表的宁波籍蛋商敢于开创新局面、勇于承担风险和积极进取的精神与自信。而这种自信来自郑源兴对冷藏与冷冻新技术的了解。"郑源兴同时认

---

① 《洋商股开制冰公司》，《申报》1905 年 8 月 17 日。
② 《上海机器冰厂之结束》，《申报》1914 年 6 月 13 日。注：此厂并非联合冷藏公司所设的上海机器冰厂，而是联合冷藏公司于 1912 年兼并的"华昌冰厂"。

为：为使产品质量符合国际标准，打入国际市场，还必须具备与洋商相等的技术力量。"①

英美友人提供的一切都令郑源兴着迷，而提供这些最新信息的友人中，最重要的一位是美国人、冷藏与蛋品权威专家威廉·卡尔登（William L. Carleton）。卡尔登于 1923 年受聘于茂昌公司，成为茂昌公司掌握冷冻与冷藏技术与设备、冰蛋制作技术与方法的关键人物。

卡尔登，生卒年不详②，原来是美国的一名机械工程师，在美国工作期间，一个偶然的机会使他接触到制造蛋粉的机器。"第一次接触蛋业生意是从试验蛋粉干燥机器开始的，卡尔登发现干燥蛋粉的方法一直没有被很好地解决。"③ 于是他潜心研究干燥蛋粉机器。他将原本用于干燥牛奶的技术和方法运用到蛋粉制作之中，并发明了一种制造蛋粉的机器，"其原则犹为今日欧美通用之密克式机（Mick Machines）所引用，既而几经改良，制出蛋粉甚佳"。然而，卡尔登并不满足，他沿着之前的研发思路，又发明了一种能够制造更好品质的蛋粉的制作机器。很不幸，一场大火把卡尔登发明的蛋粉制造机器全部焚毁。此后，卡尔登别求新法，"悟真空制奶粉法之可资借鉴，乃创为真空干蛋机，于是制造蛋粉无须火焙，可用甚低之温度而保存其原味"。④

真空干燥法在芝加哥试用一段时间之后，效果非常良好。"它是世界上的第一个和唯一的一个。"于是，卡尔登决定将这种新式制造方法推广

① 崔蔚人：《蛋大王郑源兴》，中国人民政治协商会议全国委员会文史资料委员会编《文史资料选辑》第 46 辑（总第 146 辑），中国文史出版社，2001，第 80 页。
② 笔者 2023 年 4 月 1 日采访郑源兴孙女郑美珠女士（1942 年 1 月 2 日生），郑女士回忆，卡尔登比郑源兴年长几岁，大约生于 1880 年代。另据 1931 年 10 月 7 日英文报刊《大陆报》报道，卡尔登的儿子 Jack Carleton 结婚，卡尔登生于 1880 年代应当可靠。1933 年 2 月，茂昌公司续聘卡尔登至 1938 年。此后，失去关于他的相关信息的记载。
③ Founder of Egg-Freezing Industry Quits China, Mr. W. L Carleton, Pioneer Among China's Foreign Egg Products Merchants, Leaves Behind Foundation of Great Industry, *The Shanghai Sunday Times*, October 23, 1927, p. 3.
④ 《首创冻蛋业卡尔敦回国》，《申报》1927 年 10 月 24 日。

到鸡蛋更为廉价的中国。① 与此同时，一位叫密克（Mick）的美国人采用卡尔登的真空干燥法的原理，制造出了密克式蛋粉制造机并将其出售到中国，"大约有 75～100 部密克式蛋粉制造机在中国出售，卡尔登估计有 7% 的蛋黄粉和蛋全粉是用这种机器生产的"②。

1918 年，卡尔登来到中国，被美商上海美发鸡蛋公司（Superior Egg Produce Corporation）聘请为公司经理兼总工程师。③ 卡尔登将其在美国发明的真空干燥法与真空干蛋机运用到上海美发鸡蛋公司的蛋粉生产之中，取得了十分良好的效果。"上海美发鸡蛋公司所制蛋粉比中国和世界上任何一个地方所制的蛋粉都要优良。"④

1920 年，上海美发鸡蛋公司因经营不善被海宁洋行兼并，次年卡尔登加入筹建之中的美商上海大美机冰厂（Pacific Ice & Cold Storage Co. Inc.，该厂在中国也被称为太平洋冰储公司），被聘为经理。在卡尔登的主持下，1922 年 4 月上海大美机冰厂开业，公司资本 50 万元，分为五千股，董事为库脱莱等四人，主营制冰、冷藏及蛋粉等业务，并计划制造蒸馏水冰。⑤ 1923 年初，该厂因股权冲突、难以打开市场局面而宣布破产。

虽然供职的公司屡遭挫折，但卡尔登是一位有远见的人，他非常看好世界冰蛋市场的前景。他并不满足于仅仅经营干蛋品，他选择冰蛋行业替代干蛋品事业。卡尔登对冷藏事业在中国市场的前景同样看好，他在上海美发鸡蛋公司和上海大美机冰厂工作期间，就按照自己的理念为这两家公

① Founder of Egg-Freezing Industry Quits China, Mr. W. L Carleton, Pioneer Among China's Foreign Egg Products Merchants, Leaves behind Foundation of Great Industry, *The Shanghai Sunday Times*, October 23, 1927, p. 3.
② Founder of Egg-Freezing Industry Quits China, Mr. W. L Carleton, Pioneer Among China's Foreign Egg Products Merchants, Leaves Behind Foundation of Great Industry, *The Shanghai Sunday Times*, October 23, 1927, p. 3.
③ Superior Egg Produce Corporation, The North China Disk Hong List, July, 1920, p. 229.
④ Founder of Egg-Freezing Industry Quits China, Mr. W. L Carleton, Pioneer Among China's Foreign Egg Products Merchants, Leaves behind Foundation of Great Industry, *The Shanghai Sunday Times*, October 23, 1927, p. 3.
⑤ 《太平洋冰储公司将开业》，《申报》1922 年 4 月 9 日。

司分别创办了冷藏厂与冷冻厂，后来都被证明是非常具有前景的事业。①

在这位工艺家的眼中，一切皆可冰冻。卡尔登还致力于把中国的死鱼冷藏起来。他初到中国时，就向中国鱼商介绍冷藏鱼的方法与效果。他说，将死掉的鱼进行冷藏，可以使其在很长时间内保持新鲜。为了证明这一点，卡尔登亲自做了实验，结果非常完美。

但中国鱼商对实验结果深表怀疑，认为是这个老外中途用新鲜的鱼调包了那些冷藏的死鱼来糊弄他们。尽管如此，中国鱼商仍然抑制不住好奇，他们要求卡尔登再做一次实验。鱼商将大大小小的死鱼送到冷藏厂，为了防止调包，还在每条鱼的尾巴上都系上一个小带子，所有带子的末端都用蜡密封在一起，蜡上印着交易的印章，这下完全没有偷梁换柱的可能性了。在两周时间以后，当把鱼从冷藏厂拿出来烹饪后，味道"同鲜鱼一样"，人们啧啧称奇。② 这则轶事也从一个侧面反映了冷藏在当时是一个多么不为人所了解的新事物。

卡尔登先后加盟的上海美发鸡蛋公司、大美机冰厂破产，说明他虽有极高的技术才华，但缺乏经营能力。尽管如此，他在中外蛋业中享有盛誉，被赞誉为中国蛋品市场上最具权威的专家和冰蛋工业的奠基人。③ 中外媒体对卡尔登多有赞誉之词：

> 人们很难将浪漫与鸡蛋或者与鸡蛋有关的家禽、禽舍、羽毛或者鸡蛋卷相联系。但是，卡尔登是将鸡蛋与浪漫很好地联系在一起的人。卡尔登长期在中国从事蛋品加工工作，他是中国蛋品市场的先驱，因此将他的工作、声誉与浪漫相联系并不是不可能的，这并不是

---

① Founder of Egg-Freezing Industry Quits China, Mr. W. L Carleton, Pioneer Among China's Foreign Egg Products Merchants, Leaves behind Foundation of Great Industry, *The Shanghai Sunday Times*, October 23, 1927, p. 3.

② Founder of Egg-Freezing Industry Quits China, Mr. W. L Carleton, Pioneer Among China's Foreign Egg Products Merchants, Leaves behind Foundation of Great Industry, *The Shanghai Sunday Times*, October 23, 1927, p. 3.

③ Foreign Genius and Chinese Skill in the Egg-Freezing Business, *The China Weekly Review*, November 5, 1927, p. 238.

在开玩笑。那些了解卡尔登的人，即使是与他有不同观点的人，哪怕是他的商业竞争对手，也会认为他是中国蛋品行业的权威，是将冷冻、冷藏技术运用到中国蛋制品生产中的先驱。然而，卡尔登本人却认为冷冻技术在中国还是一片处女地，需要沿着正确的线路进行开发。事实证明，冷冻与冷藏事业在中国已经成为一个巨大的产业，在美国也一样，大约在美国所有产业中排第九位。[①]

卡尔登被茂昌公司高薪聘请的消息，很快被和记洋行、怡和洋行等外商冰蛋企业探悉，他们深知卡尔登的重要性。和记洋行、怡和洋行等外商冰蛋企业派人去拉拢卡尔登，表示他们愿意出五万元要卡尔登回美国而不帮茂昌公司做事，但被卡尔登拒绝了。[②]

一方面，茂昌公司给他开出了非常诱人的报酬：月薪规银 500 两、若干公司股份[③]，并且凡茂昌与斯威夫特公司的交易，另支付卡尔登 5% 的佣金。[④] 茂昌公司给卡尔登的月薪虽然只有规银 500 两，与其他华商企业聘请外人的月薪相比并不高，因为当时华商企业引进外籍人才薪水优厚，月薪少则二三百两，多则上千两，大大高于中国人的平均收入，有的比华商企业董事长、总经理的月收入都高，如上海商业储蓄银行初级试用职员月薪仅 30 两，一等一级职员月薪 360 两，超等职员月薪不过 380 两，聘用外国顾问德人柏卫德年薪 12000 两，即月薪 1000 两[⑤]，但茂昌特许卡尔登从斯威夫特公司与茂昌公司的交易中提取 5% 的佣金，很有激励效果。

----

① Founder of Egg-Freezing Industry Quits China, Mr. W. L Carleton, Pioneer Among China's Foreign Egg Products Merchants, Leaves behind Foundation of Great Industry, *The Shanghai Sunday Times*, October 23, 1927, p. 3.

② 袁恒通：《中国蛋业发展简史、茂昌蛋业冷藏公司沿革史》，1961 年 12 月，上海市档案馆藏，档号：Q229-1-118。

③ 上海社会科学院经济研究所、上海市国际贸易学会学术委员会编《上海对外贸易：1840—1949》（上册），上海社会科学院出版社，1989，第 300 页。

④ 崔蔚人：《"蛋大王"郑源兴》，中国人民政治协商会议全国委员会文史资料委员会编《文史资料选辑》第 46 辑（总第 146 辑），中国文史出版社，2001，第 80 页。

⑤ 潘君祥编《近代中国国货运动研究》，上海社会科学院出版社，1998，第 199 页。

另一方面，郑源兴与卡尔登志同道合，都有在中国大力发展极具市场前景的冷冻冷藏工业的志向，并因此结下了深厚的友谊。来到中国之后，因为业务关系，卡尔登与郑源兴结识并成为好朋友。对于二人相识的过程，郑源兴有过描述："在以前交往的日子，无论是作为竞争对手，还是朋友，双方之间充满着深厚的友谊。"①"美发鸡蛋公司被海宁洋行收购以后，卡尔登最终选择了他最后也是最成功的事业，即加入中国人开办的茂昌公司。"②

卡尔登与茂昌公司签订了一份五年期的聘用合同，他保证以其最好的知识、技术、信息与信念为茂昌公司服务。在高报酬激励和对大力发展冷冻冷藏事业的共同追求下，卡尔登将茂昌公司冰蛋生产的技术、设备与管理视为重中之重，同时对产品销售也不遗余力。

1924年，卡尔登为了使进口的两部大型制冷压缩机成为最先进、最有效率的，且可以很快投入使用，在连续两个多月的时间里，"他总是夜以继日地修改二比一的机器图纸，以用于两部大型压缩机的铸造和加工"。③卡尔登的努力工作也使其获得巨大收益，他在第一个五年聘用期内就分得40余万元的佣金。④茂昌公司为获得稀缺性人才付出的高成本，是符合市场规律的。事实证明，茂昌公司聘用卡尔登是非常明智与值得的。卡尔登为茂昌公司的生产技术的领先、机器设备的完善、生产管理的科学化和海外销售网络的构建都发挥了重要作用。

---

① 《茂昌股份有限公司与美国芝加哥 SWIFT 公司之间业务往来电报信件》，1927 年 11 月 3 日，上海市档案馆藏，档号：Q229-1-66。

② Founder of Egg-Freezing Industry Quits China, Mr. W. L Carleton, Pioneer Among China's Foreign Egg Products Merchants, Leaves behind Foundation of Great Industry, The Shanghai Sunday Times, October 23, 1927, p. 3. 英文报刊在此报道不准确，1920 年海宁洋行收购美发鸡蛋公司，1921 年卡尔登被美商大美机冰厂聘去做经理兼工程师，该厂由于经营不善，1923 年被拍卖给了茂昌公司，这时卡尔登才加入茂昌公司。

③ Foreign Genius and Chinese Skill in the Egg-Freezing Business, The China Weekly Review, November 5, 1927, p. 238.

④ 崔蔚人：《"蛋大王"郑源兴》，中国人民政治协商会议全国委员会文史资料委员会编《文史资料选辑》第 46 辑（总第 146 辑），中国文史出版社，2001，第 80 页。

三　不知疲倦地坚持"质量第一"

茂昌公司成立之初，由于资本有限、销路尚未打开，生产规模较小，仅购置小型液氨制冷压缩机一部，职工也只有几十人。但是卡尔登对冰蛋的品质特别重视，"因为他坚信出口海外的事业要永久繁荣下去，就要不知疲倦地、坚定不移地坚持'质量第一'的政策"。① 因此，茂昌公司最初的厂房建造、机器设备的购买与安装都是在卡尔登亲自监督与设计下完成的。在卡尔登的主持下，茂昌公司所制的冰蛋质量极佳，首批 3000 吨冰蛋到达美国以后即被抢购一空。② 于是，订单接踵而至，但此时生产场地狭小，机器设备也不敷应用。

为了扩大生产规模以实现规模经济，1924 年，茂昌公司向英商地产公司沙逊洋行租下了位于黄浦路 44 号的房屋，由五昌公司承租，立有承租合同，一直至 1934 年到期。③ 在卡尔登的主持下，茂昌公司的厂房得以扩充，规模非常大。同时，卡尔登还亲自从美国购置了两部当时最新式的大型液氨制冷压缩机，这两部大型制冷压缩机的安装与使用，使茂昌公司的制冷设备在当时中外制冷行业中达到了世界领先水平。④ 除此之外，卡尔登为茂昌公司增添了用于拷蛋、照蛋的新式机器设备，"设备驾洋商

---

① Founder of Egg-Freezing Industry Quits China, Mr. W. L Carleton, Pioneer Among China's Foreign Egg Products Merchants, Leaves behind Foundation of Great Industry, *The Shanghai Sunday Times*, October 23, 1927, p. 3.

② 袁恒通：《中国蛋业发展简史、茂昌蛋业冷藏公司沿革史》，1961 年 12 月，上海市档案馆藏，档号：Q229-1-118。

③ 《茂昌股份有限公司董事会议决录》，1931 年 11 月 14 日，上海市档案馆藏，档号：Q229-1-183-25。

④ Founder of Egg-Freezing Industry Quits China, Mr. W. L Carleton, Pioneer Among China's Foreign Egg Products Merchants, Leaves behind Foundation of Great Industry, *The Shanghai Sunday Times*, October 23, 1927, p. 3.

厂之上"。①

先进制冷技术与机器设备的应用使茂昌公司的生产效率大大提高，每日生产能力由原先的 10 余吨增至 30~40 吨。② "人们可以通过茂昌公司每日的用蛋量窥见其生产规模的庞大，3 月至 7 月，每天用蛋量在 150 万枚左右，大约 75 吨。此项业务在最初时每天只能生产 20 万枚。大部分蛋品被运至欧洲大陆和英国销售。"③ 经过两三年的努力，茂昌公司的冰蛋生产就已经实现了流程化、机械化和标准化。

在郑源兴的大力支持下，卡尔登亲自主持设计的厂房蔚为壮观。在上海黄浦路与南浔路的转角处有大厦两所，其中办公处、机器间、制造所、冷藏室等无不完备，并自建冷藏仓库和冷气栈房。"这足以令中国人骄傲的仓库位处要冲，俯瞰黄浦江，跟新建的汇丰银行总行俯瞰外滩一样。站在外滩的英国新银行大厦前，也可以看到北面苏州河对岸那中国人的冷藏仓库。"④

冷藏业、制冰业与冰蛋业之间有着紧密的关系。因为"冷藏事业，一般说来，它是由食品工业脱胎而来的，或者可以说是食品工业的附属事业，因为食品容易腐坏需要冷藏"。⑤ 外商冰蛋企业都有自己的冷藏厂，一方面可以招揽冷藏业务，一方面随时应对冰蛋、冷藏鸡蛋的储存需要。为了竞争与业务扩张的需要，同时为了化解冰蛋市场可能出现需求不旺和滞销、战争破坏国际航线使冰蛋运销不出去及其他因素引致的风险，茂昌公司在开业时即兼营冷藏和制冰业，借助海鲜、鱼类、肉类、乳制品、水果和其他需要冷冻冷藏食品的广阔市场需求，达到创收和化

① 郑源兴：《上海蛋类输出业之近况》，《新商业季刊》创刊号，1935，第 21 页。
② 袁恒通：《中国蛋业发展简史、茂昌蛋业冷藏公司沿革史》，1961 年 12 月，上海市档案馆藏，档号：Q229-1-118。
③ Founder of Egg-Freezing Industry Quits China, Mr. W. L Carleton, Pioneer Among China's Foreign Egg Products Merchants, Leaves behind Foundation of Great Industry, *The Shanghai Sunday Times*, October 23, 1927, p. 3.
④ 郑爱青、戴丽荣：《郑源兴：中国人的企业家（1891—1955）》，上海社会科学院出版社，2021，第 63 页。
⑤ 胡达人：《各业动态：上海的冷藏业》，《经济周报》第 1 卷第 8 期，1945，第 8 页。

解冰蛋这一主业潜在风险的双重目的。1925 年，茂昌公司将黄浦路 36 号原有的厂房改为冷藏公司，供上海市各鱼行、水果店、肉店、海鲜店、乳制品进口商堆存货物。这是华商第一家冷藏公司，卡尔登担任技术顾问。该冷藏公司在技术水平、营业规模方面，在上海冷藏业中都是首屈一指的。①

另外，为了提高运输鲜蛋的速度和降低鲜蛋的破损率，卡尔登为茂昌公司专门设计了装有冷藏设备的几艘驳船，"它们沿着长江而上，到达所有供给鸡蛋的港口，然后将收集的鸡蛋运至上海，以备出口。这是前所未有的尝试。每艘驳船可以装载 360 万枚鲜蛋。这些鸡蛋都是由中国蛋商在内地收集并通过中国式帆船、舢板和背着竹篓的苦力和其他中国本土的交通工具运送而来，最后汇集到茂昌公司的冷藏驳船上。当前仅有一艘冷藏驳船投入使用，不过还有五艘正在设计与建造中，未来将有无限的鸡蛋供给"。②

1927 年 10 月，卡尔登因与茂昌公司商谈续聘合同失败，已经回美国生活。茂昌公司聘请了英国人麦考尔（McColl J.）接替卡尔登的职务，负责管理冷藏设备，月薪 800 元。③

由于冰蛋出口业务发展十分迅速，茂昌公司上海总厂机器设备的生产能力已不能满足出口的需要。于是茂昌公司决定在周边鸡蛋资源十分丰富的青岛开展冰蛋生产与出口业务。1928 年，茂昌公司从青岛日商浪华油坊购入青岛港附近的商河路 4 号的旧厂房及空地两块，设立"茂昌青岛分公司筹备处"。1929 年初，租赁了青岛青城路日商石桥株式会社（Ishibashi & Co.）的冷藏库制作冰蛋。同时，茂昌公司在青岛大港商河路购地建厂，高薪聘请了英国人安格道尔（Ekdahl）为青岛分公司的建厂工程师，此人

① 《上海华商冷藏公司之调查》，《水产月刊》第 1 卷第 4 期，1934，第 3~8 页。

② Founder of Egg-Freezing Industry Quits China, Mr. W. L Carleton, Pioneer Among China's Foreign Egg Products Merchants, Leaves behind Foundation of Great Industry, *The Shanghai Sunday Times*, October 23, 1927, p. 3.

③ 崔蔚人：《蛋大王郑源兴》，中国人民政治协商会议全国委员会文史资料委员会编《文史资料选辑》第 46 辑（总第 146 辑），中国文史出版社，2001，第 82 页。

毕业于麻省理工学院，原是班达公司的工程师，茂昌公司以年薪 7 万元与他订立了三年合约。①

安格道尔的主要工作是负责厂房的设计、建造与购置、安装机器设备等相关事宜，股东张绪铭协助其工作。1930 年 3 月，青岛分厂建成投产，厂址设在青岛大港商河路 21 号，全部投资达 120 万元之多，定名为茂昌股份有限公司青岛分公司，派郑方正为驻青岛常务董事，刘铁臣为经理。青岛分公司的机器设备全是最新式样的，采用当时世界上最先进的阿莫尼亚制冷压缩机（美国制），共有三台；有 195 匹马力柴油机三台，200 匹马力电动机三台，压缩机每台 100 冷却吨。有冷藏室 14 间，冷藏室 7 间，全部冻藏货物容量千余吨，冷藏货物容量约 1000 吨，每日冻结量约 80 吨，冻结温度华氏零下 10 度至 15 度。② 总之，茂昌青岛分公司的机械设备十分先进。③

在冰蛋生产与管理方面，青岛分公司完全采用与上海总公司一样的制度和方法。青岛分公司的主要业务为冰蛋、干蛋、鲜蛋等蛋产品输出，兼营冷藏仓库、机器制冰等副业，分为进口、出口、冷气、报关、厂务、装箱等部门，与上海总公司大致相同。青岛分公司的生产能力也十分强，每日可速冻冰蛋 60 吨，冷藏容量 3000 吨。该厂交通十分便捷，有小火车可通工厂内，大轮码头也在附近。每日可加工鸡蛋 50～60 吨，年产冰蛋 5000～6000 吨（由于鸡蛋在夏季容易腐坏，工厂一般停工，全年生产日期仅有一半时间，甚至更少）。同时，兼营冷藏制冰业务，职工六七百人。④ 青岛分公司的建成，使茂昌公司实力大增，每年生产冰蛋的能力达到 20000 吨，

① 崔蔚人：《"蛋大王"郑源兴》，中国人民政治协商会议全国委员会文史资料委员会编《文史资料选辑》第 46 辑（总第 146 辑），中国文史出版社，2001，第 83 页。
② 孙绍海：《华北冷藏业近况》，《水产月刊》复刊 2 第 5 期，1947，第 51 页。
③ 《调查：上海茂昌公司之过去与现在》，《青岛工商季刊》第 1 卷第 1 期，1933，第 60 页。
④ 袁恒通：《中国蛋业发展简史、茂昌蛋业冷藏公司沿革史》，1961 年 12 月，上海市档案馆藏，档号：Q229-1-181。

装鲜蛋 10 万箱，制造机器冰 7000 吨，成为仅次于和记洋行的冰蛋制造企业。[1]

此后，在安格道尔、麦考尔等外籍工程师的大力协助下，茂昌公司还在上海大力发展冷藏事业。1928 年，茂昌公司从天主教三德堂的永安地产公司租下南市十六铺外滩枫泾路的一块地，自建九层钢筋混凝土的冷藏仓库，设有制冰设备，冷藏容量为 2000 吨，可制冰 20 吨。该仓库于 1929 年对外营业，定名为沪南堆栈，后改称沪南冷藏部。1931 年，向泰利地产公司租下黄浦路 34 号、35 号、36 号及闵行路 50 号新翻建的全部房屋作为扩充冷藏仓库，增加了冷藏容量 3200 吨，可制冰 15 吨，定名为沪北冷藏部。由于茂昌公司的冷藏制冰业务发达，推动了上海冷藏制冰业的形成，如洽和、洽茂、宏昌、大沪等冷藏厂，都在 1927～1936 年随着茂昌公司冷藏制冰业务的发展而先后成立。[2] 其后，茂昌公司又在延平路 97 号建立堆栈部，此为沪西堆栈部。[3] 经过短短十多年的发展，茂昌已经发展成为技术领先，管理科学，集冰蛋业、冷藏业、制冰业与堆栈业于一体的大型华商跨国企业。

四　彻底的分工，精密的设计

茂昌公司在全国购买鲜蛋和海外销售产品的网络组织所带来的高产品流量，使得鲜蛋收购、冰蛋加工和产品运销所用的人工，走向高度的专业化分工。其中，以包装鲜蛋、制造冰蛋的厂务部门最为彻底。高度的专业分工需要周密的科学管理才能保证生产的有序进行和富有效率，才能保证

[1]　《茂昌股份有限公司下属青岛分公司简史》，1949 年，上海市档案馆藏，档号：Q229-1-233；《上海茂昌公司之过去与现在》，《国际贸易导报》第 5 卷第 9 期，1933。

[2]　崔蔚人：《蛋大王郑源兴》，中国人民政治协商会议全国委员会文史资料委员会编《文史资料选辑》第 46 辑（总第 146 辑），中国文史出版社，2001，第 82~83 页。

[3]　《工商消息：茂昌公司增资招股》，《征信所报》，晨报第 92 期，1946，第 2 页。

在高的卫生标准要求下组织生产。

为了实现科学管理和卫生生产，卡尔登不仅主持茂昌公司的建筑建造和新式机器的采购、设计与安装，还直接负责生产的管理。茂昌公司厂务部门的设置与外商冰蛋企业几无二致，内设环环相扣、紧密协作的很多车间，包括检蛋、装箱、碎蛋、冻蛋、冰藏和其他制造车间。按照冰蛋制造的流程，自鲜蛋从仓库搬出至加工完毕贴上封签为止，至少要经过拆箱、筛选、清洗、检验、照蛋、碎蛋、拷蛋、消毒、冷冻、装罐、装箱、铅封等十几道工序。[①] 可以想见，如此彻底的劳动分工只有经过周密设计的科学管理和高效的制度安排才能实现。

为了使冰蛋和其他蛋制品达到欧美国家进口标准，在卡尔登等人的主持下，茂昌公司对冰蛋和其他蛋制品生产的卫生要求进行制度化管理。卡尔登将外商冰蛋企业的流程化生产、卫生管理制度与其他相关具体办法运用到茂昌公司的产品生产实践之中。[②] 同时，他还按照欧美国家最新制定的卫生标准训练职工，严格要求他们在冰蛋的整个生产过程中始终保持卫生的状态。我们从厂务部第二任主任金绍南的以下描述中，可窥一斑：

> 茂昌公司的一切工作都是在良好的管理制度之下进行的，各类蛋品的整个制造过程都采用科学的管理方法。冰蛋生产对细菌的处理特别注意与仔细，两位名叫楚姚（Chu Yao）和毛森（Mao Sen）的卫生专家分别负责细菌检测和化学分析工作，目的是使所有产品都免受细菌的污染，以达到国际标准。在鲜蛋进厂与加工环节，对卫生的管理同样严格。所有的新鲜鸡蛋进厂之后就会立即卸到冷藏室里进行保存。所有的鸡蛋都要进行仔细的检查。然后进行碎蛋工作，如果工人

---

① 左景祥：《记载：茂昌蛋产有限公司参观记》，《国立上海商学院院务半月刊》第 14 期，1934，第 267~268 页。

② Founder of Egg-Freezing Industry Quits China, Mr. W. L Carleton, Pioneer Among China's Foreign Egg Products Merchants, Leaves behind Foundation of Great Industry, *The Shanghai Sunday Times*, October 23, 1927, p. 3.

发现有腐坏的鸡蛋，就会将它们置于一旁，这些腐坏的鸡蛋是用来生产化工品的原料。[1]

为了防止职工将自己的身体疾病传染给冰蛋，茂昌公司要求所有职工在入职时，都必须提供身体健康检查报告，并且每年要做一次身体检查。所有的职工每天都必须洗澡，她们的指甲也和外商冰蛋企业的女工一样始终保持着干净卫生的状态，这同样是监督人员定期进行检查的内容。在开工之前，"所有女工必须把她们的手洗得干干净净，穿上和戴上洁白的、消毒过的工作服和帽子。所有的车间都和医院的手术室一样干净"。"所有的机器都被擦洗得一尘不染。""所有用来制造冰蛋的鲜蛋首先都被清洗得干干净净，然后用化学方法进行仔细消毒，随后将鸡蛋装在容器内进行无菌化处理。""女工用手把鸡蛋打碎，将蛋黄与蛋清分离开来，装在小碗之中，并通过仔细地闻嗅将有腐坏倾向的蛋液区分出来，然后将好的蛋液装在罐子里，使其进入冷冻阶段。"其后，冷冻、装罐、装箱、冷藏都必须以最快的速度、最卫生的方式完成，以防止细菌和其他物质的污染。整个生产过程不浪费每一秒钟，更没有多余的动作。[2]

为了协调好生产过程中的每一道工序，同时监督员工生产活动，卡尔登每天都要亲自下车间巡视。同时，每天各车间记录员把该车间的生产情况（包括原料耗费、工人人数、原料产品等）记录下来，由车间主任核对后送至会计室，再由会计室核对后制成表，经会计主任签字后送交总经理审核。每周、每月、每季度、每年都有总结报表上报董监联席会，总公司得以及时掌握厂务部门的生产情况。

先进技术与机器的采用、科学的生产管理和各部门之间的高效率协调使茂昌公司的冰蛋生产、冷藏鲜蛋的包装不仅效率高，而且品质保持得非常好。"它的产品质量总是远高于商品检验局所订之标准，而营养价值和

---

[1] S. N King, The Manufacture and Export of Egg Products, *Shipping Information Monthly*, Volame II, Number I, Double Tenth Supplement, 1948, p. 4.

[2] S. N King, The Manufacture and Export of Egg Products, *Shipping Information Monthly*, Volame II, Number I, Double Tenth Supplement, 1948, p. 4.

其他特质都要优于外商企业生产的同类产品。"① 优质产品为茂昌公司打开和长期占据国际市场奠定了坚实的基础。1924 年郑源兴向英国贸易部门申请出售更多冰蛋时的自信可为印证。英国贸易部门官员问郑源兴："你为什么不跟英商合作，省却麻烦？"郑源兴回应道："其他蛋商的效率不高。我们不是制造麻烦。我们提高服务素质和效率可以省去你们的麻烦。我们可以保证即使英商的船运出了事故，我们的货品仍会及时赶到。"在保证高效率的供给优质冰蛋的承诺下，茂昌公司最终获得了每年向英国出口其所需冰蛋总额 1/3 的配额。②

五　面带微笑共同奋斗

在茂昌公司的创业时期，卡尔登在生产技术、生产管理乃至后文即将论述的海外销售方面都发挥了非常重要的作用。茂昌公司对他实行高报酬、强激励。卡尔登也付出了全部努力，他的勤奋工作给茂昌公司带来了丰厚的回报。

然而，1927~1928 年，在中外冰蛋企业之间的竞争最为残酷的阶段，控制成本成为竞争各方不得不采取的手段之一，而 1928 年 2 月，卡尔登五年聘用合同即将到期。早在 1927 年，双方在商讨续聘合同时，围绕着卡尔登是否仍拥有 5% 的销售提成产生了很大的分歧。茂昌公司希望卡尔登能够放弃 5% 的销售提成，以降低制造成本。尽管卡尔登这样的高级人才对茂昌公司仍然很重要，但在激烈竞争的环境下控制成本成为一种必然的理性选择。1927 年 11 月 3 日，郑源兴给斯威夫特公司芝加哥总部负责人之一达菲（C. B. Duffey）写了一封信，在信中他向达菲解释了卡尔登离职的

---

① S. N King, The Manufacture and Export of Egg Products, *Shipping Information Monthly*, Volame Ⅱ, Number Ⅰ, Double Tenth Supplement, 1948, p. 4.

② 郑爱青、戴丽荣：《郑源兴：中国人的企业家（1891—1955）》，上海社会科学院出版社，2021，第 67 页。

原因：

尊敬的达菲先生：

如您所知，威廉姆·L.卡尔登先生与我方公司的合同即将于1928年2月到期。当时卡尔登先生是随美发鸡蛋公司来到中国的，那时他是我的客户（美发鸡蛋公司所需鸡蛋由"承余顺记公司"供应）。不久之后，他离开了美发鸡蛋公司，转而加入英商联合冷藏公司，此时他由我的合作伙伴成为我的竞争对手（英商联合冷藏公司子公司和记洋行与"承余顺记公司"在中国市场争购鸡蛋）。他在联合冷藏公司工作不久就辞职了。在我的资助下，他加入了上海大美机冰厂，于是他再次成为我的客户。

在那些早期的日子里，平时的商业竞争都是很自然的事情。不过，我们的友谊贯穿始终。1923年初，上海大美机冰厂被出售以后，我们的竞争关系结束了，我的公司聘请了他。

卡尔登打算送他的家人回美国，并提出退休的辞呈。为此事，我们在一起做了深入的讨论。我告诉他，我的公司真的希望他能继续与我们合作，但是当前我们的顾客和我们自己都在经历激烈的竞争，我们不得不大幅降低制造成本，所以他最初的合同必须做某些修改。

诚挚问候。

郑源兴

郑源兴的信充分说明，卡尔登离开茂昌公司的主要原因是双方在报酬方面没有谈拢。卡尔登的离开，对茂昌公司而言的确是一种遗憾，但在已经掌握技术与管理的情况下，控制成本是必然的选择。正如外国人对茂昌公司没有续聘卡尔登这件事情所认为的那样，虽然很遗憾，但"放弃领航者"（dropping the pilot）对茂昌公司而言，在财务上是合理的。①

---

① Foreign Genius and Chinese Skill in the Egg-Freezing Business, *The China Weekly Review*, November 5, 1927, p. 238.

令人遗憾的是，笔者没有找到与卡尔登本人对续签合同主张有关的史料。卡尔登于 1927 年 10 月返回美国。① 不过，卡尔登在离开中国时，对其长期奋斗的冷冻冷藏工业留下了很多感伤与不舍，但他也做好了随时返回中国的准备。这样一位将冷冻事业从幼稚推动到高峰并为之倾注全部心血与灵魂的人，不会切断他与这个行业的所有联系，他随时都有可能在未来的某一时刻返回中国。②

我们从卡尔登离开时对记者所说的话中，也可以看出他对离开中国的不舍与不甘心："中国人还没有了解到冷藏业蕴藏的巨大利益，在中国发展冷藏业的可能性是无限的，那些贫穷阶层的人们将会受益。可以想象当冷藏食品被运输到外埠时，比如北京、汉口和其他几个大的城市，将会意味着什么。冷藏生意可以扩展到宁波的鱼类；西伯利亚的鱼类将被无限地捕捉，可以用冷藏船将它们运到中国庞大的市场。这需要时间。首先必须确信中国商人沿着这个线路在等待机会。在铁路和其他运输工具上要拥有冷藏空间，但这会有回报的，一定会有回报的。迄今为止，冷藏业的潜力几乎还没有被开发出来。"③

卡尔登离开茂昌公司回到美国的事情，在当时的上海引起了不小的轰动。《申报》、《弥勒氏评论报》（Millard's Review）、《泰晤士报（星期刊）》（The Shanghai Sunday Times）等中外文报纸对此事件都有报道。1927 年 11 月 5 日，《弥勒氏评论报》对茂昌公司不续签卡尔登的事情，似乎表达了一种不满："外界并不知道卡尔登与茂昌公司分手的秘密，不过可以认为这家大企业的中国所有者认为他们已经完全精通了整个生产的过程。"同

---

① Foreign Genius and Chinese Skill in the Egg-Freezing Business, *The China Weekly Review*, November 5, 1927, p. 238.

② Founder of Egg-Freezing Industry Quits China, Mr. W. L Carleton, Pioneer Among China's Foreign Egg Products Merchants, Leaves behind Foundation of Great Industry, *The Shanghai Sunday Times*, October 23, 1927, p. 3.

③ Founder of Egg-Freezing Industry Quits China, Mr. W. L Carleton, Pioneer Among China's Foreign Egg Products Merchants, Leaves behind Foundation of Great Industry, *The Shanghai Sunday Times*, October 23, 1927, p. 3.

时，媒体也表现出对茂昌公司是否完全掌握生产技术与管理方法持怀疑态度："把问题留给时间吧！它会告诉人们，中国人自己是否掌握了这样高度专业的生产线。他们也许能够做到这一点，但也许会和其他行业中的中国人所做的那样不堪。这没有什么理由可言，需要关注很多细节才能判定。茂昌公司不会继续下去并赢得比现在更大的桂冠。"①

从上述评论中可见，外国人显然对茂昌公司乃至中国人存在很大的偏见，更是低估了中国人的学习能力与智慧。事实证明，卡尔登离开以后，茂昌公司的生产能力、管理能力与经营水平不仅同样优秀，生产效率更是取得了显著的进步。茂昌公司第二任生产主任金绍南不无自豪地说："在抗日战争爆发以前，在鸡蛋上市最多的春天，公司每天的最高产量达到65吨；在秋天的淡季，每天也能生产20吨左右……公司的产品有冰蛋黄、冰蛋白、蛋黄粉、蛋白粉、鲜鸡蛋和其他蛋品。生产过程完全是科学化的，产品的标准总是比政府商品检验局所定的标准还要高……中国鸡蛋的营养价值更高，其他品质也要比澳大利亚生产的鸡蛋更高。因为中国的母鸡是自由觅食和自然生长，而澳大利亚的母鸡都是大规模生产。这就是为什么澳大利亚的冰蛋每吨仅售178英镑，而中国冰蛋的每吨售价210英镑。"②茂昌公司的冰蛋卖价比澳大利亚的冰蛋卖价高，虽然有中国母鸡是自然生长的原因，但也是茂昌公司完全掌握冰蛋制作技术与管理经验的体现。

有必要交代的是，续聘报酬没有谈拢是茂昌公司与卡尔登分手的主要原因，而卡尔登本人的家庭生活也是他离开茂昌公司的一个重要原因。"他的两个儿子和一个迷人的女儿目前都生活在美国西雅图，家里有很多事务需要退休的他去处理。"③ 在卡尔登需要处理的家庭事务中，他的儿子

---

① Foreign Genius and Chinese Skill in the Egg-Freezing Business, *The China Weekly Review*, November 5, 1927, p. 238.

② S. N King, The Manufacture and Export of Egg Products, *Shipping Information Monthly*, Volame Ⅱ, Number Ⅰ, Double Tenth Supplement, 1948, p. 4.

③ Founder of Egg-Freezing Industry Quits China, Mr. W. L Carleton, Pioneer Among China's Foreign Egg Products Merchants, Leaves behind Foundation of Great Industry, *The Shanghai Sunday Times*, October 23, 1927, p. 3.

杰克·卡尔登从上海的美国学校毕业，赴美就读华盛顿大学（就读该校的时间为1928年9月至1932年6月）是其中一件重要的事。[1] 此后，卡尔登虽然离开他为之长期奋斗的茂昌公司，但没有完全离开上海生活。1931年10月6日的《字林西报》曾报道："卡尔登太太从美国返回上海，此次她前往美国旅行主要是参加他儿子在西雅图举行的婚礼。"[2] 这似乎表明，茂昌公司与卡尔登达成了另外一种协议，虽然卡尔登不再为茂昌公司工作，但他仍然是茂昌公司的名誉经理，他仍授权茂昌公司使用他的名字，因为他的名字本身在冷藏行业中就是一个品牌，这就是茂昌公司沪北冷藏堆栈名录表中有他名字的原因之一。[3]

在卡尔登离开中国之时，尽管茂昌已较好地掌握了冰蛋的制作技术、管理经验和建立起海外销售渠道，但卡尔登的价值、作用与声誉，特别是他在沟通斯威夫特公司与茂昌业务关系时的重要作用，都是茂昌公司舍不得放弃的。在世界经济大危机最为严重的1934年，蛋品和其他产品一样，市场需求量锐减，价格下跌严重，冰蛋均价由1931年的每吨61英镑下降至1934年的每吨36英镑。[4] 茂昌公司大幅亏损，连实力最强的南京和记洋行也损失惨重，并从1932年起停止生产冰蛋三年多。同时为了防止潜在和既有竞争对手聘用卡尔登，1933年12月30日茂昌公司再次聘用卡尔登作为公司建设的总顾问，并与其签订了一份聘用合同，合同期限五年（1934年1月1日至1938年12月31日），1934年每月工资2000银元，此后4年每月工资为1500银元。卡尔登承诺全心全意为茂昌公司服务。[5] 与第一次聘用相比，茂昌公司并没有给卡尔登5%的销售提成，但每月1500银元和2000银元的工资，比同期其他华商企业聘用外籍高管的报酬仍然高一些。

---

[1] Personal Notes, *The North-China Daily News*, December 2, 1933, p. 10.

[2] From Day to Day, *The North-China Daily News*, October 6, 1931, p. 8.

[3] 《上海华商冷藏公司之调查》，《水产月刊》第1卷第4期，1934，第3页。

[4] Notes of The Day, *The Shanghai Times*, October 8, 1931.

[5] 《茂昌股份有限公司与外籍人士卡尔登签订服务合同》，1933年12月30日，上海市档案馆藏，档号：Q229-1-4-22。

　　卡尔登放弃 5%的佣金提成而再次为茂昌公司服务有三个主要原因。第一，随着时间的推移，作为技术权威但缺乏经营远见的卡尔登对当时国际冰蛋市场的困境越来越了解。他明白，给出 5%的提成报酬，对当时的任何一家冰蛋企业来说，都是一件十分困难的事情。茂昌公司给其 1500 银元和 2000 银元的月薪是能够接受的。第二，他也为茂昌公司和郑源兴足够的诚意所打动。1933 年，郑源兴通过信函与卡尔登进行了深入的沟通。在信函中，郑源兴向卡尔登介绍了茂昌公司所处的困境，对他重返公司和共同发展冷藏事业充满了真诚的渴望。① 出于对冷藏工业良好前景的信心，加上不忍心看到这个他倾注很多心血的公司可能倒闭的状况，以及他与郑源兴的深厚友谊，构成了卡尔登再次为茂昌服务的一个重要原因。第三，卡尔登的儿子在大学三年级时（1931 年）结婚，1932 年 6 月大学毕业，并于次年决定在上海安家生活，这也是卡尔登再次为茂昌公司服务的另一个重要原因。"威廉姆森·L. 卡尔登太太在她儿子与儿媳的陪同下搭乘'克利夫兰总统'号轮船于周二从假期旅行中返回上海，杰克·卡尔登和儿媳亨利·卡尔登女士目前打算在上海安家。"②

　　1935 年，又经历了两年残酷竞争的茂昌公司已经陷入极度的困难之中，加之茂昌公司之前创设青岛分公司和其他冷藏事业，资金缺口达到 300 万元。③ 为了节约成本，郑源兴放弃了从公司领取薪酬和享受其他待遇。鉴于郑源兴的示范，卡尔登出于上述同样的心情，也接受了再次降薪的请求，"从 1935 年开始，公司支付给他每月 900 元的薪酬"，他也再次承诺将会用他所有的能力、精力、信念与智慧为茂昌公司服务。④

---

① 《茂昌股份有限公司与外籍人士卡尔登签订服务合同》，1933 年 12 月 30 日，上海市档案馆藏，档号：Q229-1-4-22。

② Personal Notes, *The North-China Daily News*, December 2, 1933, p. 10.

③ 《茂昌股份有限公司 1935 年董事会会议决议录》，1935 年 4 月 24 日，上海市档案馆藏，档号：Q229-1-187。

④ 《茂昌股份有限公司与外籍人士卡尔登签订服务合同》，1935 年 8 月 28 日，上海市档案馆藏，档号：Q229-1-4-22。

第六章　越过"海底篱笆"

在外白渡桥北堍黄浦江畔，规模巨大的"茂昌蛋业冷藏公司"厂房终于落成了。然而，这几家洋商蛋厂岂肯就此罢休！就在"茂昌"建成那年，他们向英商二大轮船公司，承包了全部冷藏舱位，筑起了"海底篱笆"，迫使"茂昌"冰蛋无舱外运。

——干谷编《上海百年名厂老店》，上海文化出版社，1987，第19页。

在茂昌公司成立之前，华商难以直接进行对外贸易，很重要的一个原因是中国没有远洋船舶，尤其是带有冷藏和冷冻舱位的船舶，从中国到世界其他地区的远洋运输业务被外商所垄断。立志冲破外商蛋厂围堵而走上直接出口与销售道路的茂昌公司，在郑源兴的主持下，如何靠创新和开拓精神突破外商的运销垄断，如何越过"海底篱笆"？

一　蓝星与蓝烟囱

19世纪下半叶，欧美工业化国家的人口数量急剧增加，本国的农业不足以养活所有人口，而南美洲和大洋洲的开阔地带有大量的牛群，于是人们把那里变成欧洲肉类食物的供应地。但在漫长的运输过程中，如何保持肉类和其他食品的新鲜是一个大的问题。为此，人们进行了很多次试验，

1872~1874 年，氨制冷机在美国和德国相继出现，它能够提供足够的冷气，并适合安装在轮船上使用。1877~1880 年，在英国和法国的轮船上，第一次出现了货物冷藏室，用来冷藏从南美洲运往欧洲的肉类食品和瓜果蔬菜。从此，冷藏船舶进入人们的视野，为丰富世界各地人们的日常生活做出了重要贡献。①

20 世纪初，外国轮船公司已经开始运用冷藏船舶从中国装运瓜果蔬菜、各类肉制品和其他需要保鲜的土货运销欧美国家。1910 年，英国蓝烟囱轮船公司（The Blue Funnel Line）开始装置冷气舱位，将中国的肉类、水果运销世界各地。②

蓝烟囱轮船公司成立于 1865 年，为英国巨商阿尔弗雷德·霍尔特（Alfred Holt）所创办，它是霍尔特公司（Holt & Company）——以阿尔弗雷德·霍尔特本人名字命名的公司——的子公司，注册登记时的英文名字为 Ocean Steamship Company。③ 由于该公司的轮船统一使用蓝烟囱为标志，于是也被称作蓝烟囱轮船公司（The Blue Funnel Line）。蓝烟囱轮船公司实力雄厚，初始资本 15.6 万英镑，共有 15.6 万股，霍尔特家族共占 50.9% 的股份，连同他们的朋友及关系密切的同事一起，股份占比高达 63.5%。④

蓝烟囱轮船公司成立不久，即开办了远东航运业务。为了打开与扩张远东至欧洲的运输业务，特别是中国至欧洲的业务，1869 年蓝烟囱轮船公司与刚成立两年多（1867 年 1 月 1 日成立）的太古洋行建立了合作关系，委托后者为其招揽更多的订舱业务。促成双方合作主要原因是，蓝烟囱轮船公司的船的运输能力与效率比以往的帆船高许多。1866 年 4 月，蓝烟囱轮船公司建造了三艘装有复合引擎的轮船"阿伽门农"号（Agamenon）、"阿贾克斯"号（Ajax）和"阿喀琉斯"号（Achilles），价值 15.6 万英

① 杨立敏主编《畅游海洋科普丛书》，中国海洋大学出版社，2011，第 103 页。
② Romance of The Blue Funnel Line and The China Trade, *The Shanghai Sunday Times*, December 13, 1925, p. 12.
③ 聂宝璋编《中国近代航运史资料》第一辑上册，上海人民出版社，1983，第 303 页。
④ 聂宝璋编《中国近代航运史资料》第一辑上册，上海人民出版社，1983，第 303 页。

镑。很明显，装有复合引擎的轮船比快速帆船便利得多：一艘帆船从英国往中国运送 1000 吨左右货物，要用 120 天或更长的时间，而"阿伽门农"号用 77 天可以运送 3000 吨货物。可是轮船成本高、费用也贵。因此，成功的关键是在中国找到一个好的代理人，这个代理人可以保证轮船在回程航行时载满货物。[1]

对刚成立的太古洋行而言，也急需与航运公司建立关系，"以方便他们的商业贸易"。太古洋行刚刚开业几周后，就获得了蓝烟囱轮船公司在上海的代理权。促成这一结果的过程是：蓝烟囱轮船公司的"阿喀琉斯"号基于一种反对用轮船运输茶叶的成见而准备空船返航。太古洋行的创办者约翰·塞缪尔·斯怀尔（John Samul Swire，1825~1898）恰巧发现了一艘装载原棉的帆船由于物主破产滞留在港口。他设法使货物转载到"阿喀琉斯"号船上，这"又一次显示出他的精明灵活"。[2] 从此，太古洋行同蓝烟囱轮船公司结成亲密关系，其也从代理揽货与订立舱位中获取十分可观的佣金。不仅如此，1876 年，太古洋行还入股蓝烟囱轮船公司 20000 英镑，成为后者的重要股东之一。[3]

至迟到 1910 年，蓝烟囱轮船公司就开始装备冷气舱位，将中国的肉类、水果运销欧洲等地销售。[4] 至 1920 年，蓝烟囱轮船公司拥有往来远东与欧美各国的轮船 80 多艘，这些轮船的吨位都在 5000 吨以上、10000 吨以下，行驶在十余条国际航线上，如利物浦至上海、伦敦至横滨、上海至汉堡、巴拿马至上海、上海至西雅图等。[5] 行驶在中国至欧美航线上的蓝烟囱轮船公司的轮船装有冷藏舱位，为欧美企业运销冰蛋等冷冻食品提供服务。

联合冷藏公司最初没有往来于中国至英国的轮船，其在华子公司收购

---

[1] 张仲礼、陈曾年、姚欣荣著《太古集团在旧中国》，上海人民出版社，1991，第 10 页。

[2] 张仲礼、陈曾年、姚欣荣著《太古集团在旧中国》，上海人民出版社，1991，第 10 页。

[3] 张仲礼、陈曾年、姚欣荣著《太古集团在旧中国》，上海人民出版社，1991，第 11 页。

[4] Romance of The Blue Funnel Line and The China Trade, The Shanghai Sunday Times, December 13, 1925, p. 12.

[5] 《蓝烟囱公司在华商轮之调查》，《申报》1920 年 8 月 2 日。

的土货和加工的肉类、冰蛋，只有向太古洋行订立冷藏舱位，但由于船期安排等原因，受制颇多。为了解决远洋冷藏运输问题，1911 年 7 月 28 日联合冷藏公司注资 10 万英镑组建了蓝星轮船公司（Blue Star Line Ltd.），建立起自己的冷藏远洋船队。其后，随着不断扩张，联合冷藏公司拥有 60 多艘巨轮，是英国控制其殖民地航运业的七大轮船公司之一。①

蓝星轮船公司的一些轮船专门负责中国各通商口岸与英国本土之间的商品往来。早在 1913 年，蓝星轮船公司即派船来华经营运输业务。"蓝星轮公司，在十七年（1930 年）以前，曾经派船来华，开行欧洲班，后即停航。唯每年间派一二轮至南京，代和记洋行装货。"② 对此，1913 年 5 月 3 日的英文报刊《中国国家评论》（The National Review China）也有过报道："该公司发现派轮船到中国来是有利可图的，这对未来的业务是有利的。"③ 此后，蓝星轮船公司开始扩张在华业务。1919 年 4 月 19 日，《北华捷报》报道："英国联合冷藏公司的'皇家星'号是间隔两年时间后第一艘到达汉口港的巨大海外轮船。"④

1923 年 5 月 2 日《申报》报道："上海之中英航轮公司共有七家，均驶上海伦敦者，刻下本埠南京路上海机器冰厂（英国联合冷藏公司子公司）新代英国蓝星公司 Blue Star Line 经理远东航务"，"所有轮船，均为新式机器，远东线乃新辟之一，系兼营载客而又装货之营业。第一船系用由英国葛莱特厂所建之达烈克星号（Doric Star），船身一万四百吨，设有头等客位，为优待远东旅客，竞争中英营业起见，往伦敦之头等价，只售七十四镑。该轮之头班在本月六日开驶。从此，沪英间又多一载客商轮公司矣。"⑤ 1923 年，蓝星公司的"麦极力星号"从汉口装载 5583 吨货物行至九江时搁浅。⑥

---

① 廖中一等著《天津和记洋行史料》，《天津历史资料》第 6 期，1980，第 8 页。

② 《英商扩张对华航业》，《申报》1930 年 4 月 30 日。

③ *Freezing Works at Nanking*, *The National Review China*, May 3, 1913, p. 416.

④ The Tragedy of Perm, *The North-China Herald*, April 19, 1919, p. 159.

⑤ 《中英又多一轮公司》，《申报》1923 年 5 月 2 日。

⑥ 《航业要闻：英轮搁浅》，《申报》1923 年 8 月 7 日。

蓝星公司每年都承载母公司英国联合冷藏公司在华子公司的大量蛋品运输任务。据报道："上海英商蓝星公司系专行浦口、上海到伦敦一路，在远东行业极大，共派有一万吨级之 Star 号轮八九艘行驶，营业以装运中国鲜蛋或制蛋、蛋白及蛋黄等出口。长江各埠我国鸡子销售之欧洲者，几完全归蓝星轮承载，每月恒有一千至二千吨出口，驻华专办鸡子出口者为南京和记洋行。蓝星与和记订有专运合同，故生意极大，每年输出数万万枚。"①

早在 19 世纪末，怡和洋行就与英国半岛东方轮船公司（Peninsular and Oriental and Steam Navigation Company，俗称 P. & O. 轮船公司或大英火轮公司）建立了密切的合作关系。1910 年代以前，英国半岛东方轮船公司就已经装配冷气舱位，怡和洋行从中国输往欧洲的冰蛋和冷藏鲜蛋是由该轮船公司承运的。其后，怡和洋行所设之轮船公司也装配了冷藏舱位，为怡和洋行提供服务。怡和洋行的国际货轮，由上海开往英国、德国、法国，每月两次。②

海宁、班达、培林三家外商蛋厂没有自己的轮船公司，不得不依赖英商格林邮船公司（The Glen Line）或蓝烟囱轮船公司等为其提供冷藏运输服务。在 20 世纪第二个十年，往来于中国与欧美各国的冷藏船舶渐有增加，但仍不敷冰蛋出口之需要。因此，经营冰蛋出口的企业要努力协调远洋运输运力，它们往往需要提前几个月甚至一年的时间，与轮船公司签署订舱合同。③ 冷藏船舶的不足，致使冰蛋的运输价格也颇为昂贵。1917 年，从上海运输冰蛋和冷藏鸡蛋至太平洋东海岸，每吨（四十立方尺）运费达 12.5 英元左右。④

第一次世界大战结束以后，渐有其他国家的轮船公司装配冷气舱。

---

① 《英蓝星轮停开中英班：战后运蛋营业大受打击，从此中国鸡蛋运欧大减》，《民报（无锡）》1932 年 7 月 15 日。

② 退之：《外商在华行业之概况（十五）》，《申报》1926 年 8 月 8 日。

③ George. W. Missemer, Chinese Egg Product Trading Growing, *Millard's Review*, Volume 39 No. 6, January 8, 1927, p. 158.

④ 《中国鸡蛋输出美国之状况》，《东方杂志》第 14 卷第 12 期，1917，第 187 页。

1921 年，"日本邮船会社，添造行驶欧洲之头等新邮船三艘，今已陆续造竣，其中已经将舱位等布置齐备者，为'箱根丸'，此船有二万一千吨之排水量，除旅客舱位外，尚可装运一万吨货件，船内无线电与冷气间，亦皆设备"。① 1922 年 5 月 23 日《申报》报道说："迩来欧洲对于中国之鲜蛋大为欢迎，业经人手采办。盖因由上海运欧之蛋，虽须历四十七天之久，但现在新邮船或摩托机轮都有装鲜货之冷气舱，容积亦甚巨，故自华赴英法，沿途之海程固远，而质味可历久不变，职是之故，华蛋之出口又复盛畅矣。汇成洋行之新开中法载客轮船'因皮号'，今已改定星期日出口，此间装出大批中国鲜蛋，有三万数千箱之多，大半装到哈佛起卸，其中四分之一，系装至伦敦起卸者。"② 1922 年 11 月 22 日《申报》报道说："昨上海有鲜鸡蛋六千箱（大箱）装怡和之东京城轮，运往伦敦。"③ 1923 年 6 月 7 日《申报》报道说："怡和洋行之东京号轮于昨日自沪开往英、法，此项该轮赴欧，有怡和茶楼本年第一批装箱之新绿茶运欧，计二千五百另九箱，更有中国之鲜鸡蛋四万余件，系装箱及装罐者，由该轮之冷气间运去。据云，此项鲜蛋，亦系本年第一批兼出之最多者。此外，并有从北方及秦皇岛转去之花生六百吨。"④

需要说明的是，1925 年以前，冷藏船舶的数量虽有增长，但并不十分显著，而且外国轮船公司的冷藏船舶驶来上海的班次也不多，这主要是因为此前上海少有冷藏品出口海外市场。

远洋冷藏船舶的不足在一定程度上制约了中国冰蛋的出口。1912 年，中国蛋白和蛋黄的出口仅有 198 万余海关两，1920 年则迅速上升至 1192 万余海关两，增长了 5 倍有余，而同期出口的鲜蛋和冰蛋虽然保持在近 1000 万海关两的规模，上升的幅度却极为有限，主要原因就是装有冷藏轮船严重不足，尽管"鲜蛋和冰蛋的需求价值要远大于用来运输它们的蒸汽

---

① 《航务消息汇记》，《申报》1921 年 11 月 9 日。

② 《航业消息》，《申报》1922 年 5 月 23 日。

③ 《航业杂闻》，《申报》1922 年 11 月 22 日。

④ 《中外航业要闻：欧洲航务之消息》，《申报》1923 年 6 月 7 日。

船上的冷藏设施的价值"。①

由于驶往欧美各国的冷藏船舶数量有限，因此在大量制造冰蛋时，谁掌握了冷藏船舶，就意味着谁控制着伦敦这个蛋品最主要的消费市场。"中国的冷冻鸡蛋贸易在很大程度上受一个利益集团的控制，该集团还控制着一大批冷藏船，拥有或控制着大部分冷藏库。"②

因竞争关系，外商冰蛋企业自然不愿让母公司的冷藏船舶为茂昌公司提供运输服务。为了挤压茂昌公司，外商冰蛋企业还联合起来将太古、怡和等外国轮船公司的冷藏舱位全部承包下来，筑起了"海底篱笆"，企图使茂昌公司的鲜蛋和冰蛋不能被装船出口，这一度导致茂昌公司遭受声誉上与经济上的损失。③

二 来自伦敦陋巷的交际主任

协助郑源兴突破冷藏航运业务垄断的关键人物，是来自伦敦东区穷街陋巷的英籍意大利人罗纳德·潘国祺。

罗纳德·弗雷德里克·潘国祺（Ronald Frederick Picozzi）出生于伦敦中心区的沙福兹伯里大街（Shaftsbury Avenue）。潘国祺"是典型的伦敦人，具有伦敦人的特质（cockney spirit）。他总是愿意向他的朋友们展示他年轻时的习气和不可言喻的无忧无虑，以及他的好脾气，这使他深受众多朋友的喜爱"。潘国祺慷慨大方，"因为业务关系，他能够定期回到伦敦，

① H. B. Elliston, Special Articles: China Egg Exports Increase Despite Propaganda, *Millard's Review*, Volume 21, issue 7, July 15, 1922, p. 250.
② The Liquid Egg Trade, Perturbation Among Home Interests, *The North-China Herald and Supreme Court & Consular Gazette*, April 25, 1925, p. 167.
③ 袁恒通：《中国蛋业发展简史、茂昌蛋业冷藏公司沿革史》，1961年12月，上海市档案馆藏，档号：Q229-1-118。

此时他总会去童年生活的地方救助那些不幸的青少年"。①

第一次世界大战期间，潘国祺来到中国，受聘于从事进出口贸易与代理业务的英商洛士利洋行（Loxley & Company），出任该行出口部经理。他是瓦匠会（也称规矩会，原名 Mason Society）上海分会的负责人之一。由于善于交际，潘国祺的社会关系遍布上海。他"在上海租界里很有办法，绰号'外国杜月笙'"。②

因为业务关系，潘国祺与郑源兴结识，并成为好朋友。潘国祺对冰蛋市场的前景非常看好，这也成为他后来加入茂昌公司的重要原因。早在1919年，潘国祺就与郑源兴积极谋划建立自己的冷藏系统，并做好预算报告，提交承余顺记公司董事会讨论。另一方面，潘国祺对郑源兴高尚的责任感和爱国的使命感非常欣赏，被其个人魅力所折服："我从来没有见过一个对事业如此献身投入的人。他从来没有说过一句有关自己爱国的理念与伟大的事迹，但他却是爱国精神的化身。他每做一件事都勇于为中国人谋算最佳利益。"③

对冷冻冷藏事业的共同志向以及潘国祺对郑源兴人格魅力的敬佩，使潘国祺与郑源兴二人成为挚友，他们之间充满互相信任、互相帮助，这为他们之间的合作奠定了坚实的基础。

1923年，受郑源兴的邀请，潘国祺离开了洛士利洋行，转而加入了茂昌公司。茂昌公司给潘国祺开出了优厚的待遇。首先，月薪一千元，④ 同时给予他若干公司股份，⑤ 允许他从其联络的外国代理销售商与茂昌公司

---

① Impressive Funeral Rites Held In Shanghai for late Ronald Picozzi, *The China Press*, January 21, 1940, p. 5.

② 崔蔚人：《蛋大王郑源兴》，中国人民政治协商会议全国委员会文史资料委员会编《文史资料选辑》第46辑（总第146辑），中国文史出版社，2001，第80~81页。

③ 郑爱青、戴丽荣：《郑源兴：中国人的企业家（1891—1955）》，上海社会科学院出版社，2021，第62页。

④ 张仁宝：《蛋大王的伎俩》，引《黑手起家的资产阶级》，群众出版社，1965，第30页。

⑤ 袁恒通：《中国蛋业发展简史、茂昌蛋业冷藏公司沿革史》，1961年12月，上海市档案馆藏，档号：Q229-1-118。

交易额中提取 2% 的佣金。① 其次，让其出任公司副经理和交际主任，"副经理的薪金远高于上海中外商户的水平"。另外，茂昌还替潘国祺拿到了上海商界和外国人俱乐部的会员证，"会费由茂昌支付，作为一项职员福利。潘国祺因此结交了不少英籍和法籍的重要人物"。郑源兴还给私交甚笃的潘国祺介绍了一位中国太太，并将位于上海永嘉路 617 号的别墅的一部分给潘国祺一家居住，以便随时照顾与交流。②

基于与郑源兴的深厚友谊，又有高报酬的强激励，潘国祺利用其外国人在华享有的特权及其社会关系与资源，为茂昌公司的生产管理、业务开拓以及应对各种难题做了很多"贡献"。

作为交际主任的潘国祺代表茂昌公司处理一切交际关系，聘用外籍职员、处理业务纠纷、与竞争对手谈判、签订冷藏船舶、考察海外市场以及应对各种欺诈、讹诈与抢劫等事情都由他出面处理。"潘国祺替代源兴出席晚会晚宴是人所皆知的。参与上海多姿多彩的夜生活是他，不是源兴……这个英国朋友还了源兴一个清白：源兴是个值得英国人信赖的有信誉的商人。"③

自从潘国祺搬进永嘉路 617 号的别墅以后，"617 号有很多体面的西方常客，这确实对源兴避开中国政党和黑帮势力产生正面作用"。④

潘国祺懂得用无赖的手法，一视同仁地对付外国人或中国人的捣乱、抢劫或敲诈等问题。"他能够操控有声誉的大公司首脑与源兴所不能做的行为，例如跟捣乱的醉酒洋汉街头打架，整治不守交通规则的司机，跟盗匪谈判取回失物，等等"。有一次，在搬运鸡蛋时的大街上，满是叫卖的小贩和游荡的流氓，没有人维持秩序。街道阻塞，货物容易受损，潘国祺

---

① 崔蔚人：《蛋大王郑源兴》，中国人民政治协商会议全国委员会文史资料委员会编《文史资料选辑》第 46 辑（总第 146 辑），中国文史出版社，2001，第 81 页。

② 郑爱青、戴丽荣：《郑源兴：中国人的企业家（1891—1955）》，上海社会科学院出版社，2021，第 64、80 页。

③ 郑爱青、戴丽荣：《郑源兴：中国人的企业家（1891—1955）》，上海社会科学院出版社，2021，第 78 页。

④ 郑爱青、戴丽荣：《郑源兴：中国人的企业家（1891—1955）》，上海社会科学院出版社，2021，第 78 页。

拔出手枪，在路中央向天鸣了一响。"'去找你的大哥来。他是吴四宝吗？告诉他我在这里！'他大声咆哮，那些人四散逃跑。他们也许认识新黑帮头子吴四宝，也许不认识；但潘国祺却扮成跟吴四宝一样凶狠，甚至更凶狠。"①

郑源兴一直认为潘国祺在他的身边是件幸运的事。"他们常常开玩笑，彼此取笑，惹得四周人们抱腹大笑。潘国祺又教源兴数种外语的基本对话，包括法语、德语、俄语、日语和后来源兴短暂入籍葡萄牙的葡语。源兴没有正确地学会这些语言，只掌握了一些洋泾浜式的单词用语，仅足应付日常打招呼和简单商业对话，总算是可以跟这些国家的人交往。"②

潘国祺与茂昌公司始终相伴。1940年1月，在一次业务应酬中，潘国祺喝得不省人事，他的司机将其送至他的家门口，却没有和他的中国太太沟通好，以致他的太太没有给他开门。不幸的事情发生了，潘国祺在严寒的夜里、在他的家门口受冻而死。郑源兴对失去潘国祺这样一位好朋友、好助手十分难过，在能够彰显逝者生前显赫与尊贵身份的上海静安公墓为其举办了一场盛大的葬礼。前来参加潘国祺葬礼的中外名流不下数百位，足见他生前在上海的广泛人脉与社会资源。中外各界对潘国祺为茂昌公司和蛋品事业做出的巨大成就给予了高度肯定与赞誉，"他是当下最杰出的蛋品业与冷藏业的权威专家之一，在他的有效管理之下，茂昌公司的CEP-CO牌蛋品在世界上很多地方广为人知"。③

三　中欧货轮界的新纪元

让我们回到茂昌公司是如何解决冷藏运输的问题上来。

---

① 郑爱青、戴丽荣：《郑源兴：中国人的企业家（1891—1955）》，上海社会科学院出版社，2021，第62页。
② 郑爱青、戴丽荣：《郑源兴：中国人的企业家（1891—1955）》，上海社会科学院出版社，2021，第62页。
③ Impressive Funeral Rites Held In Shanghai For Late Ronald Picozzi, *The China Press*, January 21, 1940, p. 5.

为了解决冷藏船舶的运输问题，郑源兴、潘国祺凭借他们过去与各洋商买办、职员的交情，掌握了几家外商冰蛋企业的全年产销数量，摸清了轮船公司的全部冷藏舱位和全年航期的底牌；同时，获得了外商冰蛋企业与轮船公司预定冷藏舱位的合同。他们对合同条文进行仔细研究之后发现，由于外商冰蛋企业订舱多、货物少，太古公司的冷藏舱位闲置不少，对此，太古轮船公司意见很大。于是郑源兴和潘国祺乘机向太古公司游说，愿意用较高的运费将太古公司的剩余冷藏舱位全部长期租赁下来，这样不仅使太古公司的运费收入有了充分保障，还使其不违反与外商冰蛋企业的合约。郑源兴与潘国祺的提议，最终获得了太古公司大班的同意。[1]茂昌公司的 CEPCO 牌冰蛋得以顺利运往伦敦。此后，茂昌公司还与日本邮船株式会社签订装货合同。这就打破了外商冰蛋企业在远洋冷藏运输上所树立的"海底篱笆"。[2]

为了使外商冰蛋企业不再利用冷藏运输船舶做文章，茂昌公司于 1927 年高薪聘请英国人伊立（Elliott）任运输部经理，专责国外业务联络和预订远洋轮船舱位等事宜。在上海外国人的圈子里，伊立颇有关系与个人能力。他在加入茂昌公司前曾同时担任美商班达、英商美纶和季史三家公司的经理。为了使伊立为茂昌公司做事，郑源兴给其开出了每月 2400 元的高薪。[3] 高薪打动了伊立，1926 年 12 月，伊立辞去了三家外商企业经理职务。对此，1926 年 12 月 21 日《申报》刊登了他的辞职声明："鄙人已向美纶公司辞职，此后与该公司及季史或班达公司脱离关系"。[4] 同日同版的《申报》美纶公司新任经理庞达也对伊立辞职登报启事："前本公司经理伊

① 袁恒通：《中国蛋业发展简史、茂昌蛋业冷藏公司沿革史》，1961 年 12 月，上海市档案馆藏，档号：Q229-1-181。

② 袁恒通：《中国蛋业发展简史、茂昌蛋业冷藏公司沿革史》，1961 年 12 月，上海市档案馆藏，档号：Q229-1-181。

③ 崔蔚人：《蛋大王郑源兴》，中国人民政治协商会议全国委员会文史资料委员会编《文史资料选辑》第 46 辑（总第 146 辑），中国文史出版社，2001，第 82 页。

④ 《伊力启事》，《申报》1926 年 12 月 21 日。

立君现已辞职，所有职权亦已取消，此后经理一职，由鄙人担任，此布。"[1] 季史公司同样做出声明："所有委予伊力君职权即日起取消，特此通告。"[2] 在 1927 年茂昌公司高管名单中，伊立的名字赫然在列。[3] 在伊立和潘国祺等人的大力协助下，茂昌公司再没有在冷藏运输船舶方面受制于外人。

茂昌公司能够成功解决冷藏运输船舶问题也因为当时处于相对有利的外部环境，那就是在 20 世纪 20 年代的最后几年，外国轮船公司在中国掀起了货运竞争，尤以英国和日本轮船公司之间的竞争最为激烈。例如，1922 年，老太古洋行在华航轮不过 70 余艘，载货量不过 47 万吨。及至 1923 年，因与日本商船竞争远东航运业务，一举增造 7500 吨以上 11000 吨以下的新式商轮 7 艘，载货能力增加 6 万吨；又在此两年中，以历年所获之余利，"投资至数千万元，续造二十万吨之巨轮，以配置于中欧、中菲、中美各航路内……该公司亦于船舶上大为革新，除将添造之新轮，改用双螺旋机器，并添加发动马力加快速力之外，又在各船配装冷气舱、丝茶舱，设备之完美，实为中欧货轮界开一新纪元"。[4]

英国联合冷藏公司的子公司蓝星轮船公司也参与了激烈的竞争。"该公司营业，侧重在南非洲一路。今因中国鲜蛋，运欧日多。而蓝星船之冷气舱著名欧洲，比较他公司船为巨。故特来中国，开辟新路，专航欧洲线。已在本埠南京路设立分行。聘定唐华滔为总理，共派三十艘巨轮来华，总吨量共有二十五万吨。"[5] 外国轮船公司的竞争与扩张，使它们的冷藏舱位的供给能力大大增强，而这无疑为茂昌公司解决冰蛋与冷藏鲜蛋的运输问题提供了有利条件。

---

① 《美纶公司总理庞达启事》，《申报》1926 年 12 月 21 日。
② 《季史公司启事》，《申报》1926 年 12 月 21 日。
③ China Egg Produce Co., The North China Desk List, July, 1927, p. 56.
④ 退之：《外商在华航业之概况（十五）》，《申报》1926 年 8 月 8 日。
⑤ 《英商扩张对华航业》，《申报》1930 年 4 月 30 日。

第七章　从美国市场突破

尊敬的郑先生：你方写给达菲先生的信已知悉，中国人制造的冰蛋黄由卡尔卡斯号（S. S. CalChas）货轮已经及时运达美国，现在已经分销给经销商，他们对此交易表示十分满意。……冰蛋的颜色令人满意，包装也非常完美，在报关时我们没有遇到任何困难。总之，我们对此批货物表示很满意。

——世界冷藏食品巨头美国斯威夫特公司副总裁查林斯先生（Mr. H. Charles）致郑源兴的一封信，1926 年 12 月 30 日

一　中国人制造的冰蛋运达美国

近代华商企业缺乏海外销售经验、渠道与网络。如果贸然直销海外市场，不仅需要花费大量的时间和资金用于销售机构的建立、市场调查、打广告和其他销售活动上，而且还会承担因为缺乏经验、来自外商的挤压与歧视而难有进展的风险。1915 年，汉口的元丰蛋厂曾派人至美国尝试建立直接销售蛋粉的渠道，[1] 最终因美商的歧视、排挤和其他各种现实的困难而失败。茂昌公司成立以后，所要面对的，也是最重要的问题，就是海外销售网络的搭建问题。

---

[1]　远生：《编辑余谈：游美随纪（三）》，《申报》1915 年 11 月 2 日。

茂昌公司投产以后，外商冰蛋企业在和记洋行的带领下，"在一年多的时间里，将市场的冰蛋价格不断压低，不惜由每吨 40 英镑跌到 36 英镑"，[1] 希望借此挤压茂昌公司。面对外商冰蛋企业的削价挤压，茂昌公司沉着应对，其采取的主要竞争策略不是与外商冰蛋企业削价竞争，而是通过不断提升产品质量来赢得海外市场的信赖。茂昌公司的冰蛋质量得以提升，很大程度受益于其海外代销商的指导。应该说，与其他华商企业相比，茂昌公司有一定的优势与基础，这就是它的前身"承余顺记公司"在推销方面积累的客户资源和外国友人关系。

卡尔登不仅为茂昌公司带来了先进的生产技术与管理经验，还在海外销售的拓展方面起了非常重要的作用。在茂昌公司成立初期，美国是冰蛋的主要消费国之一，"冰全蛋大部分被美国的面包店和糖果店消费"。[2] 1923 年，卡尔登联络了当时世界冷藏食品巨头美国斯威夫特食品公司，希望与其建立合作关系。

19 世纪末 20 世纪初，斯威夫特公司已是美国最大的冷冻肉类食品公司，发行股票达 3500 万美元。它是通过庞大的、集中化的、按职能部门划分的部门办公室领导公司运行的。它在芝加哥总部雇用的员工就有 1000 人以上，在美国、英国和欧洲大陆国家有很多销售机构。1900 年前后，斯威夫特公司在美国就有多达 193 家分支机构，这些分支机构除了接纳和贮藏新鲜肉并将其分配给当地的卖肉户和其他零售商以外，还要接受订单并安排地方广告。它的会计员则负责票据往来，以及把货款转回芝加哥。[3] 根据 1920 年路透社的报道，斯威夫特公司及其南美分公司在 1919 年的销售总额已高达 1.8 亿美元，净利润接近 1000 万美元。[4]

---

① 崔蔚人：《蛋大王郑源兴》，中国人民政治协商会议全国委员会文史资料委员会编《文史资料选辑》第 46 辑（总第 146 辑），中国文史出版社，2001，第 81 页。

② George. W. Missemer, Chinese Egg Product Trading Growing, *Millard's Review*, Volume 39 No. 6, January 8, 1927, p. 158.

③ 〔美〕小艾尔弗雷德·D. 钱德勒：《看得见的手——美国企业的管理革命》，重武译，商务印书馆，2001，第 458～461 页。

④ Commercial Intelligence, *The North-China Daily News*, May 24, 1920, p. 14.

斯威夫特公司与和记洋行母行英国联合冷藏公司在南美和英国肉品市场互争鳌头已久，斯威夫特公司一直有意涉足中国的肉类市场和冰蛋业，但中国铁路系统的混乱，更主要的是冷藏运输的缺乏，严重阻碍了它在中国的肉类生意的开展。[①] 同时，它也缺少进入中国冰蛋业的合适机会。这种情况在 1920 年代初期依然没有改观。因此，在卡尔登向它抛出橄榄枝后，它欣然接受。正如所言："我们对卡尔登所做的任何决定都充满了信心，因为他在冰蛋领域享有巨大盛誉。"

在卡尔登的撮合下，经过双方谈判，茂昌公司成为斯威夫特公司加工代理商，所出产品以斯威夫特公司的名义进行包装，并使用斯威夫特公司的商标。[②] 首个冰蛋订单就达 3000 多吨。茂昌公司按照订货凭证及开来的信用汇票，在船期发货以后，就将全套出口单据（提货单、海运水险保单、发票、汇票等）送交斯威夫特公司委托的汇丰银行，结汇收款。[③]

然而，茂昌公司的冰蛋在美国市场的销售不是一帆风顺的。由于对中国蛋品以往的偏见或使用者对冰蛋解冻的方法不科学，一些客户有时也会抱怨甚至投诉中国冰蛋不卫生，声称"有碍身体健康"。因为"冰蛋解冻的科学方法，应该是将装有冰蛋的锡罐放在常温下融化 8 小时左右，而一些面包师却直接用开水解冻，这样会导致微生物的生成"。[④]

1925 年 7 月，就发生过客户起诉茂昌公司的事情。客户控诉说，茂昌公司的冰蛋是用腐坏的鸡蛋制作的。对此，卡尔登向法庭的工作人员郑重承诺，他保证并承诺茂昌公司的冰蛋是非常卫生，并不是用腐坏的鸡蛋制作的。"卡尔登用自己的知识、信息和信仰向法院郑重宣誓，他的宣誓都

① Swift and Company Representative Here, *Millard's Review*, December 26, 1925, p. 120.

② Foreign Genius and Chinese Skill in the Egg-Freezing Business, *The China Weekly Review*, November 5, 1927, p. 238.

③ 袁恒通：《中国蛋业发展简史、茂昌蛋业冷藏公司沿革史》，1961 年 12 月，上海市档案馆藏，档号：Q229-1-181。

④ Bruce Hopper, Yes, Any New Egg Will Go Bad If It is Allowed to Stand Awhile In the Sun, China's Plants For Freezing Eggs are In Hands of Foreigners Who have Sanitary Experts to Control Factories, *The China Press*, July 31, 1921, p. 4.

是真实的：他从事干蛋品与冷冻鸡蛋事业已有十五年的时间了，当前他是中国上海茂昌鸡蛋公司的经理。由'波尔克总统'号运输的茂昌公司发送给进口商委员会的冰蛋已于 1925 年 6 月 3 日运达纽约，此批冰蛋是茂昌公司于 1925 年 5 月 22 日至 29 日生产的，冰蛋所用的鲜蛋，有鲜蛋收据为凭证。"[1] 在卡尔登和斯威夫特公司的大力协助下，这一诉告很快得到解决。

海外客户投诉茂昌公司的事情，仅是一个小插曲。总的来说，茂昌公司的冰蛋是非常优质的，深受欧美国家消费者的欢迎，这主要归因于卡尔登和斯威夫特公司的科学指导与卫生管理。由于品质好、口感美、保质期长，茂昌公司的冰蛋很快得到了美国消费者的认可。在 1926 年 12 月 30 日斯威夫特公司副总裁查林斯先生（Mr. H. Charles）写给郑源兴的一封信中，这点得到了充分的体现。查林斯在信中写道：

> 此复，你方写给达菲先生的信已知悉，中国人制造的冰蛋黄由卡尔卡斯号（S. S. CalChas）货轮已经及时运达美国，现在已经分销给经销商，他们对此交易表示十分满意。为了方便分配，我们买了一些小木桶，将它们作为样品分发给大的用户。冰蛋的颜色令人满意，包装也非常完美，在报关时我们没有遇到任何困难。总之，我们对此批货物表示很满意，我们认为你方可以推荐你们上海的朋友在未来准备类似的产品，我们向你方保证未来一定会有一个好的结果。[2]

1926 年春天，茂昌公司也与和记、培林等外国冰蛋企业一样，开始包装与出口冷藏鸡蛋。于是，斯威夫特公司代销茂昌公司的产品又多了一项，且颇为用心用力。在 1926 年 12 月 16 日斯威夫特公司召开的年度会议上，专门讨论了茂昌公司的冷藏鲜蛋在欧洲市场上的销售情况。

---

① 《茂昌股份有限公司与美国芝加哥 SWIFT 公司之间业务往来电报信件》，1925 年 7 月，上海市档案馆藏，档号：Q229-1-66。

② 《茂昌股份有限公司与美国芝加哥 SWIFT 公司之间业务往来电报信件》，1926 年 12 月 30 日，上海市档案馆藏，档号：Q229-1-66。

　　莱茵先生（Mr. Laing）向卡尔登先生详细地解释了英国市场上的鲜蛋是如何标记的。茂昌公司的 CEPCO 冷藏鲜蛋在英国市场上的销售比例，依次为一等鲜蛋10%、二等鲜蛋45%、三级鲜蛋45%。①

　　斯威夫特公司代销冷藏鲜蛋成功以后，茂昌公司打算自己推销这个新业务，以减少销售佣金支出。斯威夫特公司当然不希望失去这个代理业务，并试图阻止茂昌公司。在1926年12月16日的会议上，莱茵先生向卡尔登解释说："我们了解到茂昌公司希望在英国市场上直接推销你们自己的产品，我们认为这是完全没有必要的。我们在英国有两个销售代理，它们的销售网络分布全国，一个是斯威夫特食品公司（Swift Food Company），它通过56个代理商和分支机构直接进行小的零售贸易；一个是亨利·莱恩公司（Henry A. Lane Company Ltd），它位于伦敦的图利大街，它们生产的黄油、蛋类和奶酪的规模非常庞大，它们有很多大的用户，这些用户多为大的糖果商和面包商，例如莱昂斯公司（Lyons Company）。在销售茂昌公司运至英国的产品方面，期望茂昌公司能够给斯威夫特公司以及上面提到的代理商平等的机会。"②

　　接着，莱茵先生还向卡尔登提出自己的建议，他认为茂昌公司以后应重视德国市场，因为英国市场存有很多风险。"因为伦敦是蛋品销售中心，过去四年的数据表明，从中国运至的蛋品达到了英国进口蛋品总量的5%，而来自汉堡的数据表明，去年从中国进口的蛋品仅达到德国进口蛋品总量的2%。莱茵先生强烈推荐茂昌公司的蛋品包装一定要按照他们向德国出口的蛋品包装那样良好。好的质量与品牌会使我们创造好的声誉与大量需求，以使我们从经营中国蛋品方面获得溢价。"③

---

① 《茂昌股份有限公司与美国芝加哥 SWIFT 公司之间业务往来电报信件》，1926年12月16日，上海市档案馆藏，档号：Q229-1-66。

② 《茂昌股份有限公司与美国芝加哥 SWIFT 公司之间业务往来电报信件》，1926年12月16日，上海市档案馆藏，档号：Q229-1-66。

③ 《茂昌股份有限公司与美国芝加哥 SWIFT 公司之间业务往来电报信件》，1926年12月16日，上海市档案馆藏，档号：Q229-1-66。

为了不断提升茂昌公司冷藏鲜蛋的品质，斯威夫特公司还派职员波茨（H. P. Potts）到中国来，并长期进驻茂昌公司以便在技术和管理上给予指导。我们从 1927 年 1 月 7 日斯威夫特公司副总裁查林斯先生写给该公司驻上海代表波茨，并抄送给该公司驻上海的代表康奈尔兄弟（Connell Brothers）的一封信中①，可以获知斯威夫特公司指导茂昌公司改进质量的动因：

尊敬的波茨先生：

与卡尔登先生的函电，我方已知悉。有关冷藏鲜蛋运输的函电副本现在发给你方。

我们再次向你方特别强调，由于杂质和粗鲁的包装使中国人的冷藏鲜蛋的声誉在欧洲或多或少有些不佳。为了解决这个偏见，我们的建议是，从现在开始，我们必须在同类产品中建立我们自己的声誉，如同我们在冰蛋销售方面建立的良好声誉那样，只有最好的质量和包装才能运往市场。正如你所知道的，这是我们建立良好声誉与创造需求的根本，也是我们斯威夫特公司业务成功的基础。

因此，我们希望你能够将此事清晰完整地告诉郑先生，让他按照美国的样式盒进行包装，即在每个鲜蛋的外面罩上安全杯罩，然后再装箱。这样有很多好处，可以降低我们运输中的损失，可以预防万一鸡蛋破裂对其他鸡蛋的污染，可以将这些装满鸡蛋的盒子直接交付给顾客，而无须转手。我们对此非常乐观，在五年之内，这种安全杯罩将会统一使用，而老式的硬纸板将会被淘汰。

郑先生 CEPCO 的品牌将出现在这些鸡蛋上。因此，我们提出这些建议的目的，是希望增加郑先生的利益和我们自己的利益。我们不仅通过在鸡蛋质量上建立声誉，而且还希望在鸡蛋的整洁和包装上建立声誉。良好的质量与包装，将会使郑先生的品牌很

———————————

① 《茂昌股份有限公司与美国芝加哥 *SWIFT* 公司之间业务往来电报信件》，1927 年 1 月 7 日，上海市档案馆藏，档号：Q229-1-66。

快为业界所知。

> 诚挚问候
>
> 查林斯 . H
>
> 斯威夫特公司

郑源兴对斯威夫特公司的建议非常欢迎。于是斯威夫特公司派员来厂指导生产并进行监督，"由斯威夫特公司经销的茂昌公司的冷藏鲜蛋，将会在斯威夫公司特驻上海代表波茨先生的监督和检验下进行包装，所有相关单据都要获得波茨先生的认可"。① 在斯威夫特公司的帮助与指导下，茂昌公司生产的冷藏鲜蛋的品质更加优质。

除了给予茂昌公司推销产品和提供质量改进指导外，斯威夫特公司还为茂昌公司及时反馈市场信息并提出各种应对和解决办法。1927 年 12 月 14 日，查林斯写给郑源兴写了一封信②，提出如下提议：

> 尊敬的郑先生：
>
> 我方已与你公司就 1928 年的销售展开谈判，我们希望与期待来年的销售数量有大的增长。我们认为有一件事情会使中国冰蛋的价格肯定受到影响，今年国会正在审议增加一项法案，就是将进口到美国的冷冻鸡蛋的关税提高到每磅 12 美分，这高昂得令人难以承受。这意味着中国的产品必须全部销往英国和欧洲，这当然会给英国和欧洲带来比它们实际需求更多的产品，而这必然意味着更低的价值。
>
> 我们认为在即将来临的新季节，英国和欧洲市场上的竞争比从前更为激烈。在过去一年中几乎没有进入市场的一些经销商将非常渴望恢复他们失去的交易和客户。我们认为，有关各方认识到我们在欧洲的机构的必要性是非常重要，应该以适当的价格购买产品，以维持他

---

① 《茂昌股份有限公司与美国芝加哥 SWIFT 公司之间业务往来电报信件》，1927 年 1 月 3 日，上海市档案馆藏，档号：Q229-1-66。

② 《茂昌股份有限公司与美国芝加哥 SWIFT 公司之间业务往来电报信件》，1924 年 12 月 14 日，上海市档案馆藏，档号：Q229-1-66。

们的交易，并继续增加他们的销售渠道。

　　向您致以最诚挚的问候。我们相信达菲先生一定会加入我们，并对本季的业务合作致以赞颂。

诚挚问候

查林斯．H

斯威夫特公司

　　在与斯威夫特公司开展业务合作的同时，1923 年，在潘国祺的撮合下，洛士利洋行与茂昌公司建立了业务合作关系。洛士利洋行在各大洲均有自己的销售网络。该行成立于 1891 年前，由英国商人洛士利（W. R. Loxley）等合伙开办，公司注册在香港。公司经营进出口贸易及佣金代理业务。20 世纪初，洛士利洋行于伦敦设立联号，后来添设广州沙面分号。1909 年前后，洛士利洋行接办上海裕昌洋行，建立了上海分号。裕昌洋行旧主葛雷烈（G. Grayrigge）任首任经理。天津德隆洋行亦为其产业。

　　20 世纪 30 年代初，洛士利洋行上海分号改组为股份有限公司，将名称变更为［W. R. Loxley & Company（China）Ltd.］。该行从英国、德国、美国、法国等欧美国家进口纺织品、五金工具、纱线、西药、化妆品及葡萄酒等，从中国进口席垫、矿砂、牛皮、桂皮、羽毛、瓷器、竹杖、刺绣品及杂货，销往英国、荷兰、美国、法国、澳大利亚、西班牙、埃及、北欧以及黑海各口岸；代理欧美保险及其他公司厂商业务数家至数十家。①

　　洛士利洋行代销茂昌公司的蛋品，茂昌公司则为洛士利洋行代制冰蛋，以 WPL 标志为商标，运销英国、爱尔兰等欧洲各地。自此，洛士利洋行成为茂昌公司的主要海外代理商之一。另外，英商马拉食品公司也从

<hr>

① 李少鹏：《清末民初洋行老商标鉴赏》，古吴轩出版社，2018，第 94 页。

茂昌公司定制冰蛋 1000 余吨，商标为 ML 牌。[①] 在斯威夫特公司、洛士利洋行的代销下，茂昌公司的蛋品在欧美市场广受欢迎，订单接踵而至。[②] 茂昌公司的冰蛋和冷藏鲜蛋很快打开了欧洲和美国这两个最重要的蛋品消费市场，茂昌公司在海外市场站稳了脚跟。

二　葛林夏与郑源兴的友谊

汉弗莱·葛林夏（Humphrey Greenall）是英国伦敦人。1915 年，英商培林洋行成立以后，葛林夏来到该行工作，出任经理一职，负责该行的产品销售业务。[③] 葛林夏非常熟悉英国的商业法律和国际蛋品市场。由于业务关系，与郑源兴成为好朋友。在茂昌公司成立之前，葛林夏同样看好冰蛋的市场前景，但培林公司的业务重心侧重于冷藏鲜蛋和其他产品的出口，没有大规模生产与出口冰蛋的计划。这使葛林夏有了更换公司的打算，1920 年前后有计划从事大规模生产与出口冰蛋计划的承余顺记公司，成为他潜在的合作伙伴，为此他向郑源兴表达了他想一起将冰蛋大规模推销至欧洲的志趣，并向郑源兴讲解英国的商业法律和冰蛋在欧洲市场的良好前景，这让郑源兴很是着迷。[④]

在以后的日子里，葛林夏与郑源兴为促进茂昌公司的发展同心协力，二者结下了深厚的友谊。

第一次世界大战结束以后，英国试图从战后复兴，于是集中发展轻工

---

① 袁恒通：《中国蛋业发展简史、茂昌蛋业冷藏公司沿革史》，1961 年 12 月，上海市档案馆藏，档号：Q229-1-181。

② 《茂昌股份有限公司与美国芝加哥 SWIFT 公司之间业务往来电报信件》，1926~1927 年，上海市档案馆藏，档号：Q229-1-66。

③ 《中国蛋业发展简史、茂昌蛋业冷藏公司沿革史》，1961 年 12 月，上海市档案馆藏，档号：Q229-1-181。

④ 郑爱青、戴丽荣：《郑源兴：中国人的企业家（1891—1955）》，上海社会科学院出版社，2021，第 60~61 页。

业和重工业，付出的代价就是牺牲农业与畜牧业。英国对海外蛋及蛋制品的需求激增。由于不屈服于英国蛋品商，主要是和记洋行和培林洋行在中国的垄断，1924 年郑源兴亲自到伦敦与英国有关官员会面。为了这次重要的会面，葛林夏陪他一起出发。郑源兴还带着他的长子郑学俊，让他接触西方文化。在漫长的旅途中，葛林夏每天都花几个小时教郑源兴父子学习英语和法文。"源兴很快便掌握了简单直接的英语技巧准备应付即将面临的会议"。"葛林夏喜爱他们父子两人，把他们当作亲人般看待。"①

1927 年，郑源兴送 11 岁的儿子郑学俊赴英国学习。郑学俊在英国学习期间，葛林夏一直担任郑学俊的监护人，给予他最好的照顾。② 1930 年夏末，郑源兴带着郑学俊回英国准备秋季开学，葛林夏在伦敦欢迎他。"太好了，郑先生！你来了，我真高兴。我们都担心你在中国的安全！"葛林夏已经听到绑架和恐吓的消息（该年春天，郑源兴带郑学俊至青岛考察青岛分公司时，在返回上海的途中遭到土匪的绑架）。葛林夏带郑源兴父子回到自己的村舍，"让那里简朴的生活抚慰他们的心灵"。③

1936 年，郑源兴送儿子郑学俊、女儿郑爱青到伦敦上学，兄妹两人的生活都由葛林夏悉心照顾。此次英国之行，葛林夏陪同郑源兴拜访了茂昌公司的欧洲客户。④ 1937 年，全面抗日战争爆发，葛林夏得知日军向上海推进，他并没有将此事告诉郑学俊、郑爱青兄妹二人，而是在暑假时送他们到欧洲旅行，让他们多认识世界。⑤ 1938 年秋末，英国与德国的关系日趋紧张，并准备跟德国开战，大学也暂时停办了。该年郑源兴赴英国处理

---

① 郑爱青、戴丽荣：《郑源兴：中国人的企业家（1891—1955）》，上海社会科学院出版社，2021，第 66 页。

② 郑爱青、戴丽荣：《郑源兴：中国人的企业家（1891—1955）》，上海社会科学院出版社，2021，第 71 页。

③ 郑爱青、戴丽荣：《郑源兴：中国人的企业家（1891—1955）》，上海社会科学院出版社，2021，第 116 页。

④ 郑爱青、戴丽荣：《郑源兴：中国人的企业家（1891—1955）》，上海社会科学院出版社，2021，第 95 页。

⑤ 郑爱青、戴丽荣：《郑源兴：中国人的企业家（1891—1955）》，上海社会科学院出版社，2021，第 96 页。

海外业务，并打算接郑学俊、郑爱青兄妹回上海。此时，苏伊士运河的航道已经关停，英国至香港的远洋邮轮也已经停航。"葛林夏敬爱他们，要尽力为他们三人做最舒适的安排，为他们安排了头等旅行套票，乘坐大西洋邮轮到美国东岸，坐火车从东岸到西岸，再坐太平洋邮轮从美国西岸到上海，全程水路交通工具都选择当时最安全最好的。"郑源兴离开时，"葛林夏在码头送别；相见无期，大男儿汉们的眼眶都禁不住地红了起来"。[①]

1948 年，茂昌公司设立了香港分公司，郑学俊放弃即将到手的学位，从英国回到香港，出任分公司经理。1953 年，由于资金严重缺乏等种种不利因素，郑源兴不得不让郑学俊把茂昌公司香港分公司售卖出去，葛林夏拿不到去上海会见郑源兴的签证，只好去香港见郑学俊。但此时郑学俊正在陷入绝望的深渊，不愿意见葛林夏，二人相见"同泣良久"。葛林夏回到伦敦，精神沮丧，意志消沉。[②] 不久之后，葛林夏离世。

三　海昌公司与海外销售网络

尽管斯威夫特公司、洛士利洋行等外国代理商为茂昌公司打开并占据了国际市场，但是茂昌公司并不满足于此。因为在海外市场特别是在英国伦敦建立自己的品牌、销售公司和销售网络一直是郑源兴的志向与梦想。1923~1926 年，由于业务开展得非常顺利，茂昌公司获利丰厚。此时，茂昌公司已具备足够的实力设立海外销售公司。为什么要在伦敦建立自己的销售公司呢？因为当时世界的蛋品销售中心是英国伦敦。通过伦敦蛋品市场，可以将中国蛋品顺利销售到欧洲各国，并可辐射到非洲、北美洲等地，所以占领伦敦市场的重要性，对茂昌公司而言是不言而喻的。只有在

---

① 郑爱青、戴丽荣：《郑源兴：中国人的企业家（1891—1955）》，上海社会科学院出版社，2021，第 139 页。

② 郑爱青、戴丽荣：《郑源兴：中国人的企业家（1891—1955）》，上海社会科学院出版社，2021，第 177 页。

英国伦敦设立自己的蛋品销售公司，才能算是真正走向世界。[①]

为了实现"直销外洋"的夙愿和拥有自己的海外销售机构与渠道，为了提高对海外市场的需求预测能力以做到及时调整生产，为了不受制于海外代理商，将海外销售牢牢地掌握在自己的手中，茂昌公司高薪聘请了葛林夏负责对英国和欧洲大陆（除德国以外）国家的直接销售事宜。

1924 年，郑源兴与葛林夏远赴英国，希望获取蛋品直接输入英国的特许权。在郑源兴和葛林夏前往英国时，和记洋行和其他竞争对手完全没有准备，他们认为一个中国人在伦敦可以有什么作为？认为他们什么都干不成。然而，茂昌公司过硬的产品品质、规范的生产和郑源兴的自信，最终获得了英国贸易部门官员的认可。"我们有整套质量控制的规则。这是鸡蛋收购员、挑选、分级、包装、付运等守则的翻译本。中文本上有日期，说明了这些守则都已沿用多年，详尽实用，比起英商所用的，既无过之，亦无不及。"在葛林夏的大力协助和郑源兴承诺高效率地供给高质量产品的条件下，茂昌公司最终获得了英国政府的输入许可权。[②]

1927 年 1 月，茂昌公司在伦敦设立了自己的子公司——海外茂昌蛋品有限公司（Oversea Egg and Produce Company Limited，简称"海昌公司"），葛林夏任经理。海昌公司注册资本为一万英镑。按照当时英国的相关法律规定，外国公司必须有英国股东（股份不论多少），方可在英国注册。于是，茂昌公司以葛林夏的名义在英国注册了公司。海昌公司的股份共一万股，每股一英镑，葛林夏被茂昌公司赠予一股，另一个名叫欧内斯特·贝耶尔德（Ernest E. Bayeield）的英国股东持有一股，其余 9998 股则由茂昌公司持有。[③]

在成立海昌公司之时，郑源兴了解到西方国家对食物质量的卫生标准要求，并把这套质量标准带回上海，在茂昌公司出口的蛋品上全面实施。

---

① 左旭初：《民国食品包装艺术设计研究》，立信会计出版社，2016，第 278 页。

② 郑爱青、戴丽荣：《郑源兴：中国人的企业家（1891—1955）》，上海社会科学院出版社，2021，第 63~64、67 页。

③ 《茂昌股份有限公司股东名单》，1927 年 9 月 17 日，上海市档案馆藏，档号：Q229-1-27-27。

潘国祺作为出口部经理与交际主任，负责与海昌公司联系工作。① 自此，
郑源兴在国际商业上跟洋大班平起平坐，人称"华人大班"。②

　　在积极开拓欧美市场的同时，茂昌公司还积极开拓东南亚、日本、菲
律宾等地区和国家的市场，先后在上述国家或地区设立了自己的销售网
点，并聘请外国人员为其销售代理商。20世纪20年代后期，日本大力发
展本国养鸡业，鲜蛋产量非常可观，不仅能满足本国市场之需，还能有一
定规模的出口。同时，日本还通过增加关税、设置贸易壁垒等手段极力排
斥中国蛋品的输入。在此历史背景下，茂昌公司还能将自己的冰蛋和冷藏
鲜蛋销往日本，足见其生产的冰蛋品质之良好、销售策略之灵活、销售能
力之强悍。1929年，茂昌公司在日本大阪等城市设立自己的销售网点，并
聘请日本人为其销售网点的代理人。③

　　其后，茂昌公司又在卡尔登、潘国祺、葛林夏等外籍职员的协助下，
在西欧大陆国家的很多城市签约了很多代销商。同时，还在日本、澳大
利亚、菲律宾、马来西亚、新加坡等国家设立经销处。海外销售机构与
销售网络的建立，使茂昌公司的蛋品销售有了较快增长与组织保证。
1929年，茂昌公司的冰蛋出口高达14550吨，鲜蛋出口也达到63665
箱，一跃成为中外资冰蛋厂商出口量的第一位。对此，郑源兴不无自豪
地说，"公司对产品质量又屡有改善，在全国制蛋业中，出口的数量占
了第一位"。④

　　总之，通过不懈的努力，茂昌公司构建了以子公司海昌公司为核心，
以美商斯威夫特公司、阿穆尔公司，英商洛士利洋行为主要代销商和众多
海外经销处，涵盖美洲的美国、加拿大，欧洲的英国、德国、法国、意大

① Overseas Egg & Produce Co., The North China Desk Hong List, January, 1928, p. 199.
② 郑爱青、戴丽荣：《郑源兴：中国人的企业家（1891—1955）》，上海社会科学院出版社，
2021，第197页。
③ 《茂昌股份有限公司为日本大阪所设经销处办理结束事与社会局的往来文书》，1937年，上海
市档案馆藏，档号：Q6-18-255-67。
④ 郑源兴：《茂昌股份有限公司创业经过、业务情况及目前危急待援之报告书》，1950年，上海
市档案馆藏，档号：Q229-1-213。

利、西班牙、荷兰、比利时，大洋洲的澳大利亚，亚洲的日本、菲律宾、马来西亚、新加坡等当时主要蛋品消费市场的庞大且高效的国际销售网络。国际销售网络的成功构建，使茂昌公司不仅成功打开和牢牢占据了国际市场，还使其成为极少数成功走上直接对外贸易道路的华商企业，有力地挫败了外商冰蛋企业挤垮茂昌公司的企图。

四　对葛林夏的强激励

茂昌公司聘请的卡尔登、潘国祺、葛林夏等外籍高管在海外销售方面发挥了非常重要的作用。外籍高管有强烈意愿和积极性为茂昌公司工作，一方面归因于他们与郑源兴拥有共同的志向即都想在中国这个拥有巨大市场前景且拥有最有利条件的国家，大力发展冷冻冷藏事业，且为此结下深厚的友谊。其中，郑源兴特有的人格魅力也是外籍高管为茂昌公司服务的重要因素之一。另一方面，茂昌公司对他们实行高报酬的强激励，特别是行为结果的激励强化是分不开的。前面已对卡尔登、潘国祺的高报酬做了分析，现在仅对葛林夏一人做论述。

为了使海昌公司能够卓有成效地拓展市场业务，茂昌公司与葛林夏签订了一份有强激励的销售代理协议。激励主要包括以下两个方面。一是赋予葛林夏很大的自主权，因而葛林夏有高度的自由裁量权，这是一种难以量化的非物质化的私有收益。值得强调的是，这种自由裁量权的激励有时比高的固定薪酬更富有激励作用。协议第二条规定"葛林夏全权负责欧洲市场（除德国以外）的销售工作，拥有雇用职员和一切有利于推销业务开展的便宜之权"；同时，协议第四条规定，"海昌公司拥有自主报盘、受盘和签订交易合同的权利，有权代表茂昌公司签署支票、提单和其他贸易单据"。

二是可以度量的物质化的激励。这主要体现在较高的年薪报酬与利润提成等回报方面。协议第十条规定，"茂昌公司每年支付给葛林夏1200英镑的年薪，并且将海昌公司每年所获净利的十一分之一作为红利奖励给葛林夏，同时保证这份红利不低于 500 英镑。如果这一红利不足 500 英镑，其差额由茂昌公司支付"。① 此外，葛林夏还被允许购买茂昌公司的股份，这一点我们从 1942 年的公司董事会议记录中可以窥知，"查本公司股东中有葛兰夏一户，该股东为英籍，该股东加入股份时为本厂出品推销英国谋联络关系以助发展，请他加入股东地位以便推销"②

需要强调的是，为了成功开拓并长期占据海外市场，以最大限度地维持与提升销售能力，茂昌公司一直聘用葛林夏这位极具推销能力的高管，并且高报酬也一直没有变更。总之，在共同志向、深厚友谊以及"多创利润、多得薪酬"的激励下，葛林夏对茂昌公司可谓是尽心尽力。他一直担任海昌公司的经理，总是将欧洲市场的信息及时反馈给茂昌公司，并大力协助郑源兴与蛋品进口国的政府机关、客户进行谈判与撮合，为茂昌公司开拓欧洲市场厥功至伟。

1953 年，因政治关系的变化，新中国与西方国家的外贸受到封锁，中国冰蛋输出恢复无望，茂昌公司将海昌公司及其商标 CEPCO 出售。③ 在出售时，"他唯一的条件是把他个人的股份作为礼物赠送给葛林夏，而不是卖给他，'股份所值不多，只是我对葛林夏 20 多年来的忠诚服务表示感谢'。源兴坚持要把这点写入指令文件中，否则他不签名。源兴泪流满面，旁观者不胜唏嘘"。④ 葛林夏死后，他的儿子继承其位，继续为茂昌公司效力，⑤ 直到茂昌公司完成社会主义改造为止。

总之，茂昌公司采取的以自己为主和雇用外国最牛的专业人士进行产

① 《茂昌股份有限公司关于聘请伦敦分店代理人的契约》，1927 年 1 月，上海市档案馆藏，档号：Q229-1-4-53。
② 《茂昌股份有限公司 1941 年董事会议记录》，1942 年 11 月 11 日，上海市档案馆藏，档号：Q229-1-194。
③ 《茂昌股份有限公司关于伦敦海昌公司股份及 CEPCO 商标转让信》，1955 年 1 月，上海市档案馆藏，档号：Q229-1-3-102。
④ 郑爱青、戴丽荣：《郑源兴：中国人的企业家（1891—1955）》，上海社会科学院出版社，2021，第 176~177 页。
⑤ 袁恒通：《茂昌蛋业冷藏公司沿革史》，1961 年 12 月，上海市档案馆藏，档号：Q229-1-181。

品生产、管理和销售的策略非常成功，它不仅有力地挫败了外商冰蛋企业通过削价竞争击垮茂昌公司的企图，还为其打开了冰蛋的国际销售市场，并在海外市场的开拓成就显著。在外销市场上取得巨大成就的同时，茂昌公司还取得了在中国内地与外商冰蛋企业争购鲜蛋的巨大胜利。

五　电费全国第一的背后

借用国外代理商的销售渠道、市场资源以及他们对市场的熟悉，可以减少开拓国际市场的资金压力和时间成本，并且可以设计与市场环境相契合的销售方案。但是，跨国公司也面临着销售渠道、销售价格与市场信息被代理商控制和封锁的风险。[1] 同时，面对大量的交易、结算、市场调查以及与众多部门的协调，需要掌握科学有效的管理方法。为了使国外代理商更好地为其服务和克服国外代理商管理风险，茂昌公司设计了一系列行之有效的管理制度。

首先，与代理商保持密切沟通。委托海外代理商销售，容易造成委托企业与市场脱节的现象，毕竟其与消费者中间隔着代理商。如果没有好的沟通机制，委托企业难以及时了解市场变化，做出及时有效的反应。为了克服与市场脱节现象的出现，茂昌公司在提供给代理商高报酬的同时，与代理商一起构建较为完善的沟通机制。

斯威夫特公司派员长期进驻茂昌公司，与茂昌公司经常召开各种形式的会议，并将双方关心的问题及时报告给斯威夫特公司总部。双方保持着频繁的电报往来，以沟通市场的最新变化信息，并提出建议。

葛林夏与茂昌公司更是保持着密切的沟通。双方协议第四条明确规定，"海昌公司必须认真研究不断变化的市场情况，为茂昌公司提供有助于销售的一切建议和市场信息，并且每月底将销售报告和开支平衡表交给

---

[1]　贾鑫：《跨国企业代理商管理风险以及对策探讨》，《中国经贸》2018 年第 16 期。

上海茂昌蛋品公司审查。同时，在价格波动、业务变更等方面，茂昌公司给海昌公司提出建议"。① 双方在实践中保持密切沟通的体现，就是茂昌公司每年都要花费巨额的电报费用，这笔电报费用主要用于市场信息的沟通。其他代理商也和海昌公司、斯威夫特公司一样，与茂昌公司保持着密切的沟通。

其次，将海外销售置于内部化管理之下。茂昌公司的海外销售主要通过委托的方式进行的，即使自己的子公司海昌公司也是完全委托常驻伦敦的葛林夏负责管理。茂昌公司与海昌公司签订了委托代理协议，协议主要有以下内容。一是海昌公司必须全力推销以茂昌公司英文名字（China Egg Produce Company，CEPCO）为商标的各类蛋品，每个月的成本报告必须由茂昌公司审核。二是海昌公司的一切交易都要忠诚于也只能服务于茂昌公司，它应该尽其全部努力拓展与促进茂昌公司在欧洲市场上的一切业务。三是海昌公司的一切交易合同必须得到茂昌公司认可。四是海昌公司每月底必须将销售报告和开支平衡表交给茂昌公司审核。同时，必须接受茂昌公司的一切指令。五是海昌公司不得代表茂昌公司从事协议规定之外的任何交易，不得代表茂昌公司与客户谈判，解决有关索赔的相关事宜和法律问题，除非得到茂昌公司的事先授权，更不得从事任何与茂昌公司业务无关的投机和投资活动。②

茂昌公司对国外代销处的管理和海昌公司大致一样，必须以茂昌公司的名义经售商标为 CEPCO 的产品，并且只能在茂昌公司决定的价格范围内出售，一切交易合同必须得到茂昌公司的认可，每周的销售情况，每月、每季度和每年的交易合同、成本报告、销售报表、开支平衡表等必须交给茂昌公司审核，没有茂昌公司的授权，不得从事与茂昌公司业务无关的交易活动。③

---

① 《茂昌股份有限公司关于聘请伦敦分店代理人的契约》，1927 年 1 月，上海市档案馆藏，档号：Q229-1-4-53。
② 《茂昌股份有限公司关于聘请伦敦分店代理人的契约》，1927 年 1 月，上海市档案馆藏，档号：Q229-1-4-53。
③ 《茂昌股份有限公司为日本大阪所设经销处办理结束事与社会局的往来文书》，1937 年，上海市档案馆藏，档号：Q6-18-255-67。

　　另外为了掌握海外市场的最新信息，以及对代理商的表现进行考察，郑源兴、潘国祺将更多的精力放在销售部门与海外代理商的协调和管理上。为此，"郑源兴曾先后八次出国赴欧美市场考察"。[1]每次考察，多在三四个月至半年之久。潘国祺也多次前往日本视察分销商的表现。[2]

　　也就是说，茂昌公司与海外代理商之间有着严格的审核机制、详细的报告机制和定期视察机制。这三种沟通机制的实现，成本是很大的，其中一项就是，使茂昌公司每年巨额的电报费用。"要知世界蛋业消息，源兴躬自拟电报，日发数电于伦敦、汉堡等地，不得其要领不止。电报局人谓，茂昌电（报）费为全国第一云。"[3]电报费中的大部分用于安排产品的销售。茂昌公司上海总部在每一笔产品的销售过程中，都和分支机构以及海外代销机构保持不断的电报联系，总部随时听取信息并给予各种反馈、建议和发出最终指定。上海市档案馆收藏了三四百卷茂昌公司的档案资料，其中有几万份有关茂昌公司与代理商沟通各项信息的英文和阿拉伯数字密码电报。如此大量的电报，一方面是因为大量生产与大量的需要；另一方面是茂昌公司与海外代理商密切沟通的反映。而在茂昌公司的大量相关档案资料与相关史料，截至目前，尚未发现代理商违反协议私自谋利的情况。这从一个侧面充分说明，在高报酬的强激励、严管理和勤沟通等多重机制的保障下，茂昌公司很好地解决了外籍职员聘用和代理商道德风险问题。茂昌公司"利用外人为其服务"的创新思维，体现了郑源兴积极学习与运用西方现代企业管理制度、管理方法的特点，这在中国近代企业经营中是十分少见的。

① 袁恒通：《中国蛋业发展简史、茂昌蛋业冷藏公司沿革史》，1961年12月，上海市档案馆藏，档号：Q229-1-181。
② Passengers leaving Shanghai yesterday by the Empress of Japan included Mr. R. Picozzi, *The North-China Daily News*, January 6, 1932, p. 8.
③ 袁康年：《郑源兴先生家传》，转引孙善根编著《郑源兴年谱长编》，上海社会科学院出版社，2020，第380页。

第八章　竞争力从哪里来

外国人在上海开设的几家冰蛋公司，没有一家能够像中国人开设的茂昌公司那样规模宏大、欣欣向荣。老食谱告诉我们，做兔子派（兔肉馅饼）的第一步是要抓住兔子，同样如此，制作冰蛋的第一要务是要获得鸡蛋。在购买鸡蛋方面，这家中国人开设的公司总比任何一家外国公司具有更大的优势，它的总经理郑源兴也因为比任何人——无论是中国人还是外国人——清楚在中国哪些地方可以购买到更多的、最廉价的鸡蛋，并能把买到的鸡蛋快速运送到他的工厂里而享有盛誉。另外，在接收鸡蛋和运出蛋制品方面，茂昌公司的位置也最为优越。

——Foreign Genius and Chinese Skill in the Egg-Freezing Business, *The China weekly Review*, November 5, 1927, p. 238.

一　牢不可破的乡缘与业缘

在茂昌公司成立之前，以和记洋行为代表的外商早已绕开中国口岸蛋行，到鸡蛋产区设立外庄，广为收购，并在中国广大的地区构建了他们主导的鲜蛋收购网络。茂昌公司成立之后，和记洋行、怡和洋行、培林洋行等外商蛋品企业在长江中下游联合发动价格战，企图逼迫茂昌公司退出市场。很明显，外商蛋品企业的管理者高估了自己的实力，更低估了茂昌公司在收购鸡蛋方面的优势与竞争力。

在收购鸡蛋方面，由于缺乏对中国语言、文化与商业习惯的了解，外商不得不依赖于他们的中国代理人——买办或者产区的当地绅商。作为委托人的外商，需要对他们的中国代理人进行严格的监督与管理，以避免中国代理人利用信息不对称对他们实施各种欺骗行为。

与外商相比，茂昌公司在收购鸡蛋方面，不仅具有长期收购与管理经验，还具有地利与人和的本土优势，因为通过同乡、同业这些具体化的人际关系，以及基于人际关系基础之上的社会网络，茂昌公司不必诉诸严格的规章制度来监督它的鸡蛋收购代理人。

宁波籍蛋商是茂昌公司鸡蛋收购网络中的核心。上海是近代中国蛋品贸易最重要的市场，宁波籍蛋商在此有着重要的影响力。茂昌公司的股东多是在上海长期开设蛋行者。每家蛋行都掌握着一批长期为其提供鸡蛋的可靠的内地蛋商。为了增强竞争力和构建适应竞争需要的鸡蛋收购网络，茂昌公司通过"合股"的形式，形成了一个依靠血缘、地缘、业缘的新商业网络。

茂昌公司的投资者以宁波籍蛋商为主。在茂昌公司的 31 位董事与监事中，共有 26 位是宁波籍同乡（见表 8-1）。他们不仅是同乡，很多还是亲戚。例如，董事江补亨既是郑源兴的奉化同乡，还是他的外甥女婿。郑学俊是郑源兴的长子。同时，这些董事和监事都具有较大的影响力。他们大都具有良好的教育背景和专业知识；在一些行业领域普遍具有广泛的社会关系，社会地位较高；最关键的，他们大多长期从事蛋品生意，有着丰富的从业经验。除此以外，茂昌公司的很多重要职员也都是蛋业的长期从业者，也同样是同族或同乡，这些人员普遍有着良好的同业圈子。这是茂昌公司的宝贵财富与巨大优势，也是其在与外商竞购鸡蛋中取得胜利的重要影响因素之一。

例如，长期负责鸡蛋收购部门的朱金水，"自幼从事蛋业"，"历任各庄经理，干练明达，奋发有为，当局深器重之。擢升茂昌总行统辖所有分

表 8-1　茂昌公司重要董事与监事的信息

姓名	籍贯	备注
郑源兴	奉化	任朱慎昌蛋行、万和盛蛋厂、承余顺记蛋公司副经理及上海市蛋业同业公会理事长，有 1000 股，资本 100 万元
郑奎元	镇海	开办新记泰蛋行、万和盛蛋厂，承余顺记蛋公司经理
楼其樑	镇海	开办介顺蛋行、蛋业公所总董、蛋业领袖
刘泉皋	镇海	开办协记蛋行、资深蛋业人士
杨久和	宁波	开办永泰蛋行、资深蛋业人士
董佑章	宁波	开办董源兴蛋行、资深蛋业人士
郑方正	镇海	郑源泰蛋行、郑恒记蛋行总经理、承余顺记蛋公司副经理。任上海市蛋业同业公会理事长，有 219 股，资本 21.9 万元
唐鼎臣	鄞县	鼎记蛋厂总经理、摩斯洋行华经理，上海市蛋业同业公会理事
刘祖贲	镇海	圣约翰大学毕业，曾任裕兴蛋行总经理，有 109 股，资本 10.9 万元
朱金水	镇海	南京顺裕德蛋行总经理，上海朱昌蛋行股东、上海市蛋业同业公会理事，有 267 股
刘颐雲	宁波	开办裕兴蛋行、茂昌公司董事、监察
乐楚廷	镇海	朱慎昌蛋行经理、茂昌公司董事
姚均和	慈溪	茂生洋行出口部华经理，现任本公司虹口冷气堆栈部经理
郑学俊	奉化	伦敦大学肄业，现本公司副总经理
金绍南	鄞县	曾任大美机冰厂华经理，现任本公司制造部经理
胡祖冲	镇海	浙江省立四中毕业，本公司会计科科长
张绪铭	镇海	曾任慎成行总经理，上海市冷藏业同业公会常务理事
袁光行	奉化	沪江大学毕业，曾任正寰丝厂会计
郑星炎	镇海	曾任郑源盛蛋行经理，上海市蛋业同业公会理事，有 327 股
袁恒通	奉化	上海商科大学毕业，曾任永安公司董事
金宗城	镇海	现任上海商业储蓄银行董事兼业务部经理
王仰光	镇江	曾任中华保险公司董事、青岛中国银行经理，现任中国食粮公司总经理
邹秉文	苏州	曾任实业部上海商品检验局局长、现任上海商业储蓄银行常务董事
陈伟如	镇江	曾任华东蛋厂经理，嘉利洋行买办，台州大丰制蛋厂股东、现任中贸银行监察及正寰丝厂常务董事
江補亨	奉化	曾任合利纸厂经理，现任本公司虹口厂务部及堆栈部副经理

续表

姓名	籍贯	备注
刘铁臣	镇江	曾任海宁蛋厂总务科科长及滋美蛋厂厂长
孙性之	奉化	曾任瑞大钱庄经理，现任浙东银行总经理
楼文治	镇海	曾任介顺腌腊鱼行总经理，现任上海新世界饭店董事长
林荣生	鄞县	曾任慎源钱庄经理，现任建华银行常务董事及中国农工投资公司经理
葛子香	苏州	益慎钱庄经理及中国实业银行上海南市分行经理
毛惜民	奉化	现任申锡轮运联营公司董事长，又民丰股份有限公司总经理

资料来源：《茂昌股份有限公司 1942 年股东名簿》，1942 年，上海市档案馆藏，档号：Q229-1-196。

庄，历有年数，尤多建树，成绩斐然，内外孚治"。[1] 出任江苏高邮茂昌公司采办处经理的张鼎甫，"原在上海一家蛋行做事，这家蛋行的主人是他的亲戚，后来得到上海'茂昌'一个负责人名叫郑奎元的器重，受其委托来高邮创办分支机构"。[2] 出任芜湖某地茂昌公司经理的陈正表，也是一位长期在茂昌公司工作的宁波人。[3]

产区同业是茂昌公司鸡蛋收购网络的关键节点。口岸蛋厂或蛋行至产区大规模采办新鲜鸡蛋，自然不能亲自到千千万万的农家挨家挨户地去收买，因此"完全依赖那成百类千的小贩，替我们去收"。[4] 鉴于有厚利可图，在一些产区，当地有势力者通过各种手段将众多小贩笼络在他们的势力之下，转而成为"蛋老班"，也就是所谓的"大贩子"。为了竞购到尽可能多的新鲜鸡蛋，前来产区收购鸡蛋的中外蛋商就会"嘱咐了几个'大贩子'，组织小行。用手段来笼络他们，'放账'给他们，起先当然是很有些效验"。[5] 因此，在与外商竞购鸡蛋时，对茂昌公司而言，如何利用好产区同业力量无疑是至关重要的。

---

[1] 《养鸡与蛋商介绍：朱金水君小传》，《鸡与蛋杂志》第 1 卷第 9 期，1936，第 62 页。
[2] 朱永庆等：《高邮茂昌公司始末记中国人民政治协商会议》江苏省高邮县委员会文史资料研究委员会：《高邮文史资料》第 2 辑，1985，第 23 页。
[3] 《余成元冒填空头支票骗巨款来沪冶游》，《申报》1932 年 12 月 27 日。
[4] 钱蕙圃：《谈买蛋》，《鸡与蛋杂志》第 1 卷第 6 期，1936，第 16 页。
[5] 钱蕙圃：《谈买蛋》，《鸡与蛋杂志》第 1 卷第 6 期，1936，第 16 页。

皖北各县输出鸡蛋甚多，故正阳关成为寿县、霍邱、颍上、六安等县输出鸡蛋的要道。1926 年，至正阳关一带采办鸡蛋的有和记、海宁、丰裕、普记、茂昌五家中外蛋厂。最初，每家雇用代收鸡蛋之人多名，分赴寿县四乡收买，后来改为专由当地蛋行、采办行代收。寿县四乡由协同丰蛋行一家代收，霍邱、颍上、六安等县，由各县内著名集镇的商家筹设采办行代购，"采办行之家数，各按该集镇到货情形设立，每地有采办行五家，或一行兼送五公司，并无一定"。①在安徽蚌埠，茂昌公司有两家代办，"在涡河方面的鸡蛋，归黄泰昌代办，在淮河方面的鸡蛋，归盛昌代办，二代办订有合同，就是黄泰昌不能在淮河方面收蛋，而盛昌不能入涡河收买。……去年（1935 年）蚌埠鸡蛋出口的总数，约有十六万篓之多，其中以茂昌为最多，几占其半，约有八万余篓"。②

为了能够顺利、安全地收购与运输鲜蛋，产区有势力者也是茂昌公司笼络的对象。例如，江苏大通地方的茂昌公司蛋庄经理高之元，"是当地恶霸"。高邮蛋庄经理张鼎甫"勾结当地县长，并和水上警察局长结拜兄弟。不是请他们当顾问，就是聘请为名誉经理，按月支送干薪"。③ 概而言之，产区有势力者也是茂昌公司依靠与利用的重要力量之一。

1892 年，宁波镇海旅沪商人张希堂发起成立了上海蛋业公所，并长期出任公所总董一职，后来公所改由张希堂的同乡楼其樑主持。④ 因此，茂昌公司充分利用上海市蛋业同业公会的力量为其服务。1929 年，郑源兴牵头组建了上海市蛋业同业公会，会员以蛋行居多，郑源兴被推举为上海市蛋业同业公会第一任理事长。郑源兴为上海市蛋业同业公会"定下的目标不是完全跟政府对抗，而是说明其他会员把产品标准化，使他可以进一步帮助他们输出海外。他把茂昌（标号"CEPCO"）沿用的鸡蛋采购、分

① 《杂纂：正阳关之鸡蛋公司》，《中外经济周刊》第 183 期，1926，第 42 页。
② 黄绍宗：《杂著：蛋商在蚌埠收买鸡蛋的概况》，《鸡与蛋杂志》第 1 卷第 4 期，1936，第 36 页。
③ 李嘉源：《蛋品出口业》，未刊稿，载上海社会科学院经济研究所、上海市国际贸易学术委员会编著《上海对外贸易：1840—1949》上册，上海社会科学出版社，1989，第 306 页。
④ 《上海区蛋业同业公会》，《企业周刊》第 1 卷第 33 期，1943，第 7 页。

级、包装、定价、输出等规则更新，供全会使用"。①

1930 年 3 月，应上海特别市商人团体整理委员会要求，自该年 3 月 28 日起，上海市蛋业同业公会改名为"上海特别市蛋业同业公会"（以下简称"上海蛋业公会"）。② 同年 6 月 7 日，上海蛋业公会依令改组。茂昌公司在改组后的上海蛋业公会中势力最强，郑源兴当选主席与常务委员，在 15 名执行委员中，至有 4 位是茂昌公司的高层人员，分别是郑源兴、乐楚廷、郑方正和朱金水，中外同业难有匹敌者。③

上海蛋业公会的组建，大大加强了上海蛋业之间的联合，提升了维护同业利益的能力。对内，有助于协调同业之间的纠纷；对外，有利于维护与争取同业的利益。1932 年，李瑞云、李祥林、骆荣卿等人"冒用蛋业全体名义"，设立蛋税局，"横征暴敛，甚于厘金"。④ 1932 年 6 月，上海蛋业公会与上海市蛋厂同业公会"一致抗争，以解倒悬"，一面登报发表抗争宣言，一面呈请行政院、财政部裁撤，得到允准。安徽省财政厅迫于压力，不得不裁撤蛋税局。⑤ 为了确保鲜蛋采购的顺利进行，郑源兴通过关系，出任安徽省蛋业营业税局局长，并在期末后继续认办。⑥ 请求政府对蛋业进行保护，也是上海蛋业公会的重要活动。

上海蛋业公会拥有对鲜蛋收买的定价权，每周一下午议定一次，理事长在定价权方面拥有较大的权力，公会所制定的价格连外商蛋厂有时也不得不加以遵守。同时，上海蛋业公会还与外商冰蛋企业执行"联购鸡蛋的协议"，主要内容之一是在产蛋区划片采购，即将中国产蛋区划分为上海、青岛、天津三个采购区域，各家蛋厂不得越界采购。此外，茂昌公司还与

---

① 郑美珠：《华人大班郑源兴 1891—1955》，香港 Icicle Group 印刷，2011，第 157 页。

② 《蛋业公会奉令改称上海特别市蛋业同业公会通告》，《申报》1930 年 3 月 24 日。

③ 《上海特别市蛋业同业公会公告》，《申报》1930 年 6 月 19 日。

④ 《上海市蛋业蛋厂同业公会为皖省厘金复活危害垂败蛋业签请政府从速救济事宣言》，《申报》1932 年 6 月 17 日。

⑤ 《蛋业公会电请查办安徽蛋税局》，《申报》1932 年 7 月 28 日。

⑥ 《命令：训令：第二二七九呈（十一月十五日）训令怀宁等县县政府各局蛋税仍由郑源兴继续认办一律协助保护由》，《安徽财政公报》第 26 期，1933，第 13 页。

英商和记洋行另有口头君子协定，即和记洋行今后不在青岛设立冰蛋工厂，以换取茂昌同意放弃在汉口开设冰蛋工厂的打算。[1] 通过上海蛋业公会，茂昌公司控制了上海全市的鸡蛋收购，不怕收来的鸡蛋没有销路。同时，产蛋区的价格也为上海蛋业公会所左右。

上海蛋业公会的成立及其活动，使茂昌公司确立了无可挑战的地位与权威，对其掌控上海市面的鸡蛋供销与价格，更是提供了组织保障。

二　大胆的放权与温暖的人情

凭借"乡缘"、"业缘"和上海蛋业公会的力量，茂昌公司在鸡蛋采购方面占据着"人和"和"地利"的优势。不仅如此，茂昌公司在与外商争购鸡蛋时，还展现出它灵活、高效的一面。

（一）下放收购鲜蛋的自主权

外商派人至产区设立外庄，大量收购鸡蛋的做法，不仅使他们摆脱了口岸蛋行对鸡蛋货源的把持，提高了收购鸡蛋的效率，节省了佣金，更使他们拥有了收购鸡蛋的定价权与主动权。不过，事情总有两面性，外商所派的买办或其他职员往往利用信息不对称的优势，采取各种手段为自己谋取私利。

在每年收购鸡蛋的季节，外商都会提前确定收购价格。价格是按照每个外庄所报当地的产量和行情，由外商大班（经理）和买办商定后，作为限价，并电告各外庄在限价内收购。外庄收货一般用最低的价格向蛋贩收买。如果没有好的监督机制和制约办法，外庄经理就会有在外商和蛋贩之

---

① 刘祖赉：《茂昌蛋业冷藏公司的历史回顾》，中国人民政治协商会议青岛市委员会、文史资料研究委员会编《青岛文史资料》第 6 辑，1984，第 109 页。

间赚取"好处"的机会与空间。其获取"好处"的方式主要有以下几种：通过各种手段压低收购价格，在度量衡上占便宜，或者预计货价将上涨时，有意延期向外商交货等。

汉口和记洋行的各庄经理都备有两套账本，真账本留存在各庄内部，以备自查和清算，假账本则按照限价调整的情况用来弄虚作假。"每年分春秋两季发庄与收庄，收庄时将假帐送大班写字楼结算，真帐交到买办帐房结算。"[1] 淮安人朱耀卿曾被上海培林洋行聘为高邮蛋庄的买办，但因"朱生性浮滑，致为总公司所不信，遂将邮地方分庄收歇"。[2] 不单单只有外商所派人员营私舞弊，中国蛋厂也面临同样的问题。1929 年 11 月，浙江兴业银行董事蒋抑卮致函该行经理徐新六，说明许州豫昌蛋厂即将结束的主要原因：一是外庄作弊甚重；二是"经理王盈秋婆婆妈妈，决不胜任"；三是"蛋厂所用职员，腐败习气太多"。[3]

为了规避买办与外庄经理自谋私利的行为，外商将货物的收买权牢牢控制在自己手中，并设计了一系列的监察制度。和记、怡和、培林、班达、海宁等洋行都设有稽查一职，专门负责监督"外庄"的收货事宜，并派专门人员监督收货款项。宁波籍蛋商钱蕙圃曾出任培林洋行的稽查一职。[4] 稽查员前往产区监督外庄买货，并稽核庄上的一切账目，如果查出庄上有违规行为，就会写信报告给洋行大班。每个稽查员只听任本行大班所发的命令，对于各行一切报告，以及关于业务的一切文件，都须密封直接邮寄给大班。有时大班也会前往收货地区，对外庄收购鲜蛋的情况进行监察。以上措施虽然有利于降低外商收货的风险与损失，但是对外庄收货人员的约束也颇多，外庄经理缺乏随机应变和处决事情的权力，需要事事向大班请示。

---

[1] 彭汉祥：《杨坤山与英商和记洋行》，中国人民政治协商会议汉阳县委员会文史资料研究委员会编《汉阳县文史资料》第 5 辑，1990，第 179 页。

[2] 《地方通信：高邮：蛋行股东骗款被逮》，《申报》1932 年 10 月 30 日。

[3] 上海市档案馆编《上海档案史料研究》第 20 辑，上海三联书店，2016，第 206 页。

[4] 《养鸡与蛋商介绍：钱蕙圃君小传》，《鸡与蛋杂志》第 1 卷第 7 期，1936，第 60 页。

与外商外庄经理的权力相比，茂昌公司的外庄经理在收购鲜蛋方面，自主权可谓大矣。茂昌公司准许外庄经理相机行事，价格多少、少买多买等各事项，无须事事向公司汇报。"收购员可以根据情况在议价上有一定的自主权。源兴经常劝告他们对小农户要慷慨些。"[1]

茂昌公司敢于放权给收蛋人员，主要是因为它的外庄收蛋人员多是自己派去的同乡或同族人员，产蛋区的外庄经理很多是与茂昌公司有长期合作的同业，它们有的作为茂昌公司的股东，有的是长期代理商。因此，他们的利益与茂昌公司的利益是休戚与共的。因此，茂昌公司的外庄经理，在一般情况下，是不会为了短期利益而轻易自断其长期利益的。安徽怀宁人马龙华（1899 年生人）"性直爽，重仁义"，在安庆、芜湖开办有祥泰蛋庄，颇有势力，因此"上海同业各行，来此办货，悉以君马首是瞻，以君拣办认真，信用着实，待人接物，素重仁义，凡遇人疑难，君莫不急人之急"。茂昌公司在安庆、芜湖收购鸡蛋，全权委托马龙华代办。[2]

将货物收买权下放给外庄，可以使外庄随行就市地收买，可以尽量收买而不需担心茂昌公司不收买。货物收买权下放，无疑使茂昌公司在收购鲜蛋方面可以抢占先机，也有利于其外庄维护与产蛋区蛋业人员的长期合作关系。

（二）下放资金的使用权

在近代中国广大农村收购鲜蛋，需要使用大量铜钱，因为铜钱是农村市场流通的主要货币。现代银行在内地的分支机构很少，由于时局不靖，城市与农村之间的资金流动向来很不安全。

中外蛋商赴广大内地采购与运输鸡蛋，常有遭受抢劫之事发生，这

---

[1] 郑爱青、戴丽荣：《郑源兴：中国人的企业家（1891—1955）》，上海社会科学院出版社，2021，第 57 页。

[2] 宗韵文：《养鸡与蛋商介绍：马龙华君小史》，《鸡与蛋杂志》第 1 卷第 10 期，1936，第 60 页。

样的新闻频现报端。1928 年 5 月 6 日《申报》报道，南京和记洋行的职员吴德林携带钞洋千元，赴扬州西乡司徒庙一带收买鸡蛋，（5 月 3 日）午后行至小金山附近，"突遇匪徒三人，迎面出刺刀喝阻，抱腰搜劫钞洋一千元"。[1] 1929 年 11 月 10 日 "晚七时，突来股匪三四十人，各执枪械，扼守镇西人字河两岸，声言来镇洗劫⋯⋯茂昌蛋行损失数十元"。[2] 1930 年，范有才等三人在汉阳横堤一带结伙抢掠和记洋行装运鲜蛋的船舶。[3]

另外，外商雇用的中国买办或聘请的产区绅商，或其他人员利用信息不对称，会挪用、骗取、贪污用来收购鸡蛋的货款。1929 年 12 月，培林洋行大班夏福门将三千元交给该行宁波籍买办周明伦，让他去采购鸡蛋。不料，周明伦携带货款潜逃。[4] 南京和记洋行在 1932 年 3 月 6 日的《申报》上发表启事说："敬启者，今发现有无耻之徒，假冒和记外庄经理名义，在内地向钱庄售卖伪造汇票，冀图行骗，务请各地银行、钱庄切勿受愚。敝行对于此种伪票决不照兑，亦绝对不负任何责任。"[5] 为了防止被蒙骗和规避各种潜在的风险，外商将资金使用权牢牢地控制在自己的手中。控制的方式则是外庄购买鸡蛋的货款需要他们签字与盖章。其他外商与和记洋行同样如此，所派外庄经理须携带其颁发的正式聘书，"经大班签字者，方能有效。敝行庄上所用汇票印有特别式样，且须经负责者两个签字盖章"。[6]

和记洋行控制资金使用权的具体做法如下。每至鲜蛋上市，和记洋行会给每个外庄经理一本空白的公司汇票，外庄经理到达产区之后，必须找到一家当地可靠的商店或者钱庄，将和记洋行的公司汇票售卖出去，以换取收买鲜蛋的现金。由于和记洋行的信用好，因此它的汇票也被那些需要

---

① 《地方通信：扬州：白昼路劫千元》，《申报》1928 年 5 月 6 日。
② 《地方通信：高邮：股匪拟洗劫二沟镇》，《申报》1929 年 11 月 11 日。
③ 《武汉又处决大批要犯》，《申报》1930 年 9 月 13 日。
④ 《蛋厂买办侵占公款：牵涉衰履登、买办押八月》，《时事新报（上海）》1930 年 1 月 28 日。
⑤ 《南京和记洋行启事》，《申报》1932 年 3 月 6 日。
⑥ 《南京和记洋行启事》，《申报》1932 年 3 月 6 日。

汇票、去城市置办货物的商店或钱庄所接受。购买和记洋行汇票者，可以到其在汉口、上海、天津、镇江、南京等地的办事处兑换现金。[①]

通过上述操作流程，和记洋行解决了现金流动的问题。但是，其制度设计也大大制约了外庄经理使用资金的灵活性与积极性。

第一，为了避免大量资金被外庄经理挪用，和记洋行规定外庄经理在用款之前，不得预先对汇票盖章签字，以防意外。在用款时，外庄经理被要求只能一张张地售卖公司汇票，每张汇票被出售之后，必须通知和记洋行总部，"庄上售卖汇杂，必须先得华洋文对照之咨单，用'阿拉伯'数码填寄总行，经理查严验庄时，须将未用之汇杂领据，以及已用过汇杂领提之存根，点交总行"。[②] 这样复杂严苛的制度安排，虽然确保了现金被滥用的风险，但是也降低了现金使用的效率。

第二，和记洋行还对每份汇票的金额进行限定，即每张汇票不得高于规定的金额。而售卖汇票所得的现金随即被存入可靠商店或钱庄，用多少提取多少。"取款时须凭经理与稽查员共同签名盖章；分开动用，但银行钱庄存款，每次不得超过二千元，商店存款，每次不得超过一千元。"[③]

第三，对售卖汇票之款，外庄经理与稽查员要负担损失赔偿责任。和记洋行规定，"经理与稽查员共同或单独有保费全部之责任，与损失之赔偿"。即使是客户倒账，外庄经理与稽查员也要负责，"庄上买货，如须放款于商贩，遇有倒塌拖欠短少，归经理与稽查员负责"。[④] 除了上述规定外，和记洋行还对汇款及现金使用有极为严格的管理。总之，一切的制度

---

① 《南京英商和记洋行为驻外庄稽查员制定之规章》，南京市肉联厂档案，引自朱翔：《南京英商和记洋行研究》，南京师范大学博士论文附录，2013，第256页。

② 《南京英商和记洋行为驻外庄稽查员制定之规章》，南京市肉联厂档案，引自朱翔：《南京英商和记洋行研究》，南京师范大学博士论文附录，第256页，2013。

③ 《南京英商和记洋行为驻外庄稽查员制定之规章》，南京市肉联厂档案，引自朱翔：《南京英商和记洋行研究》，南京师范大学博士论文附录，2013，第256页。

④ 《南京英商和记洋行为驻外庄稽查员制定之规章》，南京市肉联厂档案，引自朱翔：《南京英商和记洋行研究》，南京师范大学博士论文附录，2013，第256页。

安排，都是为了尽可能降低资金使用的风险。

与和记洋行等外商蛋品企业相比，茂昌公司对外庄使用资金的管理要灵活高效得多。为了提高收购鸡蛋的效率，茂昌公司将鸡蛋收购资金的使用权，如现金使用的时间、额度、场所等权力下放给它的外庄经理，这不仅充分体现了茂昌公司对其外庄收购人员的信任，也彰显了茂昌公司的自信。

茂昌公司采办鸡蛋的一切汇款及现金收付，均归承余顺记公司负责。茂昌公司与产区附近的银行、钱庄或商店签订汇票买卖与银钱兑换的长期合同。[①] 外庄可以向产地蛋行、蛋贩和其他蛋商等客户开具茂昌公司的汇票，汇票金额不受限制。客户拿着茂昌公司的汇票向当地银行、钱庄或商店兑现。当地银行、钱庄或商店向客户兑现以后，即可到上海的银行或钱庄收取款项，上海的银行或钱庄再跟茂昌公司上海总部结算。这种资金管理与结算方式非常符合近代中国金融机构的业务习惯和商人信用关系，不仅安全、信用卓著，而且富有效率。[②]

与和记洋行严格的稽核、监察和管理相比，茂昌公司下放汇票开立权的方法，给予外庄负责人和其他收购人员更大的权利与便利，无疑更具灵活性，从而也更具有竞争力。

（三）购货更具人情味

鸡蛋交易以阴历三月初起至六月底为最忙时期，其次则自九月底至十二月底，七八两月则较为清淡，冬季的正月与二月最为呆滞。故每年春、秋二季，大多数厂商、行号派人至附近及交通便利的各大市镇，设庄收买，夏季与冬季则停止收购。[③]

---

① 蛋业公会：《中国蛋厂之概况》，《国际贸易导报》第 5 卷第 9 期，1933，第 59 页。
② 袁恒通：《中国蛋业发展简史、茂昌蛋业冷藏公司沿革史》，1961 年 12 月，上海市档案馆藏，档号：Q229-1-181。
③ 王徽寿：《专论：中国蛋业概况》，《鸡与蛋杂志》第 1 卷第 4 期，1936，第 15 页。

（1）常年收购

夏季为鲜蛋交易的清淡季节，一方面是由于母鸡产蛋相对较少，另一方面则是因为时值夏令，易于腐坏，收购风险和成本太高，因而外商循例暂停收买。[①] 冬季，由于天气严寒，母鸡产蛋能力大大下降，同时产区往往雨雪交加，运输鲜蛋不方便，"因此各地的蛋贩、蛋行在这个时期，都不愿继续冒险采办而从事结束了"。因为货源稀少，"所以蛋价也是一年中最高的时季，蛋厂对于装箱蛋出口生意也在结束中"。[②] 外商也不例外，他们会停止收购与生产。

茂昌公司则不同，即使在严冬酷暑的极端天气下仍继续收买鸡蛋，只是在价格上有所打折。1937 年 6 月，时值梅雨季节，阴雨不定，寒暖无常，蛋质最易变化，中外蛋厂在津浦、陇海沿线以及江北路之窑湾、宿迁等地的鸡蛋采办处，"多数均已停办，即如各近路之本地蛋，除茂昌公司外，其余均将暂停采办云"。[③]

茂昌公司之所以常年收购，除了竞争需要之外，也是因为它有销售多余鸡蛋的途径和处理质量不佳的鸡蛋的成熟技术，这大大提高了它的竞争力与灵活度。茂昌公司一些股东，如郑奎元、郑源兴等人经营过干蛋厂，对如何利用品质较差的鸡蛋很有经验，他们善于利用品质较差的鸡蛋制作工业用的"老粉盐黄"。老粉盐黄是"湿蛋"的一种，其加工过程大致依次经过以下几个流程：蛋黄液—搅拌过滤—加防腐剂—静置沉淀—装桶—成品，防腐剂主要是硼酸和精盐，食用过量会引起肾病，主要作为工业用品。[④] 据说，甚至三伏天的热伤蛋（夏季天气闷热，鸡蛋壳内的蛋白质很容易渗出蛋壳外，俗称"出汗"，出汗后的鸡蛋即成"热伤蛋"，品质下降，保存期限也较短），他们都能制成品质合乎标准的冰蛋，连汉口和记

---

① 《和记洋行循例歇夏：昨日开始停工》，《中央日报》1937 年 6 月 18 日。

② 《正月的蛋业》，《鸡与蛋杂志》第 1 卷第 1 期，1936，第 46 页。

③ 《上海各蛋厂暂停收蛋》，《鸡与蛋杂志》第 2 卷第 7 期，1937，第 61 页。

④ 郑源兴：《老粉盐鸡黄》，1952 年 9 月 15 日，上海市档案馆藏，档号：Q229-1-4。

洋行都曾派人前往学习。①

茂昌公司在产蛋区设立的干蛋厂会先将鸡蛋评级，质量较次的鸡蛋会及时被制成干蛋白、蛋黄粉，然后将该等产品运销上海，以较鲜蛋低廉的价格出售，用途广泛，在食品制造业以外有诸多工业用途。这样的安排使蛋农和蛋贩在夏季、冬季仍能维持收入；同时使茂昌公司的蛋厂、仓库、包装和运输部门的员工又可以维持稳定的工作。

从 1933 年开始，茂昌公司更是在不同省份、市镇收购或者兴建蛋厂，就地处理质量较差的鸡蛋，包括有污渍的、品种欠佳的或有破裂的鸡蛋。茂昌公司有巧妙的办法使这些次级的鸡蛋变成收入来源之一。1933 年，聘请在安徽亳州开设鼎记蛋厂的唐鼎臣为公司副总经理兼工厂部主任，专门负责发展干蛋业务，工厂主要制造飞黄粉、全蛋粉、干白及蜜黄、盐黄等各种干湿蛋品。1937 年，茂昌公司在上海沪西延平路设干蛋厂，聘陈伟如为厂务主任。因战争关系鸡蛋运沪困难，冰蛋原料发生问题，茂昌公司又于 1938 年至 1940 年先后在宁波、泰州、高邮、芜湖等地开设干蛋厂，制造蜜黄、干白、新老粉盐黄等。从此茂昌公司的干湿蛋产品也占据相当的地位，约占全国产量的 20%，这可以弥补冰蛋产品的不足，平衡收支。②

（2）不轻易调整收购价格

根据季节变化、产品供求情况、品质好坏和自己的需求，外商随时调整收购价格。例如，和记洋行规定，"一旦同行停止收蛋，和记所有分庄应立即提高每元所购蛋数"。③在淡季的时候，外商一般会停止收货。

对于以上种种限制，内地的蛋贩或蛋行非常被动，他们认为外商的这

---

① 《扬子公司对日军有关蛋业的建议书》，上海市档案馆藏，档号：Q229-1-201，第 46 页。《武汉蛋业沿革与业务经验》，武汉市档案馆藏，档号：119-130-135，第 36 页；转引张宁：《跨国公司与中国民族资本企业的互动：以两次世界大战之间在华冷冻蛋品工业的发展为例》，《"中研院"近代史研究所集刊》第 37 期，2002，第 206 页。

② 袁恒通：《中国蛋业发展简史、茂昌蛋业冷藏公司沿革史》，1961 年 12 月，上海市档案馆藏，档号：Q229-1-181。

③ 袁恒通：《中国蛋业发展简史、茂昌蛋业冷藏公司沿革史》，1961 年 12 月，上海市档案馆藏，档号：Q229-1-181。

种做法是很不近人情的。茂昌公司则不随便调整收购价格，"内地蛋贩可向茂昌采购处借款作本钱，如遇鲜蛋跌价时，在五日以内蛋贩收来之货，仍可照前价结算，使蛋贩不因跌价而亏本"。[1]

茂昌公司常年收购和不随意减价的做法，保障了内地蛋贩、蛋行等蛋商的稳定收入，因此他们都十分乐意与茂昌公司保持长期的合作关系。如果"同样价格或茂昌稍低，一些蛋贩均乐于售给茂昌。在收购方面也打破了外商垄断"。[2]加之郑源兴个人在中国蛋业的声誉与广大人脉，茂昌公司在中外同业竞争中占尽优势。"货源多的时候，他用高价拿到最上乘的鸡蛋；货源少的时候，其他商人也许什么货都买不到，但他还是拿到最好的鸡蛋，因为他跟鸡农和收购员有密切可靠的关系。他的生意整年源源不断，不受天气时令的影响，同行里无人能及。"[3]

（3）不轻易裁减收蛋人员

由于鸡蛋生产的季节性，为了减少成本，外商蛋厂会在淡季停止生产，并裁减员工。1935 年 7 月 16 日英文杂志《上海时报》(The Shanghai Times)报道："由于天气炎热的原因，班达公司在周二临时性关停，695名员工中有 655 名被解雇，只留下 40 名员工照看工厂。"[4]1935 年 7 月 23日《上海时报》报道："位于杨树浦路 1500 号的怡和冷气堆栈因为天气炎热于昨日停工了，490 名工人的生计受到影响。"[5]1937 年 6 月 18 日《中央日报》报道："下关煤炭港和记洋行，于去冬局部（专营鸡蛋等）复业，迄今阅六月……闻该行因时值夏令，鲜蛋易于腐坏，循例暂停收买，工厂大部分昨已宣告停工，尚留一千二百余人（本季共雇佣收蛋人员一千六百

---

① 袁恒通：《中国蛋业发展简史、茂昌蛋业冷藏公司沿革史》，1961 年 12 月，上海市档案馆藏，档号：Q229-1-181。

② 袁恒通：《中国蛋业发展简史、茂昌蛋业冷藏公司沿革史》，1961 年 12 月，上海市档案馆藏，档号：Q229-1-181。

③ 郑爱青、戴丽荣：《郑源兴：中国人的企业家（1891—1955）》，上海社会科学院出版社，2021，第 57 页。

④ Note of The Day, *The Shanghai Times*, July 16, 1935, p.8.

⑤ Note of The Day, *The Shanghai Times*, July 23, 1935, p.8.

余名）办理未了工作，大抵本月底即可全部清结，复工时期，约在九月中旬。"[1]

和记洋行的外庄所雇的工作人员，绝大多数是其买办韩永清与罗步洲的湖北老乡与亲友。"南京和记洋行于二十年前始创于汉口，至民元设分行于南京下关，其营业则在内地各埠收买各种鲜货（如鸡、鸭、猪、牛、蛋等物）为出口之大宗，其雇用之买办、职员等约有三四千人，大底皆系湖北籍，因该行初创于汉口，故自欧洲战起，该行营业大展，获利甚丰，时买办（韩永清、罗步洲、陈忠良等）办事勤敏，虽用职员多系鄂籍，然能收指臂之助，故下关一带住户，湖北人骤增万余口矣"。[2]

但是，这些从事鸡蛋收购的人员并不能被常年雇用。"这些外庄职员每年两季按照派庄的时间，由汉口乘江轮往南京，川资伙食及一切费用均归自备，到了南京就各自散往南京下关各大小旅馆等候派庄。"上述外庄人员，绝大多数是临时工，他们只在收蛋期间领取工资，无论在和记洋行做多久，毫无福利而言，生老病死，均无补助，并且和记洋行可以随时毫无理由地停止他们的工作。[3]

与外商相比，茂昌公司对待外庄的工作人员要温情得多。"茂昌在各地的外庄、分庄，上自经理，下至一般职员，大都是长年任用，不轻易调动。因此，经办人员对周围情况熟悉，业务经验丰富。另外，根据营业情况和本人贡献大小，茂昌还给予一定奖金，使一般工作人员都能克（恪）尽职守，积极工作。"[4]

---

[1] 《和记洋行循例歇夏：昨日开始停工》，《中央日报》1937年6月18日。

[2] 可大：《和记洋行更换买办之争执》，《上海报》1930年12月24日。

[3] 查福田：《英商和记洋行在南京设厂的经济掠夺》，原南京肉联厂资料；引自朱翔《南京英商和记洋行研究》，南京师范大学博士学位论文，2013，第41页。

[4] 李嘉源：《蛋品出口业》，载上海社会科学院经济研究所、上海市国际贸易学术委员会编著《上海对外贸易：1840—1949》上册，上海社会科学院出版社，1989，第305页。

三　灵活施策，合作共赢

茂昌公司对外庄的鲜蛋收购还会进行富有成效的管理。茂昌公司在产区收购鲜蛋主要有以下三种方式，而每种方式都有不同的管理方法与治理机制。

（一）放款给产区蛋商进行代购

是委托产区"大贩子"代办，还是设庄自行采购，一方面取决于产区"大贩子"的势力大小，另一方面要考虑自行设庄是否容易入手，花费是否很大。如果产区"大贩子"势力比较大，或自行设庄不易入手且花费很大，中外蛋商则会委托产区"大贩子"为之采购。在蛋市开张之前，中外蛋商会派人向产区行家接洽采办事宜。"采办之前，预存底银若干，该行即为其代办，约期取货。取货时，又须将货款付清。第一次所付之银，名曰'做底'，由代办行家，放给小贩，非至停收后相当时间内，不易取回。"[1]

为了激励产区代理人有更多动力为其收购更多的鸡蛋，茂昌公司除了预付给他们贷款以外，还"另按收购额的 3%~5% 计给代购手续费。逢蛋价下跌，5 天内按原价结算；上涨，则按当天价结算，保证代理者有利可图"。[2] "源兴给鸡蛋收购员的佣金远比洋蛋商为高，所以他们很积极地跟源兴交易。"[3] 茂昌公司通过"做底"不仅获得了货物优先收买权，而且使代购蛋商在鲜蛋收购的类别、大小、包装、运输等方面遵照其所定规则行

---

① 王征寿：《专论：中国蛋业概况》，《鸡与蛋杂志》第 1 卷第 4 期，1936，第 16 页。

② 袁恒权主编《上海副食品商业志》，上海社会科学院出版社，1998，第 183 页。

③ 郑爱青、戴丽荣：《郑源兴：中国人的企业家（1891—1955）》，上海社会科学院出版社，2021，第 57 页。

事。这说明茂昌公司对代购商的鲜蛋收购实现了部分环节的内部管理。

（二）派员至产区自行设庄采购

如果产区蛋商的力量薄弱，或自行设庄入手相对容易，和其他厂商、行号一样，茂昌公司会派人至产区设庄采买。茂昌公司所派之人大多数是长期从事蛋业者，他们拥有丰富的鸡蛋买卖经验，且绝大部分是宁波人，他们或者是茂昌公司的董事、经理，或者是公司职员。他们在加入茂昌公司时，均要找亲友为之提供人保或铺保。如果他们有不端行为，为之担保的亲友或商铺需要承担连带之责。[1] 同时，上海蛋业公会章程也有严格规定，"同业职工进行号服务，除介绍人会外，须觅妥保，缮具保证书方可录用"。[2]

除了担保制度外，茂昌公司还将上海蛋行同业组织蛋业公所的行规运用到外庄人员的管理之中。蛋业公所的行规甚严，凡不遵业规者，"即可辞歇，同业概不录用"。[3] 因此颇有威权，"范围虽小而成规颇肃，故能营业发展为中外所信用"。[4] 另外，茂昌公司还设立奖惩制度，以促使外庄职员严格遵守公司章程。公司鸡蛋收购章程规定，外庄收购鸡蛋如果达到规定的数量、质量和价格指标者，"每50公斤奖励0.5元，年终考绩另发'红包'"。[5] 另外，茂昌公司的股东出任公司职位的都有高薪厚禄，股东也得到相当多的股息和花红。因此，这些身居公司管理层的股东，他们不论负责怎样的具体工作，都非常努力工作。

担保制度、较为严厉的同业行规、公司奖惩制度的结合运用，使茂昌公司的外庄职员几乎没有发生有损公司利益的不端行为。

---

① 《父子串同行窃》，《申报》1929 年 12 月 10 日。
② 《特载：上海市蛋业同业公会业规》，《鸡与蛋杂志》第 1 卷第 3 期，1936，第 48 页。
③ 《十七纪宁绍人之团结力》，《申报》1909 年 8 月 24 日。
④ 《蛋业公所启事》，《申报》1921 年 11 月 14 日。
⑤ 袁恒权主编《上海副食品商业志》，上海社会科学院出版社，1998，第 183 页。

（三）与产区蛋商合股开办分公司

委托产区蛋商收购，如果没有信息优势和好的制度设计，"往往为其蒙蔽"，如"每在镑（磅）上作弊"。[①] 为了降低产区同业蒙蔽所带来的损失，同时为了充分利用产区同业的影响力，茂昌公司往往通过"合股"的方式将双方利益进行捆绑，即与蛋商在产区合股开办茂昌分公司，从而形成稳定的利益共同体。

如前文所述，安徽怀宁人马龙华在安庆、芜湖、大通等地很有势力和社会关系，开设有蛋行"祥泰庄"。为了使马龙华为其服务，茂昌公司请马龙华"担任安庆该公司股东，而安庆该公司营业整理，外庄设计，与夫农民蓄鸡改良品种之宣导，匣金蛋税苛征之解除，乡愚误会，排斥洋商之交涉，胥赖君挺身为之"。通过"合股"，马龙华成为茂昌公司在安庆、芜湖、大通等地收购鸡蛋的重要力量。马龙华的生意也从"合股"中获益匪浅，"马君所设安庆、大通两埠祥泰蛋庄，现在营业之发达，良有以也"。[②]

在与外商冰蛋企业竞购鲜蛋方面，灵活的竞争策略使茂昌公司占尽优势。正如外国竞争对手感叹的，"茂昌公司的经理在蛋业中享有盛誉，因为他比任何人都了解鸡蛋，他不仅能够控制价格，而且几乎垄断了中国鸡蛋的供给"。[③] 茂昌公司灵活竞争策略的成功实施，部分建立在人保、铺保的传统信用制度与蛋业同业公会自我治理的基础之上，从而使茂昌公司最大限度地规避了道德风险；部分建立在茂昌公司将其利益与收购人员的利益捆绑的基础之上，"共赢"增强了收购人员密切合作的意愿。

茂昌公司对鲜蛋收购的管理方式，特别是在利用中国传统信用制度、

---

① 王征寿：《专论：中国蛋业概况》，《鸡与蛋杂志》第1卷第4期，1936，第16页。

② 宗韵文：《养鸡与蛋商介绍：马龙华君小史》，《鸡与蛋杂志》第1卷第10期，1936，第60页。

③ George. W. Missemer, Chinese Egg Product Trading Growing, *Millard's Review*, Volume 39 No. 6, January 8, 1927, p. 158.

信念和习惯来降低道德风险方面卓有成效，充分说明中国近代企业制度的实际发生过程并不是简单地学习和模仿西方"现代"企业制度和单纯地克服和消除"传统"的历史过程，而是将"传统"与"现代"中的积极因素有效结合并加以创新的历史进程，这是在特定的社会历史条件下和市场环境中理性选择的结果。

四　从母鸡处着手改良

决定鸡蛋品质优美与否的因素很多，鸡种是否优良、饲料是否有营养、饲养是否科学、鸡蛋运输是否迅捷都起重要作用。为了保持和提高鲜蛋品质，茂昌公司做了很多工作。

据上海蛋业统计，鸡蛋自离开母体，由农家、挑贩、蛋行、外庄到送达蛋厂，至少需要十天至十五天。因此，要使鸡蛋保持鲜味并不是一件容易的事情。正如时人所言，"要经过多少手续，多少转接，好似皮包的一件东西，能够保持完好，细细推想，就觉得'来处非易'了"。[1]鸡蛋的第一个转接，是小贩挑到鸡蛋庄，蛋商收进以后，就用竹篓或木箱装运，"竹篓、木箱可以说就是蛋商运输上最紧要的关键了。所以蛋商对之，也应该特别的注意"。以前使用的竹篓高 15 英寸，口径 21 寸，是一种矮而胖的式样。这样的篓子在装车时，"横排装四篓有余，装五篓不足，非但吨位吃亏，而且货身损伤"。经过上海民生养鸡场场主张瑞芝、茂昌公司负责收蛋的几位经理的设法改良，使竹篓"高廿寸，面口径廿寸，底径十六寸"，"恰巧在货车上可以横排五篓，非常稳当"。茂昌公司青岛分公司经理郑方正还发明了一种"煤油箱"，这种箱子，搬运装车非常便利。[2]

————————————

① 钱蕙圃、潘子渔：《专论：鸡蛋的运输》，《鸡与蛋杂志》第 1 卷第 11 期，1936，第 3 页。
② 钱蕙圃、潘子渔：《专论：鸡蛋的运输》，《鸡与蛋杂志》第 1 卷第 11 期，1936，第 3~4 页。

如果途中不耽搁，鲜度的鸡蛋便可以制成高品质的带壳冷藏鲜蛋，即所谓的"箱蛋"。鲜蛋的运输有水运和陆运两种方式。为了保持鸡蛋鲜度和减少损失，1926 年茂昌公司置办了两艘冷气驳船（每艘可装载 400 吨鲜蛋）和一艘小型货轮往来于原料产地与上海之间，同时还可驳运冰蛋装入海轮运销海外，保证蛋品质量，这在中外同业中是没有的。[1] 在长江支流的航运方面，茂昌公司利用与大通、大达内河轮船公司总经理杨管北的关系，独占了港口和内河鲜蛋的航运通道。[2]

郑源兴还在一块看似无用的土地上兴办养鸡场，以提高鲜蛋品质和生产大量鲜蛋。这块看似无用的土地，来源于国民政府高官孔祥熙的敛财行为，也充分体现了郑源兴的智慧。

1929 年的某一天，郑源兴搬到永嘉路 617 号别墅不久后，便被国民政府要员孔祥熙邀请到办公室里。孔祥熙对郑源兴说："你也知道国家需要金钱来重建，我们有许多项目正在进行必须花钱"。他的意图很明显，是将位于浦东川沙地区的一块未开发的土地（大约 30 亩）出售给郑源兴。郑源兴想："我现在除了满足他的贪欲外，说什么都没用"，于是答应了孔祥熙的要求。办理土地过户手续以后，孔祥熙对郑源兴说："不要怪我没有披露物业状况。那里有些农民居住；是一群顽固无可救药的乡下人，由共产党支持抗拒新政府。"

办理过户手续后的第二天，郑源兴向公司董事会报告了这宗买卖，被好几个董事责备："这一次，你弄错了！我们买卖的是鸡蛋，不是土地！""你给孔氏的价钱可以向别人买 10 至 20 倍这样的土地。你被骗了！你真是笨蛋！"但也有好几位董事对郑源兴有信心，赞同这个风险项目。"其中，金先生比较理性地说：源兴是个诚实直率的人，我向来都信任他。我们都知道如果他不买任何东西，孔氏是不会让他走的。如果我们不满足孔氏，

---

[1] Foreign Genius and Chinese Skill in the Egg-Freezing Business, The China Weekly Review, November 5, 1927, p. 238.

[2] 李嘉源：《蛋品出口业》，未刊稿，载上海社会科学院经济研究所、上海市国际贸易学术委员会编著《上海对外贸易：1840—1949》上册，上海社会科学出版社，第 306 页。

他可以给我们制造麻烦，破坏我们的生意。即使现在，他肯定会隔一段日子后再来讨钱，因为他是个贪婪的人。源兴买了地，暂时还可以抵挡住他，但可能不会长久。"为了避免孔祥熙制造更多的麻烦，公司董事会最终批准了收购这块土地的项目。①

孔祥熙将浦东这块"无用"的土地强卖给茂昌公司，以达到为自己大肆敛财的目的，充分暴露了这个刚刚获取全国政权的政府的腐败程度，同时也充分体现了南京国民政府统治下中国企业家创业的艰辛与营商环境的恶劣。

将这块看似"无用"之地变废为宝，则充分彰显了郑源兴的精明、能干和善于创新的精神。他与这块土地上的农民进行了很好的合作，一方面让农民继续耕种这块土地的大部分耕地，"但不像从前般种植单一物种，而要种植多物种"；另一方面让农民在茂昌公司出资兴办的川沙养鸡场帮忙，赚取额外的固定收入。② 在郑源兴的主持下，鸡场是现代化的养鸡设备，并从国内外引进优良种鸡，取得了非常优异的成绩。"川沙茂昌养鸡场自创办以来，对于鸡种之繁殖与改良，甚为努力。去年（1935 年）曾由民生种鸡场赠与该场纯种乐岛红公鸡六头，以为繁殖改良之试验。兹悉此项乐岛红鸡杂交繁殖之成绩，异常优良云。"③ 鸡场生产的鸡蛋，每天都要装箱运走，送到黄浦江对岸的茂昌公司的工厂里。到 1936 年时，川沙养鸡场饲养了一万多只鸡，每只每日都能生蛋。④ 茂昌公司还把改良种鸡推广到农村的各个收购点。

---

① 郑爱青、戴丽荣：《郑源兴：中国人的企业家（1891—1955）》，上海社会科学院出版社，2021，第 103~106 页。

② 郑爱青、戴丽荣：《郑源兴：中国人的企业家（1891—1955）》，上海社会科学院出版社，2021，第 106 页。

③ 《川沙茂昌鸡场乐岛红鸡种杂交繁殖成绩优良》，《鸡与蛋杂志》第 1 卷第 5 期，1936，第 58 页。

④ 郑爱青、戴丽荣：《郑源兴：中国人的企业家（1891—1955）》，上海社会科学院出版社，2021，第 107 页。

五　民族主义的支持

茂昌公司在与外商冰蛋企业的激烈竞争中，能不落下风，也是因为当时国际和国内大环境的有利。外商冰蛋企业在这段时期受到世界经济危机的严重冲击和中国民族主义风潮的影响，开工时断时续。中国民族企业因而得到了更大的发展。

1925年5月30日，上海爆发了五卅惨案，各地掀起了声援五卅运动的浪潮，"南京民众素来比较消沉，但是五卅大潮突起，也就把消沉的南京民众惊醒了"。[①]为抗议帝国主义的残暴行径，共产党员曹壮父等人组织了南京学生声援工人的运动，并将斗争的重点目标定为具有英国资本背景的南京和记洋行。在学生的感召下，6月6日和记洋行的工人们连续罢工42天，抗议上海巡捕房屠杀示威学生。直至该行大班马嘉德（T. L. Macartney）同意增加工人工资、缩短工作时间，才于七月中复工。此次罢工给南京和记洋行的生产业务带来了很大影响，"此间自某洋行罢工后，鸡蛋无人收买，价格低落，每元可买九十余枚"。[②]

复工以后不久，7月31日和记洋行宣布货物已经做完，放暑假停工，发给半个月工资。工人们认为按照约定，和记洋行应该发给整个月的工资，自7月17日复工至31日共15日，加上两个双休日，共计17日，按约应给一月工资。[③]同时怀疑厂方背弃条约，借停工为名，实际上裁员。7月31日，上千名和记洋行的工人聚集不散，讨要正月工资、抗议裁员。劳资双方就此发生严重冲突。英国海军陆战队奉命前来保护和记洋行，下关警察也前来镇压，混乱中爆发冲突，有工人数十名受伤，造成"七三一"惨案。

---

① 华岗：《中国大革命史：一九二五——一九二七》，文史资料出版社，1982，第128页。
② 《南京短简》，《新闻报》1925年6月30日。
③ 华岗：《中国大革命史：一九二五——一九二七》，文史资料出版社，1982，第128页。

"七三一"惨案的发生，给南京和记洋行的生产同样带来了一定的影响。例如，其在直、鲁、豫等省，及徐州、明光、蚌埠等地，收买的60余万枚鸡蛋全部腐坏。

1927年3月23日，北伐军兵临南京城下，北洋军阀部队准备渡江撤退。这时，南京城内的兵痞、流氓乘机抢劫，致使南京城内和下关的外国领事馆、教堂、学校、医院、商社和外侨住宅等均遭到侵犯和洗劫。金陵大学副校长文怀恩（美国人）和震旦大学预科校长（意大利人）遇害，此外英国侨民死亡两人，日本侨民死亡一人，法国侨民死亡一人。此事件发生后，帝国主义列强向中国大量增兵，并提出逞凶、通缉、赔偿等要求。1928年3月30日，蒋介石派特使到南京各国领事疏通，向帝国主义表示歉意、赔款。4月4日，《宁案中美协定》发表，此后南京国民政府与英、法、意、日等国达成妥协，外国军队开始撤退。这一事件即为"南京事件"。①

和记洋行的部分厂房在南京事件中被焚烧，该行的外籍人员也全数撤离南京前往上海，因此其所有业务停工。② 和记洋行与南京国民政府经过几轮的谈判，1928年3月19日重新开业，组织生产。但开业后的半年内，其在南京的贸易仍处于停顿状态。至1928年底，贸易状况才稍有恢复，但规模很小。南京最大的贸易产品绸缎、鲜鸡蛋以及蛋制品"本年度由于遭到了逆境，贸易遭受了很大的创伤。和记洋行等在外国军队撤退的同时也将商店关闭。即便到了年末，商业还是没有恢复，鸡蛋以及蛋制品的出口因此也被阻断"。③

1925年，南京的蛋品出口贸易尚有4484345海关两，次年恢复至6195642海关两，但1927年南京的蛋品贸易仅有331979海关两（见表8-

---

① 周建波主编《东亚同文书院经济调查资料选译：商品流通卷》，社会科学文献出版社，待出版。
② 张宁：《跨国公司与中国民族资本企业的互动：以两次世界大战之间在华冷冻蛋品工业的发展为例》，《"中研院"近代史研究所集刊》第37期，2002，第209页。
③ 周建波主编《东亚同文书院经济调查资料选译：商品流通卷》，社会科学文献出版社，待出版。

2)，由此可见"南京事件"对南京对外贸易影响的深刻程度。

表 8-2　1925~1927 年南京蛋品出口价值

单位：海关两

种类	1925 年	1926 年	1927 年
干蛋白	708206	460646	109111
冻蛋白	243082	649604	9095
干蛋黄	372469	292730	35477
冷冻蛋黄	649857	730802	22627
机械干制蛋品（蛋黄、蛋白）	81528	258297	—
冷冻蛋制品（蛋白、蛋黄）	1457633	3399125	84336
鲜鸡蛋	971570	396438	71333
合计	4484345	6187642	331979

数据来源：周建波主编《东亚同文书院经济调查资料选译：商品流通卷》，社会科学文献出版社，待出版。

注："—"代表没有生产。

　　1930 年以前，南京和记洋行的外庄经理均由该行买办任命。该年 2 月，外庄经理则由该行大班任命，工人则由各经理自行选定，这样做的目的"俾得统一职权，以专责成，嘱令陈买办（陈宗良第一任买办韩永清的继任者）严厉执行"。和记洋行工会第一支部（即外庄职工会）认为，由大班指派的经理有可能任人唯亲，以致现有工人职位没有保证，于是"联合全体，一致起而反对，积极进行，主张甚为坚决"。但"西大班以令出必行，坚不收回主张"。最后酿成了一场严重的暴力冲突，多人受伤。经过了多方谈判，才达成了妥协协议。① 此次冲突虽然得到了暂时解决，但和记洋行的原料收购，受到了较大的影响。

　　南京和记洋行改革外庄经理的做法，引起了严重的劳资纠纷。在和记

① 《下关和记洋行外庄职工昨发生风潮：行方决定庄首自派庄伙所致，议决五项处置办法和平解决》，《中央日报》1930 年 2 月 22 日。

洋行开工生产的前夕，在中共南京市委的领导下，和记洋行工会代表向资方提出增加工资的要求：甲、工资一律加十分之四，并将钱码改为洋码，铜钱以三百枚为洋码一元；乙、凡女工经厂方雇用进厂，不论有无工作，亦以一天计；丙、论件女工，照件计工资。同时，工人提出组织工会，减少工作时间、用人要由工会介绍、不打骂工人、工伤要给予抚恤金、开办工人子弟学校等要求。① 对于工人的要求，和记洋行予以拒绝，工人再度罢工 50 余天。后经过多次谈判，劳资双方才最终约定于 4 月 3 日复工，却又因和记洋行减少雇用人数，造成失业工人与被雇佣工人械斗的恶果，最终五人被逮捕。② 南京和记洋行从 1930 年 2 月起停工时长达四个多月，直至该年 6 月下旬方才平息。

1930 年 12 月，殷鸣惊继任南京和记洋行买办。③ 殷鸣惊上任以后，"藐视工会，擅改成法，勒逼工人缴纳巨量保证现金"，同时否认劳资双方已经达成的协议，将工人工资减少。对此，工人群起反对，并举行罢工。④ 殷鸣惊以上种种所谓改革，使和记洋行的工人生活极为困难。工人向南京市政府控诉，南京市党部与市政府经过数月仲裁，但终因劳资双方矛盾甚大而未果。

民族主义工潮使南京和记洋行在华业务受到了很大的影响。在赴内地收买鸡蛋方面，南京和记洋行"自一九三〇年春季收庄以后，（至 1932 年春季）从未派过外庄经理在任何地方买货"。⑤ 在生产方面同样如此。1932 年英国联合冷藏公司决定南京和记洋行停产，全部业务转至天津和记洋行。⑥

1925～1935 年，南京和记洋行大半时间处于停工状态。

---

① 《南京和记洋行之劳资纠纷已解决》，《民国日报》1930 年 4 月 9 日。
② 《和记工潮经过：京市府之布告》，《时事新报（上海）》1930 年 4 月 14 日。
③ 《下关和记工厂将复工，聘殷鸣惊为该行华总经理》，《中央日报》1930 年 12 月 26 日。
④ 《和记工潮仍难解决：买办殷鸣惊手段层出不穷、众工友分向党政当局呼吁》，《中央日报》，1931 年 2 月 23 日。
⑤ 《南京和记洋行启事》，《申报》1932 年 3 月 6 日。
⑥ 《东亚第一制蛋厂和记号倒闭》，《中行月刊》第 4 卷第 5 期，1932，第 88 页。

1935 年，中国农副产品价格非常低廉，和记洋行买办建议该行大班在中国大量收购鲜蛋与盐肉运销欧洲，"倘此事果能实现，则扬子江一带，可以每年多一千余万元之流动金，而输出亦可增加两千万上下"。[①] 然而，南京和记洋行对复业一事不敢轻易下决心。

其他外商冰蛋企业如怡和、班达、培林等洋行的发展虽没有受到南京和记洋行那样大的影响，但其冰蛋生产与出口也受到了一定的影响。工厂不能开工，自然没有力量与茂昌公司在产区竞购鸡蛋。迫于压力，1930年，外商冰蛋企业主动提出与茂昌公司结成鲜蛋采购价格联盟，茂昌公司获得了价格的最终决定权。[②] 1936 年，茂昌公司与和记、怡和、培林、班达、海宁等外资商蛋企业达成国际冰蛋辛迪加协议，南京和记洋行最终于1936 年复业。但生产规模大大减少。

六 CEPCO 品牌的诞生

从 1923 年正式开启冰蛋出口业务到 1930 年外商冰蛋企业拉拢茂昌公司在中外市场上组织国际冰蛋卡特尔试图垄断中国冰蛋出口前夕的八年时间里，茂昌公司运用同业组织的力量和卓有成效的竞争策略获得了快速发展，打破了外商长期垄断中国蛋品出口的局面，成为世界冰蛋供应市场中最具实力的企业之一，实现了中国人直接对外贸易的宏伟梦想。

在茂昌公司成立之时，就立志冲破外商对中国蛋品出口的操控，走上直接对外贸易的道路，即绕开外商，自己将蛋品直接运至欧美各国市场进行销售，并渴望拥有自己的海外销售机构与网络。在郑源兴的主持下，以全体员工团结一致为强大后盾，在卡尔登、潘国旗、葛林夏等外人的协助下，茂昌公司在与外商冰蛋企业激烈竞争中取得了巨大成就。

---

① 露轩：《和记洋行复业酝酿》，《晶报》1935 年 10 月 10 日。
② 《茂昌股份有限公司与和记、培林、班达、怡和及海宁等六家公司组成同业公会的有关文件》，1931 年 11 月 11 日，上海市档案馆藏，档号：Q229-1-5-308。

　　为了适应大量生产与大量销售的需要，外商冰蛋企业普遍实施纵向一体化战略，即将产品的生产、销售与原料的采购置于企业内部管理之中。茂昌公司同样实施纵向一体化战略，并取得了巨大的成功。在生产与管理方面，茂昌公司完全掌握了冰蛋生产的先进技术与机器设备，并使它们达到了世界最先进的水平，同时它的生产管理水平在中外同业中也是世界顶级的，高效的生产效率、科学的卫生管理、等级化的制度管理都是明证。凭借本土的地利、人和与灵活的竞争策略，茂昌公司在国内鲜蛋争购方面同样占尽优势。

　　在海外市场销售方面，茂昌公司成功构建了以自己分公司海昌公司销售为核心，以斯威夫特公司、阿穆尔公司、洛士利洋行等跨国公司为主要代销商和众多海外经销处，涵盖美洲的美国、加拿大，欧洲的英国、德国、法国、意大利、西班牙、荷兰、比利时，大洋洲的澳大利亚，亚洲的日本、菲律宾、马来西亚、新加坡等当时主要蛋品消费市场的庞大且高效的国际销售网络。凭借国际销售网络，茂昌公司不仅成功打开了欧美国家的市场，还能够时刻掌握国际市场行情的变动信息，并依据市场行情的变化及时调整自己的产销数量，其成为极少数成功走上直接对外贸易道路的华资企业，有力地挫败了外商冰蛋企业挤垮茂昌公司的企图。

　　经过几年的激烈竞争，茂昌公司实力大增，成为中外同业中最具实力的跨国公司之一。1928 年，茂昌公司进行了改组，将资本由原来的 20 万元扩充至 200 万元，成为中外资冰蛋企业中资本最多的企业之一，资本与生产能力仅次于南京和记洋行，而培林洋行 200 万元，班达、海宁、怡和三家洋行的资本均为 50 万两。[1] 茂昌公司也去掉了"葡商"二字，不再以外商身份出现。由于经营得法，至 1928 年茂昌公司的厂房、设备完美，收购、生产、销售均有了基础，在国际上亦有相当信誉，已站稳了脚跟，与外商竞争、排挤已无顾虑，不必再以外商名义为保护，故决定更名为茂昌

———————————

[1]　《蛋与蛋制品》，《工商半月刊》第 3 卷第 22 期，1931，第 9 页。

蛋公司。①

截至 1929 年 2 月底，茂昌公司的总资产规模已经高达 390 万元，其中提取的公积金累计达 27.60 万元，还提取鲜蛋公积金 29.06 万元以备抵补装运、售卖过程中蛋品的损失，另有各项存款 68.55 万元和盈余 36.67 万元。② 在茂昌公司第二次改组之前，外商冰蛋企业均有自己的专利品牌，例如，班达洋行母行基思公司于 1926 年向北洋政府商标局注册自己的 OVISCO 商标，专用期限 20 年。③ 为了保护自己的品牌，经历过第二次改组之后，郑源兴又向商标局申请商标注册，茂昌公司英文全称 The China Egg Produce Company 的简写 CEPCO 成为公司商标，用红黄蓝绿黑紫六种颜色搭配而成。④ CEPCO 成为茂昌公司的重要无形资产，也是其享誉世界的著名标识。郑源兴视其为生命，容不得任何人对茂昌公司商标进行诋毁与抢夺。

1930 年 2 月，茂昌公司决定再次改组。在 2 月 18 日的股东会上，"主席报告董事部提议，本公司虽居公司之名，仍是商号性质，迄未依法登记，殊有未妥"。经过公司董事会的再三磋商，最终决议将公司性质改组为股份有限公司，并向南京国民政府登记注册。⑤ 同时对公司章程进行修改。章程将公司正式定名为茂昌股份有限公司（China Egg Produce Co. Ltd.）。另外，对外籍股东所持股份也做了专门规定："第六条，外籍股东所占股份至多不能超过股份总额十分之四；第七条，本公司外籍股东

① 袁恒通：《中国蛋业发展简史、茂昌蛋业冷藏公司沿革史》，1961 年 12 月，上海市档案馆藏，档号：Q229-1-118。

② 《叶颖池会计师审查茂昌公司 1929 年度资产负债报告书》，1929 年，上海市档案馆藏，档号：Q229-1-182。

③ 《注册商标第一〇一号（甲）：专用商标第四十四类，蛋及各种蛋品，商号：H. J Keith Company，American（专用期限自十五年十月一日至三十五年九月三十一日止）》，《商标公报》第 82 期，1926，第 105 页。

④ 《审定商标第一五七二号，专用商标第四十四类，鲜蛋冰蛋干蛋等蛋品，商号：茂昌蛋公司》，《商标公报》第 12 期，1929，第 204 页。

⑤ 《茂昌股份有限公司董事会决议录》，1930 年 2 月 18 日，上海市档案馆藏，档号：Q229-1-183-25。

对于公司之一切权利义务以及与公司发生纠葛时均须依照中国之公司法及中国之法律办理"。[①]

经过两次改组，茂昌公司的组织结构更加合理与完善。总公司设董事五人、监察两人，总经理一人，副经理、协理各一人；分进口、出口、装箱、厂务、冷气、堆栈、报关、运输、制罐等十几个部门，各部门均设有主任与副主任。内地采办鲜蛋的汇款及现金出纳，均归"承余顺记公司"收付，其出口汇款则由中国银行、汇丰银行、有利银行、花旗银行等中外银行代理。至此，茂昌公司已在中外市场上稳稳站住脚跟，傲然矗立于世界东方，成为华商企业中一颗璀璨的明珠。

---

① 《茂昌股份有限公司章程》，1930 年 4 月 21 日，上海市档案馆藏，档号：Q229-1-181。

第九章　黄金年代的尾声

近来，我们发现中国的蛋及蛋制品出口严重衰减了，从 1929 年的 5170 余万海关两迅速降至 1931 年的 3740 余万海关两……据说（鸡蛋出口困难的）主要障碍来自外国的竞争与限制，以及不断提高的出口关税。在过去的一段时间里，中国与英国之间进行了大量的鸡蛋贸易。此时，英国这个最大鸡蛋消费市场，几乎被来自苏联与荷兰的鸡蛋所垄断。另外，许多英国经销商对来自中国的鸡蛋充满偏见，这导致英国使用中国蛋制品受到了极大的限制……偏见总是一件很难克服的事情，但它是可以跨越的。

——Egg Export Trade of China, *The China Press*, October 12th, 1932, p. 10.

一　贸易保护主义浪潮

1929 年，美国华尔街股票价格的大幅下跌，引发了世界经济大危机。大危机使全世界经济严重衰退，世界各国人民的生活水平大幅下降。和其他商品一样，国际市场对蛋及蛋制品的需求也下降严重。同时，世界各产蛋国的鸡蛋生产严重过剩。为了保护本国鸡蛋业的发展，欧美各国纷纷高树贸易保护主义的旗帜，给中国蛋及蛋制品出口带来了极大的困难。

美国是掀起贸易保护主义的急先锋。1929 年 5 月，美国农业部就向众议院提交了一份对中国蛋品增收关税的议案。"美国全国食物生产协会为防止中国之竞争计，已向众院财政委员会请愿将蛋及其制成品之税率加增。该会代表之十余州养鸡场并得农业联会之赞助。据其请求，视原有蛋税须加至两倍或三倍。即冻蛋每磅加至金洋一角二分，生蛋三角六分，干蛋黄三角，蛋粉三角，干蛋白六角。而财政委员会则以为此项要求未免太奢。主席司慕脱氏谓美国蛋之出口五十倍于进口，实无预防之必要云云。而该代表等则坚持美国蛋业仅在萌芽时期，统计国产蛋厂大者仅有五十家，小者亦不过三百余家，所供远逊所需，不予保护，焉足鼓励云云。"①

1930 年 5 月，美国国会通过《霍莱-斯姆特法》，对 890 种商品提高税率，其中农产品和原料的平均进口税率高达 48.92%。② 胡佛政府为该法辩护，坚称其是摆脱经济危机影响、实现大规模经济复兴的重要措施。

美国对中国蛋品增收关税的议案也得以通过。"一九三〇年改订税则，鲜蛋加为每打美金一角，冻蛋每磅一角一分，蛋粉之入口税仍旧。最近因蛋业资本家及农业经济专家之请求，胡佛总统以行政命令宣告，蛋粉入口税，由每磅一角八分增至二角七分。吾国蛋粉素以美国为唯一市场，今突然加税三分之一，其影响于吾国蛋粉业者，殊非浅鲜。"③

1930 年美国对中国蛋品增收关税以后，中国运销美国的蛋品数量、价值、单价均有大幅减少，1934 年较 1931 年分别降低约 43%、71% 和 49%（见表 9-1）。以上数据，足见美国对中国蛋品征收高关税的显著负面影响，也充分显示了当时中国蛋品在美国市场上竞争惨烈的程度。美国率先推行的贸易保护主义，刺激其他各国纷纷效仿。

1927 年，日本政府制定了"鸡卵增殖计划"，大力提倡本国发展养鸡业，鸡蛋产量大大增加。1931 年，日本全国饲养的鸡数已经达到 5258 余万只，产卵 30.08 亿枚，消费鸡蛋总数 31.83 亿枚，基本实现了自给自足。1932 年，日本全国生产的鸡卵数更增至 35.59 亿枚，不仅完全可以满足国

---

① 《国外经济事情：美商请愿增加华蛋进口税》，《工商半月刊》第 1 卷第 13 期，1929，第 2~3 页。
② 姚曾荫：《国际贸易概论》，人民出版社，1987，第 399 页。
③ 《调查：吾国蛋业在美销路之危机》，《工商半月刊》第 3 卷第 15 期，1931，第 3 页。

表 9-1 1931~1934 年中国蛋品输美情况

年份	数量（担）	总值（元）	每担均价（元）
1931	43893	5085091	115.85
1932	27822	3655538	131.39
1933	21281	1334430	62.71
1934	24888	1467215	58.95

数据来源：《美增华蛋进口税后华蛋输美额日减》，《湖南省国货陈列馆月刊》第 30 期，1935，第 11 页。

内需求，还有一些剩余用于出口，该年出口近 1140 万枚，价值 27 万余日元。[1] 至此，日本完全摆脱了对中国鲜蛋进口的依赖。"在民国十七年以前，平均每年输入之中国蛋，值日金一千万元有奇，迨十七年减至六百九十万元，十八年又减至二百九十万元，至本年（十九年）输入华蛋价值，预测将不满一百万元，其原因半为日蛋增产，半为华蛋价值较贵于日蛋，近年日本养鸡业发达，蛋价渐跌，凡以鸡蛋为原料之各工业，亦改用日本国产之蛋，自本年开岁以来，关西市上华蛋到者寥寥，关东则尚未有华蛋输入。"[2]

为了保护本国养鸡业，1931 年日本对中国每箱鸡蛋（约 300 枚）征收关税日元 1 元 3 角（约合从价税 30%）。1933 年，又将关税提高至每箱日元 2 元 1 角。[3] 因之，中国输往日本的鸡蛋几乎断绝。

除了美国和日本以外，其他主要蛋品消费国也纷纷对中国蛋品征收高关税。

英国对鲜蛋和蛋制品需求很多，以往对鲜蛋和蛋制品并不征税。1932 年，为了保护本国和英联邦成员国养鸡业，开始对中国鸡蛋和蛋制品征收关税 10%（从价税）。

1932 年，德国对进入其境内的中国冰蛋黄、冰全蛋每百启罗（200 公

---

① 王乐尧：《日本养鸡业之现况及将来》，《农声》第 203~204 期合刊，1937，第 K3~K6 页。
② 陈济元：《中国蛋产品之国际市场》，《国际贸易导报》第 2 卷第 5 期，1931，第 7 页。
③ 《我国蛋业衰落》，《申报》1933 年 7 月 20 日。

斤）征收 65 马克（约合从价税 90%），冰蛋白每百启罗征收 50 马克（约合从价税 80%），干蛋白每百启罗征收 75 马克（约合从价税 20%），干蛋黄每百启罗征收 65 马克（合值百征百），蛋黄每百启罗征收 65 马克（约合从价税 50%），鲜蛋每百启罗征收 70 马克（合值百征百）。

法国对每百启罗干蛋白、水黄原来征收 15%，后提高至 25%；而冰冻蛋"曾自一九三二年起，除自原税百分之二增至百分之四外，现又另加进口执照税，每百启罗征收 400 法郎（约合从价税 50%）。

意大利对冰全蛋、冰蛋白每百启罗征 145 里拉（约合从价税 40%），冰蛋黄、水黄每百启罗征 300 里拉（合值百征百）。

菲律宾对每百启罗中国鲜蛋征收 2 美元，1932 年改征 16 美元，增加 7 倍之多，"实予吾国鲜蛋出口以大打击"。①

值得注意的是，各国对中国蛋及蛋制品征收关税，带有明显的歧视性。

例如，德国对于别国运往德国的蛋及蛋品征税特别优待，鲜蛋自荷兰或他国运往者，每百启罗只征 30 马克。②

1933 年冬，法国对进入其境的各国蛋品的关税征收存在明显差异，"法国对于比、荷、波兰等国输入之蛋税，定为一佛郎五十生丁，而我国（指中国）运法之蛋，所征进口执照税，达四佛郎六十生丁之多"。③

面对世界各国纷纷设立的高关税壁垒，中国蛋业不断呼吁政府给予保护，政府也曾做出努力。

1933 年，法国提高中国蛋品进口税以后，上海冰蛋业同业公会和上海蛋业同业公会致函上海市国际贸易局，要求中国政府同样提高法国货物进口税给予报复，并给出三个充分理由。"自征税而后，吾冰蛋运法，已受极大打击，今乃变本加厉，限制执照发给，迹近垄断商业，抵制吾国土货

① 《国内要闻：我国出口蛋业之衰落》，《银行周报》第 17 卷第 28 期，1933，第 2 页。
② 《市商会电请力争德增蛋税》，《国际贸易导报》第 6 卷第 3 期，1934，第 412 页。
③ 《国内外贸易消息：法增我国蛋税财实两部筹补救》，《国际贸易导报》第 6 卷第 3 期，1934，第 412 页。

进口，就商业道德言，不宜有此，此其一。况冰蛋为食品，非奢侈品可比，法增执照税，已类奢侈品，既增税矣，复加限制，限制又极苛。查法货输入吾国者，多属奢侈品与消耗品，吾国海关非特并未苛征，抑且不予限制，就通商互市之原则言，法政府更不宜出此，此其二。请贵局查明法货输华，较之吾货输法，孰多孰少，倘法货较华较多，则我国为法推销如许奢侈品，法国应予吾国蛋类进口上之便利，今乃计不出此，反限制吾国冰蛋进口，以德报怨，就友谊言，又万不宜出此，此其三。"①

针对上述理由，上海冰蛋业公会给出以下三点建议。"（一）请外交部依据上述理由，向法政府抗议取消保留冰蛋执照四分之三之原议，并将冰蛋进口全部执照依照向例仍归吾国；（二）抗议无效时，请财政部对法货进口依照该国对吾冰蛋征税方法同样办理，即一面增高其进口税率，同时另须执照税，并将该项执照给予四分之一，保留四分之三留给他国之以平等待吾者；（三）如经调查之后，觉法货输华较少于吾货输法，则以友谊关系，促其觉悟。盖中法邦交素笃，彼此商业提携，应向共荣之途径，不宜存偏狭之见，限制吾输入，而失吾人之好感。请法政府将保留四分之三之冰蛋进口执照税，依照向例仍归吾国。"②

尽管南京国民政府外交部门与对中国蛋及蛋制品施行高关税的国家进行积极交涉与谈判，然而由于国家实力不济，终究毫无效果，这使中国蛋品在国际市场竞争中处于极为不利的境地。"国内蛋业日渐衰落，其症结所在，全因欧美各国，如法、德、意、日，近来对鲜蛋进口税均提高增加。曩时美国增税，中国公使为伍朝枢氏，几经交涉，仍未得结果……中国蛋业在此各国经济竞斗争剧烈之中，能自产自销，方为根本办法。苟他人高筑关税壁垒，而我人望其减低关税，以谋补贴，实无异与虎谋皮。"③

除了征收高关税外，主要消费国还对中国蛋品设立各种限制。1930

① 《国内关税消息：蛋商请增征法货进口税》，《关声》第3卷第5期，1934，第152页。
② 《国内关税消息：蛋商请增征法货进口税》，《关声》第3卷第5期，1934，第152页。
③ 《国内要闻：我国出口蛋业之衰落》，《银行周报》第17卷第28期，1933，第1页。

年，美国政府规定入境的干蛋黄粉的酸度不得超过5度，否则予以扣留。[①]

另外，外国蛋商还对中国蛋品进行恶意宣传与诋毁，说中国蛋及蛋制品不合卫生，并加上特别标记，以引起消费者对中国蛋品的反感。"英国蛋商，又加以恶意之宣传，谓中国蛋品质劣，不合卫生，且于每个由我国运往之鲜蛋上，印有来自中国（*From China*）等字样，虽经我国蛋商力争，乃改印外国货（*Foreign*）字样，以别于土产以及其他各国所产者，是亦有影响于吾国蛋产品在英国市场之销路甚大。"[②]

1935年，英国蛋业者再次诋毁中国蛋品不卫生。他们说，中国蛋品中含有大量细菌，不合卫生标准，并要求英国国会禁止中国蛋品的输入。对此，英国卫生大臣杨格要求英国卫生部进行检验，"发现比较甚少之细菌，并无不合人类消费之说，故渠以为对于此事无须有特殊行为云。某议员谓中国母鸡食物不洁，杨格答称，未有危及健康之确证会"。[③]

二 缩水的欧洲蛋品市场

经济大危机使世界各国人民的生活水平大幅下降。和其他商品一样，国际市场对蛋及蛋制品的需求也下降严重。

在经济大危机期间，由表9-2可见，1934年，世界蛋类进口数量仅有31.1亿枚，相较1931年的55.11亿枚，下降达43.6%。世界蛋制品进口总量同样衰减严重。1933年和1934年进口数量分别为4.43亿枚和5.72亿枚，相较1931年6.51亿枚，分别下降了30.0%和12.1%。消费国对蛋及蛋制品需求的衰减，自然导致生产国出口的衰减。

欧洲是蛋类和蛋制品进口最多的大洲。世界经济大危机期间，欧洲进

---

① 《实业部训令：商字第五三八七号：令青岛商品检验局：为据沪检局呈复研究蛋黄酸度结果检验报告书令发各局参考并办理由》，《检验月刊》第21期，1931，第18~27页。
② 陈济元：《中国蛋产品之国际市场》，《国际贸易导报》第2卷第5期，1931，第4页。
③ 《国际农业消息：英卫生大臣证明中国鸡蛋》，《农业周报》第4卷第12期，1935，第427页。

口的蛋类和蛋制品均有显著的下降。1934 年，欧洲进口蛋类的数量为 4. 27
亿枚，相较 1931 年的 9. 54 亿枚，下降 55. 2%，与世界下降平均幅度
43. 6%相比，高出 11. 6 个百分点，足见欧洲进口蛋类减少的程度之大。蛋
制品，1933 年欧洲和 1934 年进口数量分别为 4. 28 亿枚和 5. 77 亿枚，相较
1931 年的 6. 19 亿枚，分别下降了 30. 9%和 6. 8%，与世界下降平均幅度
32. 0%和 12. 1%相比，差异不太大。

表 9-2　1926~1934 年世界蛋类与蛋制品贸易情况

单位：千枚

地区	品种	1926~1930 年平均数	1931 年	1932 年	1933 年	1934 年
欧洲	蛋类	+802000	+954000	+716000	+498000	+427000
	蛋制品	+505000	+619000	+578000	+428000	+577000
苏联	蛋类	-521879	-203700	-70550	-18880	-10130
	蛋制品	-10	-80	-540	-6960	-8040
美洲	蛋类	-69000	-62000	-24000	-38000	-33000
	蛋制品	+98000	+32000	+13000	+15000	+15000
南美洲	蛋类	+68000	+33000	-32000	-57000	-46000
	蛋制品	+63	+63	+140	+49	+63
亚洲	蛋类	-363000	-474000	-406000	-383000	-299000
	蛋制品	-605000	-601000	-542000	-482000	-504000
非洲	蛋类	-234000	-212000	-244000	-221000	-179000
	蛋制品	0	0	0	0	0
海岛	蛋类	-133000	-56000	-105000	-129000	-150000
	蛋制品	0	0	0	0	0
蛋类合计	进口	5511000	4723000	4134000	3246000	3110000
	出口	4842000	4744000	4300000	3595000	3399000
蛋制品合计	进口	630000	651000	592000	443000	572000
	出口	601000	601000	544000	498000	512000

注：蛋类包括带壳鲜蛋、皮蛋和卤蛋，蛋制品包括蛋白、蛋黄、杂类、干蛋、湿蛋和冰蛋。
"+"代表净进口，"-"代表净出口。

数据来源：沙琳《我国蛋业与世界蛋业市场》，《实业部月刊》第 2 卷第 6 期，1937，第 134~
137 页。

中国是蛋制品出口最多的国家，几乎垄断着世界蛋制品市场，尤其是英国市场。世界经济大危机期间，蛋制品下降幅度虽然没有蛋类下降幅度那样大，但其需求的减少几乎全部是中国蛋制品出口的减少。1930年，中国干蛋品、冰蛋的出口量分别为144173担和1005608担，至1934年二者出口量分别为106442担和724666担。[①] 1934年相较于1930年，干蛋品与冰蛋出口分别下降了26.17%和27.94%。

在出口数量下降的同时，价格也有大幅度下降。从中国运至英国的每吨冰蛋的到岸价格，1930年的平均价格为61英镑，1931年和1932年分别下降至57.75英镑和58.75英镑。接下来的两年，冰蛋价格进一步大幅下降，1933年和1934年的冰蛋平均价格比1932年的平均价格，又进一步下降了22.13%和38.72%。[②]

1931年，中国出口蛋类为6.11亿枚，1932~1934年依次降至3.53亿枚、3.53亿枚和3.19亿枚（见表9-3），下降幅度依次为42.23%、42.23%和47.79%。总的来说，中国蛋类出口下降幅度比世界蛋类出口国平均下降幅度严重。

表9-3　1926~1934年世界各国蛋类净出口情况

单位：千枚

国家	1926~1930年平均数	1931年	1932年	1933年	1934年
丹麦	492664（6）	584591（3）	662826（2）	642020（1）	675343（1）
荷兰	691611（1）	859611（1）	797873（1）	567401（2）	642846（2）
爱尔兰自由邦	561111（4）	951929（4）	465008（3）	416297（3）	416161（3）
中国	641695（2）	611326（2）	353403（6）	353154（4）	319178（4）
波兰	572986（3）	480938（5）	374016（4）	234784（5）	212282（5）

① 中国第二历史档案馆、中国海关总署办公厅主编《中国旧海关史料：1859—1948》第111册（第190—195页）、第115册（第248—250页）、第119册：（第323—326页），京华出版社，2001年。

② 《茂昌股份有限责任公司关于每百磅价格的文件》，1930~1939年，上海市档案馆藏，档号：Q229-1-35-1。

国家	1926~1930 年平均数	1931 年	1932 年	1933 年	1934 年
保加利亚	133821（10）	223683（8）	188939（7）	156703（8）	145338（6）
比利时	347086（7）	384951（6）	369370（5）	184914（6）	134702（7）
尤哥斯拉夫	269282（8）	263061（7）	164858（8）	182843（7）	119255（8）
匈牙利	118463（11）	119324（11）	63862（12）	114807（9）	94022（9）
罗马尼亚	86867（13）	129307（10）	158061（9）	81622（10）	73566（10）
埃及	118273（12）	66251（13）	110575（10）	88437（11）	59232（11）
美国	252115（9）	89923（12）	25981（13）	20927（12）	21539（12）
苏联	521879（5）	202700（9）	70550（11）	18880（13）	10130（13）
合计	4807853	4967595	3805286	2484971	2923594

注：括号中的数字代表各出口国在世界供给市场的排名。

数据来源：沙琳《我国蛋业与世界蛋业市场》，《实业部月刊》第 2 卷第 6 期，1937，第 132~133 页。

中国蛋类出口大幅下降的原因，除了贸易保护主义盛行、世界经济大危机导致的需求减少以外，外国鸡蛋的竞争也是一个重要原因。

在英国这个最重要的蛋类及蛋制品消费市场，来自本国的鸡蛋数量持续增加。1924 年，其蛋类本土生产量为 25.9 亿枚，占 52%，到 1934 年时，其蛋类本土生产量已达 47.6 亿枚，占比达 68%。[1] 随着本国鸡蛋的增多，英国养鸡者不断呼吁本国政府对中国蛋品进行抵制。"据伦敦消息，近有法国轮船一艘，装载中国鸡子四十万枚至英国市场，甚为注意，一般农业家以利益关系大倡保护国货之论，且以种种宣传方法诬指中国鸡子为有害卫生，全国农民协会曩曾提议对于进口鸡子一律盖印作记，俾购者有所识别。此项提议近已经当局准许，决将于数月内实行。"[2]

在德国市场上，中国蛋类也面临着激烈的竞争。第一次世界大战之后，特别是在德国经济恢复之后，中国对德国的蛋类出口也有了较快增

---

[1] 微之译：《专论：英国蛋业概况（一）》，《鸡与蛋杂志》第 1 卷第 9 期，1936，第 3 页。

[2] 《英抵制中国鸡蛋》，《盛京时报》1929 年 1 月 26 日。

长，然而中国蛋品在德国进口蛋类的总量中所占比重较低。一方面是因为中国蛋商的市场开拓不力，同时也有客观的种种困难，如中国离德国遥远，在蛋类运输过程中，具有运费高昂、蛋类易于破损等劣势，在与欧洲各国蛋类的竞争中，处于不利地位。而荷兰、苏联、波兰、保加利亚、比利时、丹麦等欧洲产蛋国家，由于靠近德国市场，它们在蛋类运销过程中，拥有运费低、时间快的优势，其蛋类在德国进口量中占比更高。

三　走向卡特尔限价

在世界经济大危机爆发以前的几年，特别是在 1924~1929 年，随着世界各国蛋及蛋制品供应的不断增多，各种蛋类价格已有下降趋势，但是由于市场需求旺盛，下跌并不十分显著。

1929 年世界经济大危机的爆发，世界蛋品市场的各类蛋品的销售价格在 1930 年开始出现大幅下降。"由于实业的不景气和消费者购买力必然的降落，蛋的价格，像多数其他的货品一样，跌得更快了。不景气当然不限于英国，却是全世界皆然……在英国蛋价于一九三〇年始见第一次的明确的降跌，那时差不多跌去百分之十五，虽然供应的总额仅比一九二九年多百分之八。"[1]

贸易保护主义、外国蛋品的激烈竞争和世界经济大危机的冲击，使得世界主要消费国对蛋类及蛋制品的需求大减，中国蛋制品生产能力严重过剩，中国蛋品出口异常困难。1930 年，郑源兴在《复兴工商业意见》一文中指出，"国内现有冰蛋厂制造能力每年能制冰蛋七万吨，装鲜蛋二十万大箱。惟最近三年中实销数，只冰蛋四万吨，鲜蛋十万大箱，可见货品之供过于求"。[2]

---

① 微之译：《专著英国蛋业概况（三）》，《鸡与蛋杂志》第 1 卷第 11 期，1936，第 9 页。

② 郑源兴：《茂昌股份有限公司调查报告及复兴计划》，1930 年，上海市档案馆藏，档号：Q229-1-183-1。

上述种种因素叠加在一起，加之国内同业竞相降价倾销，使中国蛋类及蛋制品在国际市场上的价格下跌严重。"自世界蛋产增多，各国竞加关税，国际蛋市竞争剧烈，国内同业复自相侵轧，无理竞销，致蛋类出口，颇受影响。近年国内鲜蛋产量，并不增多，海外销量亦未转好，就国内蛋厂，制品外销，尚有供过于求之势，不意去年（1929年）新厂增设，竞制竞销，遂造成国内外蛋价空前之惨跌，结果农村损失约计千万元，各厂损失亦数百万元，此一千数百万元之损失，无端送诸国际市场，而国际市场以华蛋如此狂贱，几近倾销，群生疑惧，设法抵制。"①

生产过剩以及同业间的削价竞争给外商冰蛋企业与茂昌公司带来了严重的损失，这迫使它们开始放弃竞争走向合作。合作的方式，即组建垄断组织，进行市场合谋成了一种必然的选择。同时，茂昌公司卓有成效的竞争策略，使外商冰蛋企业深刻认识到击垮茂昌公司已经成了不可能完成的事情，于是它们对茂昌公司的策略发生了改变，即改打压为拉拢。正如郑源兴所言，"彼时适值世界经济恐慌的爆发以后，他们不得不将对本公司的倾轧手段，改为拉拢协商，走向了'卡台尔'的方式"。② 郑源兴所言的"卡台尔"即卡特尔之意，这是一种旨在通过划分市场销售份额、抬高销售价格，以谋取垄断行业和企业自身利润最大化为目的的市场合谋行为。

以卡特尔为手段的垄断限价，成为包括茂昌公司在内的跨国巨头的共同选择。这种选择意味着冰蛋贸易黄金年代的终结。茂昌公司这家民国华商企业的历史，也进入了一个不同于以往的阶段。

---

① 郑源兴：《茂昌股份有限公司调查报告及复兴计划》，1930年，上海市档案馆藏，档号：Q229-1-183-1。

② 郑源兴：《茂昌股份有限公司创业经过、业务情况及目前危急待援之报告书》，1950年，上海市档案馆藏，档号：Q229-1-213。

下篇
活下去（1931～1949）

第十章　冰蛋卡特尔

"一九三零年，属公司①对质量上复又逐渐改善，所以在全国制蛋业中，属公司出口的数量占了第一位。彼时适值世界经济恐慌爆发以后，他们不得不将对属公司的倾轧手段，改为拉拢协商（走向了"卡台尔"的方式）。在彼时属公司认识清楚，如果想要发展民族工业，必须与外国资本主义者相抗争。"

——郑源兴：《茂昌股份有限公司创始经过、业务情况及目前危急待援之报告书》，1950 年，上海市档案馆藏，档号：Q229-1-213。

一　合谋何以能够发生

卡特尔（Cartel）是指寡头企业或垄断经济组织在国际或国内市场上出于协调生产和控制价格的动机，为增加集体利润与成员利润而结成的联盟，是企业市场合谋的重要方式之一。卡特尔是生产和资本集中的必然结果，产生于 19 世纪 60 年代的德国，兴盛于两次世界大战之间。时至今日，卡特尔依然或明或暗地存在。

---

① 长期战争使鸡蛋资源短缺严重、海外运输线路中断，难以维持大量工人生活，茂昌公司陷入非常艰难的境地。为了从困境中走出来，1950 年 4 月，郑源兴向中央政府申请援助。在报告书里，郑源兴真诚表示接受在党和政府的领导下，努力发展公司业务，并谦称茂昌公司为"属公司"。

大危机时期的世界蛋品市场，充满贸易保护主义与惨烈竞争。为了维护中国冰蛋在世界市场上的垄断地位、实现自身利润最大化，外商冰蛋企业不得不转变对待茂昌公司的倾轧手段，改为拉拢茂昌公司组建冰蛋卡特尔，试图借此垄断中外市场上的鲜蛋收购与冰蛋销售。此时，中国冰蛋业已具备成立冰蛋卡特尔所需的绝大多数要件。

第一，行业集中度已够高。传统寡头垄断理论认为，某行业中的生产一旦集中于寡头厂商手中，且集中度达到一个关键的水平，寡头们将会认识到它们之间的相互依赖性，并使市场产出达到垄断的程度。集中度的关键水平究竟有多高，理论界并没有给出一般性的回答，对相互依赖关系的认知因产业结构的不同而不同，这主要取决于产品、成本和其他因素的差异。

早期经验研究表明，当市场中最大的八家厂商拥有大于等于70%的市场份额时，寡头之间的相互依赖就会非常明显地出现。最新的研究认为，关键的集中度可能远低于这一水平，所包含的厂商也要更少一些。[1] 在集中度高的行业内，竞争会使寡头厂商的利润降低，更极端的，在伯特兰德均衡（Bertrand Equilibrium）的情况下，它们将不能获得任何利润。因此，寡头厂商之间就可能有激励进行合谋，组成卡特尔来共同执行统一销售价格。

至1930年，中国冰蛋的生产与出口几乎完全被外商和记、怡和、班达、海宁、培林以及本土的茂昌公司垄断。它们生产冰蛋的能力都很强大，茂昌公司每年可以生产一万多吨，培林洋行同样如此。班达、海宁和怡和三家每年可生产冰蛋五千多吨。南京和记洋行的生产能力更为强悍，"每日生产力三百吨（约五千担），年产力可达百余万担，超过上海六家蛋厂（指外商怡和、班达、海宁、培林，华商茂昌和1931建成投产的中央冷藏厂）生产力之总额"。[2]

---

① 刘志彪、石奇：《卡特尔：寡头合谋》，《产业经济研究》2004年第1期。

② 范师任：《中国之蛋业》，《社会杂志（上海1931）》第1卷第5期，1931，第12页。

中国冰蛋生产不仅集中于以上几家企业，而且生产与出口在地域上十分集中。冰蛋输出口岸以上海为中心，占输出总额的半数以上。"上海之六大蛋厂，外商已占其四，故湿冻蛋制品输出之进步，实为上海蛋厂工业发达之结果……南京在湿冻蛋品中，亦占一重要之地位，但南京之加工蛋业，仅为英商所经营之和记洋行。"[1] 由此可见，中国冰蛋业完全具备了组建国际冰蛋卡特尔所需的厂商数目较少和行业高度集中的条件。

第二，具有维持高价格的能力。在 20 世纪上半叶，中国冰蛋几乎完全垄断国际市场上的供应。"去壳蛋的供应，每年的输入——差不多英国去壳蛋完全的供应是输入的，这包含冰流质蛋（混合品，蛋黄或者蛋白），也包括干的蛋白、蛋黄或是混合品。也有很可观的重新出品的贸易，尤其是冰流质蛋……中国几乎是供应的唯一的源流，每一类输入约在百分之九十五和九十九之间。在一九三一年、一九三二年和一九三三年从澳大利亚输入的冰流质蛋是增加了，但是在一九三四年这种贸易又衰落到可以忽略的数量。"[2]

冰蛋作为食品工业和其他工业的生产原料，交易采用预售的形式，"售出普通（遍）是根据常年的合同的，在公开的市场上难得有售出。所以代理者不宣布批发的价格。虽然，宣布出来的一致的价值仅指出数年的一个时期内的价值的趋势，和不同的产物的价值之间的一个比较而已"。[3]

从上面的史料中，我们可以解读出两条重要信息：一是中国冰蛋业作为国际市场供给的垄断者，具有维持价格稳定的能力；二是冰蛋交易具有相当程度的不公开性，交易条件不容易被外界发现。这两个条件为产品供给垄断者的市场合谋提供了有利的条件。

1929 年以后，受世界经济危机的影响，在冰蛋最主的英国市场上，冰蛋价格较鲜蛋价格下跌更严重。"在一九二五年至一九二九年之间所宣布的冰的、干湿蛋的价值是坚稳的。在这时期内，湿蛋的价格平均为一一二

---

① 范师任：《中国之蛋业》，《社会杂志（上海 1931）》第 1 卷第 5 期，1931，第 24 页。
② 微之译：《专论：英国蛋业概况（一）》，《鸡与蛋杂志》第 1 卷第 9 期，1936，第 7~8 页。
③ 微之译：《专论：英国蛋业概况（一）》，《鸡与蛋杂志》第 1 卷第 9 期，1936，第 8 页。

磅价八（十）七先令（等于每一二〇枚蛋价九先令），干蛋的价格平均为每一一二磅价二（百）三（十）五先令（等于每一二〇枚蛋价六先令九便士）"。① 自一九二九年后，这两类去壳蛋的价值较带壳蛋的价格跌落甚多"。① 在价格下跌严重的情况下，垄断冰蛋供给而具备维持高价格能力的中外资冰蛋企业，具有组建价格卡特尔的内在激励。

第三，产品具有较强的同质性。众多研究表明，产品同质性对卡特尔具有特殊的含义。产业组织理论大家乔治·J. 施蒂格勒认为产品同质性的概念对利润最大化具有特殊的含义，因为合谋并不仅仅与价格有关。"同质性往往定义为产品同一或（等价地）替代弹性无限大的一对产品。无论是使用哪一个定义，买者的行为才是决定性的。"②

产品同质性使寡头厂商相对容易达成统一价格的协议，因为合谋成员的欺骗行为相对容易被察觉到。其逻辑在于：如果卡特尔成员的产品差异较大，为了反映产品的较大差异，产品的价格必然相差悬殊，这样会给卡特尔成员在统一价格时增加障碍。即使统一价格协议达成，卡特尔成员为了尽可能多地销售自己的产品，仍有暗自降价的冲动。即使它的降价行为被发现，它可以借口说，它的产品与其他成员的产品是有显著差异的。即使卡特尔成员明面上执行统一价格协议，但它们仍可以通过其他方式（比如搭送小礼品、积累购物积分或改善售后服务等）吸引更多的顾客——这本质上是一种变相降价的行为。无论是暗自降价还是变相降价，都会使卡特尔联盟极不稳定，乃至最终解体。

在中国经营的冰蛋业企业的主要产品是冰蛋黄、冰蛋白和冰全蛋三种，所用原料均为中国本土鲜蛋，制作技术、生产程序和成分配比也基本完全相同。因此，产品具有较强的同质性，这便于中国冰蛋业组织卡特尔联盟。

第四，被政府惩罚的可能性较低。在近现代市场发达国家，竞争往往

---

① 微之译：《专论：英国蛋业概况（一）》，《鸡与蛋杂志》第 1 卷第 9 期，1936，第 8 页。

② 〔美〕乔治·J. 施蒂格勒：《产业组织》，王永钦、薛锋译，上海三联书店、上海人民出版社，2006，第 52 页。

是被积极鼓励的。西方市场发达国家普遍相信竞争在配置资源方面是最有效率的制度与方法，它可以最大化实现生产者剩余与消费者福利，对国家经济与社会公平也是非常有利的。因此，早在 1890 年美国就出台了《谢尔曼法》，对那些垄断组织进行管制。类似卡特尔形式的垄断组织总是试图逃避反垄断法和反垄断机构的打击。实践表明，当寡头厂商预期合谋行为不会被政府轻易发现并受到严厉惩罚时，它们总有组织垄断联盟的冲动。

近代中国，由于经济发展水平尚处于起飞前的阶段，市场还没有充分发展到垄断组织盛行的阶段，加之政府治理经济能力的羸弱，反垄断的相关法律缺位。在此环境中，受到政府严厉惩罚的风险较小，这一定程度上刺激了中外冰蛋企业组织卡特尔的意愿。

二 中国冰蛋业同业公会（REPC）

除了以上四条，中国冰蛋业组建卡特尔缺乏一个重要的条件：行业协会。行业协会的主要作用是为厂商的会面、协调、谈判提供更多的机会与平台。伴随着世界危机影响的日益加剧，中国冰蛋业加快了组织行业协会的步伐。

1929 年 10 月爆发于美国的经济大危机很快波及英国，蛋品市场也因此受到很大的冲击，需求开始下降，这给茂昌公司的销售带来很大的困难。

此时，和记洋行联合其他外商压低欧洲市场的冰蛋价格，企图迫使茂昌公司蚀本关门。可是各外商实力有强有弱，弱者无法支撑长期的价格战，洋商蛋厂间的内部意见不一，以致在跌价步调上不很一致，遂有与茂昌公司妥协的意愿。郑源兴敏锐地发现了这一信息，于是他向外商冰蛋企业提出停止竞争、进行合作的建议。郑源兴"唆使培林蛋厂大班英籍犹太人培阿（Behr，也译为"培林"）联合其他几家洋商蛋厂向和记谈判"。①

为了推进中外冰蛋企业的合作，1930 年 8 月郑源兴远赴欧美考察，先至美国，次到德国、法国、英国。"查各国形势，业务皆因大局关系，颇不如前。次因同业竞争市价紊乱，又遭金贵银贱之风，营业者无不异常棘手，暗亏甚伙，实有种种困难"。② 10 月，在葛林夏的积极协助下，郑源兴先后会见了和记、怡和、培林等外商冰蛋企业总部或主要代理商的负责人，正式提出成立中国冰蛋业同业公会（Refrigerated Egg Packers Association of China，简称"REPC"）的想法，以图将中国冰蛋在欧美市场的销售规模和销售价格维持在一定的水平之上。郑源兴的提议，得到了各外商冰蛋企业总行或主要代理商的认同。"此时和记才不得不表示同意这一建议，向茂昌伸出了表示'亲善'之手，郑源兴这才得偿夙愿，在竞争上算是松了一口气。"③ "现拟整顿办法，在此遇到采销两难之际，应具有全体联络感想。会议统一宗旨，秉公维护或减少暗亏。洋商主任亦有同意，合并声明。"④

1930 年 11 月 11 日，和记、怡和、班达、海宁、培林等五家外商冰蛋企业和茂昌公司在伦敦怡和洋行的总部召开会议。出席会议的有怡和洋行的代理商戈德雷（Goldrei），和记洋行的马嘉德（Mocartney），茂昌公司的潘国祺（Picozzi）、郑源兴（Cheng），班达洋行的庞德（Pond），培林洋行的培林（Behr）、扎菲（Jaffee）等各家冰蛋企业的主要股东或销售代表。最后大家一致同意对中国出口至欧洲大陆和英国的冰蛋和冷藏鲜蛋实施统一定价和限制产量的政策，"会议一致同意，和记蛋厂应该将他们在中国

① 崔蔚人：《蛋大王郑源兴》，中国人民政治协商会议全国委员会文史资料委员会编《文史资料选辑》第 46 辑（总第 146 辑），中国文史出版社，2001，第 85～86 页。

② 《茂昌股份有限公司董事会决议录》第 1 册，1930 年 12 月 22 日，上海市档案馆藏，档号：Q229-1-183-25。

③ 崔蔚人：《蛋大王郑源兴》，中国人民政治协商会议全国委员会文史资料委员会编《文史资料选辑》第 46 辑（总第 146 辑），中国文史出版社，2001，第 86 页。

④ 《茂昌股份有限公司董事会决议录》第 1 册，1930 年 12 月 22 日，上海市档案馆藏，档号：Q229-1-183-25。

生产的冰蛋控制在一定规模之内，在 1933 年 3 月 31 日以前，该厂生产的冰蛋数量只能维持在他们顾客的真实需求的水平。其他冰蛋厂在中国生产的冰蛋数量，在 1932 年 6 月 30 日以前，应该维持在只能够满足他们顾客的真实需求的水平"。培林、庞德、戈德雷、E. 韦斯特、郑源兴等人分别代表自己公司在协议上签字。① 此次会议的召开，标志着中国冰蛋业同业公会和冰蛋卡特尔的正式成立。

为了将销售价格维持在能够实现全行业利润最大化的水平（往往是一个高出市场价格的水平），必须要解决冰蛋生产过剩的问题，并要将冰蛋产量和销售量控制在市场真实需求的水平。为了实现这一目标，中国冰蛋业同业公会成立之后，很快就在伦敦组建了一个产量份额分配委员会（The Distribution Committee），旨在通过控制产量来分配和记、怡和、茂昌、培林、海宁和班达六家冰蛋企业在欧洲市场上的冰蛋和冷藏鲜蛋的销售数量，以及统筹它们从中国运销蛋品至欧洲的相关事宜。伦敦产量份额分配委员会（以下简称"伦敦分配委员会"）由各成员企业在欧洲市场上的代表组成，分配协议的主要内容可概括为以下几点。

1. 每家冰蛋企业的代表不得超过两名，不过每家企业只有一个投票权，会议做出的相关决议必须遵守少数服从多数的原则。

2. 伦敦分配委员会负责管理所有成员在英国和欧洲大陆的冰蛋销售事宜，主要负责划分成员的产量份额与制定统一价格。每个成员的代表必须将协议执行期内的销售合同交给委员会审批，并且接受和遵守委员会的决定。

3. 伦敦分配委员会以各成员原有的销售量为基础，确定它们的产量份额比例。每年初，伦敦分配委员会根据成员的配额比例和存货量，决定每个成员当年从中国运入的冰蛋数量。每个成员一年最多销售的数量必须在其配额之下。每年 3 月 31 日，所有成员都要向伦敦分配委员会报告上一年

① 《茂昌股份有限公司有关远东到欧洲冷冻吨位分配表、伦敦与茂昌公司往来业务电报、中国冰蛋业公会会议记录、中国冰蛋业公会与有关公司业务信件》，1930 年 11 月 11 日，上海市档案馆藏，档号：Q229-1-108。

度的销售和存货数量。

4. 只有一等、二等的冰蛋才能被销售，在英国市场上销售的二等冰蛋不能超过总销售量的 7.5%，在欧洲大陆，二等冰蛋也不能超过总销售量的 7.5%。

5. 成员必须保证它们的冰蛋不能销售给经纪人或通过经纪人销售。

6. 伦敦分配委员会根据市场变化适时确定最低售价。最低售价是到岸价（C.I.F）加上不同存储地点和条件引起的不同额外费用，并依据销售量的不同而实施差异性价格。每个成员必须同意并且保证其销售的价格不得低于伦敦分配委员会确定的最低销售价格，不过它们有权利卖出比最低价格更高的价格。[①]

卡特尔是以最大化全行业利润、进而实现成员利润最大化为目标的，而统一销售价格和划分市场份额是实现上述目标的两个关键变量。能否有效地控制产量以及成员的市场份额，是统一销售价格能否得到有效执行的关键。这是因为卡特尔虽然通过限定产量或市场供应量的方式来提高产品或服务的销售价格，但这也为其带来了天然的不稳定性，即每个成员都希望享受卡特尔规定的高价格，同时又渴望扩大自己的市场份额。如果一个成员暗中扩大自己的供应量的同时，没有对统一销售价格产生显著影响，该成员的利润就会大幅增长。每个成员都这样做的结果则会导致市场供给量激增，价格将会大幅下跌，造成卡特尔解体，从而回到各成员分别追求利润最大化的竞争状态。中国冰蛋业同业公会在实施产量份额分配的过程中，也面临着其他卡特尔组织普遍面临的上述问题。

三　不公平的产量控制

寡头垄断厂商组织卡特尔、辛迪加或者托拉斯等形式的垄断联盟，一

---

① 《茂昌股份有限公司与培林、班达、怡和及海宁等六家公司组成同业公会的文件》，1930 年 11 月，上海市档案馆藏，档号：Q291-1-5-308。

般都是旨在通过控制产量将价格维持在一个相对高的水平，以攫取垄断带来的行业最大化利益，进而追求成员利润的最大化。中外冰蛋企业组建冰蛋卡特尔的主要目的也是如此。1930 年 12 月 30 日，即冰蛋卡特尔成立后不久，中国冰蛋业同业公会就对其成员的产量做了分配。然而，由于产量分配的"不公"，成员之间争吵不断。

（一）产量份额的划分

为了将销售价格维持在一个相对较高的水平，中国冰蛋业同业公会在实施统一销售价格的同时（详见后文），即以各成员原有的市场销售量为基础，对每个成员输往欧洲市场的冰蛋、冷藏鲜蛋的产量份额进行了划分。为了使产量份额的协议能被有效地执行下去，1930 年 12 月 30 日，中国冰蛋业同业公会在伦敦召开了会议，制定了《中国冰蛋业同业公会章程》（以下简称《章程》）。[1] 《章程》对中国冰蛋业同业公会成员的产量份额做了规定，主要目的与宗旨有以下两点：一是为公会成员建立一个公平、公正的产量份额分配机制，以确保成员从中国销往欧洲的冰蛋、冷藏鲜蛋有稳定的、充足的供应；二是尽可能地保证销往欧洲的冰蛋、冷藏鲜蛋品质是优质的和统一的。

围绕产量份额的分配比例，成员之间从一开始就充满了激烈的争吵。对茂昌公司来说，结果是"葛林夏先生同意培林洋行的观点，将 1931 年的总产量确定为冰蛋 5 万吨、冷藏鲜蛋 15 万箱是适合市场真实需求的，二者分别对应的金额约为 250 万英镑与 50 万英镑"，按"冰蛋和鲜蛋分别占预估销售金额的 80% 和 20%"。[2] 最初中国冰蛋业同业公会成员的产量份额

---

[1] 《茂昌股份有限公司冰蛋出口统计、中国冰蛋公会章程、业务往来信件》，1930 年 12 月 30 日，上海市档案馆藏，档号：Q229-1-5。

[2] 《茂昌股份有限公司有关远东到欧洲冷冻吨位分配表、伦敦与茂昌公司往来业务电报、中国冰蛋业同业公会会议记录、中国冰蛋业同业公会与有关公司业务信件》，1930 年 12 月 30 日，上海市档案馆藏，档号：Q229-1-108。

分配比例，如表 10-1 所示。

表 10-1　1931 年中国冰蛋业同业公会成员的产量份额分配比例

单位：%

公司名称	冰蛋	鲜蛋	80%冰蛋+20%鲜蛋的加权	合计
和记洋行	36	21	28.8+4.2	33
茂昌公司	24	22.5	19.2+4.5	23.7
培林洋行	16	35.5	12.8+7.1	19.9
班达洋行	11	7.5	8.8+1.5	10.3
怡和洋行	8	11	6.4+2.2	8.6
海宁洋行	5	2.5	4.0+0.5	4.5
总计	100	100		100

资料来源：《茂昌股份有限公司有关远东到欧洲冷冻吨位分配表、伦敦与茂昌公司往来业务电报、中国冰蛋业同业公会会议记录、中国冰蛋业公会与有关公司业务信件》，1930 年 12 月 30 日，上海市档案馆藏，档号：Q229-1-108。

　　最初，和记洋行是反对上述分配方案的，它的理由是在上海和青岛设厂的同行们必须感受到"阻止竞争对手所带来的好处"。[1] 和记洋行的言下之意，它对伦敦产量分配委员会分配给自己的产量份额并不满意，因为凭借其强大的实力与在同业中的龙头地位，它应该得到更多的产量份额——如果按照上述方案执行，那还没有在竞争状态下获取得利润多。尽管如此，和记洋行最终还是接受了所谓"顾全大局"的分配方案。按照伦敦分配委员会确定的方案，中国冰蛋业同业公会各成员每年运销欧洲市场的冰蛋、鲜蛋的数量和比例，如表 10-2 所示。

表 10-2　中国冰蛋业同业公会成员每年运销欧洲冰蛋、鲜蛋的比例与数量

公司名称	冰蛋比例与数量（单位：%；吨）		鲜蛋比例与数量（单位：%；箱）	
和记洋行	36	18000	21	31500

---

[1] 《茂昌股份有限公司有关远东到欧洲冷冻吨位分配表、伦敦与茂昌公司往来业务电报、中国冰蛋业公会会议记录、中国冰蛋业公会与有关公司业务信件》，1930 年 12 月 30 日，上海市档案馆藏，档号：Q229-1-108。

公司名称	冰蛋比例与数量（单位：%；吨）		鲜蛋比例与数量（单位：%；箱）	
茂昌公司	24	12000	22.5	33750
培林洋行	16	8000	35.5	53250
班达洋行	11	5500	7.5	11250
怡和洋行	8	4000	11	16500
海宁洋行	5	2500	2.5	3750
总计	100	50000	100	150000

注：这里的"箱"为英制长箱，1 箱可以装 1440 枚鸡蛋。

资料来源：《茂昌股份有限公司冰蛋出口统计、中国冰蛋公会章程、业务往来信件》，1930
年 12 月 30 日，上海市档案馆藏，档号：Q229-1-5。

由表 10-1 和表 10-2 可见，在最初的产量份额分配方案中，和记洋行
所占的比例是最高的，加权以后的冰蛋和冷藏鲜蛋的市场销售份额高达
33%，而且尚不包括《章程》规定和记洋行每年还可以多生产 275 吨冰蛋
的特别规定，"如果他们愿意的话"。市场份额第二高的是茂昌公司，加权
后的冰蛋和冷藏鲜蛋的市场销售份额为 23.7%。市场份额往下依次为培林
洋行 19.9%、班达洋行 10.3%、怡和洋行 8.6% 和海宁公司 4.5%。

除了对中国冰蛋业同业公会成员的冰蛋和冷藏鲜蛋的产量份额做出具
体的规定以外，《章程》同时规定，成员也可以将一定数量的液体蛋品运
至欧洲市场进行销售，但数量不能够超过其冰蛋销售数量的 1%；片状干
蛋品运销欧洲市场的数量每年每个成员不能超过 500 吨；每个成员还可将
一定数量的干蛋白运至欧洲市场销售，但运销数量不能多于其冰蛋销售份
额的四分之一。[①]

除了上面规定的产品之外，任何成员不得私自运销干蛋品至欧洲市
场。没有成员被强迫必须要生产与其销售份额数量相等的产品，生产低于
销售份额数量产品的行动是被鼓励的（对于这一点，我们并不难理解，因

[①] 《茂昌股份有限公司冰蛋出口统计、中国冰蛋公会章程、业务往来信件》，1930 年 12 月 30 日，
上海市档案馆藏，档号：Q229-1-5。

为在生产过剩的情况下，人们总是鼓励成员降低产量）。《章程》同时规定，成员有权将产量余额交还给公会，以便公会将这些余额在其他成员之间进行再次分配。①

另外，《章程》还规定，除非经大多数成员同意，每个成员运销欧洲的产品必须在其份额之内；任何成员不得分销或出售在中国生产的任何其他冷冻蛋品、鲜蛋或蛋制品，除非是份额之内的成员之间购买。任何成员都可以接手另一个成员转让的份额。如果成员以任何方式或资助外部机构销售从中国获得的——冰蛋、鲜蛋和其他蛋制品的话，将会从其原有的份额中扣减相应的产量。②

中国冰蛋业同业公会根据欧洲市场对冰蛋需求的变动适时调整冰蛋生产的规模，目的就是确保调整后的冰蛋产量能够在成员之间按照其原有的比例进行分配。需要强调的是，额外分配给和记洋行的 275 吨冰蛋产量份额并不受市场需求变动的影响。《章程》规定，当欧洲市场对冰蛋需求下降至 30000 吨时，对上述分配比例应予修正。冷藏鲜蛋的需求变动与相应的产量调整，与冰蛋产量的调整原则是一致的。③

（二）后续的一系列调整

在执行统一销售价格的前提下，拥有更大的产量份额，意味着拥有更多的市场销售量，进而有可能攫取更多垄断利润，这往往是卡特尔成员之间对其分配到的产量份额争执不断的根源。因此，如何"合理、公平、公正"地分配成员的产量份额，是类似垄断组织必须面对的核心问题。

对卡特尔成员产量份额划分的理论探讨，可以追溯到美国经济学家

---

① 《茂昌股份有限公司冰蛋出口统计、中国冰蛋公会章程、业务往来信件》，1930 年 12 月 30 日，上海市档案馆藏，档号：Q229-1-5。

② 《茂昌股份有限公司冰蛋出口统计、中国冰蛋公会章程、业务往来信件》，1930 年 12 月 30 日，上海市档案馆藏，档号：Q229-1-5。

③ 《茂昌股份有限公司冰蛋出口统计、中国冰蛋业同业公会章程、业务往来信件》，1930 年 12 月 30 日，上海市档案馆藏，档号：Q229-1-5。

唐·帕廷金（Patinkin）的研究。帕廷金指出，就像旨在最大化利润的拥有多个工厂的垄断企业在其各个工厂之间分配产量一样，卡特尔在其成员之间分配产量（或市场份额）以最大化产业总利润。[1] 这就是卡特尔产量配置的帕廷金规则。依据帕廷金规则，卡特尔在各成员之间分配产量将使得各成员企业的边际成本相等。帕廷金规则被广泛接受，几乎所有的微观经济学教科书在论及卡特尔行为时，都假设卡特尔最大化联合利润。然而，帕廷金的联合利润最大化的产量配置规则，不仅受到一些经济学家的批评，对众多卡特尔案例中普遍存在的内部成员对产量或市场份额分配争执不断的现象，也没能给出很好的解释。

1930 年 12 月，冰蛋卡特尔成立伊始，就面临着成员围绕产量份额分配"不公"而争执不断的局面。当 1930 年 12 月 30 日的第一次产量份额分配方案被各成员的代表反馈到上海以后，立即招致中国冰蛋业同业公会部分成员的反对，认为和记洋行所得的产量份额太多了，"它的天津分厂不应该拥有分配的权利"。[2] 就此，各成员经过激烈争吵之后，最初确定的 1931 年冰蛋总产量（5 万吨）的方案被重新调整，具体分配比例如表 10-3 所示。

表 10-3　调整前后的冰蛋产量份额与数量

公司名称	原先的分配（单位:%；吨）		调整后的分配（单位:%；吨）	
和记洋行	36	18000	29	14500
茂昌公司	24	12000	25	12500
培林洋行	16	8000	21.5	10750
班达洋行	11	5500	10.5	5250
怡和洋行	8	4500	9.5	4750

---

[1] *Patinkin, D.*, Multiple-plant Firms, Cartels, and Imperfect Competition, Quarterly Journal of Economics, 1947 (61): 173-205.

[2] 《茂昌股份有限公司有关远东到欧洲冷冻吨位分配表、伦敦与茂昌公司往来业务电报、中国冰蛋业公会会议记录、中国冰蛋业公会与有关公司业务信件》，1930 年 12 月 30 日，上海市档案馆藏，档号：Q229-1-108。

续表

公司名称	原先的分配（单位:%；吨）		调整后的分配（单位:%；吨）	
海宁洋行	5	2500	4.5	2250
总计	100	50000	100	50000

资料来源：《茂昌股份有限公司有关远东到欧洲冷冻吨位分配表、伦敦与茂昌公司往来业务电报中国冰蛋业同业公会会议记录、中国冰蛋业公会与有关公司业务信件》，1930 年 12 月 30 日，上海市档案馆藏，档号：Q229-1-108。

对和记洋行的产量份额做了下调，这是因为天津和记洋行不再享有分配产量份额的权利。随后，由于市场的不景气，销售更加困难。为了维持统一销售价格，1931 年 2 月 6 日，伦敦分配委员会召开会议，决定将原先所定的 1931 年冰蛋销售总量 5 万吨调整为 4.5 万吨，并对各成员预计于 1932 年 6 月 30 日前消化的剩余产量份额做了重新调整。[①] 调整后各家得到的具体数量如表 10-4 所示。

表 10-4　1931 年调整后的冰蛋分配情况

公司名称	下调市场需求预期后的分配 （单位:%；吨）		考虑各成员的库存而 调整后的数量分配（吨）
和记洋行	36	16200	16200-2500+275 = 13975
茂昌公司	24	10800	18000-300 = 10500
培林洋行	16	7200	7200+300 = 7500
班达洋行	11	4950	4950+600 = 5550
怡和洋行	8	3600	3600+100 = 3700
海宁洋行	5	2250	2250
总计	100	45000	43475

资料来源：《茂昌股份有限公司有关远东到欧洲冷冻吨位分配表、伦敦与茂昌公司往来业务电报、中国冰蛋业同业公会会议记录、中国冰蛋业公会与有关公司业务信件》，1931 年 2 月 11 日，上海市档案馆藏，档号：Q229-1-108。

―――――――――――

① 《茂昌股份有限公司有关远东到欧洲冷冻吨位分配表、伦敦与茂昌公司往来业务电报、中国冰蛋业公会会议记录、中国冰蛋业公会与有关公司业务信件》，1931 年 2 月 11 日，上海市档案馆藏，档号：Q229-1-108。

对上述分配方案，海宁洋行代表哈克森（U. S. Harkson）与茂昌公司的郑源兴首先表达了他们的不满，并进行了激烈的抗议。他们认为伦敦分配委员会将冰蛋销售总量降低至 4.5 万吨的决定，直接违背了原先达成的 1931 年冰蛋销售总量不能低于 5 万吨的共识。为此，海宁洋行和茂昌公司致函伦敦分配委员会，明确表示不接受委员会下调冰蛋销售总量的决定。除此之外，郑源兴对伦敦发来的电报上所载的各成员库存数量也表达了不满，他认为各成员的库存应该以各成员的报告为准，而不应该以伦敦分配委员会手中的数字为准。[①]

对海宁洋行与茂昌公司的抗议，伦敦分配委员会并没有给出直接的回应。在 1931 年 2 月 18 日的公会会议上，哈克森仍然坚持下调冰蛋销售总量的做法并不符合原先的会议精神。他说："下调销售总量没有反映合作的精神，伦敦分配委员会意图强迫成员执行，而不是按照一致认同的原则。"哈克森的立场得到了郑源兴的支持，他们分别再次向伦敦分配委员会发去电报进行抗议，"将销售总量降至 45000 吨的决定绝不能适用于本年"。[②] 但结果是，按照哈克森和潘国祺的说法，"伦敦忽视了茂昌公司与海宁洋行的抗议，它应该对我们谈到的事情进行调查与咨询"。[③]

尽管伦敦分配委员会没有给出直接回应，但还是对各成员的分配数量做了调整。在 1931 年 5 月 7 日的中国冰蛋业同业公会会议上，秘书宣读了伦敦分配委员会的来信，信中告知调整后的冰蛋分配数量（扣除 1931 年 1 月 1 日至 1931 年 3 月 31 日销售的数量后），其中和记洋行为 14800 吨、茂昌公司为 9670 吨、培林洋行为 6868 吨、班达洋行为 4766 吨、怡和洋行为

---

① 《茂昌股份有限公司有关远东到欧洲冷冻吨位分配表、伦敦与茂昌公司往来业务电报、中国冰蛋业公会会议记录、中国冰蛋业公会与有关公司业务信件》，1931 年 2 月 11 日，上海市档案馆藏，档号：Q229-1-108。

② 《茂昌股份有限公司有关远东到欧洲冷冻吨位分配表、伦敦与茂昌公司往来业务电报、中国冰蛋业公会会议记录、中国冰蛋业公会与有关公司业务信件》，1931 年 2 月 18 日，上海市档案馆藏，档号：Q229-1-108。

③ 《茂昌股份有限公司有关远东到欧洲冷冻吨位分配表、伦敦与茂昌公司往来业务电报、中国冰蛋业公会会议记录、中国冰蛋业公会与有关公司业务信件》，1931 年 5 月 13 日，上海市档案馆藏，档号：Q229-1-108。

3357 吨、海宁洋行为 2343 吨。对调整后的数量与份额，茂昌公司的潘国祺再次表示了抗议，他说："我们是不会接受这个分配方案的，因为这个分配方案与我们公司目前掌握的数据是不一致的。"茂昌公司的抗议，得到了海宁洋行代表哈克森的支持。[①]

在 1931 年 5 月 27 日的会议上，中国冰蛋业同业公会成员对 5 月 7 日伦敦发来的分配方案进行了深入讨论。伦敦来电指出："一些成员对和记洋行分配的数量存在误解——和记洋行的实际分配数额不是 14800 吨，而是 13086 吨。"5 月 27 日的伦敦来电还将各成员分配的依据展示给成员代表看，如表 10-5 所示。

表 10-5　调整后的 1931~32 年度分配情况

单位：吨

项目	和记	茂昌	培林	班达	怡和	海宁	合计
截至 1931 年 3 月 31 日在中国的存货	—	290	5	165	—	240	700
运输途中的存货	4890	1293	322	260	860	220	7854
在欧洲的存货	6008	2247	1805	996	283	—	11339
总剩余	10898	3830	2132	1421	1143	469	19893
1931 年 1~3 月已售出的数量	4119	2700	1800	1237	900	562	11318
净剩余	-6779	-1130	-332	-184	-243	+93	8668
扣除和记二分之一的净剩余	3389	—	—	—	—	—	—
1931 年 3 月 31 日至 1932 年 2 月 28 日产量分配	16475	10800	7200	4950	3600	2250	45275
1931 年 3 月 31 日至 1932 年 2 月 28 日产量分配	13086	9670	6868	4766	3357	2343	40090

资料来源：《茂昌股份有限公司有关远东到欧洲冷冻吨位分配表、伦敦与茂昌公司往来业务电报、中国冰蛋业同业公会会议记录、中国冰蛋业公会与有关公司业务信件》，1931 年 5 月 27 日，上海市档案馆藏，档号：Q229-1-108。

伦敦分配委员会给成员的解释，并没有消除成员对市场份额分配"不

---

① 《茂昌股份有限公司有关远东到欧洲冷冻吨位分配表、伦敦与茂昌公司往来业务电报、中国冰蛋业公会会议记录、中国冰蛋业公会与有关公司业务信件》，1931 年 5 月 13 日，上海市档案馆藏，档号：Q229-1-108。

公"的争执。在 1931 年 6 月 11 日的中国冰蛋业同业公会会议上，伦敦分配委员会来电函询海宁洋行，询问是否接受基于 45000 吨而非 50000 吨的销售总量的分配方案，海宁洋行表示需要进一步了解情况。"哈克森先生最后同意发电报给该公司的伦敦代表，让该代表去了解该公司所分份额是基于 45000 吨还是 50000 吨分配的。如果是基于 45000 吨基础分配的，他将同意既有的分配；如果是基于 50000 吨分配的，那么伦敦分配委员会需要对它对待成员的公平性重新做出思考。"①

在几天之后的中国冰蛋业同业公会会议上，哈克森说他仍不能给伦敦分配委员会明确的回复，理由是他们公司还没有收到伦敦代表的相关消息。有人向会议报告说，"海宁洋行正在以更高基数（50000 吨）的水平上销售他们的产品。与其他成员相比，海宁洋行取得了一个有利的优势"。对此，哈克森解释说，公司从来没有认可伦敦分配委员会会将冰蛋销售总量下调至 45000 吨，因此他们仍然按照 50000 吨的基数确定市场份额。②这一争执直到 1931 年 7 月 1 日才解决，"秘书说 6 月 25 日海宁洋行代表西里尔先生的电报向海宁洋行证实，该公司的配额的确是在 45000 吨的基础分配的，哈克森先生同意按照 45000 吨基础所分配的数量执行协议"。③

（三）争执原因的理论分析

从逻辑上讲，中国冰蛋业同业公会成员愿意加入冰蛋卡特尔联盟，至少说明它们在准备合谋时，预期将来从合谋中获得的利润至少要与不合谋

---

① 《茂昌股份有限公司有关远东到欧洲冷冻吨位分配表、伦敦与茂昌公司往来业务电报、中国冰蛋业公会会议记录、中国冰蛋业公会与有关公司业务信件》，1931 年 6 月 11 日，上海市档案馆藏，档号：Q229-1-108。

② 《茂昌股份有限公司有关远东到欧洲冷冻吨位分配表、伦敦与茂昌公司往来业务电报、中国冰蛋业公会会议记录、中国冰蛋业公会与有关公司业务信件》，1931 年 6 月 15 日，上海市档案馆藏，档号：Q229-1-108。

③ 《茂昌股份有限公司有关远东到欧洲冷冻吨位分配表、伦敦与茂昌公司往来业务电报、中国冰蛋业公会会议记录、中国冰蛋业公会与有关公司业务信件》，1931 年 7 月 1 日，上海市档案馆藏，档号：Q229-1-108。

时一样，这是一个最低的条件。梳理成员对产量份额分配争执的相关史料，争议应该来源于这样一种事实：认为伦敦分配委员会对其产量份额分配的"不公"，造成它们不能像得到高份额的厂商那样获得更多利润。按照帕廷金原则，联合利润分配最大化规则使一些厂商分配到的市场份额比自由竞争时可占有的市场份额要小。

对此，正如 1934 年申请加入中国冰蛋业同业公会的茨维克公司（S. Zwick & Sons）信中所言："在加入中国冰蛋业同业公会之前，我们每年的销售量在 3000 至 4000 吨，当我们第一次申请加入同业公会时（1934年），我们的生产数据已经表明，在之前的三年时间里，我们每年的销售量在 3000 吨以上。为了能够加入同业公会，我们最后被迫同意接受了只占6%的产量份额，即 2400 吨。事实证明，这对我们是非常不公平的。"①

在执行统一销售价格的前提下，高市场份额的厂商要比低市场份额的厂商获得更多合谋带来的利润，而低市场份额的厂商从合谋中得到的额外"好处"非常有限，在极端情况下，甚至还没有不加入卡特尔时所获的利润多。在此情况下，当高市场份额的厂商不对低市场份额的厂商进行单边支付（side payment），即给予低市场份额的厂商一定补偿，就会致使低市场份额的厂商即使加入了卡特尔联盟，也会成为卡特尔联盟不稳定的根源——为了更大的市场份额而争吵不断，或者背离协议而暗自增加自己的市场销售量。

在中国冰蛋业同业公会最初的卡特尔协议中，并没有关于高市场份额的成员向低市场份额的成员进行单边支付的制度安排，这是引起低市场份额的成员不满的主要原因。为了解决成员对产量份额分配比例"不公"引致的争执问题，以维护限制销售总吨数的协议得以执行，在 1931 年 6 月 9日的公会会议上，郑源兴提出了以下两点建议。

一是 1931 年的销售总吨数必须按照原有的计划严格执行，但是中国冰

---

① 《茂昌股份有限公司有关惠尔登公司会议记录及所发信件》，1939 年 1 月 13 日，上海市档案馆藏，档号：Q229-1-145。

蛋业同业公会应对在 1932 年 3 月 31 日之前因销售不力而有存货的成员给予一定的经济补偿，补偿的标准是：以 1931 年的协议价格（每吨 63 英镑）与该年三月份市场均价（每吨 55 英镑）之差乘以存货的数量。

二是如果一些成员的销售吨数超过其分配的吨数（前提是多销售的部分货物是从其他成员所分配的吨位中购买的），那么它应该向销售量低于分配份额的成员给予一定程度的经济补偿，补偿的具体原则是：超过配额 10% 以内者，按照到岸价均价的 10% 补偿；超过配额在 10%～20% 者，按照到岸价均价的 20% 补偿；超过配额在 20%～30% 者，按照到岸价均价的 30% 补偿，依次类推。[①]

郑源兴的提议引起了公会成员的激烈讨论，但由于成员之间的分歧很大，最终还是没有被采纳。

总而言之，成员对产量份额分配的争执，使原先达成的价格-产量协议无法有效执行。换句话说，任何不能"公平"解决成员间的产量份额问题的卡特尔，都必然会解体或者名存实亡。其内在原因是：产量份额的不固定，将会必然导致成员间竞相削价竞销，从而使控制销售总量和统一价格的最终目的破产。

卡特尔成功运行的前提条件之一，就是它能够将各成员的产量或市场份额通过某种"合理"的机制与规则固定下来，正如乔治·J. 施蒂格勒所言："固定市场份额可能是所有防止秘密削价的方法中效率最高的一种方法。一旦选定了最大利润价格，如果一企业沿着产业需求曲线移动，那么削价并不能使其获利。通过对产出的检查和对背离产业份额而产生的损益的正确再分配，秘密削价的激励就可以被消除。"[②] 然而，当产量或市场份额划分无法确定时，每个成员都会努力争取更大份额，这将导致市场供应

① 《茂昌股份有限公司有关远东到欧洲冷冻吨位分配表、伦敦与茂昌公司往来业务电报、中国冰蛋业公会会议记录、中国冰蛋业公会与有关公司业务信件》，1931 年 6 月 9 日，上海市档案馆藏，档号：Q229-1-108。

② 〔美〕乔治·J. 施蒂格勒：《产业组织》，王永钦、薛锋译，上海三联书店、上海人民出版社，2006，第 55 页。

量比协议供给量要大，那么协议价格就维持不住。中国冰蛋业同业公会虽然在纸面上确定了初步的固定产量份额，但是这个方案始终受到挑战，因而难以落地。

四 无法回避的执行问题

经典产业组织理论认为，要实现联合利润最大化的目标，合谋厂商必须就价格结构达成协议。而要确保协议价格被严格执行，卡特尔联盟要有防止成员秘密削价以及对违反者实施有力惩罚的有效措施与办法，这是一个已被证明了的重要命题。"任一参与合谋协议的成员企业如果可以秘密地违反协议，那么他得到的利润将比遵守协议时更大。而且，所有违反者可获利的协议都必须得到强制执行也自然成为人类行为的一条公理。……没有哪一个合谋可以忽视协议执行问题。"[1] 1930 年 11 月，中国冰蛋业同业公会成立之时，就在统一销售价格方面达成了协议。然而，由于成员对产量份额划分的争执不断，以及公会缺乏发现成员背离协议价格和对背离者实施有效惩罚的机制与方法，统一销售价格协议自推行之时起就没有被严格地执行，这使冰蛋卡特尔更加难以维持。

（一）协议价格结构

要实现行业利润最大化，进而实现成员利益最大化，首先要将统一销售价格维持在一个相对较高的水平，这是卡特尔组织谋取垄断利润最为关键的手段。中国冰蛋业同业公会和其他垄断组织一样，自其成立之日起，就在英国和欧洲大陆国家制定和实施了不同的卡特尔价格结构。下面我们

---

[1] 〔美〕乔治·J. 施蒂格勒：《产业组织》，王永钦、薛锋译，上海三联书店、上海人民出版社，2006，第 54 页。

对公会在英国、德国、荷兰等重要国家采用的价格规则做简单介绍。其中，公会在英国市场的价格如表 10-6 所示。

表 10-6 1930 年 11 月至 1931 年 3 月英国市场冰蛋的销售价格规则

储存地点和条件	在到岸价基础上加价
储存在伦敦、格拉斯哥、利物浦、赫尔港的铁路、汽车、轮船的仓库或其他卸货港的码头仓库	每磅加 0.125 便士
储存在卸货港一个月	每磅加 0.25 便士
储存在卸货港并且连续交货	每磅加 0.75 便士
储存在内陆仓库并且连续交货	每磅加 1 便士
购买数量的不同等级	在到岸价基础上加价
x≥100	执行到岸价
25≤x<100	每磅加 0.25 便士
10≤x<25	每磅加 0.5 便士
5≤x<10	每磅加 0.75 便士
x<5	每磅加 1 便士

资料来源：《茂昌股份有限公司与培林、班达、怡和及海宁等六家公司组成同业公会的文件》，1930 年 11 月，上海市档案馆藏，档号：Q291-1-5-308。

在英国市场上实施统一价格之后，中国冰蛋业同业公会又在德国、法国、意大利、荷兰、比利时等欧洲大陆国家的市场上推行统一的协议价格。以德国与荷兰市场上实施的统一销售价格为例，1930 年 11 月 20 日，在德国汉堡大西洋酒店举行的会议上，和记洋行、怡和洋行、茂昌公司、培林洋行、海宁洋行、班达洋行六家中外资冰蛋企业达成了在德国市场实行统一销售价格的决议，具体的协议价格结构见表 10-7。

1930 年 12 月 2 日，在英国联合冷藏公司荷兰分公司召开的会议上，各家中外冰蛋企业的销售代理商约翰·雷顿公司（John & Layton Company Ltd）、斯威夫特公司（Swift & Company）、洛士利公司（Loxley & Company）、J. 德威斯公司（J. Devvies）、阿穆尔公司（Armour & Company）、培林公司（S. Behr Mathew Ltd）六家公司在统一销售价格方面达成一致。中国冰蛋在荷兰的统一销售价格结构见表 10-8。

表 10-7　1930 年 11 月至 1931 年 3 月德国市场冰蛋的销售价格规则

	一等冰蛋（含关税）	二等冰蛋（含关税）
汉堡	1.50 马克/千克，仓库交货价 1.65 马克/千克，运至客户处	1.51 马克/千克，仓库交货价 1.61 马克/千克，运至客户处
柏林	1.55 马克/千克，仓库交货价 1.70 马克/千克，运至客户处	1.61 马克/千克，仓库交货价 1.71 马克/千克，运至客户处
其他城市	1.65 马克/千克，仓库交货价 1.78 马克/千克，运至客户处	1.64 马克/千克，仓库交货价 1.74 马克/千克，运至客户处

资料来源：《茂昌股份有限公司有关远东到欧洲冷冻位分配表、伦敦与茂昌公司往来业务电报、中国冰蛋业同业公会会议记录、中国冰蛋业公会与有关公司业务信件》，1930 年 11 月 20 日，上海市档案馆藏，档号：Q229-1-108。

表 10-8　1930 年 11 月至 1931 年 3 月荷兰冰蛋市场的销售价格规则

等级	到岸价	交货价
一等冰全蛋	7.25 便士/磅	商店交货价：鹿特丹、海牙、阿姆斯特丹每公斤加价 9 美分；
二等冰全蛋	7 便士/磅	
冰蛋白	7.75 便士/磅	运交顾客：鹿特丹、阿姆斯特丹、海牙每公斤加价 10 美分
冰蛋黄	9 便士/磅	

资料来源：《茂昌股份有限公司有关远东到欧洲冷冻吨位分配表、伦敦与茂昌公司往来业务电报、中国冰蛋业同业公会会议记录、中国冰蛋业公会与有关公司业务信件》，1930 年 12 月 2 日，上海市档案馆藏，档号：Q229-1-108。

可以看出，冰蛋卡特尔在欧洲市场上的不同国家，实行的销售价格规则是不同的，这与中国冰蛋业同业公会成员在不同市场准备认可的交易类型不同相关。"合谋的企业必须就价格结构达成协议，而价格结构应当与企业准备认可的交易类型相适应。一个完全利润最大化的价格结构可能拥有几乎无穷多的价格类型：各企业不得不考虑使价格适应多种多样交易的成本和收益，然后决定价格类型的数目。"[1]

在英国市场和欧洲大陆市场实施的统一价格，均不允许有回扣、打折

①　〔美〕乔治·J. 施蒂格勒：《产业组织》，王永钦、薛锋译，上海三联书店、上海人民出版社，2006，第 54 页。

和返还金。在英国市场上实施的统一价格是第二类价格歧视，即所谓的"非线性定价"。在这类价格歧视中，企业提供不同的"价格-购买量"组合，让购买者自行选择，而价格是根据购买量从高到低调整的（此类商品一般具有边际成本递减的特点），企业通过推出不同分段定价策略，可以争取更多的消费者，得到更多的消费者剩余，获取更多的利润。在欧洲大陆市场实施的统一价格大多是"品级-交货地"组合，这种定价方式把同类产品分成不同等级，不同等级的产品价格不同，同时视交货地点附加适当的运费。这种定价方式便于满足不同的消费需求。

（二）成员对协议价格的背离

根据冰蛋卡特尔协议的规定，购买冰蛋数量越多，得到的报价越优厚，反之，则要支付相对较高的价格。在维护协议价格方面，中国冰蛋业同业公会成员在面对购买冰蛋数量较少者，往往能遵守协议价格。因为成交数量较少，对成员违背协议价格的激励不足，下面是一个在当时引起广泛关注的例子。

1926年，山东商人王宣忱（1879~1942）与美籍犹太人滋美创办的企业"滋美洋行"（Zimmerman Company）合作，在青岛普集路成立了一家冷冻鲜蛋的公司，即中美冷藏协会（The Chinese American Cold Storage Association）。中美冷藏协会拥有设备先进的大型冷库，主要经营冰蛋出口业务。这家冷库由滋美投资三分之二，任董事长；王宣忱投资三分之一，任副董事长。冷藏库的选址十分高明，左靠大港火车站，人们从各地收购的新鲜鸡蛋源源不断地通过铁路运进来；右临大港码头，新鲜鸡蛋在经过挑选后，打碎去掉蛋壳冰冻成方盘状，装入纸箱送往码头，由带冷藏功能的远洋货轮运至欧美各国。[①]

1930年1月24日，中美冷藏协会与伦敦的蛋品经销商亚历山大·皮

---

① 庄维民编著《近代鲁商人物传》，齐鲁书社，2016，第129~130页。

克林公司（Alexander Pickering & Co. ltd）达成了供货协议，协议规定：后者成为中美冷藏协会在大不列颠、爱尔兰、欧洲大陆国家的独家进口商，负责销售中美冷藏协会提供的冰蛋和其他蛋品；双方合作的期限是五年，时间从后者向前者下第一笔订单开始算起。在接下来合作的年份，亚历山大·皮克林公司每年可以向中美冷藏协会订购 2000 吨冰蛋，中美冷藏协会如果不想供货的话，有权终止合同，但需要提前六个月告知，否则需要支付 12000 英镑的违约金。[1]

亚历山大·皮克林公司向中美冷藏协会下的第一笔订单是在 1930 年 2 月 6 日。在双方合作的第一年，中美冷藏协会向其提供了 439 吨冰蛋。1931 年 1 月，也就是在双方第一年合作即将到期时，亚历山大·皮克林公司又下了 615 吨的订单，不料中美冷藏协会告知其不可能继续提供货物。亚历山大·皮克林公司通过电报和信函不断要求中美冷藏协会执行合同，但得到的答复仍然是无法照办。[2]

中美冷藏协会拒绝供货的原因是中国冰蛋业同业公会实施的兼并措施。为了阻止外部竞争，兼并其他竞争对手是中国冰蛋业同业公会的重要手段。在 1931 年 1 月初，通过怡和洋行的撮合，中国冰蛋业同业公会与中美冷藏协会达成了一项协议，规定中美冷藏协会为怡和洋行的生产代理商，每吨冰蛋的生产费用为 227.50 元（不包括鲜蛋成本），同时规定中美冷藏协会经理滋美（Zimmerman）与他的合作者不能生产超过协议规定的 1500 吨的冰蛋，除了此项业务，更不能经营任何与蛋品有关的生意。[3]

由于中美冷藏协会实质上被中国冰蛋业同业公会的成员兼并，亚历山

---

[1] Eggs Figure In Action For Breach of Contract £ 16000 Claimed as Damages By Alexander Pocking Company From Chinese American Cold Storage Association：Case Proceedings，*The Shanghai Time*，November 22，1932，p. 5.

[2] Eggs Figure In Action For Breach of Contract £ 16000 Claimed as Damages By Alexander Pocking Company From Chinese American Cold Storage Association：Case Proceedings，*The Shanghai Times*，November 22，1932，p. 5.

[3] 《茂昌股份有限公司有关远东到欧洲冷冻吨位分配表、伦敦与茂昌公司往来业务电报、中国冰蛋业公会会议记录、中国冰蛋业公会与有关公司业务信件》，1931 年 10 月 30 日，上海市档案馆藏，档号：Q229-1-108。

大·皮克林公司一时无货可售，不得不向中国冰蛋业同业公会寻求货源。在 1931 年 4 月 1 日中国冰蛋业同业公会会议上，秘书宣读了亚历山大·皮克林公司业务代表沃特森（Waterson）发来的一封信。在信中，沃特森向中国冰蛋业同业公会询问："我们是否可以享受比协议价格（每吨 63 英镑，到岸价）低一些的价格购买一批货物，这批购买量有 500 吨之多，虽然它不是最高等级的购买量。如果不能，我们会考虑从公会会员之外的其他小的厂家那里购买。"①

亚历山大·皮克林公司有从竞争对手那里进货的可能性，"一些公司被引诱每天包装一些，或者吸引一些公司建立工厂从事制造"。郑源兴认为，"我们可以接受他们的要求，这对公会成员来说是有好处的，前提是皮克林公司必须承诺他们不能直接或间接地从外部竞争者的手中购买任何货物。按照中国冰蛋业同业公会的要求，也不能在公会内部出售，这样我们可以将外部竞争者驱逐出这个市场"。②对郑源兴的主张，大多数成员表达了如下观点与立场："所有成员都承诺过，我们必须按照购买数量的多少来执行协议价格。因此，我们不能给皮克林公司比那些更大经销商更低的价格。如果我们同意了他们的要求，这样的贸易信息很可能被沃特森传播出去，这将打破我们的协议价格。那些比其采购量大的经销商会来到中国以同样的手段——威胁我们说他们可以从非会员手里购买到货物——进而得到妥协的价格。我们的观点是，我们必须冒险。我们会积极阻止外部竞争者。公会一定期待与外部合作，公会就货物运输问题联系了霍尔特（Holts），他们正在尽力帮助我们做出选择。马伦（Mullen）正在积极支持沃特森，因为他的合同只有少量货物。马伦正在等待选择的机会，如果沃特森能够从公会这里得到满足，他也将接受公会的报价。如果沃特森不得

---

① 《茂昌股份有限公司有关远东到欧洲冷冻吨位分配表、伦敦与茂昌公司往来业务电报、中国冰蛋业公会会议记录、中国冰蛋业公会与有关公司业务信件》，1931 年 4 月 1 日，上海市档案馆藏，档号：Q229-1-108。

② 《茂昌股份有限公司有关远东到欧洲冷冻吨位分配表、伦敦与茂昌公司往来业务电报、中国冰蛋业公会会议记录、中国冰蛋业公会与有关公司业务信件》，1931 年 4 月 1 日，上海市档案馆藏，档号：Q229-1-108。

不从外部购买，马伦也许会采取相同的做法，也或许与公会签订合同。4
月15日，协议价格将上调0.25便士，你如果将沃特森的报价推迟到那时，
马伦将不得不提早与公会的贾菲（Jaffee）签订合同。"①

在得到公会会员的支持以后，郑源兴立即向沃特森做了报价。"他以
每吨57英镑的到岸价向对方进行了报价，并于本月11日收到及时回复。
最终，沃特森接受了报价，因为担心公会会提高价格。"② 不过，茂昌公司
在4月10日收到伦敦反馈的关于市场信息的电报之后，立即撤销了之前的
报价。"据可靠信息，沃特森停止了他在这个市场的活动，很快离开了天
津，回英国去了。郑先生说沃特森在中国没有得到任何冰蛋。"③ 此次，由
于亚历山大·皮克林公司所定冰蛋较少，中国冰蛋业同业公会会员因利润
不多，尚能协调一致，维持协议价格。

亚历山大·皮克林公司将违约的中美冷藏协会起诉至法院，要求后者
赔偿因不提供货物而给其带来的16000英镑损失。在1931年5月7日的中
国冰蛋业公会会议上，"潘国祺陈述了调查的结果，沃特森原是冰鲜蛋出
口公司（Frozen & Shell Egg Export Co.）的有偿代理人。亚历山大·皮克
林公司是其资金供给者，沃特森是其代销商。冰鲜蛋出口公司、滋美洋行
（即中美冷藏协会）与其以往有业务往来关系。然而，现在沃特森代表皮
克林公司将滋美洋行控告至法院"。④ 经过长达一年半的诉讼，亚历山大·
皮克林公司最终却以双方协议中的价格条款而败诉。1932年12月30日，

---

① 《茂昌股份有限公司有关远东到欧洲冷冻吨位分配表、伦敦与茂昌公司往来业务电报、中国冰
　蛋业公会会议记录、中国冰蛋业公会与有关公司业务信件》，1931年4月10日，上海市档案
　馆藏，档号：Q229-1-108。

② 《茂昌股份有限公司有关远东到欧洲冷冻吨位分配表、伦敦与茂昌公司往来业务电报、中国冰
　蛋业公会会议记录、中国冰蛋业公会与有关公司业务信件》，1931年4月10日，上海市档案
　馆藏，档号：Q229-1-108。

③ 茂昌股份有限公司有关远东到欧洲冷冻、吨位、分配表、伦敦与茂昌公司往来业务电报、中
　国冰蛋业公会会议记录、中国冰蛋业公会与有关公司业务信件，1931年4月1日，1931年4
　月10日，1931年4月22日，上海市档案馆藏，档号：Q229-1-108。

④ 《茂昌股份有限公司有关远东到欧洲冷冻吨位分配表、伦敦与茂昌公司往来业务电报、中国冰
　蛋业公会会议记录、中国冰蛋业公会与有关公司业务信件》，1931年5月7日，上海市档案馆
　藏，档号：Q229-1-108。

法官珀迪（Prudy）宣布原被告双方 1930 年 1 月 24 日达成的协议是不可执行的和无效的。

法官评论说，被告律师的论点是，合同从一开始就是无效且不可执行的。具体地说，合同无效的原因是关于价格的规定。被告律师声称，该条款规定卖方是唯一有权确定价格者。而原告律师则认为，该条款等同于将价格确定为青岛的市场价格。有许多权威机构认为，一项将商品价格留待将来确定并由卖方确定的协议，是不可执行和无效的。

很显然，这不是买家在青岛以市场价格购买合同中商品的真实意图。整个合同表明，原告期望被告提供低于市场价格的报价。因此，法院勉强得出了合同无效的结论。毫无疑问，原告遭受了沉重的损失。在合同执行期间，接近一年之后，双方据此合同进行生意往来，在此过程中可以认为双方受合同条款的约束。只有当被告公司的多数股东确信加入"青岛制造商联合会"（即中国冰蛋业同业公会）在收益上对他们是有利时，被告公司的管理人员才做出了明确否认和拒绝履行合同的行动。

在宣判这个案子的结果时，法官说："被告故意否认本合同项下的所有责任，我在法官席上宣布，我的决定将有利于原告承担实质上所有的损害赔偿，这在我看来是毫无根据和不合理的，给我留下了深刻印象。当我写下我的决定时，我才第一次意识到，原告追偿权的基础必须建立在双方之间有效的且具有约束力的合同上，但我的决定需要具体的事实证据。我立即主动要求将案件重新列入案卷，以待进一步的辩论，而这只不过是为了证实我的印象而已。"①

最后，法院驳回了亚历山大·皮克林公司的诉讼，只是判决被告支付原告的诉讼费。从这个案例来看，中国冰蛋业同业公会成员似乎在维护协议价格方面颇为"努力"。其实不然，中国冰蛋业同业公会的成员和其他卡特尔成员一样，都有违反协议价格、谋取私利的冲动，并且会付诸

---

① British Firm's Claim Fails, Export of Egg Product Dispute, Contract Held Void By U. S Court, *The North-China Daily News*, December 31, 1932, p. 14.

行动。

梳理相关史料，我们可以发现，中国冰蛋业同业公会实施的统一销售价格，从一开始就没有被很好地执行。换句话说，从统一销售价格开始生效之时，就有成员不断违背价格协议。对冰蛋卡特尔成员的此种行为，并不难理解。成员违背合谋协议的动机，无非是谋求比遵守协议更高的利润，因此，任何一个旨在垄断市场的合谋组织都不可以忽视协议执行的问题。在分析中国冰蛋业同业公会的统一销售价格协议没有被严格执行的原因之前，我们先来看中国冰蛋业同业公会成员违反统一销售价格的几个案例。

在 1930 年 12 月 5 日的中国冰蛋业同业公会会议上，怡和洋行的代理商戈德雷公司的戈德雷向会议报告说，他们公司向卡迪夫地区的哈瓦那蛋糕公司（Havana Cake Co.）供应冰蛋、冷藏鲜蛋已有相当长的一段时间了，在执行统一销售价格之前，他们向哈瓦那蛋糕公司的报价是每吨冰蛋69 英镑（商店交货价）。在实施统一销售价格之后，他们公司曾致函哈瓦那蛋糕公司，告诉该公司根据统一销售价格协议的规定，每吨冰蛋的商店交货价是 71 英镑，"因为他知道没有成员会被允许向顾客报低于协议规定的价格"。此后，哈瓦那蛋糕公司停止从戈德雷公司购买货物。戈德雷公司怀疑哈瓦那蛋糕公司可能从其他成员那里订购了冰蛋。

为了弄清楚哈瓦那蛋糕公司不向其订货的原因，戈德雷专门在公会会议上询问"是否有其他成员向哈瓦那蛋糕公司供货"。[1] 会议秘书告诉他，截至当时，尚没有发现有其他成员向哈瓦那蛋糕公司直接销售货物，需要再做了解。[2] 经过十多天的秘密调查，在 1930 年 12 月 17 日的会议上，戈德雷先生向会议报告称，他发现培林洋行代理商穆伦公司（Mullen Ltd）

① 《茂昌股份有限公司有关远东到欧洲冷冻、吨位分配表、伦敦与茂昌公司往来业务电报、中国冰蛋业公会会议记录、中国冰蛋业公会与有关公司业务信件》，1930 年 12 月 5 日，上海市档案馆藏，档号：Q229-1-108。
② 《茂昌股份有限公司有关远东到欧洲冷冻、吨位分配表、伦敦与茂昌公司往来业务电报、中国冰蛋业公会会议记录、中国冰蛋业公会与有关公司业务信件》，1930 年 12 月 5 日，上海市档案馆藏，档号：Q229-1-108。

在背后挖墙脚。①

在 12 月 5 日的会议上，戈德雷还有另一桩投诉，有关其汉堡分公司反映的茂昌公司代理商斯威夫特公司的情况。在戈德雷公司汉堡分公司写给中国冰蛋业同业公会汉堡分会秘书、培林公司汉堡分公司的塞特尔（Certel）的信函中，投诉的内容被清晰而有条理地陈述出来：

尊敬的塞特尔先生，

关于我们昨天电话交流的事情，我们对如下事情存有一些疑惑，烦请你方给予我们一些解释。

大约在两年以前，我们开始向一家名为 X 的公司供应冰蛋。X 公司对我们提供的产品和服务多次表达了满意。今年 11 月中旬，我们与 X 公司的最后一个合同到期，X 公司请求我们向他们提供一个新的报价。对此，我们请求他们耐心等待一段时间，然后再向他们报新的价格。因为那时我们已经接到公会的通知，希望我们的报价与 11 月 20日的协议价格严格保持一致。随后，根据协议规定的新价格和新交易条件，我们向 X 公司做了报价。很快，我们收到了 X 公司的回函，他们在信中说，他们已经向其他生产商下了订单，主要是因为我们耽搁了报价时间。为了等待我们的报价，他们付出了沉重的损失，因为一个低于我们报价 30% 的报盘被他们回绝了。

接下来，我们发现斯威夫特公司与 X 公司达成了交易。我们很困惑：斯威夫特公司是如何知道我们报价信息进而报出低于我们的价格的？我们曾私下联系了斯威夫特公司，该公司的 L 先生向我们做了解释，他说他们公司向 X 公司报价的时间是 11 月 3 日，此时统一销售价格还没有被执行，因此他们的报价要比统一销售价格低一些。根据协议，此前的报价仍然是有效的，因此并不需要撤销原先的报价。对

---

① 《茂昌股份有限公司有关远东到欧洲冷冻吨位分配表、伦敦与茂昌公司往来业务电报、中国冰蛋业公会会议记录、中国冰蛋业公会与有关公司业务信件》，1930 年 12 月 17 日，上海市档案馆藏，档号：Q229-1-108。

斯威夫特公司给出的解释，我们非常不满意，因为所有成员都可以照此行事，这样的话，公会阻止成员间的削价竞争的努力将会付之东流。

　　按照斯威夫特公司的做法，我们也可以撤销我们的所有报盘，当然其他成员也可以按照同样的方式去做，这一点在 X 公司的来信中体现得十分清楚。对斯威夫特公司认为他们有权向顾客提供低于协议规定的价格的观点，我们表示完全不认同。按照斯威夫特公司的观点，今天我们也可以通过维持我们以前的报价而签订一系列合同。

　　我们对此事不会保持沉默，希望公会能够进行严格的调查。因此，我们希望你方进一步处理此事。

诚挚问候，
戈德雷公司汉堡分公司

　　最后会议一致决定，会议秘书应该指示汉堡分会全面调查此事，并披露相关信息。[①] 1930 年 12 月 12 日，围绕戈德雷公司汉堡分公司与斯威夫特公司汉堡分公司的争端问题，伦敦委员会召开了会议。经过讨论之后，来自汉堡威德尔公司（Weddell Company）的约翰（John）和汉堡蒂特根特和罗伯逊公司（Tietgent and Robertson Company）的阿莫里斯（Armoris）证实，"斯威夫特公司与顾客 X 公司签订合同的日期是 1930 年 11 月 21 日，所定价格 Y 为两家公司以前商定的价格，很自然，这是斯威夫特公司与顾客做的必要商定，协议是双方都认可的"。[②] 由于不清楚斯威夫特公司与 X 公司的合同详情，当天会议没有做出什么裁定。

　　12 月 17 日，戈德雷公司举报斯威夫特公司违反协议价格的事情再次

[①] 《茂昌股份有限公司有关远东到欧洲冷冻吨位分配表、伦敦分配与茂昌公司往来业务电报、中国冰蛋业公会会议记录、中国冰蛋业公会与有关公司业务信件》，1930 年 12 月 5 日，上海市档案馆藏，档号：Q229-1-108。

[②] 《茂昌股份有限公司有关远东到欧洲冷冻吨位分配表、伦敦与茂昌公司往来业务电报、中国冰蛋业公会会议记录、中国冰蛋业公会与有关公司业务信件》，1930 年 12 月 12 日，上海市档案馆藏，档号：Q229-1-108。

在中国冰蛋业同业公会会议上得到讨论。在会议上，阿莫里斯报告称，他已经获得了斯威夫特公司与 X 公司所签合同的全部条款的详细信息。经过激烈的讨论，会议最终决定，在下一次会议上，阿莫里斯要把这些详细信息提交给伦敦分配委员会，再决定下一步的具体行动。[①] 然而，从中国冰蛋业同业公会会议记录中，并没有找到关于此事的后续记载，很可能最后不了了之了。

从上面的案例中，我们可以知道，斯威夫特公司和其他经销商背离协议价格的主要目的，自然是为了尽可能地得到大量的客户与订单。同时，也表明中国冰蛋业同业公会的协议价格显然没有被严格执行。造成这一结果的重要原因之一，就是中国冰蛋业同业公会执行力较弱——发现秘密削价的速度很慢，戈德雷公司举报斯威夫特公司违反协议价格的取证，前后超过半月，这充分说明"查明秘密削价并不比实施秘密削价容易"，因为"削价者自然会声称自己是清白的，如果难以取信于其他人，他就会责备下属不遵守规定，以此推卸自己的责任"。[②]

同时，中国冰蛋业同业公会也没有对斯威夫特公司违背统一销售价格的行为给予严厉的惩罚，致使斯威夫特公司相关订单的价格没有恢复到协议价格规定的水平，这自然引起了其他成员的不满，于是纷纷仿效斯威夫特公司的做法。正如戈德雷公司致函中国冰蛋业同业公会秘书信中所言，如果公会不对斯威夫特公司实施制止与惩罚，各家都会通过削价来争夺客户与订单。

20 世纪 30 年代的世界经济危机，导致欧洲市场对蛋品的需求大幅下降，加之信息严重不对称，冰蛋卡特尔成员之间充满了不信任。对中国冰蛋业同业公会成员而言，它们难以判断销售量的下降是由于市场真实需求

---

① 《茂昌股份有限公司有关远东到欧洲冷冻吨位分配表、伦敦与茂昌公司往来业务电报、中国冰蛋业同业公会会议记录、中国冰蛋业同业公会与有关公司业务信件》，1930 年 12 月 17 日，上海市档案馆藏，档号：Q229-1-108。

② 〔美〕乔治·J. 施蒂格勒：《产业组织》，王永钦、薛锋译，上海三联书店、上海人民出版社，2006，第 57 页。

的减少还是因为其他成员暗中削价引起的。这充分体现了格林等人提出的如下观点的合理性：无论是"推测背叛"还是"真实背叛"，在需求衰退导致合谋厂商的销量大幅下降时，都会引发价格战。[1] 加之协议价格在一开始就没有被很好地执行，秘密削价成为公会成员互相挤压以抢占更多市场份额的重要手段。

1931 年下半年开始，欧洲市场的蛋品价格进一步下降，加之公会成员在中国国内抬价抢夺鲜蛋，使成员获利变得十分困难。为了不致亏损，1933 年茂昌公司决定按照协议价格销售，然而由于其他成员暗中削价，茂昌公司的业务被抢走不少。1933 年 7 月 27 日，洛士利洋行致函茂昌公司说："很遗憾你方没有接受我们 30 吨冰蛋的报价，我们承认报价是较低的，但是竞争对手正在报更低的价格，我们的业务正在失去。你方本月 22 日发来的电报表明了你方的态度，认为当前竞争对手较低的报价只是暂时性的，未来也许会这样，但是我们坚持最低限价正在使我们失去很多业务。"[2] 事实证明，其他成员削价竞争并不是一时的，而是持续的，结果致使茂昌公司的销售量下降严重，于是茂昌公司也不得不加入降价竞争的行列。

1934 年 2 月 2 日，茂昌公司收到伦敦洛士利洋行的电报，电报很好地诠释了成员之间的竞价争销的博弈："我们从你方 1 月 31 日的电报中获悉，要求我们关注竞争对手在新季度的报价，并且给出了你方的价格建议，即每吨冰蛋到岸价为 50 英镑，但是并不希望我们立即按此价格报价，而是等待竞争对手的报价信息。关于你方对竞争对手的咨询，我们在此告知你方，他们此时表现得十分安静，戈德雷·富卡尔打算以每磅 6.25 便士的价格售卖给小的买家，约翰·雷顿打算以每磅 6 便士的价格卖给大的买家，

---

[1] Green, E., Green J., and Porter, R., Non-cooperative Collusion under Imperfect Price Information, *Econometrica*, 1984, 52 (1): 87-100.

[2] 《茂昌股份有限公司业务往来电报信件》，1933 年 7 月 27 日，上海市档案馆藏，档号：Q229-1-147。

第十章
冰蛋卡特尔

第十章
冰蛋卡特尔

然而在此价格水平，他们仍然没有任何生意可做。"①

　　由此可见，为了实现自己利益的最大化，中国冰蛋业同业公会的成员普遍要求其他成员严格遵守协议，而自己却对协议规定置之不理，这应该是卡特尔联盟共有的特征。削价竞销，成为每个成员试图将其他成员挤出欧洲冰蛋市场的主要手段，也是导致协议价格难以执行的重要原因，成为冰蛋卡特尔联盟后来解体的关键因素之一。

五　划分"势力范围"的失败尝试

　　虽然中国鸡蛋丰富，但是多为农家零星生产，加之交通不便，大规模集中收买十分不易。可供中外蛋厂采购鸡蛋的地区主要集中于河北、山东、河南、安徽、江苏、浙江、湖南、湖北、江西等省份。同时，中外蛋厂出口的蛋品多采用"抛货"的方式，即每家蛋厂事先与外国进口商签订贸易合同，这需要及时收买原料进行加工生产，避免耽误交货日期。加上鸡蛋交易有较强的季节性，以春、秋二季最多，品质最好，价格也相对廉价。所以，在每年春、秋二季鸡蛋上市之时，为了能够大量购进鸡蛋，中外蛋厂在产蛋区不断提高收购价格。世界经济危机爆发之后，世界市场上的蛋品价格下降严重，为了降低成本，中国冰蛋业同业公会规定在中国本土收购鸡蛋时，也要实行统一的协议收购价格。

（一）鸡蛋收购地区划分

　　中国冰蛋业同业公会成立之后，即对其成员收购鸡蛋的地区进行了划分，这样做的主要目的是最大限度减少成员在同一地区的收购竞争，以便

---

① 《茂昌股份有限公司业务往来电报信件》，1934年2月22日，上海市档案馆藏，档号：Q229-1-147。

很好地执行统一收购价格的政策。

公会规定，在京汉、京榆、津浦（北段）等铁路沿线地区，是天津和记洋行、法商永兴洋行、泰东蛋厂的鲜蛋收购区；胶济、津浦（南段）铁路沿线以及石岛、海阳、即墨、新浦、响水口等滨海地区，是茂昌公司、怡和洋行、培林洋行三家公司在青岛分公司的收购区；济宁地区为茂昌公司青岛分公司与同兴祥、鲁麟、德利等土法制蛋厂的收购区；在安徽亳县、涡河及淮河流域，河南的开封、郑州等地区，是茂昌公司和归德、德华等土法制蛋厂的收购区；陇海铁路东西段、江苏淮河地区为上海中外蛋厂的收购区；湖北、湖南和河南部分地区，是汉口和记洋行与其他土法制蛋厂的鲜蛋收购区。①

为了尽可能多地收购鸡蛋，一些成员会违背协议进行跨区抢购。在1931年5月22日的公会会议上，秘书宣读了和记洋行大班马嘉德写给茂昌公司交际主任潘国祺的一封信：

> 尊敬的潘国祺先生，
>
> 汉口的朋友给我们来了一封信，我们被告知上海的买家正在汉口收买鸡蛋运往上海，这使汉口市场充满了激烈的竞争。
>
> 持续几周糟糕的天气，使购买鲜蛋的成本持续走高。预期鲜蛋供应会减少，加之天气由凉转热，竞争将会加剧。有人指出，上海买家对汉口鸡蛋的兴趣只是暂时的，因为竞争将会导致价格上涨，从汉口购买鸡蛋运到上海的做法会被证明是无利可图的。我会尽我所能帮助汉口的人，也许你会设法说服我们在上海的朋友不要破坏这个市场。有人指出，海宁公司和茂昌公司对汉口地区的鸡蛋也感兴趣，也在积极收购。
>
> 诚挚问候，
> 南京和记洋行
> 马嘉德

---

① 《茂昌股份有限公司下属青岛分公司简史》，1949 年，上海市档案馆藏，档号：Q229-1-233。

围绕一些蛋厂跨地区争购的问题，在几番交涉之后，茂昌公司与和记洋行达成了所谓的"君子协定"（gentlemens' agreement），即和记洋行不能到茂昌公司所分得的区域收买鸡蛋，同样茂昌公司也不得深入和记洋行所分得的区域。相较到其他蛋厂的采购地区争购鸡蛋而言，抬价争购更使统一收购价格的协议难以执行。

（二）收购价格协议及背离

维持鸡蛋的统一收购价格协议，是中国冰蛋业同业公会成员在各自划分区域有序收购鸡蛋的保障。然而，鸡蛋收购统一价格协议的执行和产量份额分配一样，从一开始各成员就没有严格遵守的意愿与激励。为了尽可能多地采购到质量高、数量多的鸡蛋，中国冰蛋业同业公会的成员常常采取秘密抬高收购价格的策略。

1931 年 3 月，在新鲜鸡蛋上市的前夕，中国冰蛋业同业公会收到伦敦分配委员会的建议。内容大致是，"依据伦敦市场上现阶段的销售价格，公会成员收购新鲜鸡蛋的上海入厂价格不得高于每 100 磅 20 元"。[1] 公会按照伦敦分配委员会的建议，制定了各产蛋区的收购价格，试图制约成员之间的暗自抬价收购鸡蛋的行为。然而，这一协议价格很快就被违背了。

在 1931 年 4 月 22 日的公会会议上，秘书宣读了怡和洋行写来的关于有成员在乡下收购鸡蛋不执行协议价格的一封信，信中说："所有的成员（除南京和记洋行以外，因为它受世界经济危机和工潮运动的影响而被迫停产，没有购买鸡蛋的活动）都说，他们收到了有关违背收购鸡蛋的协议价格的消息，由于协议价格被打破，一些成员不能够收买到充足的鸡蛋。"经过激烈的讨论与争吵之后，会议最终决议"上海工厂交货价最高水平应该维持在每 100 磅 20 元的价位上，这个最高价格将执行到 4 月底，如果有

---

[1] 《茂昌股份有限公司有关远东到欧洲冷冻吨位分配表、伦敦与茂昌公司往来业务电报、中国冰蛋业公会会议记录、中国冰蛋业公会与有关公司业务信件》，1931 年 4 月 22 日，上海市档案馆藏，档号：Q229-1-108。

必要的话，将会延长。"①

尽管中国冰蛋业同业公会重申了鸡蛋收购价格的上限，但是这并不能有效制止成员之间的抬价争购的行为。在 1931 年 4 月 29 日的公会会议上，会议主席宣读了一封来自伦敦分配委员会于 4 月 24 日发来的电报。电报中说："本年欧洲人对鲜蛋的需求下降严重，同时欧洲人生产的鲜蛋比去年增加了 30%。俄国人以较低的价格提前预售了超过 20 万箱鸡蛋，这将会减少欧洲人对中国冰蛋和鲜蛋的需求，除非中国蛋品价格进一步下降，否则中国各类蛋品将会被排挤出市场。"②

鉴于欧洲市场上的供求与价格情况，公会会议认为成员在中国收购鸡蛋的工厂交货价不能超过每 100 磅 15 元。会议还决定下一年中国冰蛋在欧洲市场上的销售价格在每吨 50 英镑（到岸价）左右。同时，公会成员都在抱怨，当前以每 100 磅 20 元的价格无法买到其已经承诺供应货物所需的鸡蛋。青岛方面也在抱怨，由于日本人和其他外部竞争者竞相购买的行为，鸡蛋货源十分短缺，汉口也有类似的论调。会议代表虽然普遍认同伦敦的观点，但是认为将收购鸡蛋的最高价格降至每 100 磅 15 元是不切实际的。③ 此后，成员竞争抬价争购的事情仍在继续。

在 1931 年 4 月 28 日的公会会议上，培林洋行代表伯曼（Berman）出示了一封济南代理商写给他的信，内容是关于其他成员在济南地区召开的代理商会议。信中说："各成员在购买鸡蛋方面没有达成一致，是因为怡和洋行的王先生（怡和洋行的买办）的代理商坚持从当地交易商的仓库里买货。大家让王先生的代理商放弃这个做法，可是这个代理商却

---

① 《茂昌股份有限公司有关远东到欧洲冷冻吨位分配表、伦敦与茂昌公司往来业务电报、中国冰蛋业公会会议记录、中国冰蛋业公会与有关公司业务信件》，1931 年 4 月 22 日，上海市档案馆藏，档号：Q229-1-108。

② 《茂昌股份有限公司有关远东到欧洲冷冻吨位分配表、伦敦与茂昌公司往来业务电报、中国冰蛋业公会会议记录、中国冰蛋业公会与有关公司业务信件》，1931 年 4 月 29 日，上海市档案馆藏，档号：Q229-1-108。

③ 《茂昌股份有限公司有关远东到欧洲冷冻吨位分配表、伦敦与茂昌公司往来业务电报、中国冰蛋业公会会议记录、中国冰蛋业公会与有关公司业务信件》，1931 年 4 月 29 日，上海市档案馆藏，档号：Q229-1-108。

说，除非他每天能够从产区收购两卡车的鸡蛋。"①

对于培林洋行的指责，"王先生"也读了他们的济南代理商发来的信："茂昌公司的代理商立昌（Lee Chang）在济南正在以每100磅17.1元的价格收购鸡蛋。而他的代理商从济南交易商处购买鸡蛋仅需要支付17元。虽然当前他们已经停止了按照此价格购买鸡蛋的做法，但是会议必须要求他们继续这样做"。接着，伯曼的代理商报告称王先生周一购买了20万枚鸡蛋。但是，王先生却称他仅购买了200箱，大约11万枚。同时，伯曼向公会会议报告称，他在济南没有购买到鸡蛋，但是他从济南外面的收购站买到了一些鸡蛋。②

为了阻止违背协议价格争购鸡蛋的"不法"行为，伯曼提议，所有成员都应该将其购买到的鸡蛋集中到他设在济南府的货运站中，并在那里进行再次分配。王先生对伯曼的提议表示反对，他说这样的方法在以前曾经试行过，事实证明是没有效果的。③ 围绕货源集中再次分配的问题，双方无法取得一致。最后公会决议，在济南府收买鸡蛋的所有成员都必须支付相同的收购价格，即每100磅17元，不能暗自提高价格、违背价格协议。同时决议，任何成员在青岛购买的鸡蛋如果超过配额，都必须上交给公会，由公会转卖给其他收购鸡蛋不足的成员，转卖价格是出站价加上运费。会议还决定，每个成员都需要写信给他们在产蛋区为其收购鸡蛋的代理商，告知他们购买鸡蛋的价格绝不能超过每100磅17元，并且要努力处理好彼此之间的问题。另外，公会会议还对茂昌公司、培林洋行和怡和洋行在济南府及附近地区收购鸡蛋的份额做了分配，三者分别占40%、25%

---

① 《茂昌股份有限公司有关远东到欧洲冷冻吨位分配表、伦敦与茂昌公司往来业务电报、中国冰蛋业公会会议记录、中国冰蛋业公会与有关公司业务信件》，1931年4月28日，上海市档案馆藏，档号：Q229-1-108。

② 《茂昌股份有限公司有关远东到欧洲冷冻吨位分配表、伦敦与茂昌公司往来业务电报、中国冰蛋业公会会议记录、中国冰蛋业公会与有关公司业务信件》，1931年4月28日，上海市档案馆藏，档号：Q229-1-108。

③ 《茂昌股份有限公司有关远东到欧洲冷冻吨位分配表、伦敦与茂昌公司往来业务电报、中国冰蛋业公会会议记录、中国冰蛋业公会与有关公司业务信件》，1931年4月28日，上海市档案馆藏，档号：Q229-1-108。

和 35% 的份额。[①]

公会成员之间的竞相抬价争购鸡蛋的行为，使中外蛋厂的生产成本增加。同时，这一时期欧洲市场由于国外鸡蛋供给的增多、市场需求的不振以及总体物价水平的走低，中国冰蛋的销售价格下降得十分严重，以上因素最终致使中外蛋厂的利润空间变得非常小，甚至时有亏本。

为了降低生产成本，中国冰蛋业同业公会成员也充分认识到维持鸡蛋采购最高限价的必要性与重要性。在 1931 年 5 月 23 日的公会会议上，秘书宣读了培林洋行的来信，要求召开由中外冰蛋企业代表参加的会议，以稳定价格。1931 年 5 月 27 日的公会会议专门讨论了如何维持协议价格的事情，"有几个代表抗议说，委员会的最高限价政策没有得到遵守，有很多案例可以证明，有的成员收购鸡蛋的价格高出最高限价 1~1.5 元"。[②]

郑源兴与和记洋行的马嘉德对维持最高收购限价的绝对必要性做了反复的说明："维持目前的最高限价政策是建立和谐以及保证公会实现合作目的的唯一途径。有好几个成员都就此事做了发言，最后同意，所有成员都应该指示他们的中国代理人，让其严格遵守工厂交货价不能超过每 100 磅 21 元的最高限价政策。"[③]

除了要求成员坚守最高限价之外，伦敦分配委员会还提出成立一个集中机构，专门处理成员购买鸡蛋的事情。在 1931 年 6 月 4 日的公会会议上，成员就加强彼此合作的可能方案进行了讨论，"成员在收购鸡蛋方面的分歧引起了反复不停的投诉，如果事情继续下去，只会阻碍公会的成功和进步。郑先生说，如果成员能够严格坚持'包装协议'第十款以及根

[①] 《茂昌股份有限公司有关远东到欧洲冷冻吨位分配表、伦敦与茂昌公司往来业务电报、中国冰蛋业公会会议记录、中国冰蛋业公会与有关公司业务信件》，1931 年 4 月 28 日，上海市档案馆藏，档号：Q229-1-108。

[②] 《茂昌股份有限公司有关远东到欧洲冷冻吨位分配表、伦敦与茂昌公司往来业务电报、中国冰蛋业公会会议记录、中国冰蛋业公会与有关公司业务信件》，1931 年 5 月 27 日，上海市档案馆藏，档号：Q229-1-108。

[③] 《茂昌股份有限公司有关远东到欧洲冷冻吨位分配表、伦敦与茂昌公司往来业务电报、中国冰蛋业公会会议记录、中国冰蛋业公会与有关公司业务信件》，1931 年 5 月 27 日，上海市档案馆藏，档号：Q229-1-108。

据协议自动调整自己的购买（政策），当前很多混乱与不满将会得到避免。当前很多混乱是由于成员与其各自的中国代理人的安排有很大不同造成的。如果当前的条款不能被修正的话，那就必须制定一个更为全面的计划"。①

在这次会议上，培林洋行代表培林也提出了一个所谓的"全面的计划"，即成立一个中央委员会，来管理所有成员及其代理商收买鸡蛋事宜。这个中央委员会在购买数量、采购价格等方面对各成员给予指导。培林洋行总的想法是中央委员会管理所有成员的购买事宜以及交易单据的交换、清算与监督，但是每个成员依然可以保留自己的采办庄或采购处。②

在1931年6月9日的公会会议上，培林的提议得到再次讨论。会议大多数代表认为，由于各成员采购鸡蛋的制度安排不同，成立一个中央委员会也很难解决抬价争购的问题，提议最终被否决，"因为这一提议无法适用于所有成员的实际情况"。③ 在此次会议上，郑源兴则提出了一个更为详细的方案，共有十条。④

第一，中央委员会由每个成员的中国代理商组成。

第二，中央委员会统辖所有成员购买鸡蛋的分支机构，专责鸡蛋购买事宜。

第三，在下列条件下，中央委员会为成员采购鸡蛋：a）以直接价格购买，即与从经销商处购买的价格相同；b）以公会确定的价格购买，允

① 《茂昌股份有限公司有关远东到欧洲冷冻吨位分配表、伦敦与茂昌公司往来业务电报、中国冰蛋业公会会议记录、中国冰蛋业公会与有关公司业务信件》，1931年6月4日，上海市档案馆藏，档号：Q229-1-108。

② 《茂昌股份有限公司有关远东到欧洲冷冻吨位分配表、伦敦与茂昌公司往来业务电报、中国冰蛋业公会会议记录、中国冰蛋业公会与有关公司业务信件》，1931年6月4日，上海市档案馆藏，档号：Q229-1-108。

③ 《茂昌股份有限公司有关远东到欧洲冷冻吨位分配表、伦敦与茂昌公司往来业务电报、中国冰蛋业公会会议记录、中国冰蛋业公会与有关公司业务信件》，1932年3月2日，上海市档案馆藏，档号：Q229-1-108。

④ 《茂昌股份有限公司有关远东到欧洲冷冻吨位分配表、伦敦与茂昌公司往来业务电报、中国冰蛋业公会会议记录、中国冰蛋业公会与有关公司业务信件》，1932年3月2日，上海市档案馆藏，档号：Q229-1-108。

许中央委员会向分支机构收取一定的费用、佣金。

第四，在尚未明确具体安排之前，所有成员必须继续行动并遵守目前的协议，并特别提请成员注意，真诚和严格地遵守本协议的条款五、六、七、八、八（a）、九、十。

第五，各方同志在所有方面服从和遵守中央委员会和/或小组委员会适时决定的和制定的最高价格。

第六，在春季和秋季开始时，各方应分别以书面的形式通知中央委员会，收购的鸡蛋数量不得超过其在各自工厂包装打算运往欧洲的鸡蛋和蛋制品数量的75%，这些数量应代表中央委员会协议中规定的总分配的合理比例。

第七，如果上述任何一方希望在中国购买鸡蛋并将其运至欧洲以外的地方，则必须在购买前至少十四天通知中央委员会，如果没有通知，则无权购买任何额外的鸡蛋。

第八，上述各方应及时通知中央委员会其每月制造冰蛋、鸡蛋和蛋制品所需的鸡蛋的总数，并且每月总数中的每日数量（包括星期日）也要报告中央委员会。上述各方要郑重承诺尽其最大努力在规定时间内申报数量。

第八（a），如果任何成员利用提高鸡蛋价格而获取超过其份额以上的鸡蛋，从而违反了中央委员会的正确决议，那么中央委员会将会从其原始分配总额中扣除其多购的货物。

第九，周报表应包含的每日数据明细如下：a）在有电报设施的远距离的地方，通过电报报告购买的数量；b）当地实际购买量；c）在没有电报设施和邮政服务很慢的地方，报告估计购买量；d）每日实际收购到的鸡蛋数量。

第十，根据上一条规则，上述各方在收到每周报告的信息后，有义务调整其实际购买与根据上述总协议或中央委员会规定合理分配之间可能产生的任何差异或不一致性，立即通知其分支机构或雇员，以便在接下来的一周内调整其购买行为，从而保持适当的购买比例。

第十（a）郑源兴提议的主要精神是成立一个各成员均要参加的中央委员会，由该委员会控制所有成员收购鸡蛋的外庄，以统一的价格收购鸡蛋；中央委员会设在上海，负责决定鸡蛋收购价格与数量，如果成员有不遵守协议的行为，它将无法从中央委员会那里得到任何鸡蛋。除此以外，中央委员会在协调成员矛盾与利益调配方面也肩负相当的责任。郑源兴的提议得到了公会会员的认同。公会决议将郑源兴的提议写入到收购鲜蛋的章程之中，使之成为指导成员收购鸡蛋的行动指南。[1] 尽管如此，修正后的鸡蛋收购章程最终还是没有能够有效地阻止成员之间的竞购行为。这一点在以下案例中得到了充分体现。

1932 年 3 月 2 日，在中国冰蛋业同业公会会议上，各成员讨论了新一年收购鸡蛋的价格，有成员认为，"包括外庄费用在内的每 100 磅鸡蛋的入厂价格为 18 元是不切实际的，因为在此价格水平上，将不会有供给，目前只有提高收购价格、鼓励生产方能有货可购。会议最终认为，不包括外庄费用在内，价格定为每 100 磅 18 元，则在未来会有大量货物可供收买的"。对公会的这一决定，培林洋行表示抗议，"因为委员会没有采纳他们的观点，即收购价格应该遵照伦敦的指示而定"。[2]

在第二天的会议上，伦敦分配委员会发来的电报明确指示："鸡蛋收购价格为每 100 磅 18 元，其中包含外庄费用和运输费用。同时，所有成员代表也做出了郑重承诺，无论采购数量大小，都将遵守限价的决议，按照限定价格收买鸡蛋。"此后，中国冰蛋业同业公会回电伦敦委员会："3 月 2 日来电要求已执行"。此后，公会向成员公布了在各地收购鸡蛋的成本价

---

① 《茂昌股份有限公司与培林、班达、怡和及海宁等六家公司组成同业公会的有关文件》，1931年，上海市档案馆藏，档号：Q229-1-5-308。

② 《茂昌股份有限公司有关远东到欧洲冷冻吨位分配表、伦敦与茂昌公司往来业务电报、中国冰蛋业公会会议记录、中国冰蛋公会与有关公司业务信件》，1932 年 3 月 2 日，上海市档案馆藏，档号：Q229-1-108。

格，要求即刻实行。① 1932 年春，中国冰蛋业同业公会成员在不同产区收购鲜蛋的价格见表 10-9。

表 10-9　1932 年春季中国冰蛋业同业公会成员在部分地区的鸡蛋收购价格

地区	收购鸡蛋价格	地区	收购鸡蛋价格
上海	每 100 磅 17 元	兴化刘庄	每 110 磅 16 元
董家渡	每 100 磅 16 元	安丰	每 110 磅 16 元
文峰	每 100 磅 16 元	盐城	每 110 磅 15 元
泰州	每 110 磅 16 元	兴化	每 110 磅 16 元
曲塘	每 100 磅 14 元	扬州	每 100 磅 14 元
如皋	每 100 磅 14 元	高邮	每 100 磅 14 元
新松江	每 100 磅 14 元	宝应	每 100 磅 14 元
通州	每 100 磅 15 元	淮安	每 100 磅 14 元
东台	每 110 磅 16 元	清江浦	每 100 磅 14 元
天长	每 100 磅 14 元	杭州	每 100 磅 16 元
六合	每 100 磅 14 元	南京	每 100 磅 14 元

资料来源：《茂昌股份有限公司有关远东到欧洲冷冻吨位分配表、伦敦与茂昌公司往来业务电报、中国冰蛋业同业公会会议记录、中国冰蛋业公会与有关公司业务信件》，1931 年 3 月 3 日，上海市档案馆藏，档号：Q229-1-108。

1932 年 3 月 16 日，即春季的鸡蛋收购开始后不久，培林洋行的伯曼就要求中国冰蛋业同业公会召开紧急会议，并向公会会议投诉说，有成员在收购鸡蛋时支付了比协议收购价格高的价格。伯曼声称："这是一个十分严肃的问题，希望成员给出必要的思考与行动。实际情况是培林洋行于 3 月 12 日，即上周六开始在济南收购鸡蛋，但时至今日一枚都没有买到。"②

———————

① 《茂昌股份有限公司有关远东到欧洲冷冻吨位分配表、伦敦与茂昌公司往来业务电报、中国冰蛋业公会会议记录、中国冰蛋业公会与有关公司业务信件》，1931 年 3 月 3 日，上海市档案馆藏，档号：Q229-1-108。
② 《茂昌股份有限公司有关远东到欧洲冷冻吨位分配表、伦敦与茂昌公司往来业务电报、中国冰蛋业公会会议记录、中国冰蛋业公会与有关公司业务信件》，1932 年 3 月 16 日，上海市档案馆藏，档号：Q229-1-108。

对于培林洋行没有买到鸡蛋的原因，伯曼给出了他的观察："王先生（美商海宁洋行买办王雪骢）的代理人在济南正在按照每 100 磅 16.3 元的价格收购鸡蛋，因此买走了济南地区的所有鸡蛋。"伯曼为了证明自己说的是真的，还出具了一张印有 530 箱子鸡蛋记录的汽车票。他还声称，这些鸡蛋最初是日本人通过一家名为"楚顺"（Chu Shun）的商号以每 100 磅 16.3 元的价格购买的，这些鸡蛋最终被发现存在中美冷藏协会的仓库里。伯曼请求茂昌公司的刘铁臣证实此事，刘铁臣说，他们从 3 月 12 日开始也无法在济南收购到任何鸡蛋，他已经拒绝从他的济南代理人那里接收任何货物，因为他需要支付比协议价格高出 0.3 元的成本，即每 100 磅 16.30 元而不是协议收购价格每 100 磅 16 元。

王雪骢针对伯曼的投诉，在公会会议上做了解释，他说他们公司在济南收买鸡蛋是通过他们的代理商"金耀泰"（Chin Yiu Tai），他从来没有听说过什么"楚顺"商号。另外，他还向公会会议声明，今年他从来没有以比协议价格高的价格去收购鸡蛋，并且为了保障协议价格的执行，他还给他的代理商做过严格的指示。

会议主席鲍克（Bowker）让滋美洋行的滋美先生和茂昌公司的刘铁臣分别报告了他们公司在济南已经收购到的鸡蛋数量。滋美说："滋美洋行共计购买了 100 吨，刘先生说茂昌公司共计购买了 120 吨。"听完报告后，伯曼声称："他并不关心截至 3 月 12 日其他成员购买到多少鸡蛋，他关心的是从 3 月 12 日起，他为什么在济南无法购买到任何鸡蛋。"王雪骢说："伯曼先生在济南不能购买到任何鸡蛋，是因为他比其他人来得晚，在开始收购时有困难是很自然的事情。伯曼先生无须担忧，因为在不久之后会有大量的鸡蛋上市。"伯曼承认鸡蛋短缺可能是因为天气寒冷，也不怀疑市场上将会有大量鸡蛋上市。但是这都没有用，因为他现在就需要鸡蛋。

王雪骢声称，他每天可以收购到一卡车的鸡蛋，但是这些鸡蛋并不是在济南购买的，而是在济南以西的地区收买的。他还解释说，在新季度开始收购鸡蛋之前，他告诉刘先生，济南的交易商正在组建一个同盟，意图控制济南的本地市场，企图通过向小交易者和商贩支付较低的价格而谋利。为了避免此事的发生，他亲赴济南，在济南周边建立了收购站，从而挫败了济南交易商的图谋。王雪飘还说，自从济南市场被划分为八个收购区之后，他从济南市场收购到鸡蛋的数量也很少，仅占济南市场八分之一的供应数量，但是济南地区之外的收购站每天可以购到一卡车的鸡蛋。

接着，王雪飘说，当前的形势只是暂时的，他可以从济南或者青岛调运一些鸡蛋给伯曼，但伯曼需要支付给他的代理商每100磅0.5元的佣金。伯曼声称，他不会从王雪飘那里购买任何鸡蛋，因为他按照上述价格，同样可以购买到鸡蛋。接着，伯曼警告说，他会等待几天，以观察事情的进展，如果他的诉求不能得到满足，他将被迫以自己的方式以得到货物。亚当斯（Adams）提醒伯曼说："如果你开始打算收购的话，你并不需要警告其他成员。如果你的警告有用的话，也许事情早就解决了。"最后滋美建议，所有成员都应该立即拍电报给他们的代理人，告诉他们每100磅的鸡蛋只能出到16元的价格，高出这个数字之上的价格是绝对不允许的。对此，伯曼和刘先生表示同意。① 然而，由于中国冰蛋业同业公会无法判断是非曲直，最后也没有统一意见。统一鸡蛋收购价格的协议自始至终都无法得到有效执行。

（三）成员背离协议的原因分析

如前所述，中国冰蛋业同业公会成员不仅在欧洲市场上没有遵守价格—产量的卡特尔协议，在中国国内市场同样没有遵守统一收购鸡蛋的价格协议。成员在欧洲市场上的暗自削价竞售，导致中国冰蛋业同业公会组建的价格—产量卡特尔联盟的破裂，中外蛋厂再次陷入困局。

为了将其他成员挤出欧洲市场，每个成员都极力扩大自己的销售量。

---

① 《茂昌股份有限公司有关远东到欧洲冷冻吨位分配表、伦敦与茂昌公司往来业务电报、中国冰蛋业公会会议记录、中国冰蛋业公会与有关公司业务信件》，1932年3月16日，上海市档案馆藏，档号：Q229-1-108。

为此，公会成员不惜暗自提高收购鸡蛋的价格。从相关史料来看，我们很难断定是哪一个公会成员最先背离了收购价格协议。不过，在信息严重不对称的情况下，每个成员都认为暗自背离协议将会自己有利。

当时白银价格的大幅下跌也是导致中外蛋厂提高收购价格的重要原因之一。从 1921 年下半年开始，白银价格下跌的趋势开始加快，主要原因是白银非货币化趋势加速。英国、法国、印度等许多国家通过重新铸造成色较低的银币，把相当数量的白银投入市场，造成白银价格下跌。在中国，白银购买力过分集中于少数大都市，造成供过于求的局面，也是银价下跌的原因。①

1929 年下半年以后，"金价继续高涨，其势甚炽，金潮澎湃，金贵银贱之象，前所未见"。② 1930 年白银价格比 1929 年跌落了 28% 弱，1931 年与 1929 年相比更是跌落了 40% 强。③ 白银价格大幅下跌，造成物价上涨，尤其生活资料的价格上涨更为明显。如果以 1926 年的生活品价格指数为 100 的话，1931 年 9 月的生活品价格指数为 135.3，其中食品、棉布和房租的价格指数分别为 124.4、104.9 和 107.3，"是四五年来食品价格指数最高的一个月"。④ 物价不断攀升致使中国冰蛋业同业公会的成员不得不违背收购鸡蛋的最高限价。

公会成员在购销市场上的竞价行为，充分说明了执行协议的权威组织或相应的惩罚机制存在的重要性，"所有违反者可获利的协议都必须得到强制执行也自然成为了人类行为的一条公理"。⑤ 这一时期的中国冰蛋业同业公会并没有建立起一个权威组织和相应的惩罚机制，以使合谋协议得到强制执行。尽管郑源兴一度提议建立一个中央机构，全权负责鸡蛋的收

---

① 杜恂诚：《二十世纪前期白银汇率的两次异常震荡及对中国经济的影响》，《历史研究》2018 年第 3 期。
② 何育禧：《十年来上海金市之回顾》，《银行周报》第 16 卷第 8 号，1932 年 3 月 8 日，第 17 页。
③ 谷春帆：《银价变迁与中国》，商务印书馆，1935，第 4 页。
④ "Shanghai Cost of living", *The North China Herald*, Jan. 5, 1932, p. 16.
⑤ 〔美〕乔治·J. 施蒂格勒：《产业组织》，王永钦、薛锋译，上海三联书店、上海人民出版社，2006，第 54 页。

购，使其在统一收购价格、分配配额比例、惩罚违规者、披露信息等方面发挥作用，但终因成员之间的不断争吵而最终没有成立。[①] 这致使中国冰蛋业同业公会组建的价格—产量卡特尔联盟在治理成员背叛协议方面的作用是十分有限的，冰蛋卡特尔也最终走向解体。

由于在欧洲市场上的合谋失败，中外蛋厂再次陷入激烈的竞争之中，且遭受了更为惨重的损失。穷则思变，为了走出竞争带来惨重损失的困境，在郑源兴等人的极力倡导下，中外冰蛋企业于 1934 年再次达成一份合谋协议，那就是将在欧洲市场上建立的冰蛋卡特尔联盟转变为在范围较小但最为重要的英国市场上的辛迪加联盟，并成立一家联合销售机构——惠尔登信托公司（Weal Trust Company Limited），来统一管理成员的冰蛋和冷藏鸡蛋的销售事宜。由于在联合销售方面加强了管理与约束，第二次的市场合谋取得了不错的效果。

六　英国市场上的联合销售

茂昌公司与外商冰蛋企业在中外市场上组织实施的冰蛋卡特尔联盟，由于成员有背离市场合谋协议的内在激励，加之中国冰蛋业同业公会缺乏发现成员背离行为的有效途径和相应的严厉惩罚机制，成员之间围绕市场销售份额争执不下，统一价格也难以得到执行，致使冰蛋卡特尔难以真正生效，茂昌公司与外商冰蛋企业的残酷竞争仍在继续。在世界经济危机影响最为严重的 1933~1935 年，茂昌公司与外商冰蛋企业的竞争也最为惨烈。为了走出惨烈竞争带来的困境，茂昌公司与外商冰蛋企业再次走向合作。

[①] 《茂昌股份有限公司有关远东到欧洲冷冻吨位分配表、伦敦与茂昌公司往来业务电报、中国冰蛋业公会会议记录、中国冰蛋业公会与有关公司业务信件》，1931 年 6 月 9 日，上海市档案馆藏，档号：Q229-1-108。

（一）联合销售的背景

经济大萧条使国际冰蛋市场萎缩极为严重。而在中国方面，中外冰蛋企业的生产能力却进一步提升。茂昌青岛分公司生产潜能已经展现出来，怡和洋行、培林洋行也分别委托美商滋美洋行和日商大连制冰株式会社（Dairen Ice Manufacturing Co.）代为制作冰蛋，华商中央冷藏厂第二分厂的开设和利寰蛋品公司的开办，使全国冰蛋产量在很短的时间内增加了一倍多。但是，当时西欧市场每年仅需要冰蛋四万吨左右、冷藏鸡蛋十万大箱，但是在中国的中外冰蛋企业的产能合计达到冰蛋七万多吨、冷藏鸡蛋二十万大箱。① 由此可见，当时的冰蛋与冷藏鸡蛋的生产过剩已经十分严重。

时间来到1933年，由于中外冰蛋企业对于市场份额争执不下，中国冰蛋业同业公会主导的冰蛋卡特尔无法真正运行。中外冰蛋企业之间的竞争变得更加激烈。为了将竞争对手挤出冰蛋市场，各家企业都在竭力倾销自己的产品，冰蛋价格下跌非常严重。1933年的冰蛋平均价格跌落到每吨36英镑（正常年份需要每吨五六十英镑），中外冰蛋企业普遍亏损严重。加之中国民族主义风潮的影响，南京和记洋行甚至到了不得不停产的地步，"和记公司因商业萧条，工潮时作，决议将南京之厂完全停闭，仅留职员数人保管产业，闻天津、汉口之分厂将来亦拟缩小范围"。② 培林、怡和、海宁、班达等其他几家外商冰蛋企业也陷入经营困境，被迫减产和裁减员工。1933年，茂昌公司也不得不决定青岛分公司停产，改营花生米出口业务。③

---

① 茂昌公司致函实业部：《拟统制出口蛋业呈实业部文稿》，约1933年，上海市档案馆藏，档号：Q229-1-229。
② 《南京和记公司停闭》，《申报》1932年5月17日。
③ 袁恒通：《中国蛋业发展简史、茂昌蛋业冷藏公司沿革史》，1961年12月，上海市档案馆藏，档号：Q229-1-181。

　　1934 年的情况更为危急，与外国鸡蛋的竞争更加惨烈。为了保护本国及其属地的家禽业，英国政府开始对外国蛋品增税，并且对输入的外国蛋品的数量进行限制：自 1934 年 3 月 15 日起，至同年 9 月 14 日止，试行六个月，后来展期至九月底，期内限制各国鲜蛋进口，须依照 1933 年同时期进口数量，不许超过；自 10 月 1 日起，减少去年同时期进口总额的 5%；1935 年春季的进口量再按照 1934 年春季减少 10%。英国政府的增税和限制进口政策，对深陷困境之中的中国蛋业来说更是雪上加霜。正如郑源兴所言："他们要拿本年和去年同时期进口的鲜蛋数量，每隔三个月做一期，定下一个标准。期前期后到货，不准扯算。如此，我国的鲜蛋运英，受了极大的困难。"①

　　同时，中外冰蛋企业之间的竞争达到了白热化的阶段，冰蛋价格十分低落。中国又受美国《白银法案》的影响，大量白银外流，市面白银不断减少，通货严重紧缩，银行、钱庄等金融机构只好紧缩信用，造成上海金融市场银根抽紧。茂昌公司由于大部分资金都押在厂房、机器设备等固定资产上，流动资金全赖银行、钱庄的放款，因此亏欠银行、钱庄借款很多。同时，1924 年租赁黄埔路 44 号的沙逊洋行的厂基、房屋到期，1931 年 11 月，茂昌公司决定不再租赁而改为"绝买"，出价 100 万元。由于资金过巨，"绝买"是按照分期进行的，1931 年 11 月 12 日"先行付去银十万两，收条亦已取来，其余价银至明年国历三月一日成契付清。乃因财力不及，将是产仍向原主言明做押款，计押银七十万两，言明利息按八厘，至一周年对月还押款本银一成，至第二周年对月如数还清"。② 然而，由于可用资金较少，前后只付了 10 万元给沙逊洋行，剩余的 90 万元一再展期。

　　以上几个原因使茂昌公司资金周转不灵，陷入严重的财务危机之中。为了偿还各种到期借款和增加流动资金，茂昌公司一度打算增资扩股，然

---

① 郑源兴：《一年来蛋业之回顾》，《国际贸易导报》第 7 卷第 2 期，1935，第 53 页。
② 《茂昌股份有限公司董事会决议录》第 1 册，1931 年 11 月 11 日，上海市档案馆藏，档号：Q229-1-183-25。

而由于投资者对市场前景的普遍悲观而难以如愿。茂昌公司后向南京国民政府求助，提出官商合办的请求："现在市面萧条，招股恐难如愿，查本公司为国产出口事业，关系于农村经济与国际贸易至深且巨，可请求政府投资援助。经各董事议决，呈请财政、实业二部，请求拨助国币三百万元，为本公司股份，由代表公司董事郑源兴君拟稿，呈请官商合办为原则，如能进行有眉目，再请股东会追认之。"[1] 这一请求被财政困难的南京国民政府拒绝。

为了从资金危机的困境中早日走出来，茂昌公司不得不委托中国银行、交通银行、上海商业储蓄银行为其发行 60 万元的公司债，并与债主沙逊洋行达成协议，一再申请展期（押款利息从年利八厘提高至九厘），并在公司内部实行开源节流之策，方才逐渐走出困境。

（二）惠尔登信托公司

中外冰蛋企业经过多年的激烈竞争之后，都逐渐认识到难以通过削价倾销的方式将任何一个竞争对手从冰蛋市场上轻易挤压出去。如此下去，只有更为严重的损失。为了改变过度竞争带来的被动局面，早在 1933 年初，郑源兴再次远赴欧洲，与外商冰蛋企业在伦敦的母公司或主要代理商进行多次磋商，最后达成在华联合收购鲜蛋、在英国联合销售冰蛋和冷藏鸡蛋的协议。为了实现联合销售的目的，中外冰蛋企业在伦敦成立了一家联合销售机构——惠尔登信托公司（Weal Trust Company Limited）。

惠尔登信托公司是中外冰蛋企业共同出资组织的，它的成员包括中外冰蛋企业的母公司或主要代理商。茂昌公司以伦敦子公司海昌公司的名义加入惠尔登信托公司，取得了每年运销英国冰蛋总额的 33% 的权利，仅次于和记洋行的 34%，其余的份额则由海宁、培林、班达、怡和等几家外商

① 《茂昌股份有限公司 1935 年董事会议决议录》第 2 册，1935 年 4 月 24 日，上海市档案馆藏，档号：Q229-1-187。

冰蛋企业瓜分。为了确保在英国市场上冰蛋供给与销售的垄断地位，惠尔登信托公司还与英国粮食部签订了合作协议，由后者核定英国每年进口冰蛋和冷藏鲜蛋的数量与价格。英国粮食部可以借此控制外汇的支出。对惠尔登信托公司而言，有英国政府的中介，基本上也排除了在英国市场上再成立其他冰蛋进口商的可能性。

通过上海的中国冰蛋业同业公会和伦敦的惠尔登信托公司，在中国的六家主要中外冰蛋企业开始联合垄断冰蛋的出口与销售。1935 年后，又有英商汉中洋行（Cathay Cold Storage Co. Ltd）和英国制蛋公司（British Egg Packing & Cold Storage Co. Ltd）的加入，会员扩充至八家。抗日战争爆发以后，为了在日本人的统治之下维持冰蛋和冷藏鸡蛋的出口，吸收三井洋行加入，但仅至 1945 年战争结束为止。中国冰蛋业同业公会与惠尔登信托公司的成员基本情况见表 10-10。

表 10-10　1936~1949 年惠尔登信托公司认定的中外资冰蛋企业的主要销售代表

中国冰蛋业同业公会（上海）	关联	惠尔登信托公司（伦敦）
和记洋行	→←—	联合冷藏公司、约翰·莱顿公司、唐纳德·库克公司
茂昌公司	→←—	海昌公司、W. R. 洛士利公司、斯威夫特公司、J. De. 弗里斯公司
培林洋行	→←—	培林洋行
班达洋行	→←—	阿穆尔公司
怡和洋行	→←—	戈德雷·福卡德公司、怡和洋行
海宁公司	→←—	莱昂斯公司
汉中冷藏厂	→←—	茨维克·森公司
英国蛋品包装冷藏公司	→←—	萨基公司
扬子蛋品包装冷藏公司	→←—	三井公司

资料来源：《茂昌股份有限公司有关惠尔登公司会议记录》，1939 年 3 月 30 日，上海市档案馆藏，档号：Q229-1-146；张宁：《跨国公司与中国民族资本企业的互动：以两次世界大战之间在华冷冻蛋品工业的发展为例》，《"中研院"历史语言研究所集刊》第 37 期，2002，第 213 页。

（三）对市场的垄断

上海的中国冰蛋业同业公会与伦敦的惠尔登信托公司建立了一套适合联合销售的运营与管理方式。根据联合销售的协议，中外冰蛋企业及其代销商必须认真履行冰蛋和其他蛋品的生产、包装与运输至英国港口的相关事宜的义务。每家冰蛋企业必须使用自己的商标。包装规格则按照惠尔登信托公司的统一要求执行。惠尔登信托公司分别与中外资冰蛋企业的销售代理商签订条款相同的代理销售协议。销售协议规定只有惠尔登信托公司认证的销售代理商才有代理销售委托企业的产品的资格，而且每年都需要得到惠尔登信托公司的审核与认证。①

每年第四季度，惠尔登信托公司的成员依据市场需求状况、其他蛋品生产国的生产状况以及自己的实际销售数量和库存量，联合议定来年的销售数量与销售价格，经英国粮食部审核与批准后，随即指示中国冰蛋业同业公会的成员依据他们在惠尔登信托公司所持有的股份分配产量与远洋运输船舶的冷藏舱位，在次年的春季、秋季陆续交货，共同完成配额。这样的制度安排，不仅可以避免生产大于需求，同时更使中国冰蛋的价格长期保持稳定，在国际市场上有利于与其他国家的企业竞争。

在销售协议价格和数量敲定之后，中国冰蛋业同业公会便会监督中外冰蛋企业在国内收购鸡蛋的情况。为了防止各企业在产地竞价争购，中国冰蛋业同业公会将中国蛋产区分为几个区域，各厂协商决定收购的范围，尽量避免越界收蛋，以免哄抬价格、提高成本。具体措施如下。第一，划片采购。将中国蛋产区划分为上海、青岛、汉口及天津四个采购区域。协议规定各厂不得越界采购。这次协议除八家同业订约遵守外，茂昌与和记另有口头君子协定，即和记洋行今后不在青岛设立冰蛋厂，以换取茂昌公

---

① 《茂昌股份有限公司有关惠尔登公司会议记录及所发信件》，1938 年 11 月 7 日，上海市档案馆藏，档号：Q229-1-145。

司同意放弃在汉口开设冰蛋工厂的打算。第二，议价分货。各区冰蛋工厂各自议定本区内各厂设庄地点及采购鲜蛋价格，报送上海中国冰蛋业同业公会备案。各区每周例会一次，除讨论各区货源、市价等问题外，还要按照各家分配货物的比例进行结算，多退少补，超购部分予以削价处理，以维护协议的贯彻执行。①

在海外市场进行统一销售产品和在中国进行统一采购鲜蛋的同时。中国冰蛋业同业公会还在中国境内挤压竞争对手和兼并潜在的竞争对手，例如，实力不俗的中央冷藏厂在其削价竞争中被挤垮。一批潜在的竞争者，如达利尼冷藏公司（Dalny Cold Storage）、日商石桥洋行（Ishibashi Plant）、永信冷藏公司（Yung Shing Cold Storage Company）等悉数被兼并。初具规模的中央冷藏厂也在中国冰蛋业同业公会全体成员的集体挤压下于 1937 年破产。除了将一些有可能从事冰蛋业务的冷藏公司租赁下来之外，中国冰蛋业同业公会还与一些冷藏公司达成协议，规定如果这些冷藏公司从事冰蛋业务，那么中国冰蛋业同业公会成员将会开展冷藏业务，将与它们展开竞争。②

同时，中国冰蛋业同业公会各成员每周还在上海银行公会聚餐一次，不仅决定本周各庄收购鸡蛋的最高限价，还议定对伦敦的报价和最低成交价。伴随着世界经济逐渐从危机中走出，部分由于中国冰蛋业同业公会和惠尔登信托公司的成功运作，终 1930 年代，中国冰蛋和冷藏鸡蛋输出在中国出口商品总值的排名中，始终保持在第二或第三的位置，而且输入英国的冰蛋产品 90% 以上来自中国。

（四）联合销售的初步成效

组织联合销售虽在 1933 年就已达成协议，但由于中外冰蛋企业互不信

---

① 刘祖赉：《茂昌蛋业冷藏公司的历史回顾》，中国人民政治协商会议青岛市委员会文史资料研究委员会编《青岛文史资料》第 6 辑，1984，第 109 页。

② 《茂昌股份有限公司有关远东到欧洲冷冻吨位分配表、伦敦与茂昌公司往来业务电报、中国冰蛋业同业公会会议记录、中国冰蛋业同业公会与有关公司业务信件》，1931 年 10 月 30 日，上海市档案馆藏，档号：Q229-1-108。

任，使 1933 年签订的联合销售协议并没有得以实施。在接下来的两三年的时间里，中外冰蛋企业间的竞争仍在继续。直至竞争使大家举步维艰地进入 1936 年初，联合销售才在郑源兴的大力推动下得以实施。①

在联合销售开始实施的 1936 年，世界经济逐渐从大萧条中恢复，加上 1935 年南京国民政府的币制改革和稳定汇率政策，中国蛋品贸易有了恢复的良好环境。中外冰蛋企业吸取了前几年惨烈竞争带来的深刻教训，都能够较好地执行联合销售的相关协议，使联合销售成绩较为显著。茂昌公司也从联合销售中受益匪浅，蛋品出口不仅很快得到了恢复，公司各项事业也有了一定的发展。我们先来看茂昌公司历年的冰蛋与冷藏鸡蛋出口情况（见表 10-11）。

表 10-11　1927~1949 年茂昌公司冷藏鸡蛋和冰蛋出口数量

年份	冷藏鸡蛋（箱）	冰蛋（吨）	年份	冷藏鸡蛋（箱）	冰蛋（吨）
1927	24000	10650	1936	59688	12260
1928	37000	12305	1937	53131	9151
1929	63665	14550	1938	35155	6732
1930	54450	13950	1939	28246	14114
1931	39485	10610	1940	15022	13616
1932	35920	8765	1941	—	601
1933	51535	8792	1947	—	1580
1934	35470	11380	1948	—	3721
1935	37553	15088	1949	—	1379

数据来源：《茂昌股份有限公司蛋制品价格及出口数量统计表》，1950 年，上海市档案馆藏，档号：Q229-1-35-2。

由表 10-11 可见，1932 年与 1933 年茂昌公司冰蛋出口一度跌落至 8765 吨和 8792 吨。自联合销售实施以后，茂昌公司出口业务颇为活跃。1936 年冰蛋出口数量虽较 1935 年大幅削价竞争时的 15088 吨有所下降，

① 《茂昌股份有限公司有关惠尔登公司会议记录及所发信件》，1936 年 3 月，上海市档案馆藏，档号：Q229-1-145。

但同样达到 12260 吨，这是在维护较高垄断价格、限制出口数量基础上取得的成绩。与 1931~1934 年每年出数量相比，更是有了显著增长。冷藏鲜蛋的出口同样有了较快恢复，1936 年一度达到 59688 箱，仅次于 1929 年的最高峰 63665 箱。

1936 年利润为 1951410 元，1937 年为 546950 元。获利丰厚使茂昌公司很快走出资金困境，不仅提前还清了 1935 年 9 月发行的 60 万元公司债，"主席郑源兴君报告，本公司债券业已于本月（1937 年 1 月）间陆续备款收回，业已向经理银行声称取消经理合同"①，还于 1937 年提取公积金近 17 万元。②

在偿还各项债务、提取公积金与各项准备金的同时，茂昌公司还大力发展相关业务。1936 年 12 月 7 日，公司董事会决议收购郑源兴个人出资兴办的川沙养鸡场，"公司为蛋产之广告作用及宣传起见，不能不有完备之养鸡场之设备，兹议决将郑源兴君自置川沙暮紫桥中国农场之某地房屋及全部之养鸡设备由公司接买，其契据仍由郑源兴君出面，另由郑源兴君出立转卖证书，交公司一并存执为凭，价照郑君购入时原价"。此次会议，还决议出资 10 万元收买股东唐鼎臣在安徽亳县开办的干蛋厂。③

在抗日战争爆发以前，茂昌公司输出的冰蛋数量占中国冰蛋输出总量的 20%~32%，与和记洋行的冰蛋输出量在伯仲之间。抗日战争爆发以后，日本侵略者抢占了茂昌公司的青岛分厂和虹口分厂，同时极力控制沦陷区和上海的鲜蛋交易。尽管如此，茂昌公司依托法租界的庇护，仍致力于冰蛋与冷藏鲜蛋的生产与出口，输出数量有较大幅度下降。但由于南京和记洋行与汉口和记洋行被日军侵占，怡和、培林、海宁、班达等几家外资企业受制于日本侵略者对鲜蛋交易的控制，缺乏原料，以致不得不停产或减

---

① 《茂昌股份有限公司 1935 年董事会议决议录》第 2 册，1937 年 1 月 22 日，上海市档案馆藏，档号：Q229-1-187。

② 《茂昌股份有限公司 1935 年董事会议决议录》第 2 册，1937 年 5 月 19 日，上海市档案馆藏，档号：Q229-1-187。

③ 《茂昌股份有限公司 1935 年董事会议决议录》第 2 册，1936 年 12 月 7 日，上海市档案馆藏，档号：Q229-1-187。

产，因此出口的冰蛋与冷藏鲜蛋不多。在此时期，茂昌公司出口的冰蛋与冷藏鲜蛋的占比不降反升，在太平洋战争爆发之前，一度达到 52%（见表10-12）。

表 10-12　1933~1949 年中国对外输出冰蛋数量及茂昌公司所占比例

年份	输出总量 （英吨）	茂昌输出 （英吨）	占比 （%）	每英吨单价 （英镑）	计价方式	目的地
1933	40087	8087	20.2	45.15	C. I. F	英国
1934	40933	10933	26.7	36.0	C. I. F	英国
1935	44340	14340	32.3	42.10	C. I. F	英国
1936	44260	12260	27.7	52.0	C. I. F	英国
1937	34150	9150	26.8	52.10	C. I. F	英国
1938	26731	6731	25.2	70.0	C. I. F	英国
1939	28113	14113	50.2	47.10	C. I. F	英国 95%、德国 5%
1940	27616	13616	49.3	57.0	C. I. F	英国 95%、德国 5%
1941	2085	1085	52.0	62.0	C. I. F	英国
1947	4080	1580	38.7	200.0	F. O. B	英国
1948	15021	3721	24.8	204.15	F. O. B	英国
1949	4079	1379	33.8	202.0	F. O. B	英国

来源：上海市蛋商业同业公会筹备会《上海市蛋商业概况》，约 1950 年，上海市档案馆藏，档号：S373-3-1。

注：1 英吨 =1016.1 公斤 =10.16 公担，10.16 公担约等于 16.8 担；C. I. F 为到岸价，F. O. B 为离岸价。

七　一些理论启示

本章对中国冰蛋业同业公会在国内和欧洲市场上组建价格-产量卡特尔联盟、试图垄断冰蛋生产与销售的经济行为做了深入研究。如前文所述，1930 年中国冰蛋业同业公会组织价格-产量卡特尔联盟是旨在通过划分市场销售份额、实施销售协议价格，以走出生产过剩、过度竞争和市场有效需求不足带来的价格下跌严重、利润减少的困境。尽管在挤压外部竞争者方面取得了一定的成效，如将中央冷藏厂挤压倒闭，但是由于市场份额划分的"不公"，导致低市场销售份额成员有暗自扩大产量的动机，有暗自削价销售的行为；同时，受世界经济危机的影响，各类蛋品价格下降严重，各成员出于"推测背叛"或"真实背叛"的考虑而引发的价格战，加上中国冰蛋业同业公会缺乏相应的治理机制，致使卡特尔协议无法得到有效执行。上述结果导致价格-产量卡特尔联盟走向解体，中国冰蛋业同业公会的成员重新走上激烈竞争的道路直到惠尔登信托公司的成立。

我们得到如下结论与启示。第一，类似的价格-产量卡特尔性质的垄断组织，自从成立之时，就蕴含着解体的危险，这主要是来自联盟内部成员对合谋协议的背离。成员背离合谋协议主要由两个原因所致：一是成员有暗自背离协议会得到比遵守协议更多的利益的内在激励；二是任何一个来自内部或外部的竞争行为或冲击，都有可能导致垄断组织内部成员的效仿。总之，第一，无论是成员对合谋协议的真实背叛还是基于市场判断而进行的推测背叛，都会引致合谋组织解体；第二，近代中外企业间的关系，已经超越了单一的民族主义意识层面，企业之间无论是竞争还是合作，主要是由企业利益决定的，华商企业茂昌公司与外商冰蛋企业联合挤压另一个华商企业中央冷藏厂即为一个典型的例子。

第十一章　日本人的侵占与统制

　　"真遗憾，你把办公室搬离这里，不跟我们合作。不把茂昌交给我们等于背叛日本皇军。"

　　"首先，你要知道茂昌的价值是在于它的生意。生意是茂昌唯一最大的真正资产。没有生意，茂昌几乎等于零。你可以接收这里的房子，但房子没有人和生意是死的，没有生命的。"

　　——某日本高级商务官与郑源兴的对话，引自《郑源兴：中国人的企业家（1891—1955）》，第 130 页。

一　躲进法租界周旋

　　在茂昌公司与外商冰蛋企业联合销售的一年半之后，抗日战争全面爆发。蛋品作为重要的军需用品和生活用品，受到日本侵略者的重视与统制。随着青岛与上海等重要城市的沦陷，日本侵略者将掠夺的罪恶之手伸向他们垂涎已久的实力雄厚和在中国蛋业中居于领导地位的茂昌公司。

　　在抗日战争爆发前，英商培林洋行青岛分公司在青岛宝山路租用日商大连制冰株式会社的一部分厂房和冷库，进行冰蛋生产与出口业务。1937年7月7日，卢沟桥事变爆发以后，日本撤走在华侨民。由于撤侨后的大连制冰株式会社冷库停业，培林洋行青岛分公司急需另找冷库存放其已生产待运的冷藏蛋品。此时，茂昌公司意识到青岛很快将被日军占领。于是出于双方利益的需要，经上海的茂昌和培林两家公司总部的协商，后者同意将其青岛分公司的全部货物转存至青岛茂昌公司的冷库内，由培林洋行青岛分公司向驻青岛的英国领事馆申请保护厂产，在茂昌青岛分公司屋顶悬挂英国国旗，厂门张贴英国领事馆影印布告，注明"内系英商财产，外人不得进入"等字样，以备在战事发生时，借此名义保护青岛分公司之厂产。①

1938年1月10日，日军登陆青岛。当时培林洋行青岛分公司已将其寄存在茂昌的货物陆续出口，并撤除了英国国旗和英国领事馆的布告，茂昌青岛分公司失去了培林洋行的保护。为了保护青岛分公司，在郑源兴和潘国祺的努力下，茂昌公司与上海四川中路摩斯洋行的英籍经理达埃（H. H. Dye）订立聘约，邀请后者携带家眷去青岛担任茂昌青岛分公司的经理（名义），办理对外交涉事务，以此为掩护，试图维持青岛分公司的营业。②

茂昌公司假借英商外衣保护青岛分公司的事情，不幸被日本侵略者发现，于是他们派遣军队占领了青岛分公司。日军给出的理由是，在日军登陆前后，茂昌青岛分公司曾在屋顶漆有英国国徽、悬挂英国国旗，这对日军是一种"不友好"的行为。日军为此传讯了青岛分公司董事郑方正。1938年1月26日，青岛分公司急忙将此事汇报给上海总公司："青厂突被日本海军特务部查封，前后门各贴有该特务部第191号封条一张，厂内职员尚准由边门进出，但货物一概不准搬运，青厂屋顶早已悬挂英国国旗，今忽查封，系因日方由中国银行账册内，查明青厂之真实国籍的缘故，迭经交涉，毫无效果。"③ 1938年2月7日，茂昌上海总公司又收到青岛分公司的紧急报告："青厂大有被没收之可能，且有提拿郑方正之传说。"青岛

① 刘祖赉：《茂昌蛋业冷藏公司的历史回顾》；山东省政协文史资料委员会编《山东工商经济史料集萃》第3辑，山东人民出版社，1989，第78~79页。
② 崔蔚人：《"蛋大王"郑源兴》，中国人民政治协商会议全国委员会文史资料委员会编《文史资料选辑》第46辑（总第146辑），中国文史出版社，2001，第90页。
③ 《茂昌股份有限公司股东会议记录》，1939年7月16日，上海市档案馆藏，档号：Q229-1-186。

分公司如果被侵夺，对茂昌公司的影响无疑是巨大的。正如郑源兴所说："稍有疏虞，即将不堪设想。"①

为解决青岛分公司的问题，1938年2月10日，郑源兴乘船亲往青岛，向日方交涉，据理力争。当时日商石桥洋行负责向日本驻青岛海军提供冷冻鲜鱼，故向茂昌青岛分公司租用部分冷库。② 迫于日军压力，以及郑源兴顾念1929年间曾一度租用石桥洋行冷库进行冰蛋生产的旧交，同意租给部分冷库。同时，青岛分公司请石桥洋行经理证明茂昌公司确系华商企业，并解释悬挂英国国旗的缘由。"结果，该地当局稍为谅解……准许青厂照常营业。"③ 日军委派石桥洋行管理，并于工厂南门外悬挂"日本海军特务部管理"的招牌，经营冷藏仓库业务，且对石桥洋行的存货按照栈租八折，以示优待，这样青岛分公司才得以继续营业。

1938年6月，石桥洋行提出蛋品统制计划，企图组织一个国际公司，包括英美商人在内，得到了日本青岛当局核准。"后经多方商讨，并各种周折种种困难，未成事实。"1939年1月15日，日本当局忽将之前核准的石桥洋行的统制计划撤销，转而命令青岛三井洋行接收青岛分公司。上海沦陷后，上海三井洋行也不断向郑源兴施加压力，要求组织"中日合办企业"。对此，茂昌公司用拖延的办法来应对，"上海茂昌总公司以此事须经股东年会通过，且更改商品商标会影响货物进入西欧市场，有损竞争能力等等理由加以拖延谈判"。④

为了逼迫茂昌公司就范，日本当局对茂昌公司的各项业务横加刁难。1939年春，上海茂昌总公司在江北采购的755件鸡蛋，被日本当局以是敌

① 《茂昌股份有限公司股东会议记录》，1939年7月16日，上海市档案馆藏，档号：Q229-1-186。
② 刘祖赉：《茂昌蛋业冷藏公司的历史回顾》；山东省政协文史资料委员会编《山东工商经济史料集萃》第3辑，山东人民出版社，1989，第79页。
③ 《茂昌股份有限公司股东会议记录》，1939年7月16日，上海市档案馆藏，档号：Q229-1-186。
④ 刘祖赉：《茂昌蛋业冷藏公司的历史回顾》；山东省政协文史资料委员会编《山东工商经济史料集萃》第3辑，山东人民出版社，1989，第80页。

产为由，命令日军没收。日本当局还组织蛋业公会，规定前往内地采购鲜蛋者，必须有该公会代领的派司（通关证），而"具领派司者，以该公会会员为限，以后本公司能否进货，毫无把握"。同时，日本青岛当局还严令，如果茂昌公司将青岛分公司转卖给英美洋商，日本当局将以敌产论，予以没收。日本人强行侵占青岛分公司的企图，使茂昌公司处于风雨飘摇之中。正如郑源兴所言："其时鄙人得报之余，认为上海、青岛两厂，均在风雨欲来风满楼之中，前途似漆，深抱杞忧，大有山雨欲来风满楼之概，似除停业牺牲外，别无他路"。①

面对危局，郑源兴在公司董事会上发出这样的陈言："鄙人在本公司所任董事兼总经理地位而论，上面对于国家，次之对于股东，再次之对于职工，均有委曲求全、责无旁贷之苦。再四思维，青厂如果没收，虹口厂必然波及，因而本公司全部崩溃，在源兴个人之牺牲并不足惜，其如股东血本、职工生计、债务信用、国际市场，完全断送何。于是鄙人下一结论，即必须尽力保全公司之生存，从而股东之血本、职工之生计以及债务之信用、国际之市场，始可保全。"②

为此，1939 年 3 月 10 日，郑源兴再次前往青岛与日本当局力争。

为了逼迫郑源兴和茂昌公司妥协，日本当局将郑源兴逮捕，关进了日军宪兵司令部，强迫他与日本三井洋行合作。郑源兴虽以与日本侵略者为伍为耻，但为了保存青岛分公司，最后不得不以他个人的名义与日本侵略者进行"合作"。对此，郑源兴说："为求保全公司生存之努力，此时日方提出种种之条件，定须立刻接收，经鄙人坚持保全之原则，据理争辩，始准本公司暂可自由营业，移转问题，从缓计议。"③ 1939 年 5 月，日本当局又迭次催逼郑源兴移交青岛分公司，"急如星火"。郑源兴万不得已，复于

① 《茂昌股份有限公司股东会议记录》，1939 年 7 月 16 日，上海市档案馆藏，档号：Q229-1-186。

② 《茂昌股份有限公司股东会议记录》，1939 年 7 月 16 日，上海市档案馆藏，档号：Q229-1-186。

③ 《茂昌股份有限公司股东会议记录》，1939 年 7 月 16 日，上海市档案馆藏，档号：Q229-1-186。

该年 6 月 4 日，再往青岛，"抱定原则，多方折冲"，在暴力胁迫下，与日本当局达成以下协议。

（1）青岛分公司的地基、厂房、机器、冷气设备、原料等一切生财作价 138 万元，但日本当局仅愿意支付 25.5 万元现金，以便茂昌公司偿还中国银行的押款，其余价款 112.5 万元，日本当局则以股份作抵，"此项股份是否有相当价值，刻下尚无把握，不过比毫无所获，总觉稍胜一筹耳"。（2）茂昌公司的牌号、商标、商誉，并不在上开条件之列，"因牌号等我方有权拒绝移转，而厂基则无法求全也"。（3）对茂昌公司原有职工、日本当局有继续雇用的义务，但职工愿否受雇，悉听自由，毫无勉强。（4）青岛分公司于该年 6 月 30 日移交，对方成立新公司，该公司命名为"东亚蛋业股份有限公司"，额定资本 250 万元，定于 7 月 1 日开办，所有 6 月底以前青岛存货，仍旧由青岛分公司装运出口。①

日本当局对青岛分公司的厂基、房屋、机器等生财设备分别进行"估值"。"估值"以后，强迫茂昌公司以青岛分厂抵作 45% 的资本，计 112.5 万元，青岛三井和青岛水产公司共同投资现金 55%，计 137.5 万元，组建青岛东亚蛋业冷藏株式会社。1939 年 6 月 30 日，茂昌青岛分公司被日本当局正式接收，次日，青岛东亚蛋业冷藏株式会社开张营业，并在青岛日本领事馆注册。茂昌公司派刘祖赉为代表参加青岛东亚蛋业冷藏株式会社，青岛分公司的原有职工部分留用。

1937 年 8 月初，即在"八一三"淞沪抗战爆发的前夕，郑源兴采取了一项其他企业相继效法的行动，那就是他在离他家（上海永嘉路 617 号）只有数条街道相隔的法租界，租下了一处拥有三个房间的楼房，房子位于公馆马路（如今的金陵东路）的 41 号，将茂昌公司总部由黄浦路搬到了这里。茂昌公司最重要的资料都放在这里保存，公司主要的管理人员也都

---

① 《茂昌股份有限公司股东会议记录》，1939 年 7 月 16 日，上海市档案馆藏，档号：Q229-1-186。

在这里办公，他们都由郑源兴指挥。[1]

在抢占青岛分公司的同时，日本侵略者也盯上了上海的虹口分厂。"八一三"淞沪抗战以后，茂昌公司的虹口分厂所在地是日军的势力控制范围。在日军攻占上海以后（除了外国租界），茂昌公司的原亚洲竞争对手、日本禽蛋加工出口业的日商三井、三菱财团，指使驻上海地区的日本宪兵队司令部，以蛋品商标侵权、扰乱国际禽蛋市场经济秩序等一系列莫须有的罪名，将郑源兴拘捕起来，强迫郑源兴合作，并强行接管茂昌虹口分厂，无条件使用其世界知名的 CEPCO 牌蛋品商标。

面对日本当局的咄咄逼人，在 1939 年 7 月 16 日茂昌公司第十一次股东会第三次临时股东会议上，郑源兴提出了两种方案，提请股东给予表决：一是公司停止营业；二是维持营业，尽量生存下去。股东金宗城主张公司应该设法继续保持经营："刻聆主席报告，十分痛心，惟是在此特殊环境之下，即为英国厂商，亦须设法力谋保障，本公司实属无法可施。但为保全股东血本、同人生计及其他种种困难起见，对于主席所提甲种办法，当然谈不到，惟有就乙种设法办理，所以本席主张提议照乙种办法，即本公司应尽量设法保持生存，并授权予董事会及总经理相机应付、全权办理。"金宗城的主张得到了全体到会股东的一致同意。[2]

最终，茂昌公司虹口分厂因环境所迫，也按照青岛分公司的办法改组了。上海黄浦路总厂及闵行路的冷藏堆栈作抵 45% 资本，计 200 万元。上海三井物产株式会社和上海三井水产公司共同投资现金 55%，组建上海扬子蛋业冷藏株式会社。[3] 1939 年 7 月，茂昌虹口分厂被日本当局正式接收，次日扬子蛋业冷藏公司正式营业。茂昌公司派陆伯屺为代表，虹口分厂原

---

① 郑爱青、戴丽荣：《郑源兴：中国人的企业家（1891—1955）》，上海社会科学院出版社，2021，第 128 页。

② 《茂昌股份有限公司股东会议记录》，1939 年 7 月 16 日，上海市档案馆藏，档号：Q229-1-186。

③ 《茂昌公司增资招股》，《征信所报》晨刊，第九十二号，1946 年 6 月 20 日，载袁恒通：《中国蛋业发展简史、茂昌蛋业冷藏公司沿革史》，1961 年 12 月，上海市档案馆藏，档号：Q229-1-181。

有职工部分留用。

不过，日本人最想抢夺的是茂昌公司的 CEPCO 牌蛋品商标，对此，郑源兴始终没有妥协。

日本当局侵占虹口分厂和青岛分公司以后，茂昌公司仅有位于上海法租界公馆马路 41 号的总部、位于法租界外滩 87 号的南厂兼南栈、位于公共租界延平路 97 号的西厂兼西栈、位于虹口杨树浦路 1960 号的东栈、亳州蛋厂、宁波蛋厂仍旧由自己经营。CEPCO 品牌仍由茂昌公司自己使用，继续在南厂的左首空地另建厂房，制造冰蛋出口。尽管茂昌公司生产能力因为日本侵略者的侵占有所减少，但在郑源兴和同仁的努力下，1937～1941 年，茂昌公司的每年营业额保持在 1700 万至 2000 万元，每年利润也有约 50 万元。

外商蛋厂也遭受了日本侵略者的破坏与侵占。1937 年 9 月 22 日，停靠在南京下关江边的和记洋行的趸船遭到了日军炸弹的袭击，"据中央南京二十二日电，念二日下午敌机二次来犯时，曾在浦口下关投弹多枚，除炸毁我民房数十间外，下关江边英商和记洋行趸船，亦被敌机投掷一弹，该趸船损伤甚重，并炸死一人伤四人，均为我国平民"。① 9 月 26 日，和记洋行大班希尔兹（P. R. Shield）写信给英国驻上海领事馆，请求后者向日本在上海的大使馆提出严正交涉，要求日方赔偿炸毁趸船带来的损失，共计 29458.15 元。② 在南京沦陷前夕，留在南京的 11 名和记洋洋行英籍职员在英国领事馆内避难。南京沦陷的前一天，即 1937 年 12 月 12 日，希尔兹搭乘美国最后一批撤侨的亚细亚石油公司的船只离开南京去往武汉。③

为了打击中国人民的抗日活动，同时为了统制鸡蛋，以供给作战日军和出口创汇，日本当局在中国占领区实行通行证制度，给中国和欧美蛋品企业采购内地鲜蛋带来了极大的困难。据 1939 年 10 月 29 日《申报》报

① 《下关和记洋行趸船中弹》，《时事新报（上海）》1937 年 9 月 23 日。
② 张宪文主编《南京大屠杀史料集》第 31 册，《英国使领馆文书》，江苏人民出版社、凤凰出版传媒集团，2007，第 215 页。
③ 尹集钧：《1937，南京大救援——西方人士和国际安全区》，文汇出版社，1997，第 183 页。

道："外国商行在内地购蛋，须领日方通行证，而每一通行证，皆须经日方蛋类公会、兴亚公司与三井会社盖章。此外，每篮须向日方蛋类公会纳税日金二元，三井会社则不纳此税。领取通行证制度，实行已两载，获取此证，殊非易事，三井会社恒加留难，不予盖章，时或延宕一个月之久，三井会社既于二年来破坏门户开放原则。"[1]

1938 年，江苏、浙江、安徽等省的重要产蛋区部分或全部沦为交战区，战争使产区的鸡蛋供应大减。加之日军的封锁，运至上海的鸡蛋仅有战前的十分之七。由于鸡蛋来源大减，"价格飞涨至一倍以上，出口蛋每元自二十个至三十个不等，各蛋行及蛋厂因华蛋输出减少，影响国际贸易，故此设法疏通来源"。[2] 南京和记洋行开工做了一点鸡蛋、鸭子和鸡的业务，但数量很少。1939 年春，南京和记洋行恢复部分生产。由于英日利害关系，在日本军方的控制下，南京和记洋行只能艰难地生产一些机制冰，以维持营业。由于浙江沿海战事紧张，浙江一带的鸡蛋无法运至上海，大多数中外蛋厂缩减生产规模，甚至完全停产。[3]

二 三井洋行抢蛋

为了达到以战养战的目的，日本侵略者在占领区实行严厉的物资统制政策，作为重要食物，鲜蛋被列为管制物资。但在推行统制之初，遭到了中外蛋商的抵制，日本人继而转为强行抢夺。

1939 年 10 月，三井洋行要求加入中国冰蛋业同业公会，企图借助日本当局的势力控制上海蛋品交易市场。中国冰蛋业同业公会各成员要求三井洋行提供保证，以表示其合作的诚意。然而，三井洋行却不愿提供任何有价值的保证。"三井会社于实行抢蛋之前，曾作统制市场之企图，先是

---

① 《图统制蛋市场无效、日商开始抢蛋》，《申报》1939 年 10 月 29 日。

② 《蛋类外销减少十分之七》，《时报》1938 年 4 月 18 日。

③ Egg Factories Suspend, *The China Press*, May 19th, 1939, p. 11.

三井会社欲加入上海蛋类装罐业公会。会员请三井会社先行保证其诚意三井会社则欲先行入会。"据三井会社之意，应由其先行择蛋，剩余者始由英美商行得之，该会社且欲占英美商行对英蛋类贸易之十五。果尔，则英美商行之蛋类输出，仅剩半数矣"。①

由于公会成员一致反对，三井洋行改变策略，直接开始抢夺上海市面的鸡蛋，"三井会社不能遂其愿，乃开始强行抢蛋"。② 三井会社厚颜无耻地抢夺鸡蛋，一方面是为了大量出口蛋品换取外汇，另一方面是为了满足日军所需。"三井洋行，连日抢蛋，自有其不顾体面的道理：这就因日军前线食料缺乏，营养不足，士气大坏的结果，三井不过是奉令而行。"③

1939 年 10 月 28 日，《申报》对三井洋行抢夺茂昌公司、英美公司和其他行号鸡蛋的卑劣行径进行了报道：

> 上海外商蛋类装罐工场，计美商二家，与英商五家，在内地所购之蛋，现遭日商三井会社攫取，而三井会社之无耻，至在百老汇路上攫取蛋类一卡车，计一百二十二篮，已达极点。在十月十日至二十四日两周间，被劫往三井会社黄浦路工厂之蛋类，不下五二一五篮，各装蛋八百枚，而由三井会社将蛋击破装罐，大量售予英国。此种劫夺行动，英美大使馆已得报告。预料将据此而向东京政府抗议。同时，该英美商工场则来源不继，出货甚少。查三井会社之黄浦路蛋类冷藏装罐工场，原属茂昌公司而被迫退出者，今该工场名义上为扬子蛋类公司，实系三井会社所有而经营者。④

三井洋行在抢夺上海鸡蛋的同时，还截取从产区运来的鸡蛋：

> 各商行购蛋之方法，系饬人赴长江口产蛋区现款采办，运至长江口岸。目下准载货物者，几仅日轮而已，运费在装蛋口岸结算，抵沪

---

① 《图统制蛋市场无效、日商开始抢蛋》，《申报》1939 年 10 月 29 日。
② 《图统制蛋市场无效、日商开始抢蛋》，《申报》1939 年 10 月 29 日。
③ 《经济专刊：过去一周》，《申报》1939 年 11 月 13 日。
④ 《三井会社在沪公然抢蛋》，《申报》1939 年 10 月 28 日。

时始偿付之。若干蛋类，由京沪铁路运来，然交日轮载来上海，竟拒不交货，各商行前往取蛋者，据对方告称，已接命令，不得将蛋交正当受货人，而交三井会社。近有某英商行购得蛋类由某航运公司运沪，该公司迳将蛋类交三井会社，且竟厚颜持运费单向确实收货者收取，当然遭其拒绝。①

日本当局还严令沦陷区的农民只能将鸡蛋卖给日本人。"日方侵占区内尤其为无锡区之农民，被勒令只可将蛋售与日人，其代价则远较英美蛋商所出价格为低。"②

因鸡蛋来源稀少，英美蛋品企业的生产严重受挫。"经营蛋业之英商、茂昌洋行及培林蛋厂，因来源绝迹，损失亦殊重大。顷据某大蛋贩谈，日方为舆论腾沸、掩饰行动起见，对于一部分鸭蛋，已可准其自由运至十六铺销售。"③

三井洋行抢夺鸡蛋的行为，使英美七家公司损失达50万元。为了使英美公司收购的鸡蛋不得运沪，1939年11月中旬，兴亚院又规定货物运沪，"须备'运输许可证'，此乃日方续施阻挠策略，俾阻碍外商七公司在长江口所购之蛋不得运沪"。面对日本当局的强硬统制手段，"此等公司多数行将停业，惟今仍采购少量蛋类，俾继续工作而抗胁迫"。④

英美驻沪总领事虽多次抗议，但难以改变三井洋行强夺英美公司整个贸易的企图。经外交抗议，三井洋行虽然将其抢夺英美公司的价值50万元的鸡蛋归还，且蛋市表面上恢复自由，但日本当局要求华商和英美公司运购鸡蛋须履行若干"手续"，"所谓'手续'者，几将外商运出蛋市以外耳。在实际上，则外商在内地购蛋之先，须向日商会缴费每篮二日元，以领得执照。实则此商会，确属三井会社之化名耳，而在领执照时，外商须将其蛋百分之五十，以售与三井会社，而其售价，则由三井自定之，但此

① 《三井会社在沪公然抢蛋》，《申报》1939年10月28日。
② 《三井继续抢蛋》，《申报》1939年11月8日。
③ 《日方统制蛋类：英厂损失重大》，《申报》1939年11月12日。
④ 《日兴亚院公然统制购蛋》，《申报》1939年11月15日。

项代价，则每较内地蛋价为低"。①

三井洋行的抢夺，使普通蛋商损失更为严重，"一般蛋贩经其迭次没收，莫不叫苦连天"。日本当局为了平息国际舆论谴责，耍了一些手段，只允许上海需求较少的鸭蛋自由买卖，并宣称蛋品市场已恢复自由交易了。②

三　日伪当局的外汇管制和太平洋战争爆发

日本人对蛋及蛋制品的统制，是从 1939 年开始的，这要从日伪当局的外汇管制及其背景说起。

1938 年 3 月 10 日，伪华北联合准备银行（简称"联银"）在北平成立，发行的联银券，目的是挤压国民政府的法币流通空间。联银券从发行之初就是与日元挂钩的，二者是 1∶1 等价关系。但为了让人们抛弃法币而接受联银券，日伪当局还使联银券 1 元也等价于法币 1 元。起初，"联银"将联银券的汇率牌价锁定在 1 元合 1 先令 2 便士，而法币最初的汇率牌价是法币 1 元合 1 先令 2 便士半。也就是说，1 先令 2 便士的联银券和 1 先令 2 便士半的法币基本是等价的。③

1935 年 11 月 4 日南京国民政府改行法币，其后国民政府把收回的白银卖给美国所得的利润拨充外汇平衡基金，使 1 元法币维持在 1 先令 2 便士半的汇价上。抗日战争爆发以后，战争费用颇巨，外汇平衡基金大量减少，法币汇率随之下跌严重，法币于 1939 年 3 月一度跌至 1 元仅合八便士左右，100 元仅合美元十二元二角五分。为了维持法币价值，1939 年 3 月，国民政府向英国借款 500 万英镑，向中国银行、交通银行借款 500 万英镑，

---

① 《内地来沪之蛋日仍统制》，《申报》1939 年 12 月 1 日。
② 《日方统制蛋类》，《新闻报》1939 年 11 月 12 日。
③ 周建波主编《东亚同文书院经济调查资料选译：金融货币卷》，李军、胡竹清译，社会科学文献出版社，2023，第 390 页。

以此 1000 万英镑充实外汇平衡基金，"其目的在维持法币汇价于八便士又四分之一的水准上"。然而，此项基金维持不及三个月已耗费一半。[①] 外汇平衡基金的大量耗损造成法币汇价的低落。从 1939 年 3 月开始，法币 1 元合 8 便士一路下跌至该年 8 月的 3 便士又二分之一，随后略微反弹至 10 月、11 月和 12 月的 4 便士多。[②]

中国外汇平衡基金的大量耗损，一方面归因于中国入超严重，1939 年 4 月、5 月，每个月仅上海一地就平均入超 200 万英镑。另一方面是由于日本人收买外汇，在损失的 500 万英镑外汇平衡基金中，就有 250 万英镑是由日本人收买的。[③]

与日本人大量收购外汇相配套的措施，是从 1939 年 3 月 11 日起，"联银"实行外汇集中管理制度。

根据日伪的外汇集中管理制度规定，出口商除了从海关监督得到无外汇出口的许可外，其所得的全部外汇必须以"联银"的官方汇率，即联银券 1 元合英镑 1 先令 2 便士的汇价卖给"联银"。如果没有卖给"联银"的外汇证明书，就不能通关。"联银"通过这种方式来集中出口外汇，并从出口外汇中提出 10%，作为联银券的发行准备。[④]

法币的大幅贬值，以及联银券与法币的等价兑换关系（"联银券的实际行情总是被法币所牵制，产生了同一比率甚至贬值"[⑤]），导致进口货物在市场上必须以更高的、用法币或联银券表示的价格出售才能保本。假设从海外进口的某件商品价格为 8 便士（正好是 1939 年 3 月的法币 1 元合 8 便士的汇价），其他运销费用为 4 便士。现在，联银券 1 元随法币贬值而

① 张素民：《法币汇价变动的检讨》，《自修》第 67 期，1939 年 6 月 20 日，第 1 页。
② 周建波主编《东亚同文书院经济调查资料选译：金融货币卷》，李军、胡竹清译，社会科学文献出版社，2023，第 386~387 页。
③ 张素民：《法币汇价变动的检讨》，《自修》第 67 期，1939 年 6 月，第 1 页。
④ 周建波主编《东亚同文书院经济调查资料选译：金融货币卷》，李军、胡竹清译，社会科学文献出版社，2023，第 396 页。
⑤ 周建波主编《东亚同文书院经济调查资料选译：金融货币卷》，李军、胡竹清译，社会科学文献出版社，2023，第 391 页。

仅值4便士，进口商必须将该件商品以联银券3元售出才能保本。但如此价格往往可能过高了，致使商品很难卖，正如当时日本人所言："把8便士物价的商品以1先令2便士出口或者运出，几乎是不可能的。当然也就必须做好蒙受4便士的损失"。[①]

为了实现对进出口外汇集中管理的目标，从1939年3月11日起，"联银"就对鸡蛋及蛋制品、胡桃、花生、花生油、杏仁、棉籽、烟叶、细面条和通心粉（条）、煤炭、羊毛地毯、麦秸草编、盐等12种出口商品进行集中管理，并于同年7月17日扩大到所有商品。尽管"联银"的集中管理给进出口商带来很多不满，但对其"成绩"，"至少从青岛港来看是良好的"。鸡蛋及蛋制品一项，1938年从青岛港出口价值为510.8万日元，1939年则上升至693.7万日元。[②]

在"联银"实施外汇集中管制的过程中，还发生青岛三井洋行想要与茂昌公司青岛分公司建立"进出口外汇挂钩机制"，但被茂昌公司拒绝的事情。

法币贬值以及联银券与法币等价兑换关系，使当时外汇银行的外汇牌价与黑市价格脱节，进口商必须付出牌价与黑市价格的差额补贴，方能达成交易，这项办法有利于兼营进出口贸易的单位。当时青岛三井洋行是青岛最大的从事进出口贸易的日本商行，其为了扩大从东南亚国家进口物资的贸易，需要大量出口得到的外汇头寸。为此，三井洋行曾与茂昌青岛分公司多次联系，商讨双方进出口外汇挂钩问题，被茂昌青岛分公司拒绝。

对于此事，曾任茂昌公司青岛分公司经理的刘祖赉有过记述：

> 关于青岛茂昌分公司的出口外汇，其出口冰蛋的信用状（信用证）系由国外购货客户通过上海英商汇丰银行开给上海茂昌总公司户头的，而青岛茂昌分公司所需信用状打包放款，又系由青岛汇丰银行

---

① 周建波主编《东亚同文书院经济调查资料选译：金融货币卷》，李军、胡竹清译，社会科学文献出版社，2023，第396页。

② 周建波主编《东亚同文书院经济调查资料选译：金融货币卷》，李军、胡竹清译，社会科学文献出版社，2023，第396页。

陆续贷给和转付上海汇丰银行，记入上海茂昌往来账户的。并告知青岛茂昌分公司系一分支机构，无权变更此项贷款和结汇事宜，由于当时青岛其他两家英商冰蛋工厂（怡和洋行和培林洋行）亦采取同样的信用状打包放款方式，所以当时青岛三井株式会社和青岛茂昌公司联系外汇挂钩问题，迄无结果。①

1939 年 11 月开始，日本当局加紧了对蛋品交易的统制，英文媒体《大美晚报》报道：

> 在沪经营蛋业之外商公司，计有美商两家与英商五家，日方兴亚院顷嘱三井会社转告其中某公司称'第三国商人之装蛋公司，概须停止购蛋，而不得阻挠日方之在华经济发展'，三井会社并通知另一家外商装蛋公司，谓必须停止购蛋，因蛋类贸易须经三井会社统制也。②

为了统制蛋品贸易，三井洋行于 1940 年元旦设立了成华公司。③ 该公司设立之目的，"在于操纵中国巨大之蛋类贸易，藉以排挤外商之合法权益……其分办事处，遍设于各沦陷区之产蛋之地，藉日军及伪组织之协助，深入各乡村收购鲜蛋。据称此一新团体之活动，如照此进行无阻，则中外蛋商，除日人外，对此数千万元之蛋类贸易，将一无所得"。④

为了统制鸡蛋贸易，三井洋行在上海四郊到处张贴告示：

> 十一日大陆报云，三井洋行设有'成华公司'统制蛋业消息，大陆报记者顷又获得更进一步之证据，因在浦东曾发现张贴布告，如谓：因欲调整蛋类之输入，三井洋行特设'成华公司'统制之，此次统制，即自今日开始，凡贩蛋者，不得再私自运蛋出口，'警务当局'

---

① 刘祖赉：《茂昌蛋业冷藏公司的历史回顾》；山东省政协文史资料委员会编《山东工商经济史料集萃》第 3 辑，山东人民出版社，1989，第 80 页。

② 《日兴亚院公然统制购蛋》，《申报》1939 年 11 月 15 日。

③ 《日人组"成华公司"垄断沪市蛋业》，《新闻报》1940 年 1 月 9 日。

④ 《三井洋行垄断蛋贸易：组织统制机关收购沦陷区鲜蛋》，《晶报》1940 年 1 月 9 日。

及日军，将协助此次统制之执行云云。大陆报记者更申述之日，该公司业已自元旦起执行职务。浦东之蛋贩，不准直接运蛋出口，售与外商蛋贩者。同时在沪郊各处同类之布告，亦屡发现云。①

以三井洋行为代表的日本侵略者对中国蛋品的贸易统制，使华商和英美公司的蛋品贸易陷入极大的困难之中，不得不缩小经营范围。

同时，战争带来的物价飞涨，严重影响了外商冰蛋企业的生产。1940年3月初，海宁洋行工人"因米珠薪桂、生活昂涨"向资方提出改良待遇的要求，"因未获圆满答复，乃于本月四日起，发生怠工风潮"。②双方相持多日，后经公共租界工部局工业科所派调解主任顾炳元邀集海宁洋行大班海宁生、买办王锡蕃和工人代表竭力调解，在满足工人所提增加"米贴"、无故不得开除工人、惩处压迫工人的白俄职员等要求以后，"怠工风潮"方告结束。③

日本当局对蛋品的统制并不限于长三角，手还伸向了华中地区。1938年10月以后武汉陷落，为了保证军需和向日本供应紧缺商品，在日军的指导下，成立了统制物资的"武汉军需物资搬入搬出合作社"，即武汉军需物资进出口联合会，由经营棉花、麻、皮革、桐油、鸡蛋及鸡蛋制品、畜肠、生丝、农用肥、山货、矿产品、石膏、油脂、漆等14种商品的合作社组成。④武汉军需物资进出口联合会会长由日本军方指定的正金银行总经理佐藤担任。联合会在占领军特务部的指导下，首要任务是满足军队的要求，在此前提下才能将多余商品投放市场。⑤

1939年9月，武汉军需物资进出口联合会成立蛋及蛋制品业公会，公会以外者不得从事出口贸易。加入公会者有三井物产、三菱商事、大仓商

① 《日人统制蛋业续有证据发现》，《新闻报》1940年1月12日。
② 《海宁洋行工潮和平圆满解决》，《中国商报》1940年3月9日。
③ 《海宁洋行怠工潮经工部局调解成立》，《中国商报》1940年3月7日。
④ 周建波主编《东亚同文书院经济调查资料选译：商品流通卷》，胡竹清译，社会科学文献出版社，2023，第244~245页。
⑤ 周建波主编《东亚同文书院经济调查资料选译：商品流通卷》，胡竹清译，社会科学文献出版社，2023，第245页。

事、山石井商店、安宅商事、吉田洋行、瀛华洋行和日本水产 8 家公司。
实际经营蛋制品输出的，只有三井、三菱、瀛华 3 家公司。① 3 家公司通过
合作社收购的蛋及蛋制品，必须按照军方的指定价格向军方交货。另外，
如果要将收购来的产品出口，需要经过联合会，向占领军经理部提交一份
记载有买卖交易要件的"军需物资输出许可申请书"，然后才能办理军需
物品出口手续。完成出口者还需要将带有汇兑成交的银行证明的报告经联
合会提交给占领军经理部。②

太平洋战争爆发之后，中国对外贸易陷入更加严重的困境，蛋品出口
也不例外，"海运阻塞，冰蛋厂与土产，均全部停顿，陷于绝境"。③ 与此
同时，包括蛋厂在内的英美企业被日本人接收。1942 年 1 月 8 日，日本兴
亚院派遣日籍监督于次日进驻上海 40 余家实业企业，"查询各该企业之业
务"，为准备接收这些企业做准备，怡和、培林、和记、海宁等冰蛋企业
名列其中，"至于本市英美商工厂，何者已被指定立刻关闭，及何者可望
继续工作，亦未确悉"。④

不久之后，班达洋行之蛋厂被日伪当局抢占，改名华中水产株式会
社，原有全体工人失业。⑤ 培林、海宁、怡和、汉中，英国制蛋公司等外商
冰蛋企业也被迫关停，它们分别被日本水产株式会社、明华产业株式会社、
扬子蛋业冷藏株式会社林兼商店、扬子蛋业冷藏株式会社接管。⑥ 对此，
1942 年 2 月 21 日《上海泰晤士报》有过简单报道："自从太平洋战争爆
发，七家主要的英美制蛋公司关停，它们恢复生产的时间似乎还很长。战

---

① 陈真编《中国近代工业史资料》第 4 辑，生活·读书·新知三联书店，1961，第 484 页。
② 周建波主编《东亚同文书院经济调查资料选译：商品流通卷》，胡竹清译，社会科学文献出版
社，待出版。
③ FCA：《蛋业之危机及挽救之办法》，《国际贸易》第 1 卷第 10 期，1946，第 14 页。
④ 《日方分派监督分驻各业厂号查询四十余企业之业务，拟采何种方针尚未确知》，《申报》1942
年 1 月 10 日。
⑤ 《班达蛋厂工人乞援，要求先行录用》，《立报》1948 年 9 月 10 日。
⑥ 《兴亚院定下月起接管协约国企业，受接管企业名称已披露，委托六十四会社代理经营》，《申
报》1942 年 3 月 30 日。

前，这七家制蛋公司每日可生产 300 吨蛋制品"。①

四　"合作"销售

在全面抗战前期，日本人不仅抢占中外企业的厂产和各项业务，还用武力强迫中外企业与其进行所谓的"合作"。茂昌公司也不例外。尽管如此，在郑源兴等人努力下，茂昌公司采取"名为合作，实则抗争"的策略，来应对日本人的种种压榨。

1937 年，日本人获知茂昌公司与外商冰蛋企业联合销售的信息。为了向西方国家展示上海经济在日本统治下的"欣欣向荣"，同时，日本人试图图谋已经入股上海扬子蛋业冷藏株式会社的茂昌公司所获的利润，于是打起了茂昌公司的主意。根据郑源兴的女儿郑爱青的回忆，一个日本高级商务官员在茂昌公司的黄埔路旧办公室里对郑源兴说："郑先生，你必须履行（惠尔登信托）协议的条款，给英国供应一切所需的蛋品。如果你在我们统治下做不到，我们的信誉会受损害。我知道在运输途中保持蛋品安全和新鲜并不容易，但你也必须减低损耗。你必须跟英国人做生意做得比以前更出色，以表示你对日皇的忠诚。不要忘记你是中国蛋大王。"

针对郑源兴与日本人的"合作"，茂昌公司的一些股东非常不理解。"源兴，我很震惊！你怎么可以跟日本鬼子合作呢？"曾经有一个茂昌公司的董事在日本人入侵后的第一次董事会上大声向郑源兴喊道。"向敌人屈服多无耻呀！"另一个董事嘀咕道。过了片刻沉默，对郑源兴的品格非常了解的金先生很客观地说："我们有其他办法吗？我相信源兴是为了保护中国人的利益才没有硬碰对抗。他不是一个对威吓屈服的人。我们放眼观察吧。源兴自有他的一套生存办法"。对金先生的理解与体谅，郑源兴回

---

① Egg Mart Not Affected by Plants Close, *The Shanghai Times*, February 21, 1942, p. 4.

到家满心感激对他的妻子冯蕉影说："只有金先生最了解我"。[1]

与日本人所谓"合作"之后，由日本人控制的上海政府发出了特许授权书，茂昌公司轻易地把华东各省与华北地区的收购站重新组合与整顿起来，各地收购站都顺利运作，没有遇到什么困难，"沿着长江盆地，源兴让收购员在国民党统治地区用中国通行证，在日本占领区用日本通行证，所以水陆跨境运输都可以畅通无阻。如果没有这些证件，货物运输是不准许的"。茂昌公司业务得以进行，"令数十万中国人在逆境中得到生计、得到希望"。[2]

1937～1945 年，茂昌公司每年运销欧美的蛋品的价值仍十分可观。"在我国中外经营蛋品之同业中，实无出其右，历年营业亦颇发达"。茂昌公司在联合销售的大多数年份中，均有获利。据战后中国征信所调查，1936～1945 年，茂昌公司获利情况如下：1936 年为 1951410.80 元，1937 年为 564950.88 元，1938 年为 2752676.20 元，1939 年为 723325.11 元，1940 年为 1463235.52 元，1941 年为 817875.45 元，1942 年为 3387609.06 元，1943 年为 3027037.46 元，1944 年为 9574455.54 元，1945 年为 19381391.63 元。[3] 需注意的是，1940～1945 年茂昌公司利润数字的快速上升是严重通货膨胀的结果，折合成战前法币，所获利润是非常有限的。

为了不将利润分给日本人，郑源兴与惠尔登信托公司、海昌公司的电报往来都采取密码、暗号的方式，茂昌公司的账目从不让日本人窥到。监督茂昌公司的日本官员截获一封由伦敦发出的嘉奖电报，他盘问郑源兴："郑先生，生意这么好，为什么茂昌还要亏蚀呢？为什么皇军订购的鸡蛋都没全部送到呢？日本餐厅还要在市场高价买蛋，因为你送的货都在途中破毁了。"郑源兴不卑不亢地回应道："你要我履行韦尔（惠尔登）信托协

[1] 郑爱青、戴丽荣：《郑源兴：中国人的企业家（1891—1955）》，上海社会科学院出版社，2021，第 131～133 页。

[2] 郑爱青、戴丽荣：《郑源兴：中国人的企业家（1891—1955）》，上海社会科学院出版社，2021，第 133 页。

[3] 中国征信所：《茂昌公司增资招股》，《征信所报》晨刊，第九十二号，1946 年 6 月 20 日，第 2 页。

议，我已经做到了。账目上的亏损因为要偿还银行贷款和从前欠下重庆国民政府的税项。我是个有诚信的人。偿还旧债对我来说是很重要的，正如遵守国际协议对你同样重要。我相信你也不愿意跟不守信用的人交易吧！"面对日本官员的严厉盘问，郑源兴说："如果你要食物安全按时运到你的军营和餐厅，你应该每程都派卫兵护送。像我这样平民百姓在这社会动荡中不能保证送货顺利。"自此以后，在上海常常能看到日本吉普车和摩托车在街上出没，保护他们购买的货物。①

同业公会作为政府掌控工商业的一种重要中介，在抗战开始便受到了交战双方的重视。太平洋战争之前，日本主要利用国策会社推行其经济独占的统制政策，华商在整个体制中居于从属地位。汪伪政府高层官员对此屡屡表达不满，双方在统制权上的矛盾逐步激化。②太平洋战争爆发以后，日本当局认识到汪伪政府在其实现统制物资方面的重要性，开始逐步将物资统制权交给汪伪政府。1943年3月15日，作为日伪双方统制权妥协产物的"全国商业统制委员会"（简称"商统会"）成立。商统会以改组后的同业公会作为最主要的下层机构，负责具体的统制分工。③

为了实施商业统制政策，1943年4月初汪伪政府粮食部为推进粮食统制，连日在上海与各行业领袖联络，并制定《工商同业公会暂行条例》，通过同业公会的力量完成物资统制。统制办法规定，"除米谷商（米谷、糯米）仍依据特别法组织各地区米谷业联营社，直接受粮食部米粮采销总管理处管辖外，其他各种粮食业如面粉、杂粮、油、糖、蛋、茶、牲畜等业，均应在粮食部粮食局及县市政府各主管官厅之指导监督下，由各该业商人组织同业公会，由各地同业公会合组同业联合会，由各种同业联合会集合组织成商业统制总会（对外贸易业暂除外），完成高度自治之统制机

① 郑爱青、戴丽荣：《郑源兴：中国人的企业家（1891—1955）》，上海社会科学院出版社，2021，第133~134页。
② 王春英：《服从与合作：抗战时期日战区统制经济下的同业公会》，《近代史研究》2013年第6期。
③ 王春英：《服从与合作：抗战时期日战区统制经济下的同业公会》，《近代史研究》2013年第6期。

构。各下层机构之同业公会，及联合会均受商业统制总会之直接管辖，由商业统制总会总其大成，而粮食部则就粮食关系部分对商业统制总会尽其指导监督之职责。"[1]

蛋品是民众生活必需品，但在战争时期却逐渐变成了奢侈品。1943年5月，汪伪政府粮食部将其定为统制物资，早在该年2月，茂昌公司就被强迫与日商扬子蛋业冷藏侏式会社合作组织"鲜蛋收买组合"：

> 本市及苏浙两省农村所产鸡鸭蛋，数量颇丰，顷悉日本蛋商为统制收买蛋类，将与华商合作，组织中日商合办之鲜蛋收买组合。该组合将以日商扬子蛋业公司暨华商茂昌公司为中心，网罗各中日收买商为组合员，预备在春季鲜蛋上市以前，正式成立。故目下正在积极筹备中，将来组合成立以后，由日商三井、扬子及日本水产公司等三家负责处理一切收买事宜，并在京沪杭沿线各地设立出张所，从事蛋类之收买配给及输出。[2]

除了合办鲜蛋收买组合以外，日方还通过控制上海蛋业同业公会的方式，为其统制蛋品贸易服务。上海蛋业同业公会是郑源兴于1929年组建的，因此上海蛋业的主动权主要掌握在茂昌公司及其董事手中。1943年4月，郑源兴被汪伪政府粮食部指派为组织上海区蛋业同业公会筹备主任。[3]4月27日，在汪伪粮食部、商统会等机构的指导下，上海蛋业同业公会召开成立大会，并选举出了理事与监事。新任理事、监事多为原来上海蛋业同业公会的高层，郑源兴被推选为理事长，严由庆、顾光敷、朱金水、周子专为常务理事，茂昌公司的主要股东乐楚廷、唐鼎臣、郑麟诗、郑星炎等人被推选为公会理事或监事，约占理事、监事总人数的四分之一。[4]

改选后的上海蛋业同业公会主要负责管理：成员经营物资的共同购

① 《粮食部顾部长解释联营社组织问题》，《申报》1943年4月6日。
② 《蛋类将统制收买》，《申报》1943年2月18日
③ 《粮食部派员查究蛋商联营社》，《申报》1943年4月23日。
④ 《上海区蛋业同业公会》，《企业周刊》第1卷第33期，1943，第7页。

买、保管、运输、贩卖及其他事项，会员制造物资所需原料及燃料的共同
取得及分配事项，会员经营物资的生产数量及贩卖价格的审查事项，会员
事业资金之调节和债务的担保事项，会员经营事业的调查、统计、设计、
指导及检查取证事项，执行主管官署指定或委托的事项。改选后的第一次
理监事会议上，公会便将各项职权，例如鲜蛋的分派、运输等落实到了各
理事、监事。①

根据郑源兴与日商的协议，双方划定了各自的权利：鸭蛋的采办权全
归华商，但日商仍对鲜、咸鸭蛋保留40%的权利；鸡蛋份额，双方按照4
：6的比例分配。②"本市蛋业，中日间取得密切合作，日本方面亦有蛋业
同业组合联合会之组织，其会员为扬子蛋业、冷藏株式会社、中文卵业株
式会社，有限会社内外蛋行等之单位，各埠运沪蛋类，双方向得合理分
取，大约鸡蛋日方占百分之六十，我方占百分之四十，鸭蛋分配比率则
相仿。"③

上述分配方式明显倾斜于日方，由此可见日方将侵华日军的军需置于
民生之上，必将导致华商陷入资源短缺的困境。1944年，由于物资紧缺，
上海黑市上的鸡蛋价格暴涨。为了垄断鲜蛋市场，日本当局进一步强化了
鲜蛋收购的统制政策，规定非上海蛋业同业公会会员不得经营蛋业，对于
会员资格采取严厉管制的政策。"蛋业新设行号，其店主或经理人须曾经
营蛋业在五年以上者，并有行号设备，直接使用人数在五人以上，确经市
粮食局核准取得证书，并须经会员二人之介绍才得入会。非会员私营业
务，一经查获，须予惩处。"④ 最重要的是，鸡蛋、鸭蛋的采办权归属于茂

---

① 《上海区蛋业同业公会》，《企业周刊》第1卷第33期，1943，第7页。
② 《上海区蛋业同业公会第二次理事会议》，1943年5月11日，上海市档案馆藏，档号：S373-
1-4；转引自王春英《服从与合作：抗战时期日占区统制经济下的同业公会》，《近代史研究》
2013年第6期。
③ 《经济界：非公会会员不得经营蛋业》，《申报》1944年2月5日。
④ 《经济界：非公会会员不得经营蛋业》，《申报》1944年2月5日。

昌公司与联余公司。[①] 他们将鸡蛋、鸭蛋从产区采办来后再以成本价售卖给公会，由公会按照同业资格直接或间接配给。配给与销售的价格实现由日伪当局以及同业公会制定。[②] 据此，蛋品的采购、分配、销售皆掌握在公会手中。尽管茂昌公司在与日本人、汪伪政府的"合作"中，取得了经营鲜蛋的资格，但是其所采买的鸡蛋无法出口，只能在上海本地市场销售，"仅有采办贩卖掮客性质，虽取佣金，所得甚微"。[③]

五　并非敌产

郑源兴与日本人"合作"的表象，成为不解内情或别有用心的人指控他为"汉奸"的所谓"证据"。1946 年 11 月 12 日《立报》报道称："我国蛋厂业所制蛋品，亦为出口货之一，已有五十年历史，此中巨擘，推郑源兴，战前拥有茂昌三大蛋厂，战兴郑源兴乃乘机与敌人勾结，利用三井洋行为背景，成立扬子蛋业株式会社，及东亚蛋业株式会社，继续营业，并以敌人势力，压迫其他蛋厂商。蛋业中人开始搜集证据，提出检举，向主管机关检举。"[④]

其实，郑源兴与日本人的"合作"并非真正的合作，只是在日本人武力逼迫下的"消极合作"，是维持茂昌公司继续生存的手段与策略。即使在所谓"合作"中，郑源兴也是尽一切可能与日本人抗争。

早在日本侵略者谋算抢占茂昌公司青岛分公司的时候，日本官员就要

① 《第三次理事会议》，1943 年 5 月 25 日，上海市档案馆藏，档号：S373-1-4；转引自王春英《服从与合作：抗战时期日占区统制经济下的同业公会》，《近代史研究》2013 年第 6 期。

② 《上海区蛋业同业公会第二次理事会》，1943 年 5 月 11 日，上海市档案馆藏，档号：S373-1-4；转引自王春英《服从与合作：抗战时期日占区统制经济下的同业公会》，《近代史研究》2013 年第 6 期。

③ 《茂昌股份有限公司股东会议记录》，1944 年 4 月 15 日，上海市档案馆藏，档号：Q229-1-186。

④ 《蛋业汉奸郑源兴被检举》，《立报》1946 年 11 月 12 日。

分享青岛分公司利润的一半，他们无耻地说日本人拥有分公司的一半土地，因此就应该分享一半的利润。郑源兴则回击说："土地你占一半，但茂昌盖的工厂并不属于你。总投资应包括土地、工厂、仓库、铁路、码头等建筑，以及机器和其他设备的安装。所以，你的份额少于总投资额的十分之一。"日本官员吓了一跳，他没有想过郑源兴所言的那种算法，一时无言以对，要求一两天时间跟上司商议。郑源兴的同事们对其敢于反抗日本人的精神感到钦佩，但也充满了担心："大班，你怎么敢这样对抗日本人呢？他可能会决定把整间茂昌青岛分公司占有！如果反抗，必然会被杀害。"郑源兴仅说了一句："不用担心，没事的。"①

数天以后，日本官员同意只分享茂昌公司青岛分公司所得利润的十分之一。茂昌公司的经理们计算过，扣除营运成本、债务和税项，十分之一的利润和以前付给三井洋行的租金差不多。为了让日本人无利润可分，郑源兴要求青岛分公司大幅提高经营成本："首先，源兴把茂昌雇员的薪金提高。其次是上调鸡蛋的收购价格，让鸡农增加收入。第三是加大收购成本，包括补偿收购员、船夫、货车司机等因币值不稳而带来的损失。他吩咐：付运日本的运费与付运英国的相同，虽然航程相差很远，因为韦尔（惠尔登）信托协议答应英国价格和服务的优惠条款对日本并不适用。"②

日本国内对中国蛋品需求甚殷，但他们对价格比较敏感，后来发现别的供货商的价格更低，便改去别处购买，所以茂昌公司供应给日本的蛋品，自始至终都不多。

1937~1945年，虽然日本人经常到茂昌公司强取资料，但郑源兴从没有把公司的重要资料交给他们。茂昌公司总部在上海法租界，日本人无法闯入，因此资料也没有被日军搜掠。日本人表面上高高在上，在各厂、仓库作威作福，但不能接触到茂昌公司的核心。直至1943年法租界取消，茂

---

① 郑爱青、戴丽荣：《郑源兴：中国人的企业家（1891—1955）》，上海社会科学院出版社，2021，第141~142页。

② 郑爱青、戴丽荣：《郑源兴：中国人的企业家（1891—1955）》，上海社会科学院出版社，2021，第141~142页。

昌公司才失去法国势力的保护，但那时日本人已无暇顾及茂昌公司了。[1]

另外，茂昌公司还与三井洋行竞争，"为了减少日本三井洋行的收益，郑源兴又在法租界独自经营蛋业与之竞争。由于不在日本势力范围以内，所以日寇也奈何他不得。郑源兴坚持民族气节，直到抗战胜利"。[2]

正是郑源兴不与日本人真正合作，为抗战胜利后收回被日本人侵占的厂产奠定了基础。

---

[1] 郑爱青、戴丽荣：《郑源兴：中国人的企业家（1891—1955）》，上海社会科学院出版社，2021，第130～131页。

[2] 王舜祁、袁巨高：《蛋大王郑源兴》，《奉化报》1995年12月18～28日。

第十二章　抗战时期的经营

"当中日战事初起，预料三年之后或可结束。同人有力量能自行维持三年五年的，归家也好，不然还是继续做下去为是。自从欧战发生后，时间就须延长五年或十年，如若不到五年或十年，还算侥幸。有人说，战事今年年底可以结束。照我看来，必须明年六月结束。所以诸位要渡此难关，必须忍耐刻苦，从前吃白米的，现在能够吃稀饭或杂粮。眼前虽是痛苦，而快乐终可来临。

年久的同人，对于公司以往的种种困难情形，都很明白，摇摇欲坠，不止一次。本人想尽方法去维持，这是公司的责任，也是总经理的责任。因为如果公司不健全，经济不雄厚，职工要受到极大影响。我们要公司存在，必须保护职工，要保护职工必需保全实力。这不单是商业方面如此，就是国家也然如此。所以希望各位董事、各部经理主任，都能负起责任，以及各职工的互相合作、共同奋斗，这样才可成功。"

——《郑源兴演讲词》，1945 年 6 月 30 日。

一　"大有转败为胜的希望"

抗日战争爆发以后，茂昌公司在经营策略上持稳健政策，即重资力积累与轻利润分配，这也是它一贯的作风。1936 年，即在联合销售的第一年，公司获盈余 69.1 万余元。[①] 董事会提议分发股息与分红，以缓解众股东和职工自 1933 年经济恐慌发生以来对公司做出贡献而承受资金和生存压力。一是为了缓解资金压力，1935 年茂昌公司对职工进行降薪、但做出承诺"如在三年内得有盈余照数补给购买股票之宣言，本公司账上结有盈余，上项减薪，应当补给"。二是公司股东们为了帮助公司走出困境，"上下合作，经力调度，"公司"始得过此难关"，但各股东"几乎个个破产"。

为了公司的长期稳定发展，郑源兴对董事会拟发股息与红利的提议提出了否定意见。他在 1937 年 6 月 30 日的公司股东大会上做了解释："凡营业有胜有败，有大败亦有大胜，本公司营业状况，从民国二十四年讲起，国内经济恐慌，本公司亦受极大影响，亏耗甚巨，同业中亦大都如此，且甚至有因而倒闭者。及这年年底，观察大概情形，及同业状况，觉二十五年度有前进之机会，倘措置得当，大有转败为胜之希望，因而种种设法，积极前进，终算得到相当之效果。"

接着，他对主张不分配股息与红利的原因做了进一步解释："在二十五年度账上结有盈余，此种效果，并非蛋业正式的转机，实为乘机取巧、出奇制胜，只可偶一为之。比方说买跑马票，依过去的经验，看来是冷门，即多买冷门，果然冷门得着，此种冷门，须候机会而得，不能常有，故不能继续有望。至于二十五年度帐上，虽结有盈余，惟流动资金仍不富裕，本公司上海、青岛房地产、机器抵押于外，尚未取赎。论公司经济状况，帐上虽有盈余，尚谈不到发给股息及红利。"[②]

最后，郑源兴向董事会建议，公司可以发放股息与红利，但应将发放的股息与红利以存款的形式存入公司内，以充实公司的流动资金。"惟如发给现金，实不可能，为充实公司流动资金起见，须请股东通过不发现金转入存款，即转账不支现为原则，如能此种原则通过，对于董事会提议股

---

① 《茂昌股份有限公司 1935 年董事会议决议录》，1937 年 5 月 19 日，上海市档案馆藏，档号：Q229-1-187。

② 《茂昌股份有限公司股东会议记录》，1937 年 6 月 30 日，上海市档案馆藏，档号：Q229-1-186。

息一分、红利一分均可发给，请各股东先行公决，各股东股息、红利移作存款，不支现金为原则，如有急用，通融现金。"对郑源兴的提议，各股东一致举手通过。[1]

茂昌公司的厚积累政策，为其发展提供了相对充实的资金保障。由于战争带来的种种困难，茂昌公司的冰蛋、冷藏鸡蛋的质量可能有所降低，"欧洲客户自不免借口质量较低而有割价退货之举"，所幸"茂昌公司对于鲜蛋已有相当之解决，惟冰蛋至今尚未肖妥善之处置，恐难免有退回上海之变故。好在本公司账上已有相当之准备"，方渡过难关。[2]

1938 年，茂昌公司继续盈利，但仍继续执行稳健的财务政策。"现在所提二十七年度盈余分派议案，所拟为股息二十万元，股东红利二十万元酬劳、奖励四万元，即股息一分，股东红利一分，同事酬劳、奖励金两个。在事实上似不应该，惟以特别缘由，因在讨论该问题时，奎元先生尚在。就该时而论，稳固公司之金融实在第一要义，所有盈余，理应积储滚存。"茂昌公司的稳健性还体现在对其存货的估价一向取保守主义，"本公司过去数年决算为求公司之稳固起见，存货沽价，照普通商人习惯，向甚低微"。[3]

除了多积累之外，茂昌公司还于 1940 年 1 月决定进行第二次增资，即将原有资本国币 200 万元提升至国币 600 万元。"主席宣称公司增资一案，经上届董事会决议，资本总额假定改为国币陆万元"[4]，增资的主要原因，一方面是因为国民政府为了解决财政赤字的问题而实行的法币贬值政策，另一方面就是确保茂昌公司的稳固经营，"就事实论，现在百物腾贵，资

---

① 《茂昌股份有限公司股东会议记录》，1937 年 6 月 30 日，上海市档案馆藏，档号：Q229-1-186。

② 《茂昌股份有限公司股东会议记录》，1937 年 7 月 24 日，上海市档案馆藏，档号：Q229-1-186。

③ 《茂昌股份有限公司股东会议记录》，1939 年 8 月 6 日，上海市档案馆藏，档号：Q229-1-186。

④ 《茂昌股份有限公司 1937 年董监事会会议记录》第 4 册，1940 年 5 月 25 日，上海市档案馆藏，档号：Q229-1-188。

本如不雄厚，难免危险，只有增加资本数额之一法，以符实际，而维公司之稳固"。[①] 茂昌公司增资的资金，主要来自公司的盈余，"兹照二十五年至二十七年份之股东红利分发后移入作增资之用，尚不足八十万元之数，仍由各股东按股设法筹缴，应由股东大会通过行之。各董事一致通过"。[②] 该年 7 月 1 日，"所有新增各股份，俱已由新旧股东认购足额股款"。[③]

太平洋战争爆发之后，时局形势与市场环境更加凶险，茂昌公司更加注重稳健的经营政策。1941 年，公司盈余只有 81.7 万余元，股东会决议"依法先提公积金一成，及提应纳所得税外，股东红利照资本总额份计算，其余作为盈余滚存及各种准备金"。[④] 此时，通货膨胀更加严重，为了应对通胀带来的流动资金需求困难，1943 年 3 月公司董事、监事联合会议决定增资，由国币 600 万元增至伪币 2400 万元（被迫要求，按照国币与伪币兑换率 1 比 1 折算）。"在廿九年增资之时，本公司资本尚可购鲜蛋六万箩，截至今日，则只能购六千箩耳。去年因蛋厂停顿，尚无法考虑金融运用之为要。今年蛋业似有经营之可能，金融周转难免困难，若非增加资本不足以资周转。"[⑤] 此次增资较为顺利，至该年 4 月 30 日即已完成。

二　发展副业，勉力维持

抗日战争爆发以前，上海蛋业采购鸡蛋有五大产区，分别是长江流域

---

① 《茂昌股份有限公司 1937 年董监会会议记录》第 4 册，1940 年 2 月 19 日，上海市档案馆藏，档号：Q229-1-188。

② 《茂昌股份有限公司 1937 年董监会会议记录》第 4 册，1940 年 5 月 25 日，上海市档案馆藏，档号：Q229-1-188。

③ 《茂昌股份有限公司股东会议记录》，1940 年 11 月 20 日，上海市档案馆藏，档号：Q229-1-186。

④ 《茂昌股份有限公司 1941 年董事会议记录》第 4 册，1942 年 6 月 29 日，上海市档案馆藏，档号：Q229-1-194。

⑤ 《茂昌股份有限公司 1941 年董事会议记录》第 4 册，1943 年 3 月 18 日，上海市档案馆藏，档号：Q229-1-194。

（自南京至汉口）、铁路沿线区域（津浦、陇海、京沪、沪杭等铁路沿线区域）、海岸区域（宁波、温州、海门、海州等处）、江北区域（包括江苏省长江以北全部）、上海临近区域（包括浦东、太仓、罗店、平湖等处）。"八一三"战事爆发之后，上海蛋业能够采购的产区大为缩小，仅可分为沦陷区（包括南京、芜湖、杭州以及津浦、陇海等铁路沿线）和非沦陷区（苏北各区以及浙江东部沿海地区）两类。自1938年，日方对浙东实行封锁，以致上海蛋业所需之蛋，半数仰给于苏北一带；其余半数来源于沦陷区和上海周边。该年，日方还在沦陷地区实行统制经济政策，上海蛋业出外采购鸡蛋需要持有日方采办、搬运等证件。①

重庆国民政府经济部也严令浙闽海关禁止桐油、茶叶、蛋品、木材、肠衣、生漆、纸张等五十四种土货运往包括上海在内的日本控制区，致使上海的蛋品来源愈加紧张。② 在鸡蛋来源减少、中外市场需求孔殷、汇率下跌严重的环境下，上海市面的鸡蛋价格大幅上升，1938年春每百磅价格20元，及至次年秋天已经涨至80元，"较廿七年春间更猛涨二倍有余"。③ 在如此环境下，中外蛋厂很难组织大规模生产，不得不相率减工或停工。④

尽管环境艰难，茂昌公司利用自己的资源与优势，采取了灵活多样的应对策略，并最终一一化解了各种困难，确保公司运行下去。在1937年11月14日的公司董事会上，会议决议投资江苏兴化汉兴祥蛋厂。"主席提议，兴化汉兴祥蛋厂因资金不敷，拟请本公司投资改组为茂兴股份有限公司，该厂业务与本公司营业直接有关，应否投资，请公决。经主席、各董事讨论结果，准予合资组织推定全体董事并姚均和君六人为本公司股份之

---

① 《商情报告（廿九年四月廿七日）：市第一〇二六号：民国廿八年上海蛋业概况》，《商情报告》特580，1940，第1页。
② 《查禁物品运沪后，市商会等电请放行》，《新闻报》1939年2月10日。
③ 《商情报告（廿九年四月廿七日）：市第一〇二六号：民国廿八年上海蛋业概况》，《商情报告》特580，1940，第2页。
④ 《贸易会实施管理蛋业，蛋产外销市场已移香港》，《新闻报》1938年11月16日。

代表人，一致通过。"①

1938 年战事正酣，日军对内地的严密封锁使中外蛋商的鸡蛋采购与运输非常困难。该年春天，茂昌公司在江北所办的鲜蛋有数万件，"因在特殊情形之下，该货沿途阻碍，不能运申。虽向各方设法力谋通运，终未能达到完全目的"。为了解决这个难题，茂昌公司委托上海著名蛋商汪新斋在青浦江开设的增新祥土法蛋厂和在宿迁开设的友成土法蛋厂就地生产，"以免变坏而减轻损失"。两家蛋厂立即开工制造，所制各类干蛋制品陆续运到上海，大部分都售卖出去，成绩尚可。②

茂昌公司灵活的经营策略，更体现在困难情况下经营各种副业。由于战争原因，国内交通困难，采购的鸡蛋运至上海，坏蛋很多，损失很大。听说坏蛋可以用作制造肥皂的原料，茂昌公司董事会就召开会议，专门讨论研发肥皂是否可行，并最终决议准予创办。"总经理报告，近年因特殊情形，各外庄采办鲜蛋到申，坏蛋甚多，损失很大。据闻，坏蛋可作肥皂之原料，即可作制造肥皂之用。本公司已聘请肥皂工程师试验及格，认为确可作肥皂之一部分原料。照此即可挽回若干损失。但投资不可即就，最小范围计算，生财、设备、器具等，应需国币数千元，以后购置原料等（所需流动资金）尚非十万元不可。故此事业即有十万元之危险性。此项额外副业是否应行创办，还请各董事公决。由各董事议决，准予创办。亏损额以十万元为限，请总经理主裁办理。"③

在通货膨胀严重和主营业务无法开展的情况下，为了实现现金的保值增值，同时维持企业并扩大资金效益，茂昌公司将大部分资金投向房地产。1939 年购入大批土地与里弄房屋，并成立光华地产公司（郑源兴为董事长），从而有效地弥补了蛋品生产减少的损失。1940 年 10 月 25 日，茂

① 《茂昌股份有限公司 1937 年董监会会议记录》，1937 年 11 月 14 日，上海市档案馆藏，档号：Q229-1-188。
② 《茂昌股份有限公司 1937 年董监会会议记录》，1938 年 10 月 5 日，上海市档案馆藏，档号：Q229-1-188。
③ 《茂昌股份有限公司 1937 年董监会会议事录》，1938 年 10 月 5 日，上海市档案馆藏，档号：Q229-1-188。

昌公司决议购买地产，"主席报告本公司金融状况，略谓公司资本现在大多数为存货，看目下情形，进货机会甚少，存货销清后，资产多为现款。照现在上海经济情形，贮存现款未必善策。兹为求公司将来稳固计，拟购英册道契 CAD. LOT6013 B. C. 8500 空地中之一部分。该地面积总计有二百七十亩"。① 茂昌公司第一次以国币 4.5 万元每亩的价格，一共购买了 62 亩。在同年 11 月 2 日的董事会上，公司决议以英金 700 英镑的价格再继续购买 75 亩。② 1941 年，茂昌公司出售了上海云飞路的云飞市场、塘山路的润德里及施高塔路的花园里三处，新置者计有福履理路屋后毗连地、延平路地、其美路地及国富门路房地产。③

从事多元化经营或者说注重发展副业，充分反映了茂昌公司经营的灵活性。在茂昌公司处于危局之际，一些副业有时甚至起到了挽救公司的作用。对副业在茂昌公司发展中的作用，郑源兴在 1940 年的营业报告中有所指出："本公司主要业务（蛋业）之实际情形，殊为减色。幸赖各种副业及代销等之利益合并计算，获使盈余之数字差强人意而已。倘哈哈就本公司主要业务而言，二十九年度尚不及二十八年者之半，而三十年度者尚不及二十九年度者之半，其情形之不容乐观，可以概见。今后惟有力谋副业之发展，以维开支而渡难关，期于将来情形好转之时，再图主业之复兴也。"④

太平洋战争爆发以后，中国对外贸易环境更为恶化，各项业务开展更加困难。为了维持公司运行，茂昌公司更加注重发展副业。1942 年 10 月，郑源兴开设的光华营业股份有限公司开业，该公司专营建筑设计、经租、

---

① 《茂昌股份有限公司 1937 年董监会会议记录》第 4 册，1940 年 10 月 25 日，上海市档案馆藏，档号：Q229-1-188。

② 《茂昌股份有限公司 1937 年董监会会议记录》第 4 册，1940 年 11 月 2 日，上海市档案馆藏，档号：Q229-1-188。

③ 《茂昌股份有限公司 1937 年董监会会议记录》第 4 册，1941 年 12 月 27 日，上海市档案馆藏，档号：Q229-1-194。

④ 《茂昌股份有限公司股东会议记录》，1941 年 8 月 14 日，上海市档案馆藏，档号：Q229-1-186。

信托押款、估价房地产买卖、经理保险等业务。除投资肥皂、房地产等副业外，茂昌公司还将制造厂大部分改为堆栈，承揽生意。"主席宣称，本公司民国三十年度营业，因受环境支配，来源缺乏，以致制造方面已呈停顿状态，不得已积极整顿副业，以谋补救，制造厂所大部分已改为堆栈，藉谋微利，勉图支持。"①

从实际效果来看，开展副业经营虽不能获取厚利，但也收到了不错的效果。1943年4月24日，郑源兴在公司第17次股东会常会上报告称："本公司三十一年度营业情形已详决算报告书中，主要营业已呈停顿状态，惟将存货销售及各项副业之经营稍得微利，账上虽有盈余，实际尚未可乐"。②

1944年4月15日，郑源兴在公司第17次股东会常会上报告称："本公司去年度营业其主要业务蛋及蛋品之采办制造出口之营业，可称停顿，仅有采办贩卖掮客性质，虽取佣金，所得甚微，并赖副业冷藏、堆栈、机冰及冷藏食品等之收入，勉强维持开缴，在三十二年度终算得以勉强过去"。③

1945年，中国冰蛋最大的销场英国市场已被其他国家输出的各类蛋品所侵占，"英国所需之冰蛋九十八九，由我国供给，余额由澳大利亚补充。自太平洋战争爆发之后迄今5年，所需之蛋品改由美国、加拿大、阿根廷、澳大利亚等国供应"。④ 在此背景下，中国蛋品出口随之大幅下降，1945年中国各类蛋品出口总值约为法币19.78亿元，折合战争之前的法币仅为50万元，只有战前的1.25%。⑤ 蛋品出口的大幅下降，致使中国蛋业各厂

① 《茂昌股份有限公司股东会议记录》，1942年8月8日，上海市档案馆藏，档号：Q229-1-186。
② 《茂昌股份有限公司股东会议记录》，1943年4月24日，上海市档案馆藏，档号：Q229-1-186。
③ 《茂昌股份有限公司股东会议记录》，1944年4月15日，上海市档案馆藏，档号：Q229-1-186。
④ 《茂昌股份有限公司蛋品出口及发展等意见的呈报》，1947年1月，上海市档案馆藏，档号：Q229-1-229。
⑤ 《蛋及蛋制品》，《海关中外贸易统计年鉴》第1卷第1期，1946年。

生产严重萎缩，处境十分艰难。

在长期战争中，实行"重资力积累、轻利润分配"的稳健财务政策便茂昌公司能够承受战争和其他因素引致的损失，同时增强了公司的流动资金运用能力，这些流动资金不仅很好地维护公司的日常运行，还可以在适当的用来发展相关副业。在战争最为残酷、经营条件最为险恶的环境下，正是副业的发展有力支撑了茂昌公司的正常运行。同时，在长期战争中，以郑源兴为代表的中国蛋商体现了不屈服于日本侵略者淫威的民族气节与爱国精神。

三 被迫裁员与救助职工

尽管在郑源兴等人的主持下，茂昌公司得以维持下去。但是，由于战争的破坏、日本公司的抢夺与时局的混乱，使茂昌公司的主营业务——冰蛋、冷藏鸡蛋、干蛋品的生产与出口几乎陷于停顿状态。自 1939 年秋季开始，三井洋行对鲜蛋的抢夺以及对蛋品贸易的统制，使茂昌公司的鸡蛋来源断绝，以致无法组织生产，1940 年 10 月不得不裁减人员。"本公司因进货中断、厂中工作停顿，男女短工势必失业，生活上难免受严重打击。"[1]我们通过对茂昌公司救济职工的方式，可以理解茂昌公司坚信"人是企业最重要的资产，发挥员工才能、众志成城，企业就能创出奇迹"的信仰。[2]

为了使被裁的员工生活有着落，郑源兴提议成立互助救济会，并得到公司董事会的认同。互助救济之法，被社会各界赞誉为华商企业的榜样（"茂昌蛋厂好榜样！失业救济，职工互助"）。《新闻报》《国际劳工通讯》等报刊对茂昌公司的互助救济办法纷纷报道，给予宣扬。"自上海成

---

[1] 《茂昌股份有限公司 1937 年董监会会议记录》，1940 年 11 月 2 日，上海市档案馆藏，档号：Q229-1-188。

[2] 郑爱青、戴丽荣：《郑源兴：中国人的企业家（1891—1955）》，上海社会科学院出版社，2021，第 208 页。

为孤岛后，百业畸形发展，营业状况较战前有过无不及。然其间有一部分厂商，因特殊情形，感受打击者，亦比比皆是。本埠十六铺茂昌蛋厂股份有限公司，其制成品专销欧美各国，营业尚称不恶。最近因遭某方统制，鸡蛋来源断绝，致工人无工可做，数百男女工人，即先告失业。"① 茂昌公司在职职工，"鉴于处此特殊环境之下，米珠薪桂，一旦失业，冻馁随之，爰本人类互助之旨，组织男女短工失业临时互助救济会，以资救济。经费由在职职工量力认募或捐助，同时向公司请求酌量捐助"。救济办法分为以下四项。

（1）介绍职业。失业男女短工应将其技能及才干、经历详细填报，向互助救济会登记，请求介绍职业。经会中查核后，于可能范围内尽力介绍。但如需保人，应由本人自觅。

（2）小额贷款。互助救济会贷款给失业男女短工，以便他们得自营小本贩卖业务，而资生活，"惟须先将营业之性质，及计划等，申请该会理事会查核后，认为合格者，凭保贷予之"。贷款额度以 50 元为限，如事实上不敷运用，必需超过限额时，须将实在情形及理由，呈报理事会核查办理。

（3）赠送川资。失业男女短工如欲回籍者，得将事实情形向互助救济会申请，给予回乡路费，其数额由互助救济会理事会核定。

（4）赠送食米。互助救济会赠送失业男女短工食米，赠送数量每人每天女工赠米一斤四两，男工赠米一斤半，均以市斤计算，以二号洋米发给，或照二号米价合成国币，每隔五天发给一次。

以上四种办法，登记时任择一种，到经介绍或自行觅得工作时停止救济。"当此非常时期，此种救济办法，或亦为各界关心社会问题者所乐闻欤。"② 由互助救济办法可见，茂昌公司对失业员工的救济，可谓是周全备至，不仅给失业员工介绍工作，还给他们提供贷款扶持和物质救济。

---

① 《茂昌蛋厂好榜样！失业救济，职工互助》，《新闻报》1940 年 12 月 3 日。
② 《上海茂昌蛋厂失业工人救济办法（十二月三日新）》，《国际劳工通讯》第 8 卷第 1 期，1940 年；《茂昌蛋厂好榜样！失业救济，职工互助》，《新闻报》，1940 年 12 月 3 日。

至 1945 年 6 月，茂昌公司还有 200 多位员工。由于战争所致国内、国际运输几乎断绝，"公司生意现在简直不能做"[1]，不得不裁撤员工，"除主要人员予以津贴并行管理外，其余一律解散"[2]。郑源兴为顾全职工生计及工作效能起见，规定救济办法："甲种：有工作的职工依照六月份俸金、津贴，以后根据事实情形，本公司认为有修正必要时再加特别津贴。乙种：候补工作职工俸金、津贴，照本年六月份为限，其他待遇照旧，须按日到职，等候工作，公司供膳，不计膳费。如派到工作时，其待遇与甲种同样办理，惟根据工作日按日计算之。丙种：后备职工俸金、津贴，依照本年六月份为限，其他待遇照旧，按月领薪领配，不必按日到职。公司亦不备膳，公司有事自当通知，如有工作派得时应与甲种同样办理，并须按日计算之。丁种：停薪留职，给与一部分补助金。戊种：停薪留职。己种：解雇。"

由上可见，茂昌公司根据职工的具体情况采取针对性的措施。总之，此项救济办法兼顾了公司发展与员工个人利益，"不论股东方面、职员方面以及商业道德甚至公司生存都能面面顾到"[3]。正是茂昌公司的生活关怀与人性化管理，使其大部分员工都能在各种困境中与公司同舟共济、共克时艰，才能同心同德，使公司克服各种艰难险阻而维持下去。

---

[1] 郑源兴：《本公司郑源兴总经理演词》，1945 年 6 月 30 日，上海市档案馆藏，档号：Q229-1-224。

[2] 《茂昌股份有限公司 1941 年董事会议记录》，1945 年 6 月 9 日，上海市档案馆藏，档号：Q229-1-194。

[3] 郑源兴：《本公司郑源兴总经理演词》，1945 年 6 月 30 日，上海市档案馆藏，档号：Q229-1-224

第十三章　内战时期的艰难营业

蕉影做了个噩梦，梦见室里满是可爱的小鸡。柔和的阳光从窗外照射进来。小鸡抖松身上蓬开被阳光照得闪亮的黄毛，叽叽喳喳地边叫边学步。蕉影看得心情愉悦，感到自己是天下最幸福的人。

突然间，一只猫跳进来。小鸡害怕得很，惊慌失措，到处尖叫奔走。蕉影不知道应该帮哪只小鸡……她从没有如此惊怕。她不断向猫发出嘘声，但没有成功把它轰走。她尽力发出各式各样赶猫的嘘声……最后吓醒了，汗流浃背。

她数算她的小鸡，1945 年鸡年出生的孩子：学俊的儿子、金花的儿子、妙香的儿子、爱青的女儿，还有一个孩子，他的名字一时想不起来。是宝卿和明珠的儿子吗？但室里还有许多小鸡，许多许多，不止 5 只。蕉影的不祥预感在 617 号里讨论了好几天。有人提议她应该远离上海的繁杂，到青岛去散心静养。源兴陪伴她去青岛住了两个星期，并携着美珠享受沙滩和海风。

"你认为中国能有和平吗？"蕉影问源兴。源兴经过仔细思考回答说："我当然希望有，但目前的迹象并不明显，我看不清楚中国要走的方向。"

——《郑源兴：中国人的企业家（1891—1955）》，第 161 页。

一　外商企业的业务恢复

抗日战争胜利以后，日本不得不归还中外冰蛋企业的厂产。和记洋行在汉口、天津、南京与上海被日军关押的英国工作人员，也分别从江苏扬州、山东潍县的日军集中营被释放出来。怡和、班达、海宁、培林的厂产也回到原先厂主之手。在收回厂产以后，韦斯特家族围绕是否恢复在华业务的问题上没有达成一致。同时和记洋行的厂房一度被国民政府征用，用来安置军人和储存军用物资，以致南京和记洋行在 1945 年下半年都没有恢复生产。

1946 年，英国联合冷藏公司派遣远东部主任兰姆（Lamb）来华，安排在华各分公司的加工生产。[①] 同时，联合冷藏公司将原天津和记大班马歇尔调至南京，同时又从伦敦调来怀特和南京和记洋行大班希尔兹等人具体负责业务的恢复工作。上海机器制冰厂的黄有福等人找到原南京和记洋行买办何醒愚（1937~1956 年任和记洋行买办），邀请后者从上海回到南京继续担任南京和记洋行买办。

然而，由于南京和记洋行受到的破坏十分严重，和记洋行的业务恢复很不顺利。"原南京沦陷时期被日本方面运走的 12 个锅炉机器全被分散运走，经调查后得知，运到天津两个，在徐州拍卖两个，其余分散各地。虽然后来经过尽力找寻，也仅仅从南京通济门外找回了两台机器，后来又陆续从镇江金山酒精厂拿回了两台，从永利宁厂拿回了一台，从上海杨树浦找回了三台等。"[②]

坐落在南京浦口第八区的南京和记洋行所属的利寰蛋厂，抗战时期被三井洋行侵占，改为石灰码头。抗战胜利以后，和记洋行派人前去查看，

---

① 廖一中等编《天津历史资料》第 6 辑，1980，第 26 页。
② 原和记洋行买办何醒愚的访问，1962，引自朱翔《南京英商和记洋行研究》，南京师范大学博士学位论文，2013，第 206 页。

发现"该厂仅存厂屋大小二所，屋顶完好，内部楼板、窗门、间壁等项皆破坏无余"。面对如此严重的破坏，和记洋行呈请南京特别市市长沈怡，希望准予派工整理。①

南京和记洋行 1947 年初开始恢复收购鸡蛋，并运往上海机器制冰厂进行加工包装，然后转交中央信托局运销国外。此时，也恢复了外庄收购鲜蛋业务，1947 年蚌埠庄下设徐州、宿县、固镇桥、滕县、六安、正阳关、田家庵等支庄，滕县蛋运徐州，由徐州直接运上海，其他地区收购鸡蛋集中蚌埠转运上海。1947 年春秋两季；共采购鸡蛋 973 吨。1948 年春秋两季，总共生产冰蛋 3205 吨。②

另外，英商怡和、培林、汉中与英国制蛋冷藏公司，美商班达、海宁等其他外商冰蛋企业的厂产也被收回，并逐渐恢复生产业务。1947 年，怡和洋行与海宁洋行在接收以后，还联合筹设新的食品公司海寿尔伍德公司（Hazelwood Limited），该公司设在杨树浦路 1500 号"之前怡和冷藏公司之厂房原址"，经营食品制造业务，其范围包括冰结涟、糖果、糖酱及冰冻食物等。"该新公司将由海宁生洋行及怡和洋行之高级人员组织董事会管理之，并由原海宁生洋行担任经理，营业方针将采取'薄利多销'主义，并将于可能范围内，扩展业务至外埠云"。③ 1948 年 2 月 26 日，位于纽约的班达洋行总部宣布出售它在上海的包装冷藏鲜蛋的分公司，该公司即班达公司，但由于汇率问题，它的经营状况难以恢复到被日本人侵占之前的水平。④

① 《英商和记洋行清修利寰蛋厂》，南京市档案馆藏，档号：1003-1-144，引自朱翔《南京英商和记洋行研究》，南京师范大学博士学位论文，2013，第 206 页。

② 胡阁荣：《和记蛋厂——南京肉类联合加工厂》，载中国人民政治协商会议江苏省委员会文史资料委员会编《江苏文史资料》第 31 辑，《江苏工商经济史料》，江苏文史资料编辑部发行，1989，第 124 页。

③ 中国征信所：《英商怡和美商海宁生联合筹设新食品公司》，《征信所报》第 533 期，1947，第 5 页。

④ Borden Sells Shanghai Egg Business, *The North-China Daily News*, February 28th, 1948, p. 2.

二　茂昌公司厂产的回收

茂昌公司也在努力收回被日本人侵占的厂产。

1945 年 12 月，国民政府经济部接管了扬子蛋业冷藏株式会社，并奉敌伪产业处理局指令，对扬子蛋业冷藏株式会社库存的蛋片、冰蛋等进行拍卖。[①]

1946 年 2 月，郑源兴呈请国民党上海市党政接收委员会、上海区敌伪产业处理局等国民党政部门，要求发还被日本人侵占的虹口分厂。上海区敌伪产业处理局经过讨论后，认为茂昌公司是被迫与日本人合作的，可以发还虹口厂，"惟须出相当代价"。按照当时估价，茂昌公司需向国民政府当局支付法币 2.4 亿元，该笔资金归入国库，"限一个月交清，候行政院核准有效"。[②]

为了赎回虹口分厂，茂昌公司开会讨论如何筹集资金时，提出三种解决方案。一是委托郑源兴向上海区敌伪产业处理局请求分期六个月付清，等到公司增加资本筹集完备之后再偿付。二是如果第一种方案不可能时，授权总经理郑源兴向各银行、钱庄及个人筹集资本，等到公司增加资本就位后再偿付。三是公司董事、监事筹集垫款，并向各股东或各董事、监事的私人亲友借款，各董事、监事及各股东的垫款或借款，公司在没有偿还他们之前，在公司增资时，债权人有优先认股的权利。[③]

郑源兴向上海区敌伪产业处理局局长尚恳数次，分期六个月拨付，但没有得到允准，幸得各方大力协助，2.4 亿元的赎款得以筹集，于 1946 年

---

① 《经济部接管扬子蛋业冷藏株式会社、茂昌股份有限公司通告第一号》，《新闻报》1945 年 12 月 4 日。
② 《茂昌股份有限公司 1941 年董事会议记录》第 4 册，1946 年 2 月 14 日，上海市档案馆藏，档号：Q229-1-194。
③ 《茂昌股份有限公司 1941 年董事会议记录》，1946 年 2 月 14 日，上海市档案馆藏，档号：Q229-1-194。

3月缴付清楚，并于该年4月2日"由经济部特派员办公处召集原接收人员并处理局代表及本公司人员，会同洽办接收手续。惟全部接收极为烦琐，至今尚未竣事，大约于最近日内当可完成接收手续"。[①] 虹口分厂于该年5月8日正式回到郑源兴手中。[②]

1946年8月22日，郑源兴收到国民政府经济部鲁豫晋区特派员办公处批示，内有"所请发还茂昌公司青厂一节，业经审查完竣，拟具发还办法，送山东青岛区敌伪产业处理局复核审议会决定后，再行通知"的批语。在青岛分公司中的从前日本人的收入，按照行政院规定换算率折算为国币，缴纳国库。日本人增加部分以及现存物料，由经济部估价，茂昌公司有优先承购权。[③] 1946年12月，茂昌公司基本完成接收青岛分公司的工作，共计支付国币3亿余元。[④]

茂昌的厂产能够得以顺利发还，与郑源兴与一些人的私人友谊有一定关系。早在1933年，郑源兴与上海著名蛋商王锡藩合资在南京附近购买了300多亩土地，打算开采煤矿，结果挖掘出来的煤质量不合要求。郑源兴通过王锡藩在东吴大学的同学邹秉文将该地赠给东吴大学农学院作为农业试验场，因此郑源兴结识了邹秉文。抗战胜利后，邹秉文出任联合国粮农组织执行委员。茂昌公司在收回虹口分厂与青岛分公司时，邹秉文就将茂昌公司被日股侵入一事向上海经济特派员张子闿说明原委。同时，茂昌公司股东袁恒通嘱托同乡汪日章（浙江奉化萧王庙镇人，时任行政院主任秘书，是蒋介石身边红人）将茂昌公司的情况致函敌伪产业处理局局长刘攻芸。由于这些人从中为之说项，所以不到一年，茂昌公司即将虹口、青岛

---

① 《茂昌股份有限公司1941年董事会议记录》第4册，1946年4月9日，上海市档案馆藏，档号：Q229-1-194。

② 《茂昌股份有限公司股东会议记录》，1946年5月21日，上海市档案馆藏，档号：Q229-1-186。

③ 《茂昌股份有限公司董事会决议录》，1946年9月19日，上海市档案馆藏，档号：Q229-1-207。

④ 《茂昌股份有限公司董事会决议录》，1946年12月24日，上海市档案馆藏，档号：Q229-1-207。

两处分厂全部收回。①

为了接收上海虹口分厂、青岛分厂与满足流动性资金的需求，茂昌公司不得不筹设增资。因为"向银钱业商借，不但利息太高，负担不起，且手续极繁，诸感困难，用是本公司董事会拟定增资办法以资补救"。②1946年4月9日，公司董事会决议，将原有2400万元的资本重新调整。调整内容如下：1941年1月注册的国币600万元（每股1000元），仍按600万元算。另外，于1943年添增的1800万元伪币，按照200：1的比例折算法币，为国币9万元。1800万元部分由折算后的9万元和1943年增资后购置的彭浦区、亨利路、杨树浦码头三处地产获利（1945年底估值国币1.5491亿元，其中增值国币1791万元，其中新股东分配1343.25万元，作为股款；447.75万元分配给老股东，作为公积金）的新股东享有的1343.25万元补充，剩下的447.75万元按照股东认购的股份比例认缴。③

但是，调整后的2400万元远远满足不了需要，"本公司自调整资本后，资本总额为法币二千四百万元，照目前情形，绝对不敷运用，运用非增资不可"。1946年5月18日，公司第六届第六次董事、监事联合会议决议继续增资至7.2亿元。其中，增加新股57.6万股，每股1000元，连同原来的2.4万股，合计6亿元。另外，增加溢价股12万股，"每股票面仍为国币一千元，但每股实收国币五千元余。照票面金额收作资本外，其余溢价四千元收入公积金项下，如是连同老股及第一项增资股款，合计资本总额为国币七万万二千万元"。④由于茂昌公司信誉卓著，只用了两个月的时间，其股份已被认购完毕。

① 崔蔚人：《"蛋大王"郑源兴》，中国人民政治协商会议全国委员会文史资料委员会编《文史资料选辑》第46辑（总第146辑），中国文史出版社，2001，第90~91页。
② 《茂昌股份有限公司股东会议记录》，1946年5月21日，上海市档案馆藏，档号：Q229-1-186。
③ 《茂昌股份有限公司1941年董事会议记录》，1946年4月9日，上海市档案馆藏，档号：Q229-1-194。
④ 《茂昌股份有限公司1941年董事会议记录》，1946年5月18日，上海市档案馆藏，档号：Q229-1-194。

1947 年 5 月，南京国民政府颁布《工矿事业重新估价固定资产价值以及调整办法》。茂昌公司的地产及机器设备等依照上述办法估价，大约为100 亿元。同月 22 日，茂昌公司董事会决议，将资本国币 7.2 亿元调整至100 亿元。这 100 亿元分为 10 亿股，每股国币 10 元，除由公司固定资产升值项下 77.0004 亿元拨增老股东，每老股（每股 1000 元）应得新股1070 股外，并以 1946 年每一老股应得之股息、红利 300 元移动作认购增资股份 30 股，合计每一老股连同原有股份应得新股 1200 股，此外每一老股并得现金认购新股 190 股。[1] 由于增加原有资产重新估价颇多，实际增资不多，加上通货膨胀严重，所以此次增资较为顺利，至 1947 年 6 月底即完成。

三　损失惨重的火灾

就在茂昌公司积极筹备复产之际，不幸发生了一场十分惨烈的大火。1947 年 4 月 9 日 0 时 20 分，位于南浔路 60 号的茂昌公司堆栈二楼发生大火。据《申报》报道："昨晨经四小时之延烧后，即自二层穿至三层，并在晨四时，火舌冒出坚韧之铅皮屋顶。同时堆栈沿青浦路部分，亦相继卷入火海，再加风助火威，益不可收拾。五时卅分许，整个铅皮屋顶焚毁倾坍，刹时烈焰腾空，虽远至数里外之浦东各地，均能清晰望见。"大火延烧三昼夜方被扑灭，在上海引起了极大关注。在大火熊熊燃烧的第一天，上海市长吴国桢、上海市公安局代局长俞叔平亲临火灾现场，指示一切。[2]

此次大火造成了巨大损失。该处堆栈第一层是交通部电信局、鸿运航运局、苏商友宁公司等三家公司租用的，第二层西北部沿南浔路是交通部电信局和美利洋行仓库，东部堆置的是联合国善后救济总署（简称"联

---

① 《茂昌股份有限公司股东会议记录》，1947 年 5 月 23 日，上海市档案馆藏，档号：Q229-1-186。
② 《市区一夜三处大火：茂昌栈烈焰未熄、栈货损失近千亿》，《申报》1947 年 4 月 10 日。

总"）由冲绳运来的 700 余大箱物资，以及国民政府行政院善后救济总署（简称"行总"）的西药。三层除小部分为维大洋行堆置什物的仓库外，其余为茂昌公司的冷气设备以及准备运销国外的鸡蛋和蛋黄。损失"当在五百余亿左右，故此次大火损失，堪称近数十年来空前未有之巨灾"[①]，所幸以上各机构存放茂昌公司堆栈中之货物保有火险。[②]

关于此次起火的原因，在大火发生之时有各种传说。普遍传说是歹徒纵火，为此当局颇为重视，"今晨救火时警局并出动大批员警，手持轻机枪，严密戒严，形势极度紧张"[③] 交通部因大火烧毁其电信局的电器材料甚多，也派人调查起火真相。[④] 上海市公安局虹口分局将茂昌公司虹口堆栈仓库管理主任成家栋，职员宋春泉、王承德、郑华俊、江荣耀、杨世昇，小工夏家斌、陈有宝、王文才、黄志发以及门警俄国人佛来金、潘特希阿夫、福来去夫等八人因渎职和公共危险罪扣押。[⑤]

此次起火的真实原因，经过上海地检处侦查，系电焊工人陈阿二、银宝子，铜匠朱福三、张金根四人在修理堆栈内各种管子时，使用电焊不当致管子烧红，"未经熄灭，遽尔离去，遂使管上之火，波及储藏之易燃物品，致起大火。"[⑥] 上海地检处对上述四人以"应注意须注意而未注意"提出控诉。[⑦] 1947 年 8 月 7 日，上海地方法院判处陈阿二、朱福三、张金根三人有期徒刑三个月，银宝子无罪释放。[⑧]

此次大火使茂昌公司损失惨重。其中，毁损鲜蛋 12831 件，价值法币 24 亿元，包装材料时值八九亿元，房屋设备约 20 亿元。[⑨] 除此之外，照蛋

① 《市区一夜三处大火：茂昌栈烈焰未熄、栈货损失近千亿》，《申报》1947 年 4 月 10 日。

② 《今晨茂昌堆栈奇火：门窗紧锁猜疑火种何来》，《申报》1947 年 4 月 9 日。

③ 《今晨茂昌堆栈奇火：门窗紧锁猜疑火种何来》，《申报》1947 年 4 月 9 日。

④ 《茂昌余火未熄》，《中华时报》1947 年 4 月 12 日。

⑤ 《堆栈大火案八人准予保释》，《申报》1947 年 4 月 13 日。

⑥ 《茂昌堆栈大火一场，电讯局损失数千亿》，《东方日报》1947 年 7 月 18 日。

⑦ 《茂昌大火案审结定八月七日宣判》，《申报》1947 年 8 月 1 日。

⑧ 《茂昌栈火案，工人判徒刑》，《大公报（上海）》1947 年 8 月 8 日。

⑨ 《茂昌股份有限公司董事会决议录》，1947 年 4 月 10 日，上海市档案馆藏，档号：Q229-1-207。

间与堆放鲜蛋的仓库全部焚毁。所幸在起火当天下午，郑源兴给太古洋行保险部打电话，要求投保火险，并于当日下午去了太古洋行，见太古保险部经理史密司已将茂昌投保一事记载于台历上，才放心离开。虽然保险手续未办完，但因茂昌公司向来信誉很好，太古保险部立即照章赔偿 2 万英镑，并说："相信茂昌不会由于投保火险而引火自焚"。[1] 最后核算结果，除了保险赔款外，茂昌公司共计净损失 25 亿元，"因房屋设备均未保险故也"。[2]

尽管此次大火使茂昌公司损失颇多，但并没有妨碍茂昌公司与中央信托局合作（公司于该年 3 月 20 日起筹备复工）。在大火发生的第三天，《申报》报道说："（经调查）计损失鲜蛋一万二千八百三十一件，惟渠称该项损失，与蛋价并无影响。因损失之蛋，系在冰蛋业公会与中信局签订合约之前，由本公司所购进，而作额外之准备者，故所遭损失，乃属额外之准备。惟上项事件，对于与中信局签订之定货合同，并无影响。对于本公司制造蛋品之数量方面，亦无影响。"[3]

四　业务的艰难进展

抗战胜利以后，工商各界恢复经营不顺利，汇率下降与物价不断高涨是主要原因之一。为了应对长期战争与行政费用支出所需，国民政府的外汇统制与无节制的货币发行使法币大幅贬值，投机猖獗、国内物价高涨。为了打击猖獗的投机、稳定国内物价、促进生产和恢复对外贸易，经过几个月的酝酿，国民政府于 1946 年 3 月 4 日开放外汇市场，中央银行根据市

---

[1] 崔蔚人：《"蛋大王"郑源兴》，中国人民政治协商会议全国委员会文史资料委员会编《文史资料选辑》第 46 辑（总第 146 辑），中国文史出版社，2001，第 91 页。

[2] 《茂昌股份有限公司股东会议记录》，1947 年 5 月 23 日，上海市档案馆藏，档号：Q229-1-186。

[3] 《蛋类出口渐有转机》，《申报》1947 年 4 月 12 日。

场美元供给情况，"随时供给与收买，以资调节"。① 人们对外汇市场的开放颇多期待，希望国内物价能够得到稳定。然而，外汇市场开放以后，情况不仅没有改观，反而进一步急剧恶化。

外汇市场开放之日，官方汇率起定为 1 美元合法币 2020 元，这一汇价较抗战以前 1 美元合 3 元 3 角的汇价，上涨了约 612 倍。三个多月以后，官方汇率始终维持在原定的汇率水平未变，而上海趸售物价指数已经上涨到战前的 3984 倍。汇价与国内物价上涨程度的悬殊，非常不利于中国对外贸易，"由国外输入商品是居于有利地位，而在相反方面，向国外输出商品是比较不利的"。② 与上涨速度更快的国内物价相比，固定未变的法币对外价值过高，致使中国出口产品的生产成本高昂，而在外国市场上的价格缺乏竞争力，"如足度桐油，目前沪市市价需七万元一市担，而运至美国只能售得七万数千元，这差额还不够抵付运费、保险费及其他开支"。③

1945 年，茂昌公司的蛋品出口因战争、汇率和物价等不利因素的影响而难以恢复，冷气堆栈、普通堆栈、机器制冰以及鱼类买卖等副业虽继续开办，但受大环境的影响，同样比较萧条。正如郑源兴在公司第 21 次股东会股东常会上所报告的那样，"依据决算，账面虽差强人意，事实上实未可乐观。又自从我国胜利之后至今已半载有余，本公司所有各厂还是不能开工，蛋品及鲜蛋之出口业务，依然无法进行，因为欧洲物价比较战前变动甚微，而我国物价则高涨数千倍之巨，以致两相悬殊，陷于僵局，就目前趋势观察，本年内蛋品及鲜蛋出口大概已无希望，仅有副业可以经营，但支出日见庞大，资本不敷运用，深为可虑，故本年度（1946 年）营业亦绝难乐观。"④

抗战胜利以后，为了偿还苏联的贷款、开展对日和对欧美国家的贸

① 杨尔理：《由外汇市场开放论外汇政策》，《财政评论》第 14 卷第 3 期，1946，第 19 页。
② 寿进文：《关于调整外汇率的争议》，《经济周报》第 2 卷第 24 期，1946，第 6 页。
③ 寿进文：《关于调整外汇率的争议》，《经济周报》第 2 卷第 24 期，1946，第 6 页。
④ 《茂昌股份有限公司股东会议记录》，1946 年 5 月 21 日，上海市档案馆藏，档号：Q229-1-186。

易，以换取所需外汇，1946 年 2 月，国民政府将资源委员会的矿产品输出权限以及国际贸易委员会、复兴公司的农产品输出权限划归中央信托局所有。为此，中央信托局特设贸易组专责其事。[1]

中央信托局成立贸易组以后，试图恢复其垄断的生丝、茶叶等大宗产品的出口。尽管法币贬值很快有利于出口，"在汇率方面，由去春（1946 年）三月四日所公布之二〇二〇元对美汇率，至八月十九日调整至三三五〇元。其目的即为鼓励输出减少输入"，但贸易逆差反而扩大，"进出口货为五比一，入超达一万亿元"。这主要是物价上涨过快、生产减少和交通阻滞所致，"国内物价偏高，又生产减少，运输阻碍"，"自胜利以来，因各地交通破坏，迄今未能恢复，内地所生产之货物感受运输阻滞之痛苦，如经过里程及时间之加长、资金之积压、运费之增加，货品成本亦遂加重，益以利贷之增高，不数月间成本或已加倍，复以出口货之品质有待改良，标准有待规定，凡此种种困难，遂至输出贸易仍难推进"。[2]

作为出口大项之一的蛋品，同样没能恢复到战前的水平。1946 年 1 月，英国粮食部向中国政府表明，打算采办 1 万~1.5 万吨冰蛋，约合战前中国冰蛋出口总额的三分之一。由于通货膨胀严重的原因，最终没有达成交易。"惟价格须与各国售价相伯仲。无如我国物价，已较战前增高五千倍至一万倍以上。而英美物价，至多只增一倍。美金只合战前一千倍，英镑八百倍，实属相差太远，无法着手。虽英国方面，最近对于冰蛋尚有销售（约合战前三分之一），惟最高买价，与中国预算最低估计成本，只合百分之四十，相差一倍以上，难以凑合成交"。[3] "惟战前价格为每吨英金六十镑（C. I. F），上年该国出价每吨英金一百镑（F. O. B）计算。而我国同业则索价每吨二百十七镑，致未成交。"[4] 虹口分厂于 1946 年 5 月 1 日

① 《中央信托局将设贸易组》，《前线日报》1946 年 2 月 26 日。
② 郑振声：《出口补贴与进口附加政策之研讨》，《河北省银行经济半月刊》第 3 卷第 3 期，1947，第 21~23 页。
③ 《蛋业吁请政府协助：恢复战前出口数量》，《申报》1947 年 1 月 20 日。
④ 《茂昌股份有限公司蛋品出口及发展等意见的呈报》，1947 年 1 月，上海市档案馆藏，档号：Q229-1-229。

收复以后，茂昌公司虽然努力谋求生产与出口业务的恢复，但是由于受时局的影响，仅能以堆栈业务艰难维持。"本公司三十五年度营业，对于蛋品出口之正业仍在停顿中，仅有副业冷气堆栈及普通堆栈等强事敷衍。"①

1947年1月，英国再次向中国冰蛋业同业公司提出订购冰蛋。然而，由于通货膨胀的原因，此提议一度搁浅为了恢复蛋品出口，该年1月中旬，郑源兴与郑方正呈请国民政府努力稳定汇率，并给予贷款救济，以协助蛋品出口，"以冀在三年内逐年恢复战前出口之数量"。②

1947年2月6日，国民政府成立了输出推广委员会，该委员会隶属于最高经济委员会。输出推广委员会以最高经济委员会委员长为主任委员，并以财政部部长、经济部部长、交通部部长、农林部部长、中央银行总裁、资源委员会委员长，及最高经济委员会委员长所指定之委员（最先指定郑秉文博士）为委员，并成立了一个由各部所派委员组成的执行委员会，推举贝祖贻为委员会主任，其任务主要是克服对外贸易中的各项困难、奖励出口。③为了刺激出口、实现贸易平衡和财政平衡，输出推广委员会于该年2月6日公布了出口物资贴补的具体办法，"对于出口货品结汇时，就其输出价格，由政府给予百分之一百之补助费，以资鼓励"。④

输出推广委员会成立以后，茂昌公司和外商冰蛋企业即请求该会对蛋品出口给予协助，得到了该会的同意。"现蛋商有一冰蛋业协会，华商一家（茂昌公司）、美商二家、英商五家，共计八家，该会组织甚健全，信誉亦佳，输出推广委员会成立以后，该会即请求协会，输广会颇表同情，经过多次商洽，决定采取政府向八家蛋商收买冰蛋之办法。"⑤2月20日，输出推广委员会召开了第三次执委会会议，会议通过成立了蛋业小组，推

① 《茂昌股份有限公司股东会议记录》，1947年5月23日，上海市档案馆藏，档号：Q229-1-186。
② 《蛋业吁请政府协助：恢复战前出口数量》，《申报》1947年1月20日。
③ 《发展对外贸易，设输出推广会》，《前线日报》1947年2月6日。
④ 郑振声：《出口补贴与进口附加政策之研讨》，《河北省银行经济半月刊》第3卷第3期，1947，第23页。
⑤ 《收买冰蛋商洽经过》，《金融日报》1947年4月13日。

选刘攻芸为主任委员，马格（Marker）为副主任委员，凯斯威克（Keswick）、哈克逊（Harkson）、拉福特（Langford）、拜仁（Baznen）、郑源兴为委员。①

该年 2、3 月间，中国冰蛋业同业公会迭次请求贸易推广委员会转商中央信托局"赐予协助，恳由该局负责收购"。② 中国冰蛋同业公会的请求得到了中央信托局的同意。因为中央信托局也希望将蛋品纳入到其"收购"的出口商品之列，希望借此多创收外汇。对中央信托局收购冰蛋继而转售给英国粮食部的办法，国民政府当局还给出了解释："政府采用此种措施，全系适合蛋商请求，绝无统购统销之意，亦有充分理由：一、蛋类输英，占中英贸易极重要地位，现在必须竭力维持，不使旁落别国手中。二、争取外汇。三、协助信誉卓著之蛋厂，复业开工，不致使蛋厂陷于停闭之困境。四、发展农村副业，扶助农村经济。"③

1947 年 4 月 4 日，中国冰蛋业同业公会与中央信托局正式签订了订购协议。订购协议规定：中央信托局负责收购与销售之责，中央信托局收买进来以后，转售给英国粮食部，每吨净得外汇 200 英镑，所有盈亏由政府负担；中央信托局对冰蛋的收购办法，是核算蛋厂的原料成本与加工成本，酌加利润和手续费，以法币向中国冰蛋业同业公会会员收购后，出口时径以外汇交给中央信托局。制造由中国冰蛋业同业公会负责，制造冰蛋 5000 吨，每吨价格为法币 900 万元，分 5 次交付，第一次于 4 月 7 日完成，嗣后依次办理。④

按照协议，茂昌公司得到 23.94% 的份额，计有 1197 吨，"以可能范围内接受制造为限。近日正在购办鲜蛋，制造方面已于本月（4 月）五日正式开工"。⑤ 此时，汉口和记洋行开始恢复收购鸡蛋业务，上海机器制冰

---

① 《粤汉路出口货须先结售外汇》，《大公报（香港）》1947 年 4 月 21 日。
② 《英粮食部来华采购，蛋类出口渐有转机》，《申报》1947 年 4 月 12 日。
③ 《政府所采措施适合蛋商请求》，《金融日报》1947 年 4 月 13 日。
④ 《英粮食部来华采购，蛋类出口渐有转机》，《申报》1947 年 4 月 12 日。
⑤ 《茂昌股份有限公司股东会议记录》，1947 年 4 月 10 日，上海市档案馆藏，档号：Q229-1-186。

厂也恢复生产。由于南京和记洋行在战争期间破坏严重，一时恢复不易，其在各地收购的鸡蛋运到上海机冰厂加工包装，然后交给中央信托局运销国外。

由于法币通货膨胀严重、物价飞涨，中外冰蛋企业在组织生产时就面临着亏本的局面。原定收购价格每吨 200 英镑，但中外冰蛋企业每制造 1 吨冰蛋的成本需要 225 英镑，"故须由中信局津贴若干，始能收购制造"。[①] 法币的大幅贬值与物价大涨，使冰蛋外销面临严重困难。在生产第一批货物之后，中外冰蛋企业又陷入停顿状态。对于汇率与物价给冰蛋外销带来的极大困难，全国经济委员会也曾直白地说："综观目前蛋品不能出口之最大原因：一为国内生产成本高昂，国外售价低廉，依现时政府所订汇率，无法出口。"[②]

尽管英国粮食部的报价、严重的通货膨胀使中外冰蛋企业无利可图，郑源兴却致力于中国蛋品出口的恢复，他在 1947 年 5 月 23 日的公司股东会股东常会上说："今年最近蛋业虽略事收办，勉强开工，但仍无利可图，不过为谋国际市场中我国蛋业不致冷落而已。诚以蛋品之出口，对内扶持农村经济，对外抵补入超漏卮，抑平外汇。故本席决勉力以赴，以冀逐渐恢复战前本公司在国际市场上固有之地位，庶于国计民生两受裨益矣"。[③] 1947 年，茂昌公司共计出口冰蛋 1580 吨；[④] 但是冰蛋每吨的售价仅有 210 英镑，不足以抵偿物价与原料成本的上升。郑学原（郑源兴长子）亦声称"其成本稍感不敷"。[⑤]

尽管冰蛋出口有所恢复，但规模非常有限，难以扭转茂昌公司的困

① 《冰蛋出口补贴今日可望核定》，《金融日报》1947 年 4 月 9 日。
② 《1947 年 11 月 20 日全国经济委员会秘书处撰发的协助蛋厂及推广蛋品外销办法草案》，中国历史第二档案馆存档；转引自上海社会科学院经济研究所、上海市国际贸易学会学术委员会编《上海对外贸易：1840—1949》下册，上海社会科学院出版社，1989，第 300 页。
③ 《茂昌股份有限公司股东会议记录》，1947 年 5 月 23 日，上海市档案馆藏，档号：Q229-1-186。
④ 《茂昌股份有限公司蛋制品价格及出口数量统计表》，1938~1950 年，上海市档案馆藏，档号：Q229-1-35-2。
⑤ 《中信局购办第四批冰蛋》，《申报》1947 年 12 月 6 日。

境。"查去年（1947年）蛋品出口虽名为复业，实际上出口之数量仅及战前百分之七八。其原因为国内产地产量多未恢复战前情形，并且交通不如战前之便利，成本亦过，出口方面各国外汇管制关系，种种原因使去年蛋品出口未能顺利达到预算。故仍须冷气堆栈等副业相辅而行，勉度时艰。"①

为了扩大下一年的出口规模，1947年11月，郑源兴出国调查国外蛋品市场销售情形，并接洽新的业务。在1948年6月1日公司董监事联系会议上，"主席（郑源兴）报告去年（1947年）十一月出国调查国外情形接洽业务事项，略谓现在英国蛋及蛋品均归政府收买，我华蛋去年定额为九千吨，然所缴尚不足半数。今年经本人要求，增至一万五千吨，承英政府看重接受，殊为荣幸。"② 1947年底，郑源兴前往汉口、青岛及长江沿线一带进行调查，试图能够采买到满足出口所需的廉价鲜蛋。"茂昌公司总经理郑源兴鉴于我国蛋品，如冰蛋、干蛋、片蛋、白蛋黄等，战前向为对英出口大宗物资，战后因成本高昂，国外限价未能提高，业务始终无法展开。兹为明了蛋品产地情形，并拟觅取对策，打开对外输出僵局起见，业赴汉口、青岛及沿长江线一带地区，亲作调查。"③

1948年，中央信托局继续订购冰蛋。该年3月24日，中央信托局与中国冰蛋业同业公会签订了冰蛋15000英吨（即长吨，1英吨合2240磅，合1016.04公斤）的合约，继续出售给英国粮食部。嗣后，又在该年6月增加了2000英吨的订单。④ 及至年底，中央信托局只收购了冰蛋13200多英吨。其中，有600英吨还未能出口。另外，中外冰蛋企业自行出口约

---

① 《茂昌股份有限公司股东会议记录》，1948年7月15日，上海市档案馆藏，档号：Q229-1-186。

② 《茂昌股份有限公司董监联席会议记录》，1948年6月1日，上海市档案馆藏，档号：Q229-1-211。

③ 《打开蛋类输出僵局，郑源兴亲赴产地调查》，《征信新闻（上海）》第534期，1947年10月1日，第6页。

④ 上海社会科学院经济研究所上海市国际贸易学会学术委员会编《上海对外贸易：1840—1949》下册，上海社会科学院出版社，1989，第301页。

1000 吨冰蛋，"输出价格每吨最高为二百十英镑，共获外汇二百九十万英镑，折合美元一千万元"。① 1948 年，中国冰蛋实际出口近 13600 吨，恢复到抗日战争爆发前出口规模的三分之一，其中茂昌公司出口 3721 吨。②

1948 年上半年，由于冰蛋出口业务有所恢复，茂昌公司的经营状况有所好转。在 1948 年 7 月 15 日公司第 25 次股东常会上，郑源兴说："本席去年十一月，因接洽蛋品出口业务，出国赴英接洽，结果尚称圆满。英国蛋及蛋品均归英政府收买，我国则移归中信局办理，本公司为代办代制性质，利润虽微，但无亏损之虞，故比之去年较为实惠。至于冷气堆栈，春季虽亏，全年总计尚不致亏耗。总之全盘营业上半年度已略有盈余，下半年照现在预算不致亏欠，可以平衡。"③ 1948 年下半年，由于国民政府的金圆券改革一定程度上影响了茂昌公司的生意，但在公司上下一致努力下，还是实现了"稍有盈余"的目标。④

1949 年 1 月，中国冰蛋业同业公会与英国粮食部就当年度的冰蛋出口事宜展开了谈判。双方在出口价格方面颇有争议，"英方已无意于每吨出二百一十英镑之高价，拟迫使减至二百英镑以下，乃至一百八十英镑。我方冰蛋商则坚持价格应予提高，致交涉月余，尚无结果"。⑤ 经过一个多月的艰苦谈判，双方最终于 3 月 1 日达成出口协议，"总数为一万五千吨，每吨为二百零四英镑，仍由中信局负责收购"。⑥ 截至 4 月 9 日，中央信托局仅收购 3000 余吨，"收购价格，原来按照鲜蛋市价为标准，现以市价波动极剧，特按美金计算，每吨为二○二英镑，折合美金六○六元，中信局

---

① 《本年冰蛋输英在商洽中：去年输出一万三千吨》，《中华国货产销协会每周汇报》第 6 卷第 4 期，1949，第 2 页。

② 《茂昌股份有限公司蛋制品价格及出口数量统计表》，1938~1950 年，上海市档案馆藏，档号：Q229-1-35-2。

③ 《茂昌股份有限公司股东会议记录》，1948 年 7 月 15 日，上海市档案馆藏，档号：Q229-1-186。

④ 《茂昌股份有限公司董监联席会议记录》，1948 年 12 月 22 日，上海市档案馆藏，档号：Q229-1-211。

⑤ 《输英冰蛋交涉接近》，《益世报（上海）》1949 年 2 月 23 日。

⑥ 《本年度输英冰蛋，首批冰蛋五百吨》，《新闻报》1949 年 3 月 4 日。

照此标准向冰蛋商收购，此项办法虽过于硬性，但如冰蛋商不敷成本时，将另设补救办法"。① 不久之后，由于政局发生剧变，该年中国冰蛋出口不得不终止，茂昌公司出口的冰蛋仅有 1379 吨。②

在抗日战争爆发以前，中国蛋品出口总值曾达 3000 万至 4000 万美元。制干蛋品厂商，均属华商，战前有一百余家，遍布江苏、浙江、安徽、河南、湖北等省。受战争破坏和通货膨胀等因素的不利影响，至 1947 年初，仅剩下 20 多家。1947 年 2 月，国民政府将汇率调整为 1 美元合 12000 法币。为了重振输出业务，争取政府外汇基金，在郑源兴等人的大力推动下，该年 2、3 月，丰裕、茂昌等华商蛋厂组织了远东蛋品联合营业公司，作为出口联营机构，主要经营干蛋品，如飞黄、干蛋白、蜜黄、全蛋片等成品出口。该联营组织初名定为远东蛋品联合营业公司，后改为"远东蛋品物产公司"。③

远东蛋品物产公司最初资本定为 5 亿元，由各厂同业自由认股，公司设在上海，工厂地点租赁温州蛋厂生产。联营公司的筹备委员会则广揽全国各地蛋业英才，计有：上海茂昌公司的郑源兴、上海丰裕蛋厂的王品藻（原有怀县丰裕蛋厂、商丘永大蛋厂）、安徽亳州鼎记蛋厂的唐鼎臣、上海茂昌干蛋厂的陈伟如、温州蛋厂的翁来科、苏北汉兴祥蛋厂的朋中强、祥丰杂粮行主商巽庵、苏北申丰蛋厂的宗纯生、上海裕民蛋厂的毛自齐、苏北汉兴祥的顾宝华、原培林公司买办陆伯歧为筹备委员。④ 该公司的成立目的，无非是想联合干蛋制造业同业组织起来、步调一致，集中面对办理出口货物收购工作的中央信托局，以利于讨价还价。

---

① 《输英冰蛋已收购三千余吨，每吨六〇六美元》，《大公报（上海）》1949 年 4 月 9 日。
② 《茂昌股份有限公司蛋制品价格及出口数量统计表》，1938~1950 年，上海市档案馆藏，档号：Q229-1-35-2。
③ 上海社会科学院经济研究所、上海市国际贸易学会学术委员会编《上海对外贸易：1840—1949》下册，上海社会科学院出版社，1989，第 300 页。
④ 《工商业报道：蛋业厂商筹组联营公司》，《商业月报》第 23 卷第 4 期，1947，第 4 页；上海社会科学院经济研究所、上海市国际贸易学会学术委员会编《上海对外贸易：1840—1949》下册，上海社会科学院出版社，1989，第 302 页。

为了实现蛋品的顺利输出，远东蛋品物产公司还向输出推广会递呈了一些请求。概括起来主要内容如下。一、希望政府当局能够给予贷款，以便从事生产，争取外汇。二、装运蛋类费用甚巨，且易破碎，故希望政府当局于产地当局设立工厂，"便利生蛋之收购，减少制造成本，并避免运时之损失"。三、为推广输出，当局应采取三种方式协助蛋品输出：（甲）政府规定价格收购蛋品，但各地制造成本不同，当局应加注意；（乙）政府出资，各厂商代为生产经营，而给予厂商合法利润；（丙）政府发放贷款，由厂商自行经营，"但遇物价跳动时恐有难以维持之虞"。四、输出推广会虽有专家，但为加强该组工作效力起见，须请输广会聘请蛋商数人参加，以备咨询。①

从后来的实际操作中可见，干蛋品的生产与出口采取的是政府出资、各厂代为生产的方式。根据现存档案与报刊资料，远东蛋品物产公司成立后，曾不止一次与中央信托局签订了收购蛋品（干蛋品）的合同，由远东联营公司向产区收购鲜蛋，加工制成合格外销的干蛋品，交给中央信托局收购，再由中央信托局委托该联营公司出口。其办法与手续，与中央信托局收购其他出口物资相同。根据与中央信托局的最初协议，中央信托局定购代销干全蛋片 250 吨，每吨价格为 720 英镑，干蛋白 100 吨，蜜黄 400 吨。② 根据存档，留存有关远东蛋品物产公司收购出口的不完整的记录有 3 次，都是 1948 年的。一次是该年 5 月，成交飞黄 11200 磅，干蛋白 4400 磅，输往美国。均价（成本+运费）为到纽约每磅 1.05 美元，共值 16380 美元；二是该年 6 月，成交蛋黄 20 吨，原档案没有记载价格；三是该年 12 月，成交飞黄 15 吨、蛋白 50 吨，每吨均价为 767 英镑 19 先令 3 便士，共合 151149 美元。这几笔金额都不大。③

① 《调整外汇率后蛋业发动输出，蛋业界建议输推会四点》，《大公报（香港）》1947 年 3 月 5 日。
② 《英粮食部来华采购，蛋类出口渐有转机》，《申报》1947 年 4 月 12 日。
③ 上海社会科学院经济研究所、上海市国际贸易学会学术委员会编《上海对外贸易：1840—1949》下册，上海社会科学院出版社，1989，第 303 页。

在当时的环境下，远东蛋品物产公司的命运和其他出口联营组织一样，不足一年就宣告失败。远东蛋品物产公司总经理王品藻的回忆："远东蛋品联营公司 1947 年开业未久，就被中央信托局控制全部产品，加之在向农村收购原料鲜蛋时，农民不信任法币，必须以大小头（银元）或小金鱼（金条）才能买到鲜蛋，因而生产不足一年，资金完全亏蚀殆尽。"① 由上可见，国民政府的通货膨胀政策、中央信托局的低价收购是蛋品难以输出的主因，其他出口产品也不例外。在远东蛋品物产公司尚未正式成立时，人们似乎已经预见到这种结局："英汇过低，央行收进每镑仅四万元，折合法币价格成本，尚不足百分之二十，故只得仰赖政府之出口补贴，否则根本无法输出。"②

五 创办香港分公司

1948 年，在国共战略决战中，国民党军队节节溃败，陆续从大城市撤退。郑源兴也感到茂昌公司有往外发展的需要，"上海的茂昌总部和青岛的分公司在经营上因为内战而遇上阻滞，茂昌必须另找一所安全地点运作。香港是英国占领地，不会被中国战乱波及，兼且是进行国际贸易的理想跳板。许多公司早已迁往那里"。③

同时，中国蛋品在南洋一带的销售也有了起色，有在华南分设机构的必要。在 1948 年 12 月 22 日的董事会联席会议上，董事郑方正报告说："今年南洋群岛、小吕宋一带华蛋销路极为兴旺，我国粤汉路一带蛋产颇丰，极合南销之需。本公司应该华南分设机构，以利业务，请各董事讨

---

① 上海社会科学院经济研究所、上海市国际贸易学会学术委员会编《上海对外贸易：1840—1949》下册，上海社会科学院出版社，1989，第 303 页。
② 《蛋品输英发生问题，联营公司成立延迟》，《大公报（上海）》1947 年 3 月 27 日。
③ 郑爱青、戴丽荣：《郑源兴：中国人的企业家（1891—1955）》，上海社会科学院出版社，2021，第 167～168 页。

论。"董事金宗城也认为要推广公司业务、争取外汇,有必要在广州、香港或南洋等地分设机构,"得以广采粤汉一带之蛋产,以充沛供应英国之需,兼销南洋等处,而扩充本公司业务实为必要"。经董事会充分讨论后,最后决定在香港设分公司。①

1948年12月26日,郑源兴亲赴香港,负责香港分公司的筹备工作。郑源兴到达香港后,依照公司董事会决议筹建香港分公司的原则,在香港九龙半岛东边红磡区附近购买厂基,布置临时蛋厂,并建造厂房、定购冷气机器以及各项设备。② 1949年2月,香港分公司建设完成,但一开始就面临着严重的资金缺口。香港分公司资本100万港元,购置厂基花费了50万港元,建厂房50万港币,机器设备、器具、生财、码头等需90万港元,住宿场所30万港元,共计需220万港元。缺少120万港元,将全部厂基与财产一并向银行抵押70万港元,尚少50万港元。香港分公司以冷藏业务为主,兼营上海蛋品转口贸易。③

香港分公司布置完成后,随即进行了试办。但仅开工10余天就不得不停办,主要因为粤汉铁路因军事行动被阻断,鲜蛋无法供应。香港分公司因之受了相当损失。截至1949年7月21日,香港分公司共亏去18.41万余港元,"故资本虽名为一百万元,实际只有九十五六万元"。在主持香港分公司时,郑源兴尝试做菲律宾的生意,由于时局所限,一时难有进展。④

1949年4、5月间,因为战事,茂昌公司将外庄全部关闭,业务完全陷入停顿状态。公司董事兼副总经理郑学俊于5月8日离沪赴港,准备前往英国与该国粮食部洽谈合作办法,"此亦为上海冰蛋同业表示同情内定

① 《茂昌股份有限公司董监联席会议记录》,1948年12月22日,上海市档案馆藏,档号:Q229-1-211。
② 《茂昌股份有限公司董监联席会议记录》,1949年11月28日,上海市档案馆藏,档号:Q229-1-211。
③ 《茂昌股份有限公司董监联席会议记录》,1949年11月28日,上海市档案馆藏,档号:Q229-1-211。
④ 《茂昌股份有限公司董监联席会议记录》,1949年11月28日,上海市档案馆藏,档号:Q229-1-211。

之计划"。对于冰蛋业同业公会的计划，郑源兴表示赞同，最后同意郑学俊前往英国。郑学俊到香港以后，郑源兴因上海总公司事关重大，将香港分公司移交给郑学俊负责。此后，郑源兴父子经常往返上海、香港两地。在香港开展蛋品生意十分困难，因为天气和社会环境跟上海完全不同，很多业务需要经过不厌其烦地解释，董事会才能明白个中究竟。

香港的本地蛋商十分守旧，联合起来对抗茂昌公司。他们对冰蛋制品的生产方法一无所知，所以也没有接受新产品的打算。他们把苦力和工人组织起来抵制茂昌公司，并且自己从中国南方各大小商贩手中收购鸡蛋，无须与茂昌公司交易。他们困惑于下面一些问题：这些上海人在广东人之中想做什么？这个说英语的上海人想从英国人中得到什么好处？需要香港蛋商付出什么代价？① 茂昌香港分公司虽然努力尝试把部分华中与华东的鸡蛋转到香港加工和输出海外，但成绩并不理想。

在解放战争时期，由于时局混乱、通货膨胀严重，加上战争和其他不利因素，鸡蛋来源稀少，生产成本高昂，种种不利因素叠加在一起，使中外交易难以达成。在郑源兴等人的努力下，茂昌公司的蛋品出口虽有起色，但难以恢复到全面抗战爆发以前的水平。我们可以看到，在茂昌公司艰难曲折的发展过程中，稳定的社会环境对企业发展的重要性。尽管以郑源兴为代表的中国蛋商表现出了不屈不挠、勇于进取、积极开拓的企业家精神，但是在战争、通货膨胀的冲击下，企业也难有发展。

---

① 郑爱青、戴丽荣：《郑源兴：中国人的企业家（1891—1955）》，上海社会科学院出版社，2021，第 168 页。

第十四章　新中国成立后的经营

1949 年 10 月 1 日，中华人民共和国成立。

他和新市长会面。市长看起来真诚坦率，有诚意了解茂昌的营运模式；和源兴以前接触过的高级官员比较，更像个实惠的中国人。衣着比源兴的还要简朴，办公室四周没有名贵的东西。源兴心里暗地赞许。"郑先生，我很高兴你没有抛弃上海，不顾我们而去。"市长热情地握着源兴双手说。源兴有点诧异：虽然有人劝他永远离开中国，但他绝不会放弃茂昌。"不会！"他大声说道，"这里是我的家，我的事业，我的一切。我属于这里，不管出外到什么地方，我一定会回来"。

听说周恩来总理数次接见源兴，谈及为全民利益而合伙合并的问题。"我一直担心你是否能够承受失去茂昌。"蕉影告诉源兴。"但你不断努力维持工厂的生产，说明了这些损失没有使你太难受。"

"哈！哈！哈！"源兴大笑。"只要茂昌没有垮，不管它是什么新架构；只要蛋制品业做得好，不管它什么股东、股权，我都感到已经为国家服务。个人的损失不会使我痛心。我只是庆祝我们等待了半个世纪，今天才真正可以进行重建中国的工作。"

——《郑源兴：中国人的企业家（1891—1955）》，第 172～173 页。

一　公私兼顾时期的经营

时间来到 1949 年，在中国北方取得决定性胜利的中共新政权开始接收国民党政府的行政机构和各类企业，致力于国民经济的恢复与发展。

1949 年 1 月天津解放以后，设立了对外贸易接管处，开始接收国民党政府输出输入管理委员会天津办事处、天津海关、天津商品检验局等国民党统治时期的对外贸易行政管理机构和中央信托局天津分局，以及扬子公司天津分公司等官僚资本的对外贸易企业。1949 年 3 月 18 日，华北对外贸易公司正式成立，这是天津市第一个国营对外贸易企业，公司经营的范围包括各种进出口业务，并且设有储运部。随着对外贸易的迅速发展和贸易范围的不断扩大，在原华北对外贸易公司的基础上，华北对外贸易公司于 1949 年 9 月分设了 6 个专业公司，即华北进口公司、华北猪鬃公司、华北油脂公司、华北皮毛公司、华北土产公司和华北蛋品公司。①

1950 年 3 月 10 日，华北猪鬃公司、华北皮毛公司、华北蛋品公司分别改名为中国猪鬃公司、中国皮毛公司和中国蛋品公司。② 中国蛋品公司专门经营鲜蛋及蛋制品的收购、加工和外销业务，并负责调整公私关系及扶持合作事业的发展等工作。

1949 年 5 月 27 日以前，上海尚未解放。受国内战争、通货膨胀、交通阻隔、鸡蛋来源稀少和其他不利因素的共同影响，中外冰蛋企业仅出口 4000 多吨冰蛋。③ 茂昌公司的业务也陷入停顿，"因战事关系，无法继续，早将外庄全部结束，蛋厂亦已停工，业务方面可谓完全停顿"。④

---

① 《天津经济年鉴》编辑部编《天津经济年鉴 1986》，天津人民出版社，1986，第 425 页。
② 杨德颖主编《商业大辞典》，中国财政经济出版社，1990，第 960 页。
③ 《输英冰蛋百余吨，正候船装运出口》，《征信新闻（上海）》第 1054 期，1949 年 6 月 25 日，第 3 页。
④ 《茂昌股份有限公司董监联席会议记录》，1949 年 11 月 28 日，上海市档案馆藏，档号：Q229-1-211。

1949 年 5 月 27 日，上海获得解放。为了恢复茂昌公司业务，郑源兴积极向中国共产党领导的新政权寻求帮助。同年 9 月，郑源兴从香港到达天津、北京，先后会见了华北对外贸易公司负责人和华北人民政府工商部姚依林部长。郑源兴向姚依林部长"面陈该公司上海、青岛及安徽亳州三厂情形，说明现在想恢复生产，但感资金困难，希望政府扶助"。①

郑源兴的请求得到了华北人民政府工商部的支持。"姚部长表示同意扶助上述三厂的恢复，工商部已有公函到华东贸易局。该公司上海、青岛两厂将生产冰蛋，亳州将造飞黄干粉。将来视环境市场情形，再决定分别由上海、青岛或天津出口"。② 同时，华北人民政府工商部还给茂昌公司确定了恢复业务与发展生产的方针与原则。郑源兴称，"一九四九年九月，源兴返抵天津，经华北对外贸易公司负责同志的明确指示，及中央贸易部姚部长的鼓励和嘉勉，增长了源兴恢复生产的信心。现在不但消除了一切的顾虑，并且更积极的（地）致力于增加生产，以挽回战前的销路，发扬我国蛋品在国际市场的地位（目前全国出口物质，蛋品占第一位，按现在蛋品出口数量，尚不抵战前百分之三十）。这完全是由于毛主席伟大的领导，和政府当局贤明的措施，使我们认识了新民主主义施政的方针及共同纲领的经济政策，同时经过学习和了解政府各级负责同志的言行，并确实的（地）认识了发展生产，繁荣经济，公私兼顾，劳资两利的原则性。由于思想改造，进而为行动的表现，遂积极准备复工，以求发展生产，争取外汇，换取外国有用的建设器材，来建设我们新中国"。③

郑源兴从北京回到上海以后，一方面积极与上海华东区对外贸易总公司以及银行界迭次商讨复工的相关事宜，一方面与茂昌公司职工筹备委员会（简称"职工会"）积极讨论劳资合作的方式与办法。1949 年 9 月 23

---

① 《沪茂昌蛋厂谋恢复生产》，《神州日报》1949 年 9 月 21 日。
② 《沪茂昌蛋厂谋恢复生产》，《神州日报》1949 年 9 月 21 日。
③ 《1950 年郑源兴向共产政府递交茂昌蛋品及冷藏有限公司报告书》，1950 年，上海市档案馆藏，档号：Q229-1-213。

日，在公司职工会的全体会员欢迎大会上，郑源兴传达了华北人民政府工商部给出的复业复工指导方针，即"遵照工商部与上海华东区贸易总局的指令，依照新民主主义发展生产为宗旨，只可前进，不可后退"。在此次会议上，郑源兴明确了厂方与职工会双方争取"互赢"的合作原则与前提：厂方充分保障职工的正当权利，职工要充分考虑公司面临的现实困境。概而言之，要以发展生产、繁荣经济、公私兼顾、劳资两利为原则。①

1949年10月，郑源兴派青岛分公司经理刘祖赉返回青岛，筹备恢复生产的一切事宜。同年11月9日，在青岛中国银行的支持下，青岛分公司正式复工生产，当年生产出口冰蛋102吨。②但是，由于国际交通阻碍、原料缺乏、汇率波动异常等原因，茂昌公司的业务恢复非常有限。"上海、青岛方面早经修竣，亳州方面，因停工多年，须掉（调）换锅炉等等，大概当须一个月左右方可修理完成。无奈因环境关系，诸多掣肘，物价又波动甚烈，兼之蛋产稀少，外汇汇率与实际物价成本常相去甚远。虽经商请华东区贸总收购，只以物价及环境关系，现今未成事实。照现下情形以观，本年年内，开工无望。业务既无把握，开支复日增无已，殊觉难于应付。一切均与鄙人原定计划完全相反，唯有希望明春好转，能否如愿要看环境如何而定。"③

由于国民党军队对南海航线的封锁，上海茂昌总公司的冰蛋与其他蛋品无法运销海外。"海口在顽敌残余匪帮封锁的情形下，属公司在上海主要部分的业务（制造冰蛋）无法出口。冰蛋出口必须由冷藏库迅速地装运到有冷藏设备的车辆上，输往国外。如果在没有冷藏设备的天津口岸转

---

① 《茂昌股份有限公司董监联席会议记录》，1949年9月23日，上海市档案馆藏，档号：Q229-1-211。

② 马安林：《老树回春知时节——青岛"茂昌"从濒临倒闭到国营大中型企业的回顾》，载刘永顺、董本来主编《中国资本主义工商业的社会主义改造：山东卷》，中共党史出版社，1992，第518页。

③ 《茂昌股份有限公司董监联席会议记录》，1949年11月28日，上海市档案馆藏，档号：Q229-1-213。

口，是不可能的。"① 另外，需要支付给停工工人工资颇巨，同时上海外商银行停放打包放款，上海茂昌总公司陷入严重的资金困境之中。为了渡过1949年底的难关，郑源兴极力设法调度，"向天津华北蛋品公司商借五亿元，合十六万余折实单位。又向利兴蛋厂商借蛋品廿三吨另七五，合四十余万折实单位（均以折实单位为还款条件），总算度过年关"。②

为了克服财政经济困难，1950年2月，中央财政经济委员会在北京召开了新中国成立后的第一次全国财政经济会议，会议决定节约开支、整顿收入、统一管理全国财政经济工作。同年3月3日，政务院颁布《关于统一国家财政经济工作的决定》。1950年3月10日，政务院颁布《关于统一全国国营贸易实施办法的决定》，确定中央贸易部（1949年11月1日成立，1952年8月7日，撤销中央人民政府贸易部，成立中央人民政府对外贸易部和中央人民政府商业部）是全国的国营贸易、合作社贸易和私营贸易的总领导机关，对待私营贸易采取"利用、限制、改造"的方针，加强引导与管理。

在新中国财政经济和贸易政策出台的同时，上海茂昌总公司的财务状况进一步恶化。1950年3月9日郑源兴在写给公司董事唐鼎臣等人的信中称："公司经济困难已至极点，今止负债约十五亿，马口铁等途货七亿抵冲外，负债八亿，四亿商借中，后款无处再借……上海情形特殊，今春复工绝望。本公司自解放以来，力谋恢复生产，故对无工作职工仍继续支薪，勉力维持已达九月之久。"③

为了使公司走出困境，郑源兴建议公司实行停止发薪和裁员的政策，"上中苦状，众所目睹，奈事与愿违，难关无法打破，不得已，请即宣告自本月（1950年3月）十一日起，全体职工一律停薪，各负责人等义务服

---

① 《茂昌股份有限公司创始经过暨业务情况以及目前危急待援之报告书》，1950年4月，上海市档案馆藏，档号：Q229-1-211。

② 《茂昌股份有限公司董监联席会议记录》，1950年4月3日，上海市档案馆藏，档号：Q229-1-211。

③ 《茂昌股份有限公司董监联席会议记录》，1950年3月9日，上海市档案馆藏，档号：Q229-1-211。

务。能生产部分请紧缩维持，不能生产部分停薪结束。处此人力不可抗环
境下，不需要及无工作职工无条件解雇，待需用时优先录用。恳请各职工
特别体谅公司苦衷，并向有关当局备案，请求救济指导、劝解遣散等事
宜"。①

此时，中国蛋品公司为创收外汇需要，委托和记洋行、怡和洋行、茂
昌公司为其代理加工冰蛋 2 万吨，并负责出口。郑源兴前往天津，与中国
蛋品公司商谈，取得了为后者代理加工冰蛋的业务。根据双方协议，鸡蛋
原料由中国蛋品公司供应，茂昌青岛分公司负责冰蛋加工、出口事宜，一
切工费由中国蛋品公司负担，给厂家 7.5% 的报酬。当年，茂昌青岛分公
司加工冰蛋 8120 吨，超额完成任务，占全国冰蛋出口总量的 40.6%，为国
家换取了首批外汇。②

尽管青岛分公司取得了政府的代加工业务，但这并不能够扭转茂昌公
司的严重困局，在 1951 年 12 月 4 日公司股东会上，郑源兴报告称："青岛
分厂虽有加工生产的报酬收入，无奈上海方面蛋品正业不能生产，只有仓
库等一些收入，收支不能平衡，而且同时有令人痛心的解雇大批职工的事
情，为着这不得已的解雇事情，本公司所支出的解雇金等款子，为数很不
小。因此本公司全年收入不足抵补全年开支，结果本公司一九五零年度亏
损七亿余元，并因此一九五零年度股息，并无从办理"。③

1950 年 4 月，郑源兴向政府呈送了《茂昌股份有限公司创始经过暨业
务情况以及目前危急待援之报告书》，报告了茂昌公司的发展经过、现状
及现存的困难，希望中央政府给予帮助。郑源兴表示："公司愿在政府
的领导下，努力发展生产计划，争取国外市场的销路，针对政府一切政策

---

① 《茂昌股份有限公司董监联席会议记录》，1950 年 3 月 9 日，上海市档案馆藏，档号：Q229-
1-211。

② 马安林：《老树回春知时节——青岛"茂昌"从濒临倒闭到国营大中型企业的回顾》，载刘永
顺、董本来主编《中国资本主义工商业的社会主义改造：山东卷》，中共党史出版社，1992，
第 518 页。

③ 《茂昌股份有限公司股东会议记录》，1951 年 12 月 4 日，上海市档案馆藏，档号：Q229-1-
186。

措施企图发展。"① 尽管新中国政府愿意相助，但由于海运封锁和不利的市场环境，上海茂昌总公司无法恢复主营业务，仅靠仓库等副业艰难维持。是年，由于资金极度困难而无法归还贷款，茂昌公司将安徽亳州蛋厂作价折给永兴洋行买办严逸文，改称为协兴蛋厂。②

　　1951 年 1 月，郑源兴由香港到青岛，该月中旬转至北京，与国营中国蛋品公司商讨 1951 年冰蛋出口事。经协商，历 3 个月毫无成就。主要"因我政府既实行易货政策，英国买方借口执行困难，延宕未能协议"。③ 同年 4 月初，中国蛋品公司改组为中国畜产公司，为照顾农村经济、职工生活，以及茂昌公司在业务开展上的种种困难，委托茂昌公司先行加工制造冰蛋，"无奈因国际局势政治性关系，制成品至今仍未装出，对于青岛业务，暂难乐观。幸上海冷藏副业很有进步，收支尚可敷衍。希望进步再进步，生产再生产，以维生存"。④

　　1952 年 4 月，上海茂昌总公司为中国畜产公司代加工相关产品，转变了经营方式，"由国营中国畜产公司委托加工制造全蛋粉及干粉、盐鸡黄，业务起了变化，乃改变经营方针，以加工蛋品生产为重点。厂务部改为蛋品制造厂，由原任厂务部经理金绍南、袁恒通为正副厂长，主持生产"。⑤ 该年，茂昌青岛分公司也接受了中国畜产公司的代加工业务，负责冷冻出口猪肉。

　　尽管茂昌青岛分公司取得了中国畜产公司的代加工业务，但茂昌公司仍无法从根本上走出困境，随着过渡时期总路线的出台，茂昌公司的命运发生了重大转变。

---

① 《茂昌股份有限公司创始经过暨业务情况以及目前危急待援之报告书》，1950 年 4 月，上海市档案馆藏，档号：Q229-1-213。
② 文昊编《民国的买办富豪》，中国文史出版社，2013，第 147 页。
③ 《茂昌股份有限公司股东会议记录》，1951 年 2 月 4 日，上海市档案馆藏，档号：Q229-1-186。
④ 《茂昌股份有限公司股东会议记录》，1951 年 12 月 4 日，上海市档案馆藏，档号：Q229-1-186。
⑤ 袁恒通：《中国蛋业发展简史、茂昌蛋业冷藏公司沿革史》，1961 年 12 月，上海市档案馆藏，案号：Q229-1-181。

二　茂昌与中国冰蛋行业的历史归宿

随着过渡时期总路线的确立，茂昌公司顺应时代与国家所需，积极接受改造，成为国有经济的重要组成部分。

由于业务难以恢复，为了支付工人工资和筹集采购鸡蛋的货款，1952年初，郑源兴指示郑学俊将茂昌香港分公司出售。"他给在香港的股东分发了按他计算的应得款项，又极力争取并支付了从上海来港工作的旧员工的遣散费，余下款项全部汇返茂昌上海总公司。"① 1953年，茂昌公司依然没有走出困境，郑源兴和茂昌公司的股东们决定出售茂昌伦敦分公司，"以支付雇员和鸡蛋收购员的薪金费用"。②

1953年，中共中央正式公布了过渡时期总路线。同年11月9日，中国民主建国会中央总委员会和全国工商业联合会向全国私营工商业者发出号召："动员起来，在中国共产党领导下，为贯彻国家过渡时期总路线而奋斗。"为响应党的号召，11月，上海茂昌总公司与青岛分公司均向当地政府提出实行公私合营申请。上海茂昌总公司向中共上海市委工业生产委员会、华东区轻工业部工业局及市人委轻工业管理局申请公私合营。茂昌公司申请将国内所有财产，包括青岛分公司在内，全部都列入合营范围。国外伦敦海昌公司及香港公司俟办理结束后其净值投入合营企业。

经过充分的协商与准备，1954年3月29日，上海市人民政府轻工业管理局批准茂昌总公司有关公私合营的申请，并签订协议，决定从4月1日起实行公私合营，改名为"公私合营茂昌蛋业冷藏股份有限公司"。③

① 郑美珠：《华人大班郑源兴 1891—1955》，香港 Icicle Group 印刷，2011，第264页。
② 郑美珠：《华人大班郑源兴 1891—1955》，香港 Icicle Group 印刷，2011，第267页。
③ 马安林：《老树回春知时节——青岛"茂昌"从濒临倒闭到国营大中型企业的回顾》，载刘永顺、董本来主编《中国资本主义工商业的社会主义改造：山东卷》，中共党史出版社，1992，第519页。

1954 年 4 月初，新成立的上海食品公司接管了茂昌公司。

1954 年 4 月 12 日，上海《解放日报》报道了茂昌公司公私合营的消息：

> 目前我国规模最大、设备最好的制蛋、冷藏公司——茂昌蛋业冷藏股份有限公司已于四月一日改为公私合营。
>
> 茂昌公司包括上海总厂、北厂、南厂、沪东栈和青岛分公司、宁波制蛋厂、高邮制蛋厂等单位，其中以上海总厂规模最大，机器间里有大大小小的各种氨压缩机，经过这氨压缩机制成的冷气，通过近廿万尺的阿母尼亚管供应总厂北厂的冷却间、速冻间、冷藏间应用。总厂的设备制造规模也是国内数一数二的。单一个敲蛋间就有四百多个女工穿着白衣，戴着白帽、口罩，日日夜夜娴熟地忙碌着。每天从早上六时起最晚到晚上十一时，都有川流不息的冷藏车、卡车、三轮货车运来刚宰好的鲜猪和鲜鸡蛋，并从这里（总厂、北厂）运走冻得像玉石一样的鲜猪和制成的各种蛋品。
>
> ……去年八月，经过公司董事会讨论，决定申请公司合营。经过上海市人民政府工业局的批准，该公司即自一九五四年四月一日起公私合营，公司人事组织亦已作了妥善安排，私股代表都感满意。
>
> 四月四日，该厂开了庆祝公私合营的大会，全厂职工纷纷提出保证，一致表示决心改造旧企业，克服一切困难，完成合营后第一个月——四月份的生产任务。[1]

公私合营以后，公司的管理层安排如下：公方庄大民为经理，私方郑源兴为董事长兼副经理，郑方正、唐鼎臣任副经理，公方朱康为厂长，私方金绍南、袁恒通为副厂长，其余各部门负责人仍任原职。郑源兴被聘为公司顾问。"从此茂昌在党和公方正确领导下调整了组织机构，健全了基础，组织配备了各业务部门及车间厂部，有计划地进行了生产，在同一地

---

[1] 《茂昌蛋为冷藏股份有限公司改为公私合营》，《解放日报》1954 年 4 月 12 日。

位能制造冰全蛋、冰黄、冰白、全蛋粉、飞黄粉、干鸡蛋白、干鸭蛋白、蜜黄新粉（安息香酸钠）、盐鸡黄、老粉（硼酸）、盐鸡黄及新老粉、盐鸭黄等产品十二种之多，非但在我国所没有，即在国际上亦属罕见。不仅如此，内地厂有不合格的干湿蛋及冰蛋，由中国食品出口公司委托代为整理加工，予以技术处理，使合乎出口标准，可以出口。有人喜呼为蛋品医院。"[1] 不幸的是，这一年郑源兴患了严重中风，行动不便，于次年5月20日病逝。

1954年5月19日，青岛市人民政府财政经济委员会批准了茂昌青岛分公司的公私合营申请，并决定以1954年4月1日上海茂昌总公司合营的日期为分公司合营的开始日期，定名为"公私合营茂昌蛋业冷藏公司青岛分公司"。是年7月10日，青岛市人民政府财政经济委员会批准公私合营的协议，正式委任刘岩为公方代表，私方正副经理分别为刘祖赉和陆其康，上海茂昌总公司处于股东地位，青岛为分公司。经营形式以代国营加工为主，业务隶属青岛市食品公司管理。按"成本加成"（冰蛋15%、冻肉20%）计收工缴费。企业利润按照"四马分肥"（国家税金约为30%，企业公积金约为10%~30%，职工福利奖金约为5%~15%，股东红利、董事、经理、厂长的薪酬约为25%）的原则分配，私股收益纳入总公司。[2]

1954年7月，茂昌公司成立资产清理委员会，进行资产清算工作。截至该年底，茂昌公司公股资金为5351345元，包括青岛分公司在内，私股资金为2489602元。[3] 资产总额在全国各私营企业中名列前茅。

1956年，在社会主义改造浪潮中，冷藏、冰蛋业实行了全行业的公私

---

[1] 袁恒通：《中国蛋业发展简史、茂昌蛋业冷藏公司沿革史》，1961年12月，上海市档案馆藏，档号：Q229-1-181。

[2] 马安林：《老树回春知时节——青岛"茂昌"从濒临倒闭到国营大中型企业》，载刘永顺、董本来主编《中国资本主义工商业的社会主义改造山东卷》，中共党史出版社，1992，第519~520页。

[3] 袁恒通：《中国蛋业发展简史、茂昌蛋业冷藏公司沿革史》，1961年12月，上海市档案馆藏，档号：Q229-1-181。

合营，上海茂昌总公司、青岛分公司也改造为高级形式的国家资本主义企业，"四马分肥"的分配方式也改为定股定息。① 自此，茂昌公司成为国有资本的一部分，为社会主义经济建设做出了重要贡献。

上海解放初，外商蛋厂都濒临倒闭。1950 年，中国蛋品公司上海分公司以市军管会贸易处第十军管专员办事处名义，接管了英商和记、怡和、培林、华懋和美商班达等 6 家蛋厂。1954 年 12 月，中国食品公司出资 5.6 万元外加照顾费 3.2 万元收购了培林洋行之蛋厂，主营冰蛋制造，兼营冷藏制冰和出口柑橘整理装箱业务。1955 年 1 月，改组为中国食品公司上海供应站蛋品加工厂，1958 年 9 月又改名为禽蛋三厂。②

1949 年以后，南京和记洋行一直亏损，到 1954 年负债 110 万元。1956 年 2 月，打算从中国退出的南京和记洋行出售给大华企业公司，同年 6 月商业部投资 1000 万元，在南京和记洋行的旧址上成立了南京肉类加工厂。1958 年，在苏联专家拉宾斯基等人的帮助下，在和记洋行原址重建三座大冷库，总冷藏量 2.2 万吨，占当时全国总冷藏量的三分之二，被誉为"南京的北极，冰冻的世界"。③ 1952 年，天津和记洋行向中国政府申请售卖厂子，中国畜产公司华北区公司于是年 10 月收买了该厂，改名为"天津市食品公司第一加工厂"，成为全民所有制国营企业。④ 1956 年，汉口和记洋行被湖北省商业局接收，改名为湖北省汉口蛋品加工厂。⑤ 其他外商冰蛋企业或撤离，或被中国政府收购，自此结束了它们在中国的活动。

1950 年代，中国所处国际环境大变，与西方国家之间的对外贸易全面中断。中国冰蛋主要出口至苏联与东欧国家。1957～1959 年，从武汉出口

---

① 马安林：《老树回春知时节——青岛"茂昌"从濒临倒闭到国营大中型企业的回顾》，载刘永顺、董本来主编《中国资本主义工商业的社会主义改造：山东卷》，中共党史出版社，1992，第 520 页。

② 邱嘉昌主编《上海冷藏史》，同济大学出版社，2006，第 38 页。

③ 徐延平、徐龙梅：《南京工业遗产》，南京出版社，2012，第 208 页。

④ 廖中一等编《天津和记洋行史料》，《天津历史资料》第 6 辑，1980，第 70 页。

⑤ 彭小华主编《品读武汉工业遗产》，武汉出版社，2013，第 112 页。

至苏联的冰蛋有 8054 吨。[①] 1954~1957 年，天津市食品公司第一加工厂每年出口冰蛋多在 7000 多吨，1958 年达新中国成立后的最高峰 9599 吨。此后，由于鲜蛋来源稀少，冰蛋出口下降。1959~1987 年，天津食品公司第一加工厂出口的冰蛋数量，大多数年份为 1000 多吨或 2000 多吨，还有几个年份仅有几百吨，最少甚至只有 20 来吨。[②]

由于对外贸易的中断，西方世界这个中国冰蛋曾经最重要的销售市场，被盛产鸡蛋、技术发达、靠近市场的荷兰、美国、联邦德国、加拿大、法国、澳大利亚、南非、波兰、新西兰、巴西等国家的企业所瓜分。1985~1987 年，以上 10 个国家的冰蛋和液体蛋出口总量依次为 9.44 万吨、11.10 万吨、10.45 万吨。[③] 与 1930 年在华的中外冰蛋企业年产冰蛋 7 万吨、冷藏鲜蛋 20 万大箱相比，可谓伯仲之间。由此可见中国曾在世界冰蛋市场上取得的领导地位与铸就的辉煌。

---

① 武汉地方志编纂委员会主编《武汉市志：对外经济贸易志》，武汉大学出版社，1996，第 109 页。

② 季宝华主编《天津通志：二商志》，天津社会科学院出版社，2005，第 214 页。

③ 周永昌主编《蛋与蛋制品工艺学》，中国农业出版社，1995，第 9 页。

第十五章　作为历史的冰蛋行业、
茂昌公司以及郑源兴

　　自 1923 年成立，经过短短七八年时间的发展，茂昌公司快速崛起为中外同业中最具实力的跨国企业之一，并在其后成为世界冰蛋贸易规则的重要制定者之一。茂昌公司的巨大成功，不仅向世人展示了近代华商企业惊人的活力和市场适应性，还为我们重新审视与评价华商企业难与外商企业竞争的传统观点提供了一个重要案例与历史依据。这要求我们在研究近代华商企业史时，重新审视西方在华企业与本土企业之间看似泾渭分明的差别。茂昌公司虽是华商企业，但它在产品的加工、运输和销售方面与外商冰蛋企业几乎是完全一致的，它不仅有着西方企业类似的企业结构与等级管理制度，同时还具有近代中国特有的社会关系网络优势。在企业家郑源兴的主持下，茂昌公司将现代企业制度的优势与中国特有的社会关系网络良好结合，这是茂昌公司取得巨大成功的关键所在。

一　茂昌的成功经验

　　茂昌公司从成立时，就面临着外商企业的集体挤压和全方位竞争。在企业家郑源兴的主持下，茂昌公司不屈不挠、永不服输，勇敢地与外商冰蛋企业进行了激烈的全方位竞争，并取得了非凡的成就。

（一）伟大的朴素梦想

梦想，对个人而言，是人们对美好未来的一种期许，是心中努力想要实现的目标；对企业而言，是企业发展战略的一种具象表述，是企业文化的一种高度凝结，是企业向更强实力、更高水平发展的一种目标追求。

梦想，是以郑源兴为代表的茂昌公司创建者们努力奋斗、不断进取、共克时艰的思想起点，也是他们渴望建立自己商业王国的内心彰显，这与熊彼特所说的西方企业家梦想动机——他们内心需要找到或建立一个私人王国，从而获得一种独立和权力的感觉以满足他们的需求——是完全一致的。进一步来说，以郑源兴为代表的茂昌公司创建者们的初心与朴素梦想是使更多贫苦的中国人民有业可就、有饭可吃和使贫穷落后的中国在当时世界上占有自己一席之地的朴素梦想和家国情怀。

在访谈郑源兴长孙女郑美珠女士（1942 年 1 月 2 日生人）时，笔者向郑女士请教其祖父创业的出发点和心路历程，她说："我祖父敢想别人不敢想、想做而不能做，并把事业做得那么伟大，并不是他一开始就能想象到的。他创业的初衷，就是他想帮人，因为他觉得当时农村人的生活特别艰苦，他想改善他们的生活，他让人们去养鸡，一步步地教他们怎样多生产鸡蛋，答应他们回来收买鸡蛋。刚开始，他只是想到一个办法来让大家好起来。"①

正是心怀坚定而伟大的朴素梦想，以郑源兴为代表的茂昌公司创建者们不畏强权、不畏竞争、不畏艰险、呕心沥血、披荆斩棘、勇于开拓，终于成功实现了直接对外贸易的梦想，解决了对当时国人而言"国际市场难以开拓"这个时代难题，更使茂昌公司可与当时世界上任何一家冷藏食品公司相媲美。这也充分说明近代华商企业即使在外商企业的全方位打压下、在各国大兴贸易保护主义背景下、在政府保护产业发展能力羸弱时，

———————

① 与郑美珠的访谈，2023 年 4 月 1 日。

企业家们在坚定的宏伟梦想的力量驱动下，同样能大有作为。

（二）勇担风险精神

在茂昌公司成立的前几年，郑源兴就十分羡慕外商企业拥有的冷藏系统与冷库，也梦想拥有自己的冷藏系统与冷库，将中国鸡蛋直接销售海外市场。临渊羡鱼，不如退而结网，以郑源兴为代表的茂昌公司创建者们很快付诸行动，做预算，设计图纸，收购美商大美机冰厂，聘用外人，不断试制各种优良蛋品，兴建厂房与置办机器，开拓海外市场。正是靠着一步步坚实的行动，宏伟梦想才得以实现。

企业在运营过程中，不确定性随时可以出现。奈特（Frank Knight）将不确定性分为两种：一种是可估测的、可保险的不确定性，这被称为风险；另一种是不可估测、不能保险的不确定性，这被称为真正的不确定性。对企业产生重大影响的往往是真正的不确定性。奈特认为企业家的作用就是处理经济中存在的不确定性。[①] 检验一家企业成熟与否，一个很重要的标准就是看这家企业能否经受住各种不确定性的考验，以及在考验中表现出勇担风险的精神。

茂昌公司在不断开拓进取中，与各种不确定性相伴而存。海外市场的开拓、激烈的市场竞争、世界经济大危机与频繁的战争与内乱，无不潜藏着随时会使公司倒闭的严重不确定性。一路创业，茂昌公司多次经历倒闭危机，"摇摇欲坠，不止一次"。[②] 如何应对、化解与管理风险，不仅考验着以郑源兴为代表的茂昌公司创建者们的智慧与担当，更考验着他们的意志力。凭借实不言败的精神，茂昌公司勇于打破被外商控制的间接贸易模式，走直接对外贸易的道路，面对外商严酷的挤压与竞争，面对南京政府、军阀、流氓和日本人的敲诈与侵夺，郑源兴等人表现出强硬的态度，

---

① 〔美〕弗兰克·H. 奈特：《风险、不确定性和利润》，王宇等译，中国人民大学出版社，2017。
② 郑源兴：《本公司郑源兴总经理演词》，1945年6月30日，上海市档案馆藏，档号：Q229-1-224。

坚定不移地专注于企业的发展，才最终一次次化解各种危机。

（三）学习先进制度

英国经济学家约翰·凯（John Kay）将企业的"结构"定义为"公司内部或周围的关系契约网络"，他认为拥有一个良好的"结构"是企业获得成功的关键。他进一步将企业的结构分为三种类型：内部结构、外部结构和网络。内部结构是公司内部部门之间的关系；外部架构是企业与供应商或客户的关系；网络是公司与外部公司之间的关系。[1] 茂昌公司的成功为约翰·凯的企业结构理论的合理性提供了一个有力的支持。

在公司内部管理方面，茂昌公司采用的是西方现代企业普遍实行的等级管理制度。总经理郑源兴总揽公司发展全局，生产、市场、人事、营销和融资等各部门的业务运作均由经验丰富的部门经理负责，这些部门既相互独立又互相协调。各部门之间界限清晰，如制冷部门由美国制冷专家卡尔登负责，生产部门由金绍南负责，出口部门由姚均和负责，市场部门则由英国人潘国祺负责，而"公司金融向来大部分由承余顺接济"。[2]

相比于采用中国传统的单一单位的企业组织形式，茂昌公司采用的西方现代企业内部管理制度具有许多优点。茂昌公司将许多单位，如青岛分公司，收购的各地蛋粉厂、养鸡场，将各种副业如冷藏业、房地产业等置于其控制之下，这些单位的活动和它们之间的交易因而被内部化，它们是由雇员而非市场机制所控制并协调的。现代企业将生产、采购、分配单位内部化，给其带来了许多好处。

由于公司内部的各单位之间的交易例行化，交易成本随之降低。由于生产、采购、分配单位的管理连结在一起，获得市场和供应来源信息的成

① John Kay, *Foundations of Corporate Success: How Business strategis and value*, Oxford University Press, 2003.
② 《茂昌股份有限公司股东会议记录》，1937 年 6 月 30 日，上海市档案馆藏，档号：Q229-1-186。

本亦随之降低。正如美国著名的企业管理学者钱德勒所言："最重要的是，多单位的内部化使商品自一单位至他单位的流量得以在管理上进行协调。对商品流量的有效安排，可使生产和分配过程中使用的设备和人员得到更好的利用，从而得以提高生产率并降低成本。此外，管理上的协调可使现金的流动更为可靠稳定，付款更为迅速。此种协调所造成的节约，要比降低信息和交易的成本所造成的节约大得多。"①

在一个企业内把许多营业单位活动内部化所带来的利益，要等到建立起管理层级制以后才能实现。因此，现代企业需要雇用各种层次的中、高层支薪经理来管理并协调在其控制下的各单位的工作。管理层级制一旦形成并有效地发挥了协调功能之后，层级制本身也就变成了持续成长的源泉。茂昌公司采用的是西方现代企业制度，在企业组织形式上，采取的是股份有限公司制度；在企业管理制度上，采用的是西方现代企业管理层级制，这是西方现代企业普遍采用的管理制度，也是现代工商企业的一个显著特征。

（四）人性化管理

无论是对梦想的追求、风险能力的承受，还是先进技术的引入、管理制度的制定与执行，一切都取决于人，这是经济或企业发展最重要的经济要素。茂昌公司取得巨大成功的最大原因，是善用人、敢用人、巧用人，让所用之人各尽其能。而所用之人，无论是外籍高管还是普通的中国员工，大都对茂昌忠心耿耿、用心做事、与公司共进退，这主要归功于以郑源兴为代表的管理层进行的人性化管理。

尽管人们对人性化管理的内涵与外延有不同的理解，但尊重人、肯定人、注重人之所需、给人充分的物质激励和精神激励、给人提供成长与发

---

① 〔美〕小艾尔弗雷德·D. 钱德勒：《看得见的手——美国企业的管理革命》，重武泽，商务印书馆，2001，第 7 页。

展机会，是人性化管理的核心主旨与精神要义。茂昌公司对所聘外人的成功使用，一方面给予高报酬的物质激励，一方面为他们在中国发展冷藏冷冻事业提供合作机会，正是充分利用了这两个关键点，所聘外人带来了先进技术、科学管理经验和海外销售渠道。

以郑源兴为代表的管理层对中国员工的人性化管理更是在平时生活与工作中得以彰显。袁巨高（1932 年 1 月 21 日生人）是奉化慈林村人，其父亲、母亲、舅父、舅母都在茂昌公司做工人。袁巨高认为茂昌公司的人性化管理表现在很多方面。第一，为了增强员工对公司的认同感与主人翁地位，茂昌公司积极鼓励所有员工都购买本公司的股票，"让所有人都成为企业的一分子，都是企业的老板，做到员工与企业利益一致"。第二，一般职工的工资较高。袁巨高的母亲没有文化，在茂昌公司做烤蛋工作，是四级工，工资水平待遇与当时的政府科长级相同，每月可以领到六七十元。解放以后，其母亲的工资待遇改换父亲享有，相当于机关科长级，直到在茂昌蛋厂退休。第三，公司只要有利可分，每年都会分红。袁巨高说："我母亲买的股票，一年分的红利相当于 8 至 10 个月的工资。"第四，解决职工问题。茂昌公司在上海购买了很多地产，建筑了很多被称为"石库门"的职工宿舍，以极为低廉的租金租给职工住。第五，为职工及其子弟办教育。茂昌青岛分公司开办职工补习学校，上海茂昌总厂开办夜校，培训工人识字、生产技能和其他本领。①

茂昌公司的人性化管理更多体现高层对员工的善待。郑源兴经常下工厂，往往从早上做到晚上。郑美珠说："每到工厂下班的时候，祖父就会催促很多女工快点回家，你家的孩子要带，你家的老人要照看，你家孩子要放学了需要接送，等等。不会留下工人加班。所以，帮祖父做事的人，就会非常非常乐意帮助他和他的公司做事。每当员工见到祖父，就会微笑地对他打招呼，说声：大班，你好！"概而言之，以郑源兴为代表的管理层真心待人，明白员工需要什么，并对他们实行人性化管理以赢得人心，

① 与袁巨高的访谈，2023 年 4 月 6 日。

这是茂昌公司强大竞争力主要的来源。

二　郑源兴的品格

（一）宽容大度

惟宽可以容人，唯厚可以载物。郑源兴身上充分体现了宽容大度的品格，宽容大度使郑源兴赢得了人心。

1891年农历二初一（公历3月10日），郑源兴出生在奉化县城东面泉溪的慈林村。郑源兴刚满两周岁，母亲病故，家无产业，靠着父亲一身力气租种几亩薄田度日。慈林村有郑、袁两家大姓，郑源兴的父亲租种袁家12亩土地。1904年，奉化大旱，颗粒无收，缴不起租谷。按照当时的习惯，出租土地者上门封屋，郑源兴父子被赶出家门。郑源兴一度流落他乡，乞讨为生。郑源兴事业成功后，却对村里的郑、袁两姓的人一视同仁，把两姓中的人雇到外地，帮助他们就业致富。他曾经对人说："我要感谢袁家人，如果没有这户人家的封门，我还能在家乡生存，就不会外出闯荡、成就这么大的事业。"这件事充分反映了郑源兴的宽容大度，这也是他事业发展的重要原因之一。同时慈林人确实对他的事业发展出过不少力，有的还成为他的得力助手。

据袁巨高回忆："郑昌浩是郑源兴先生的同村同族，郑昌浩与我父亲同住在上海宝带弄茂昌公司职工宿舍的一个房间里，他们俩是好朋友。他们的楼上住的是棠岙村的袁广行（我认识的），袁是茂昌公司的内外总管。我父亲喜欢吃酒，吃酒需要下酒菜。郑昌浩常去茂昌公司的大食堂九层拿菜，大厨师傅知道郑昌浩和郑源兴先生是有关系的，是自己人，所以每次都把各种菜，如猪肉、牛肉、羊肉、猪肝、鸡鸭肉等准备好，每天调花样，让郑昌浩去端，有时就不给钱了。这样子的事情很多，并不只发生在郑昌浩和我父亲身上。慈林村人，肚量很大的。我本人也常吃到的，生病住在同房间吃了一个月。对此，郑先生是知道的，但他不管。因为他认为，都是自己人，拿就拿了，吃就吃了。员工们也都知道大班郑先生知道他们的做法，却不追究他们，心里都很感恩。所以，大家都很敬佩他、忠心于他，做起事来都非常的认真、投入，效率很高，希望用努力工作报答他。"①

1913 年前后，一个德国人为了讨好他的上司，指挥轮船把源通蛋行的运蛋船撞翻两次，给源通蛋行造成了很大损失。后来这个德国人在郑源兴的坚持下（否则不与该德国人所在的洋行做鸡蛋生意）被他的上司调离中国。二十多年以后，这位德国人又返回了上海。一个偶然的机会，他与郑源兴在上海的街头相遇，此时的他混得很落魄，"替一个德国经理的秘书当翻译，收入很少"，"他住在一间充满咸鱼味的店铺阁楼的小房间里"。②他向郑源兴讲述了自己遭遇："他在柏林一所大学毕业后首次来到上海。他梦想做个大班，所以拼命学习中文。在对源兴做了坏事而被调回德国前，他甚至计划和一个漂亮的中国姑娘结婚。"自从被调回德国以后，"他也确实尝试融入柏林社会，像其他同胞一样跟随希特勒。但放眼看过世界、学过做生意和办企业后，他不能接受希特勒的教条。找到返回上海的途径前，他经历了不少痛苦"。郑源兴明白他的心情，"当个人的原则和价值观跟国家发生冲突时的极度痛苦"。郑源兴安排这个德国人做他的助理秘书，负责处理英文和德文书信。他很高兴获得一份体面的工作和一处不错的居所。他留在郑源兴手下做事，"负责向源兴提供欧洲政治经济事务的最新消息"，直至日本人占领公共租界之前不久，才返回德国。③

---

① 与袁巨高的访谈，2023 年 4 月 6 日。

② 郑爱青、戴丽荣：《郑源兴：中国人的企业家（1891—1955）》，上海社会科学院出版社，2021，第 120 页。

③ 郑爱青、戴丽荣：《郑源兴：中国人的企业家（1891—1955）》，上海社会科学院出版社，2021，第 119～120 页。

（二）作风正派

别有壶天行日月，全无世路接尘埃。作风正派的人，能够规范自己的言行，在生活中、工作中，常常严于律己、率先垂范、以身作则，不为私利所诱，不为金钱美色所惑。郑源兴就是一位作风正派的人。

郑源兴作风正派，是其后人和了解他的人最直接的描述。在与郑美珠女士、袁巨高先生和其他慈林村的人访谈时，大家都谈到郑源兴一生深爱妻子冯蕉影的美谈。"正如源兴所说，蕉影的存在对他有莫大的影响。她是源兴出门公干后必须返回的基地；她是源兴不被外在环境动摇的支柱；她是源兴在洋人面前表现文化和尊贵的底气；她是源兴躲避朋友同事强邀到赌场、舞场、妓院的盾牌。她从不疾言厉色，但已足使无耻的男子赧颜。"① 郑美珠女士在接受笔者访谈时说："我祖父很爱惜、很爱惜我的祖母。别人问我的祖父：你的很多朋友都有几个太太，为什么您只有一位太太。我的祖父就说：我的上海太太是这位，青岛的太太也是这位，到哪里，就只有这位太太。"② 对于郑源兴只有一位太太，袁巨高先生和其他慈林村的人更是钦佩不已："在那个允许有许多太太和那个物欲横流的时代，在那个有很多诱惑的大上海，像他那样的著名国际企业家，只有一位太太，实在少有与难得。"③

郑源兴要求他的员工在生活中绝对不能沾染赌博、去妓院和其他恶习。他更是以身作则，"摒除一切赌博酒食姬妾歌舞，玩饰之好不御也"。④ 比如某天，一个家禽业务公司的经理宴请郑源兴。席间，人人都竞相豪饮，与雇来的舞娘寻欢作乐。郑源兴大为反感，他推掉那些女郎，

---

① 郑爱青、戴丽荣：《郑源兴：中国人的企业家（1891—1955）》，上海社会科学院出版社，2021，第37页。

② 与郑美珠的访谈，2023年4月1日。

③ 与袁巨高的访谈，2023年4月6日。

④ 袁康年：《郑源兴先生家传》，引自孙善根编《郑源兴年谱长编》，上海社会科学院出版社，2020，第379~380页。

坐立不安，正要早退，突然，有人安排两个舞娘投向他的怀抱，更在瞬息间把这情景拍摄下来。他大吃一惊，顿时僵直地站起来，跟经理握过手，感谢丰盛的晚宴，拿回衣帽，大步踏出饭店回家去。① 潘国祺加入茂昌以后，一切的应酬都由潘国祺替代，郑源兴则是在公司里忙工作或早早回家休息。郑源兴要求他的员工也要正派做人、踏实做事，并且很严厉："如有沾染不良恶习者，郑先生就会解聘他，将他送回农村做农民去，让他继续受穷。"② 从留存史料中，很少发现有茂昌员工有恶习者。

郑源兴作风正派对员工的影响，也体现在平常的工作中。他要求员工认真、勤奋做事，他首先做到。郑美珠女士在访谈中谈道："祖父非常勤奋，每天很早他就起床了，吃一碗白粥，就去工厂了，做到晚上才回家。就是礼拜天，他也坚持去做。我三四岁的时候，礼拜天祖父会带我到工厂去，主要做研究工作，教我怎么做皮蛋、怎么做咸蛋，教我怎样识别一个鸡蛋是好的还是坏的。所以，我觉得他是一个科学家。跟他一起做事的人呢，都会觉得老板都带头做得那么辛苦，我们也必须跟着做。"③

（三）多行善事

"郑源兴夫妇一生做了很多很多的好事"，这是了解郑源兴夫妇的人们提到的最多的。

授人以鱼，不如授之以渔。郑源兴重要的善举之一，是为贫穷的人们尽可能多地提供谋生的机会和就业岗位。郑源兴在上海发迹后，用家乡人很多。当时慈林、何家、棠岙有不少人都在茂昌公司工作，特别是慈林，半数以上家庭都有人在茂昌工作。郑源兴的宗旨是只要有家乡人

---

① 郑爱青、戴丽荣：《郑源兴：中国人的企业家（1891—1955）》，上海社会科学院出版社，2021，第45~46页。

② 与袁巨高的访谈，2023年4月6日。

③ 与郑美珠的访谈，2023年4月1日。

找上门来，他都接受。"他从不拒绝帮助慈林的青年人找工作，他常常先把他们用合理的报酬安置在他自己的店里。工作表现好的，派往别的店铺继续发展；表现不理想的，留下来，然后给予路费回乡。不愿回乡的人，便自寻出路在这上海都会里求生。"① 对于帮助乡邻，他说："想想自己出来的情形，怎么忍心把乡亲拒之门外呢？"② 无论时局怎样混乱、经营多么艰难，郑源兴都是想尽各种办法努力扩大与维持其事业，只有这样才能为需要工作的人们提供就业岗位。在公司兴盛时期，茂昌公司有职工 2 万多人，这还不包括可以自由为其他公司服务的人，例如农村的蛋户、蛋贩、蛋行和代理。③ 即使在经营最困难而不得不裁员的时期，郑源兴及其主持的茂昌也是尽力为被裁减人员介绍工作、给予小额贷款让他们自营小本生意。④

扶危拯溺，救难民于战火。20 世纪 30 年代初，山西发生大饥荒，日本侵入东北，造成数以万计的难民涌入上海。郑源兴居住的法租界永嘉路617 号大宅，涌入了很多饥寒交迫的难民。郑源兴和诚心信佛的妻子冯蕉影，在全上海粮食供应短缺十分严重的情况下，用高价买入大批粮食，为难民施赠饭食。难民中午时分便会被法租界的警察驱散，郑源兴夫妻连同仆人会把 617 号大宅门前的路段清扫干净，以供难民们晚上回来留宿。1932 年，"一二八"事变期间，茂昌员工亲属、宁波同乡乃至很多周边难民涌入郑源兴家避难，郑源兴夫妇尽力为来此避难的人们提供食物，晚上人们就睡在大宅各处地上、走廊上、楼梯上，"每一个角落都塞满了人"。这样的日子持续了三个多月，直至《淞沪停战协定》签订，617 号大宅的难民才逐渐离去。1937 年，"八一三"淞沪会战时期，更多难民涌入郑源兴的 617 号大宅避难，郑源兴夫妇更是竭尽全力予以救济，最大限度地保

① 郑爱青、戴丽荣：《郑源兴：中国人的企业家（1891—1955）》，上海社会科学院出版社，2021，第 29 页。

② 王舜祁、袁巨高：《蛋大王郑源兴》，《奉氏报》1995 年 12 月 18~28 日。

③ 王舜祁、袁巨高：《蛋大王郑源兴》，《奉氏报》1995 年 12 月 18~28 日。

④ 《国内劳工消息：上海茂昌蛋厂失业工人救济办法（十二月三日新）》，《国际劳工通讯》第 8 卷第 1 期，1941，第 15 页。

护难民。①

从 1947 年冬季至次年春季的几个月里，每天都有来自全国各地数以千计的难民饿死在上海的街头。为了救济难民，郑源兴把 617 号大宅的贮物室都贮满了米和煤炭，其女婿戴行山家里的贮物室也一样。对郑源兴救济难民的事情，当时五六岁的郑美珠有深刻的记忆："我小时候，也经常看到很多人没有衣服穿，没有饭吃，会饿死街头。我们家有个习惯，对每个到我们家来的人，都会给他做饭吃。我小时候见我祖父从黑市上买很多的米，祖父经常让我帮忙'分米'，就是把里面有小石头、有虫子的米挑选出来，这种米是有味道的。好的米就给难民和帮我们家做事的人吃。他们吃的是好的米，我们吃国家配给的米。"②

仗义疏财，捐资助学。郑源兴在孩提时代只上了三个月的私塾，后来却靠着自学获得了让其受益终身的知识与智慧。他清楚教育对个人和社会的价值，也深知失学之苦。因此在他变得有能力以后，从不拒绝支持贫困儿童就学的请求。有人到上海时告诉他，慈林村里女子都不读书。他马上表示："女人应该与男子同样有求知的权利，以后她们的上学费用全部由我来出。"在郑源兴的帮助和鼓励下，慈林女子开始入学，以后逐渐增多。"他不盖校舍，也不设立教育基金、奖学金等彰显自己的名声。他让孩子选择适合自己的教育，无论在哪里或用哪种形式都可以。每当他们来跟前请求帮助，他总是微笑鼓励，给予资助。从 1916 年至1950 年，慈林村大多数孩子都接受过各式各样的教育资助。他的子女学俊和爱青后来也以助学闻名。"时至今日，"第四代的子孙还继承了他重视教育的传统"。③

---

① 郑爱青、戴丽荣：《郑源兴：中国人的企业家（1891—1955）》，上海社会科学院出版社，2021，第 91~97 页。

② 与郑美珠的访谈，2023 年 4 月 1 日。

③ 郑爱青、戴丽荣：《郑源兴：中国人的企业家（1891—1955）》，上海社会科学院出版社，2021，第 9~10 页。

（四）忠爱国家

临患不忘国，忠也。郑源兴的一生是爱国的一生，主要体现在以下几个方面。

抱定实业救国的理念。郑源兴从在上海蛋业崭露头角开始，就抱定兴业救国的理念。在计划将鸡蛋输出英国时，郑源兴最关心的永远是：中国虽然在战场上无法战胜洋人，为什么在贸易上不可以战胜他们？他曾对人说："我要保护国家的利益，利用敌人的钱，也就是赚他们的钱，来改善国家情况。"[①] 正是抱着此等理念，郑源兴积极联合同业创办茂昌公司，拒绝外商收买，勇于同外商进行激烈的竞争，并在竞争中取得了重大胜利，为挽救 20 世纪三四十年代中国蛋品出口贸易的颓势做出了重要贡献，成为引领近代中国蛋品工业与贸易发展的关键力量，使中国在世界蛋品市场上占据重要地位与话语权。

不畏日寇的威逼利诱。全面抗战时期，日寇侵夺了茂昌青岛分公司、上海虹口，还企图逼迫郑源兴与其合作。1937 年，淞沪会战后的某天，面对垂涎茂昌公司已久、持枪恐吓的日本人，郑源兴不卑不亢地说："生意是茂昌唯一最大的真正资产。没有生意，茂昌几乎等于零。你可以接收这里的房子，但房子没有人和生意是死的，没有生命的。""事实上，如果你喜欢，我们可以全部搬走，让你使用厂房。也许你要这地方用作军需仓库，也许你要设立像茂昌一样的公司，然而你不懂中国人办事的方式，管不了中国农民。没有我们中国人的管理，你也做不成生意。"[②] 面对日本人的恐吓，郑源兴始终没有屈服。

为新中国建设做出积极贡献。新中国成立以后，百废待兴，很多行业

---

① 郑爱青、戴丽荣：《郑源兴：中国人的企业家（1891—1955）》，上海社会科学院出版社，2021，第 46~47 页。

② 郑爱青、戴丽荣：《郑源兴：中国人的企业家（1891—1955）》，上海社会科学院出版社，2021，第 130 页。

建设极缺外汇。他坚定地表明接受新中国领导，执行政府一切政策措施去发展和争取国外市场。为促进中国蛋业发展与蛋品国际贸易的恢复，郑源兴竭尽全力工作，积极为国家献言献策。在郑源兴的努力下，茂昌公司为中国创造了巨大外汇收入，并在公私合营时，把努力一生的茂昌公司交付国家。正如他对妻子冯蕉影所言："比起中国要达到强盛的目标，茂昌又算得什么。"①

尽管我们不能道尽郑源兴的企业家精神和他的全部品格，但他在中国积贫和积弱的半个世纪里，创建了庞大的国际企业，维持了数百万人的生计。郑爱青对其父亲的评价是客观公允的："假如源兴昔日自私爱财，他已经把资产宝物秘密地收藏在国外，成为当地的千万富翁。但是，他没有这样做。假如他昔日不是如此刚直、坚守原则，他可以多为自己考虑安排。但是，他没有这样做。假如他昔日不是全心爱国、全力为国民奉献，他大可以在企业解体前取回作为大股东应占的大部分茂昌产业。但是，他没有这样做。"②

三　茂昌与其他中外企业竞争比较

尽管茂昌公司在与外商企业竞争过程中，与其他工业部门中的中外企业竞争相比，表现出很多共同特征。但出口导向型的蛋品工业领域的中外企业竞争，与制碱、卷烟、水泥和火柴等进口替代型的中外企业间的竞争相比，呈现出一些显著的不同点。与其他工业领域的中外企业竞争相比，茂昌公司与外商企业间的竞争最大不同之处，是前者的主要市场在中国，至多在周边国家市场，其对手包括英商、美商、日商和瑞典企业，而后者

① 郑爱青、戴丽荣：《郑源兴：中国人的企业家（1891—1955）》，上海社会科学院出版社，2021，第174页。
② 郑爱青、戴丽荣：《郑源兴：中国人的企业家（1891—1955）》，上海社会科学院出版社，2021，第177页。

不仅要在中国国内争购原料、生产加工，还要在欧洲市场争夺销售市场。如何打开国外市场，是其他华商企业未曾真正解决的问题。换句话说，茂昌公司在打开国外市场方面，走出了一条别人未曾走过的路。

（一）茂昌成功开拓海外市场

华商企业对国外市场知之甚少，走上直接对外贸易的道路一直是国人的梦想，然而由于受制于各种不利因素的制约，难有作为。立志走上直接对外贸易之路的茂昌公司在郑源兴的主持下，在开拓国外市场方面则表现出极强的进取精神、灵活性和能力，建立了一个高效的销售网络。同时，在世界冰蛋市场上发挥了重要作用。

（1）销售代理商网络。茂昌公司打开国外市场是从寻找代理商开始的。茂昌公司成立之后，郑源兴通过卡尔登与美国冷藏食品工业巨头斯威夫特公司取得了联系。斯威夫特公司早有涉足中国市场的打算，"在这十年（20 世纪的头十年）中，阿穆尔公司和斯威夫特公司的老板兼管理者变得和美国烟草公司的杜克一样，对国外的生意比对国内的生意更感兴趣"。① 于是销售网络遍布欧美市场的斯威夫特公司成为茂昌公司的销售代理商。同时，郑源兴又通过潘国祺联系上了英商洛士利洋行，后者成为茂昌公司的销售代理商。不久之后，另一个美国冷藏食品公司阿穆尔公司也成为茂昌公司的销售代理商。1936 年惠尔登信托公司认证的茂昌公司的销售代表有 40 多家，其中包括斯威夫特公司、阿穆尔公司、洛士利洋行等众多世界销售巨头，每家公司都有众多的销售机构。②

（2）自己的海外销售公司。为了使海外销售业务不受制于外人，茂昌公司还组建了自己的销售机构海昌公司，并取得了巨大成绩。聘用外人是

① 〔美〕小艾尔弗雷德·钱德勒：《看得见的手——美国企业的管理革命》，重武译，商务印书馆，2001，第469页。
② 《茂昌股份有限公司有关惠尔登公司会议记录及所发信件》，1936 年，上海市档案馆藏，档号：Q229-1-145。

茂昌公司成功开拓海外市场的关键，也是其经营管理中的特色。在与外商企业的竞争中，茂昌公司取得了胜利，这充分表明民族资本企业在国际市场上同样具有较强的活力，不仅可以与外商企业分庭抗礼，迫使外商企业接纳自己，还可以在中国蛋品工业中占有举足轻重的地位。这一成就的取得，除了充分利用本身的地利与人和的优势之外，聘用外人成功打开海外市场是更为关键的原因，也展现出茂昌公司适应西方市场制度的灵活性，这一点是其他行业中的中外企业竞争所没有的。

（3）在欧洲市场组织垄断联盟。茂昌公司取得的最令人惊异的成就，就是靠利用外商冰蛋企业的利益冲突，说服外商冰蛋企业，共同组建了冰蛋卡特尔联盟和联合销售辛迪加组织惠尔登信托公司，先后在欧洲大陆国家市场和英国市场上实施垄断冰蛋的销售政策。虽垄断联盟因为成员围绕产量份额划分、竞价销售产品和采购鲜蛋而没有达到限制产量、提高销售价格以追求产业利润和企业利润最大化的目的，但在英国市场上的联合销售靠惠尔登信托公司股份分配市场份额，以监管与审查机制设计有效解决成员内部的纷争，取得了不错效果。在组织垄断联盟的过程中，茂昌公司凭借强大的实力、灵活的竞争策略以及在中国本土购买鲜蛋的巨大优势——特别在购买鸡蛋方面，中外冰蛋企业要遵守其主导确定的鸡蛋价格——在垄断联盟中具有重要地位，不仅拥有贸易规则的制定权，还享有关键投票的表决权。这是中国企业参与国际市场垄断、参与贸易规则制定、争取话语权的尝试，这在近代中外企业竞争中是极为罕见的。

（二）茂昌的技术与管理水平较高

通览近代中国工业化进程可以发现，纵向上看，在制度变迁与技术变迁互动的作用下，工业化的确经历了发轫、进步与高潮各阶段，甚至不乏"黄金时代"的出现。但是，如果横向地与西方工业化国家相比，近代中国工业化水平又是很低的，其中的互动是低水平的互动。虽然说互动中有进步、有发展，但更有断裂、停滞与缺憾。①

在中国及周边市场上与外商企业相竞争的华商企业，无论在技术上还是在企业管理上，普遍比竞争对手要落后。以最重要的工业部门纺织工业为例。至 1930 年代，中日纱厂所用原料相同、工人相同、销路也相同，而日本纱厂所出产品"产量高、品质精、成本廉、信用坚固、销售甚易"，而中国纱厂"出数少、條分欠匀，制造之费用浩大，名誉之起覆无常"。技术是造成中外纱厂产品差异的重要原因之一，"苟非技术程度高低悬殊，则成绩决不致相距若是之远"。当时中日纱厂技术与管理情况如下。

（1）机器设备。日本纱厂所用机器精巧、坚固、齐全、新颖、效用大。"日厂之机器，必择精巧坚固者购之。建筑、电灯、采光、通风、喷湿、煖厂等设备，不但应有尽有，亦且新颖效大。凡有影响于产额品质工作者，虽斥巨资而无所惜。英之勃赖特厂，美之维定厂，所造之机器，多为日厂所采用者。"中国纱厂订购机器时，"唯求价廉，不计品质，只知资本额之减少，罔顾收获之欠簿，甚有收买旧机，开新厂者"。②

（2）工人训练。日厂的工人在开厂之初，均受过严格的训练，手艺纯熟，生产规则明确，"故工人之动作整齐，进退一致，无不良之习惯，少取巧偷懒之弊病"。华厂则不同，"一经机到，即限日开工。惟知出货谋利，不计管理难易。故工人皆四方杂凑，习惯互异，动作则凌乱无序"。③采用机器优良与否之差异，工人训练与否之差别，造成了工作效率的大差距。"在英国伦敦一女工能管理四部纱机，该机坏时亦自己修理，中国则一人管理一部，该机坏时要机匠修理，其效为五与一之比"，而日本"一女工能管理六架机器，并兼坏时修理，其效率与中国之比为六比一"。④

（3）原料选用。日本纱厂使用棉花，常随纱支的销路用途而调配。决

---

① 左峰：《中国近代工业化研究——制度变迁与技术进步互动视角》，上海三联书店，2011，第 230 页。
② 邓禹声：《纺织技术幼稚及其责任论》，《纺织之友》第 3 期，1933，第 A23~A24 页。
③ 邓禹声：《纺织技术幼稚及其责任论》，《纺织之友》第 3 期，1933，第 A24 页。
④ 卢景肇：《演讲：中国工业失败的原因》，《勤大旬刊》第 1 卷第 11 期，1935，第 8~9 页。

定之先，必须再三试验研究。既定之后，非万不得已而不改变。"苟所用之花，价值涨高，宁增加成本，亦不愿动其混法……故工场内，工作之配置安定，出品终年如一。市场上，品质有准，采购者绝无顾虑，信用因之永远保持。"华厂用棉，"常随市价之高低，产量之多寡为转移。机器之较准配置，朝定夕易。一种混合之试验刚成，废弃随之。甚有因原料之关系，无暇作详确之试验者，致废耗过量，产额短少，成品优劣无常，用户之信仰糜定"。①

（4）修理添配。日本纱厂每年所提折旧费较多，机器修理非常认真，"具有些微磨灭不堪修理者，则立即换新。遇有新发明之物，试用确有功效者，立即添购。虽费巨而无所惜"。而华厂之机器，"有数年不平整，数十年不换车面与钢丝布者，甚至贪图价廉，购日厂换下之机件，如锭子、钢领圈等，以资用者。以残破锈蚀震动不准确之机器，无论管理者之技术如何高超，亦将望而却步"。②

（5）职员待遇优厚。日厂职员之任用，必先经过严格考试，方能入厂，更需一段时间的试用，方能正式聘任。"唯一经确定，薪金之丰厚、待遇之优美，实非我华厂当局所能忍出。即领班一职，每年至低千金以上，而红利、储蓄等种种津贴，尚不在内。他若宿舍之精美卫生，子女之教养完备，告老金、残废抚恤金等，规定详尽。凡有妨碍职员心绪意志者，去之唯恐不速。故能安心任事，各尽其责。"而华厂之职员，"常受势力情感所索缚，学识经验，虽不苛求，而待遇则不迨日厂远甚。领班一职，年入五百元，已不多见，其他之应有待遇，则既未举办。如市面稍疲，裁员减薪，视为首要……独终日勤劳称职任事者，必因此不能安心供职"。③

华商企业在技术与管理水平方面落后竞争对手，在缫丝、面粉、火

---

① 邓禹声：《纺织技术幼稚及其责任论》，《纺织之友》第 3 期，1933，第 A24~A25 页。
② 邓禹声：《纺织技术幼稚及其责任论》，《纺织之友》第 3 期，1933，第 A25 页。
③ 邓禹声：《纺织技术幼稚及其责任论》，《纺织之友》第 3 期，1933，第 A25~A26 页。

柴、水泥、卷烟、制碱、机器等其他工业部门更为普遍。[1] 华商企业所用机器虽多为进口，然受种种因素制约，颇不重视更新，且有使用仿造品者。仿造品也只限于技术水平落后的机器设备。因为当时中国在仿造机器方面，存在严重的仿造设计能力、设备、资本、工人原料不足。[2] 机械工业的不发达，必然造成与近代工业相伴而生的技术不发达，"在冠以近代企业之名的全部企业之中，存在着二元性，即：少部分精英企业从技术力量、生产设备上已达到西方先发国家的一般水平，而绝大多数企业还处在'尚未经过科学化的混身洗礼'的原始企业组织形态的水平上"。[3]

与其他工业部门的华商企业相比，茂昌公司成功开拓海外市场，成为中外同业中最具实力者之一，固然有海外市场需求和其他有利因素的作用，但这仅是必要而非充分条件。要成功开拓并长期占领海外市场，必须确保产品具有竞争力。产品竞争力主要体现在物美价廉上。要做到产品物美价廉，很大程度上又取决于生产技术与管理水平。

如本书所述，包括冰蛋在内的各类蛋制品属饮食类商品，欧美消费各国对其卫生标准甚严。为了达到卫生标准和迎合消费者需求，茂昌公司非常重视技术在产品生产中的作用。茂昌公司聘用外人，引进机器设备和制作方法，并科学地培训员工。在代表技术指标的各个方面，茂昌公司在中外同业中都处于领先地位：机器设备是最先进的，制作方法是最新的，员工技能是十分娴熟的。在科学管理下，这些技术要素很好地结合在一起，使所制产品备受海外市场欢迎。

（三）茂昌利用外人水平高超

本书研究表明，通过聘用外籍高管的方式，茂昌公司不仅获得了冰蛋

---

[1] 左峰：《中国近代工业化研究——制度变迁与技术进步互动视角》，上海三联书店，2011。

[2] 金锡如：《论著：中国机器工业之回顾与前瞻》，《工业月报（西安）》第2卷第1期，1945，第7~8页。

[3] 王处辉：《中国近代企业组织形态的变迁》，天津人民出版社，2001，第126页。

制作的技术与管理经验，更是挫败了外商冰蛋企业的联合打压，解决了近代华商企业普遍面临"国外市场难以开拓"的难题，建立起自己主导的国际销售网络，成功开拓了海外市场。以上成就充分体现了茂昌对国际人才、技术、资源等经济要素优化配置的创新精神与国际化视野。茂昌公司对外籍高管的成功使用，首先归功于对所聘用的外籍高管的高度熟悉。根据目前所看到的史料，茂昌公司对外籍高管的聘用无一失败，这跟郑源兴在茂昌公司成立前就与潘国祺、葛林夏、卡尔登等人有许多交流，因而对他们的长处、短板有充分了解是分不开的。如果对所聘人员不了解，就有可能出现类似刘鸿生聘请的总工程师马礼泰"种种溺职情形及其不正当行为"的案例。[1] 后者之所以出问题，是因为仅仅假手于第三者的片面介绍而没有进行充分的了解。其次，茂昌所聘用的外籍高管与郑源兴有着同样的在中国大力发展冷冻冷藏事业的志向，外籍高管对郑源兴个人魅力有认可与推崇，这构成了双方同心同德、共同推动冷藏蛋品事业发展的基础。最后，对外籍高管实行的高报酬激励，特别是高比例的销售提成与净利润分配的激励机制，强调对外籍高管"努力"行为结果的激励强化，这也是外籍高管努力工作、尽心尽责与公司共进退的重要原因。以上三个方面的有效结合，是茂昌公司得以成功开拓海外市场和获得巨大发展的关键条件，也彰显了茂昌公司适应西方市场规则、运行机制以及使用国际人才的良好素养与能力。

四　几点结论

通过对茂昌公司与外商企业竞合的深入研究，我们对近代华商企业的活力与适应性、外商企业在近代中国经济发展中的角色与历史作用、中外企业的竞争方式及其市场逻辑、中外企业间的市场合谋行为等相关问题得

---

[1]　上海社会科学院经济研究所编《刘鸿生企业史料》上册，上海人民出版社，1981，第174页。

出如下几点结论、反思与启示。

（一）近代华商企业开始走向世界

在早期全球化的进程中，西方列强是主动一方，中国在全球化浪潮中扮演着配角并处于从属地位。然而，中国在全球化进程中的角色与地位并不是一成不变的，尽管这种变化不是全方位的。伴随着第二次工业革命的深入与跨国公司在全球的扩张，经济要素在世界市场中得以配置。甲午战争之后，外国企业在中国投资的特点发生显著变化，即由原先的中小资本唱主角开始转变为具有垄断性质的大公司主导投资扩张。外国企业在华投资起到了示范效应，中国商人也纷纷投资设厂，并与外国企业形成竞争关系。

为了在竞争中生存并得到发展，必然激发出中国企业家的主动性，这主要从以下两个方面展开的：一是如何实现资本、人力、资源的有效支配，以塑造自己的竞争力；二是如何最大限度地占有国内外市场。正如本书研究的，为走上直接对外贸易道路，茂昌公司重金聘请外国人为其服务，以解决技术与市场开拓问题，还吸收外资入股。这充分展示了茂昌公司优化配置资本、人才、技术等经济要素的积极性与主动性。在20世纪三四十年代，茂昌公司与外商冰蛋企业一起垄断了欧洲市场上的冷冻蛋品销售，并成为中国蛋品出口市场和欧洲冷冻蛋品销售市场规则的制定者与主导者之一，这充分体现了华商企业在经济全球化浪潮中的角色与地位开始发生了变化。至少在一些领域，华商企业在全球化进程中不再仅仅甘心充当配角，开始主动地走向世界。

（二）本土网络是华商的重要优势

与拥有雄厚的资本、先进的生产技术和受不平等条约保护的外商企业相比，近代华商企业处于劣势，但是依然迸发出强大的活力与适应性。茂昌公司和其他近代华商企业的成功，一部分归因于华资企业对本土优势的充分利用，"了解本地情形、民族主义和企业易于转向"①，另一部分原因则是因为有伟大的企业家群体。

华商企业熟悉本地情形，它们知道如何发挥中国社会关系网络的优势。在中国社会关系网络中合作的人们，会因为彼此熟悉而互相信任并获得很多资源与保障。同时，熟人社会关系网络还带来信息搜寻成本与交易费用的降低以及合作效率的提升。与外商企业相比，茂昌公司所构建的高度个性化的鸡蛋采购与业务合作的社会关系网络，不仅使它可以获取稳定优质的大量鸡蛋的供给，还降低了鸡蛋的采购成本、提升了运输效率。为了保障社会关系网络长期高效运行，茂昌公司内部以及茂昌公司与蛋贩、蛋行之间建立起长期的利益共同体关系。这些优势是外商企业无法复制的，因为它们缺乏中国既有的文化资源和根深蒂固的社会关系网络。凭借中国既有的商业文化和社会关系网络优势，加上华商对西方管理技术的迅速掌握，包括纵向整合和业务多样化，华商企业在竞争中处于比以往更有利的地位。

（三）华商与外商并不完全对立

近代外国企业在华直接投资是资本在全球化背景下逐利的结果，而且是在列强强迫中国签订不平等条约的背景下发生的一种经济行为，这就使得外国投资的性质有了很大的变异。在不平等条约的保护下，尽管中国历届政府制定了相关政策与法规，但多是形同虚设，难以对外国投资者形成有效的约束，且这种政府行为多是一种被动性或事后性的补救措施。在此种背景下，外商企业在华投资的行为难以被中国政府所干预，它们享有更优惠的税收政策。从此角度而言，近代外国在华投资的确具有一定的侵

---

① Hou Chi-ming, *Foreign Investment and Economi c D evelopment in China*, 1840-1937, Harvard University Press, 1965, p. 154; 转引自杨德才《近代外国在华投资: 规模与效应分析》,《经济学 (季刊) 》2007 年第 3 期。

略性。

但是，我们并不能认为外商企业在华投资与华商企业发展完全对立。除了外商企业在华投资带来的客观的积极效应之外，外商企业带来的竞争本身就促进了华资企业的发展。尽管外商企业挟资本与技术的优势对华商企业形成挤压，使华商企业的发展之路更为曲折与艰辛，但是市场尤其是企业发展的活力也正来源于此。如果没有竞争，企业就将失去发展的动力。茂昌公司逐步走向国际市场的过程正是竞争的结果。人们熟知的南洋兄弟烟草公司、永利制碱公司、大中华火柴公司、申新纺织公司等华商企业也都是在中外企业间的激烈竞争中得以发展与壮大。这充分说明，任何一种经济形态或企业成长都必须在市场竞争的环境中实现，只有在压力下，中国新式民族工业和民族经济的进步才是有效率的。因此，从根本上说，不能把西方国家对华商品输出特别是资本直接输出，看成是与中国民族经济发展完全对立的入侵。

（四）利益决定企业的竞合方式

本书对中外冰蛋企业跨国竞争研究，使我们对中外企业间合作的高度与深度有了一个新的认识。同时，也得到了如下结论，即近代中外企业之间的互动，无论表现为竞争还是双方的合作甚至组建市场垄断联盟，关键取决于哪种方式更有利于企业获得最大的利益。无论是外商冰蛋企业对茂昌公司的挤压，还是外资冰蛋企业与茂昌公司一起对华商中央冷藏厂进行打压，都充分体现了竞争只是中外企业追求最大化利润的手段而已。同理，外商企业与茂昌公司一起在欧洲市场和英国市场上先后组建的国际冰蛋卡特尔和联合销售，合作的目的也是为了追求各自利润的最大化。

本书对中国冰蛋业同业公会先后组建的两个垄断组织的研究表明，对最大化利润的追求是中外冰蛋企业走向合谋的主要动力，而这恰恰又是导致垄断组织走向解体的根本原因。联合销售可谓近代中外冰蛋企业合作的最高级形式中，在这种垄断组织形式，中外冰蛋企业不再与销售市场发生直接联系，导致它们因退出垄断组织而另组销售渠道的成本巨大。尽管如此，这并不能够保障合谋组织的长久稳定，特别是当外部竞争或其他事情对合谋组织固有的利益分配结构形成强有力的冲击时，成员都有背离合谋协议的内在激励，使合谋组织走向解体。本书研究表明，利益才是决定企业竞合方式的根本原因。

五　五个现实启示

以史为鉴，展望未来。在经济全球化的当下，后发国家志在开拓国际市场的企业如何后来居上、实现跨越式发展？本书研究给出以下几点历史经验、教训与启示。

（一）行业利益固化不利于企业发展

本书研究表明，茂昌公司之所以能够取得巨大成功，关键是 20 世纪 20 年代中国蛋品出口行业的利益分配结构被打破，这为民族蛋业提供了市场激励与机会。和记洋行绕开口岸蛋行自行到产区收购鸡蛋，打破了原有的口岸蛋行为外商提供鸡蛋的贸易模式，并进而打破了原有的利益分配结构。外商到产区自行收买鲜蛋，是对口岸蛋行原有利益的彻底破坏，迫使口岸蛋行不得不做出与外商开展竞争的选择，而唯一的选择就是走上直接对外贸易的道路。

反观同一时期的中国生丝与茶叶，这两个曾经让中国人引以为傲的大宗出口商品，在与外国同类商品竞争中，不仅没有扩大国际市场和带动产业发展，原有的国际市场也被外国竞争对手占领。鉴于茶叶对外贸易的衰落，时人多呼吁开展直接对外贸易以事挽救，"今欲正本清源，补偏救弊，自非亟设独立之直接销售机关，俾商人售茶不再受人之羁绊，则将来失败，亦无穷期"。① 生丝贸易也是如此，"查上海出口生丝，多由厂商售于洋行（即所谓洋庄），由洋行再运国外，内中黑幕重重，如取样条，在工商部未接收上海万国生丝检验所之前，洋庄抹除另数。例如，嘉兴土丝，向来每件分量至多八十斤，尚有增加，亦原八十斤计值，数十年积弊，损失何可胜数？要免除被外人从中渔利及无谓损失，我们华商，应直接运销国外，手续既便，损失可免。其办法或由厂号自备出口部，专司其事，或由商人合资经营代厂商执行"。② 尽管时人多有呼吁，但是中国生丝和茶叶的出口还是受制于外人，仍然在间接贸易的道路上徘徊，根本原因是这两个出口行业的利润分配结构固化严重。

笔者长期从事生丝与茶叶出口贸易的研究，认为外国洋行、买办与口岸茶栈、丝栈不仅是生丝与茶叶贸易的规则制定者，又是贸易的参与者。在它们主导的贸易制度结构中，它们共同分享了贸易利益。为了维护既有的利益分配结构，它们反对一切不利于它们既有利益实现的一切变革，这导致了贸易制度与利益结构的固化。③ 这带来了严重后果，要推动原有贸易制度变迁，成本巨大，致使人们缺乏改变既有贸易制度的激励。

通过对茂昌公司走上直接贸易道路及其取得成功原因的分析，可以看出，以往认为近代中国茶叶、生丝对外贸易无法走上直接对外贸易道路的原因，主要是受制于缺乏远洋货轮、国外市场和资本的观点是值得商榷的。中国蛋品、生丝、茶叶的出口不同方式，充分说明市场结构与制度环境的重要性，它们直接决定着人们的理性选择及不同的结果。当一个行业或者国家利益分配格局固化且既得利益者势力强大时，推进原有的制度变迁成本巨大，最终导致人们缺乏推进制度变迁的激励。

---

① 谢恩隆：《论说：论近年世界茶运之趋势及华茶历年失败之原因》，《劝业丛报》第 2 卷第 1 期，1921，第 9 页。
② 王维骃：《改进华丝之研究：提出改良办法十四点》，《商业杂志（上海 1926）》第 5 卷第 4 期，1930，第 5 页。
③ 张跃：《近代华茶对外贸易的衰落：基于中间商制度的研究》，中国社会科学出版社，2018。

（二）企业只有参与竞争才有效率

市场充满了不确定性和风险，特别是近代中国社会处于转型时期，转型的过程是漫长而艰辛的，其中充满着变数，即不确定性。这种不确定性会表现在利率、汇率、通货膨胀、社会动荡引致的经济波动等很多方面。中国近代社会转型所带来的特别严重的不确定性，对企业发展是十分不利的。另外，中国在近代意义上的新式经济体最初是从国外移植过来的，无论是商业、工业与金融业都是如此。所谓的移植，是中国商人模仿外商企业在华投资的过程。外国企业挟资本、技术与管理优势，加之受不平等条约的保护，在市场上具有很强的竞争优势。

在一个充满不确定性与风险的社会中，面临着外商企业强有力竞争，如何才能让自己的企业成长起来，是近代中国企业家们需要直接面对的根本性问题。本书对华商企业茂昌公司与外商冰蛋企业在国内外市场竞争的研究表明，正是在巨大竞争压力下，茂昌公司采取的各种竞争措施与策略才是富有效率的。因为只有在压力下，人们才能想尽一切办法去解决各种问题，并进行创新、创造，去追求经济要素的最优配置。以外商身份出现于市场上、聘用"外人"解决国际市场销售问题、对原有的鸡蛋收购网络进行改造等，均体现了茂昌公司的创新与效率，这些都是在面临外部竞争的压力下实现的。

同时，企业只有在市场竞争的环境下才能练就抵抗风险的能力。很难想象一个不经历市场竞争与挫折的企业会有抵抗风险能力。茂昌公司自1923年成立以后，经历了外商冰蛋企业的联合挤压、1935年艰难的财务危机、1938年日本人强占青岛分公司、太平洋战争爆发后主营业务的全面停顿等磨难。正是经历了上述种种磨难、承受了巨大市场风险，茂昌公司才不断优化自己的企业制度、增强危机意识、注重保存实力。正如郑源兴在1945年的一次演讲中所说的："年久的同人，对于公司以往的种种困难情形，都很明白，摇摇欲坠，不止一次，本人想尽方法去维持，这是公司的责任，是总经理的责任。因为如果公司不健全，经济不雄厚，职工是要受到极大影响，我们要公司存在，必须保护职工，要保护职工，必须保存实力，这不单是商业方面如此，就是国家亦然如此。"① 正是经历了市场竞争的检验，茂昌公司才练就了较强的抵御各种风险的能力，并最终在一次次危机中坚持下来，在近代中国工业史与企业史上留下浓墨重彩的一笔。

（三）企业家精神的激发需要宽松环境

企业家精神对经济增长与企业发展具有重要作用这一观点，越来越被人们认可。需要讨论的关键性问题是：一个国家或地区如何才能培育企业家精神而为经济增长提供长久性动力？究竟应打造怎样的外部环境才能激活企业家精神？学界从制度环境、产权保护、法律体系、市场化进程等方面开展了讨论。无疑，上述因素对激发企业家精神是重要的，但是企业家精神的激发更需要一个宽松的市场环境，这已为近代中国历史所证明。这里所指的宽松市场环境，是指国家除了提供诸如法律保护、基础设施等公共服务之外，应该最大限度地减少对市场的挤占与对企业的干预，允许企业自由地去做事。

甲午战争后的清政府、北洋政府和南京国民政府，尽管在政治上都无可取之处，但清政府汲取了洋务运动的历史经验和教训，主动放弃对各项产业的独占，各项产业获得了一定程度的发展。北洋政府是无力干预经济的弱政府，但两害相权取其轻，各项新式产业和金融业也发展了。最具争议的就是南京国民政府，它在经济上"最有作为"，从积极干预到经济统制，但对中国近代经济发展所造成的障碍最大，产生的问题也最多。

正是甲午战后清政府放弃产业独占政策和北洋政府干预经济能力的羸弱，催生了一批著名的民族企业，涌现出张謇、荣宗敬、简照南、范旭东、穆藕初、陈光甫、刘鸿生、吴蕴初、胡西元、卢作孚、刘国钧、郑源

---

① 《本公司郑源兴总经理演词》，1945 年 6 月 30 日，上海市档案馆藏，档号：Q229-1-224。

兴等一批著名的企业家。尽管晚清与北洋政府不能为华商企业提供良好的制度环境、法律保护和其他方面的服务，尽管与外商企业相比，华商企业在资本、技术等方面处于劣势，尽管在与外商企业竞争中，华商企业受不平等条约的影响，在税收等方面受到不公平对待，但是，相对宽松的市场环境却使一批华商企业获得了相当发展，这是宽松的市场环境给了中国企业家自由发挥、充分展示企业家才能舞台的结果。

宽松的市场环境允许人们充分发掘市场本身蕴含的各种商机，并允许人们为了这些商机而自由行动，当然人们也会为这些商机中的巨大风险而担负责任。在追求最大利润和承担风险的过程中，冒险、创业、创新与合作等企业家精神都会被激发出来，成为推动企业发展与经济增长的关键因素之一。

（四）企业要重视员工企业家精神

在全球化不断推进与深化的过程中，企业要想在国内外市场上获取成功，不仅需要企业领导层具有企业家精神，还需要重视员工企业家精神的特殊作用。因为企业要发展壮大，仅有一两位企业家还是不够的，毕竟公司是由很多部门构成的，企业制度的落实与业务的推广均需要广大员工的共同参与和努力，企业效率的高低恰是员工对企业制度落实的结果决定的。企业员工也有冒险、创新与合作等企业家精神，这些精神在企业发展中至关重要。问题是，如何才能激发员工的企业家精神？我们从茂昌公司发展史中，可以看出茂昌公司是如何激发员工的企业家精神的。

茂昌公司创造了一种让那些有能力又愿意追逐新业务机会的员工自动追求企业家精神的环境。茂昌公司的很多重要职员，如中国职员郑方正、朱金水、唐鼎臣、诸荣昆等人，外国职员卡尔登、潘国祺、葛林夏等人，都具有丰富的蛋业从业经验，也都有创新创业、敢于冒险的精神，都具有独当一面的能力。如郑方正主持青岛分厂，为克服竹篓包装的弊端，发明了用煤油箱装蛋的新方法。诸荣昆原为培林洋行的稽查员，成为茂昌公司的职员后，到通州、如皋等地设立生大蛋行，并致力于鸡种改良。朱金水

"敏慧勤俭、勇于负责，而多胆识"①，统辖茂昌公司所有外庄。唐鼎臣至安徽亳州创办鼎记蛋厂。这些职员为茂昌公司的发展做出了巨大贡献。外国职员也为茂昌公司新业务的开展做出了巨大贡献。

茂昌公司的员工之所以能够发挥员工企业家精神，是因为茂昌公司为他们提供了一个富有激励的且十分宽松的环境，只要与茂昌公司利益不相冲突，都给予积极鼓励与支持。正是充分发挥员工的企业家精神，加上以强调诚信、合作、社会责任为核心内容的企业文化，使茂昌公司的员工上下一心，做到了集思广益，最终使茂昌公司迸发出强大的竞争力与市场适应性，并在与外商企业竞争中获得了巨大发展，赢得了外商企业的尊重。

（五）企业要有善用国际人才之策

以史为鉴，展望未来。在经济全球化的当下，后发国家的志在开拓国际市场的企业如何后来居上、实现跨越式发展，先进制度、技术与人才的引进和使用是极为重要的条件，而这一切的关键又在于人才，即聘用"客卿"。而聘用"客卿"并不容易主要经验如下。第一，企业必须要"找对人"。只有"找对人"，才能真正解决问题。"找对人"需要企业对受聘者在事前必须对所聘人才的优点、弱点有相当的了解，而不能仅仅假手于第三者的片面介绍。正是源于郑源兴对所聘几位外籍高管的充分了解，才成就了茂昌公司的成功。第二，企业必须依靠共同的愿景、志同道合来"用好人"。与茂昌公司取得的成功相比，其他华商企业聘用外人虽然基本达到了获取技术和管理经验的预期效果②，但由于缺乏像郑源兴与其所聘外人拥有推动事业发展的共同愿景以及为此结下的深厚友谊，而难以使外人尽心尽责和维系长期的合作关系，这为企业的技术革新、管理水平提升增加了难度，这恰恰是茂昌的聘用外籍高管过程中非常突出的一面。第三，

① 《养鸡与蛋商介绍：朱金水君小传》，《鸡与蛋杂志》第 1 卷第 9 期，1936，第 62 页。
② 马俊亚：《规模经济与区域发展——近代江南地区企业经营现代化研究》，南京大学出版社，1999，第 97 页。

企业必须重视物质激励制度的设计。很多华商企业聘用外人开出的往往是固定的"事前"报酬，即所谓的月薪或年薪，如果没有好的制度约束，这容易使所聘人员失去努力工作的态度，甚至会出现道德风险。茂昌公司侧重于对外籍高管"努力"行为结果的激励强化，在固定工资之外，更有"事后"报酬。至于"事后"报酬的设计，则与公司聘用的目的有关：是获得技术，还是获得管理经验，抑或获得销售渠道，还是兼而有之。聘用目的不同，决定了企业在聘用员工时设计了不同的报酬激励机制，而激励机制设计的不同，又在很大程度上影响了员工的工作态度。我们相信，在强大祖国的支持下，当代企业在聘用"客卿"时注重上述几点，一定会乘风破浪，在国际化的道路上越走越远。

附　录

一　茂昌公司大事年表

1891 年，郑源兴出生于浙江奉化。

1904 年，郑源兴到金记蛋行做学徒。

1906 年，郑源兴出任郑源泰蛋行副经理。

1910 年，郑源兴出任朱慎昌蛋行经理。

1912 年，郑源兴创办源通蛋行。

1916 年，上海八大口岸蛋行合组承余公司。

1918 年，郑源兴创办源通干蛋厂。

1919 年，郑源兴打算为承余公司创办属于自己的冷藏系统。

1922 年，承余公司委托上海大美机冰厂试制试销冰蛋，取得成功。

1923 年 1 月，出资 20 万元收购上海大美机冰厂，茂昌公司添置小型液氨制冷机。在改组承余公司基础上，茂昌公司正式成立，并开启与外商竞争之路。

1923 年，聘请卡尔登、潘国祺与葛林夏等重要外籍职员。

1923 年，与美国冷藏斯威夫特食品公司、英国洛士利洋行建立代制代销关系。

1923 年 6 月，茂昌公司的第一批冰蛋由"波尔克总统"号货轮运至纽约。

1924 年，茂昌公司扩建工厂，并安装了两台 6000 伏特的大型液氨制冷压缩机，制冷设备世界领先。

1924 年，郑源兴与葛林夏赴英国，成功获取冰蛋出口英国的特许权。

1925 年，为了扩大冰蛋产能，在原来厂址黄浦路 36 号邻近的黄浦路 44 号买下一块空地，建设四层的厂房和冷库，冷库容量达到 1000 吨。这处茂昌公司的沪北冷藏堆栈是上海市第一家公共冷藏企业。

1926 年，包装冷藏鲜蛋出口至欧洲市场。

1927 年 1 月，茂昌公司在伦敦设立子公司——海外茂昌蛋品有限公司，注册资本 1 万英镑。

1927 年 4 月，在接受原企业债务基础上，在浙江象山石浦设立分公司。

1927 年 10 月，卡尔登离职。

1927 年秋，郑源兴与董事郑奎元、刘全高赴青岛度假，发现胶济铁路沿线及青岛附近蛋源丰富、运输便利、气候优于上海，计划在青岛设厂。

1927 年，设立鲜蛋装箱部，出口鲜蛋；茂昌公司的资本增至 200 万元，冰蛋日产量最高可达 60 吨，年产量达 8000 余吨，职工 1000 余人，加上季节工、临时工，总数超过 3000 人，事业进入兴旺期。

1928 年，从青岛日商浪华油坊处购入青岛港附近商河路 4 号的旧厂房及空地两块，设立茂昌青岛分公司筹备处。

1928 年，总公司进行第二次改组，向南京国民政府经济部注册成立"茂昌蛋业冷藏股份有限公司"，除去"葡商"两字。同时，将公司资本由 20 万元增至 200 万元。

1929 年，在日本大阪等城市设立自己的销售网点，并聘请日本人为其销售网点的代理人。

1929 年，冰蛋出口量高达 14550 吨，鲜蛋出口也达到 63665 箱，一跃成为中外冰蛋企业中出口量最高的企业。

1930 年 3 月，总公司又进行了第三次改组，改组为股份有限公司。

1930 年 6 月 7 日，上海市蛋业同业公会成立，郑源兴被推举为主席委员。

1930 年，青岛分厂工程完工，全部投资达 120 万元，每日可生产冰蛋 60 吨，冷藏容量为 3000 吨。

1930 年底，青岛分厂投产，定名为茂昌股份有限公司青岛分公司。

1930 年 11 月 11 日，郑源兴在英国与和记、怡和、培林、班达、海宁五家外资冰蛋企业总行或主要代理商达成协议，决议实行统购统销的卡特尔联盟，并成立中国冰蛋业同业公会。

1930 年 12 月 1 日，伦敦销售份额分配委员会成立。

1931 年，在上海闵行路 50 号建立冷气堆栈和机器制冰部，此为沪北冷气堆栈。

1933 年，国际冰蛋卡特尔联盟实质性解体。

1934 年，在上海十六铺枫泾街 61 号建立了沪南冷藏堆栈，内设冷气堆栈和机器制冰车间，供上海市各鱼行、肉店、海味店、餐馆、水果商、乳制品商、进口商堆放货物。

1934 年，郑源兴赴英国，与和记、怡和、培林、班达、海宁五家外资冰蛋企业总行或主要代理商达成新协议，决议实施新的市场合谋（冰蛋辛迪加），并于该年成立联合销售机构惠尔登信托公司。

1935 年，发行公司债 60 万元。

1936 年，联合销售开始实施。

1936 年 12 月，公司董事会决议收购郑源兴个人出资兴办的川沙养鸡场。

1937 年，在上海市延平路 97 号建立沪西堆栈部。

1937 年 11 月 14 日，公司董事会决议投资江苏兴化汉兴祥蛋厂。

1939 年，青岛分厂与上海虹口分厂被日本侵略者强占。

1940 年 1 月，进行第二次增资，将资本由 200 万元提升至 600 万元。

1940 年 1 月，潘国祺在上海去世。

1941 年 12 月 7 日，太平洋战争爆发。其后，英美冰蛋企业被日本侵略者接收，联合销售名存实亡。

1943 年 3 月，公司资本由法币 600 万元增至伪币 2400 万元。

1943 年，茂昌公司主要业务基本停顿，靠副业维持。

1946 年 5 月 1 日，收复虹口分厂，努力谋求生产与出口业务的恢复。

1946 年 7 月，公司资本增至法币 7.2 亿元。

1946 年 12 月，茂昌公司基本完成接收青岛分公司的工作，共支付法币 3 亿余元。

1947 年 4 月 4 日，中国冰蛋业同业公会与中央信托局签订了收购与代理销售冰蛋 5000 吨的协议，茂昌公司得到 23.94% 的份额，计有 1197 吨。

1947 年 4 月，茂昌公司牵头组织 远东蛋品联合营业公司。

1947 年 11 月，郑源兴出国调查并洽谈业务。

1948 年底，郑源兴筹设香港分公司，以其子郑学俊为负责人。

1949 年 2 月，香港分公司建设完成。

1949 年 9 月，郑源兴从香港到达天津、北京，寻求新中国政府的支持，恢复内地业务。

1949 年 11 月 9 日，在青岛中国银行支持下，青岛分公司正式复工，当年生产出口冰蛋 102 吨。

1950 年 4 月，茂昌总公司陷入艰难的境地，郑源兴向政府呈送《茂昌股份有限公司创始经过暨业务情况以及目前危急待援之报告书》。

1950 年，青岛分公司超额完成出口加工任务，首次为国家换取了外汇，出口冰蛋 8120 吨，占全国冰蛋出口总额的 40.6%。

1953 年，中国冰蛋出口恢复无望，茂昌公司将伦敦海昌公司转让给葛林夏。

1953 年 11 月，为了响应公私合营的号召，上海与青岛茂昌公司分别向当地政府提出申请。

1954 年 4 月，新成立的上海食品公司接管茂昌公司，郑源兴担任顾问。

1954 年 7 月，茂昌公司成立清资委员会，进行清产核资。

1954 年 12 月 31 日，经市局核准，公股资金为 5351345 元（新币），私股资金为 2489602 元（新币），资产总额在全国名列前茅。

1955 年 5 月 20 日，"蛋大王"郑源兴病逝。

二 附表

表 1　1930~1939 年冰蛋运至英国的 CIF 价格

单位：英镑/吨

年份	最低价格	最高价格	平均价格
1930	58.00	64.00	61.00
1931	52.50	63.00	57.75
1932	47.50	70.00	58.75
1933	40.00	51.50	45.75
1934	35.00	37.00	36.00
1935	40.00	50.00	42.50
1936	46.50	58.00	52.00
1937	46.50	66.00	52.50
1938	68.00	102.00	70.00
1939	47.00	75.00	47.70

数据来源：《茂昌股份有限公司关于每百磅鸡蛋价格的文件》，1930~1939 年，上海市档案馆藏，档号：Q229-1-35-1。

表 2　1930~1939 年鲜鸡蛋送至上海茂昌工厂的价格

单位：元/100 磅

月份＼年份	1930	1931	1932	1933	1934	1935	1936	1937	1938	1939
1 月	36.08	24.34	28.47	20.74	18.19	17.16	22.57	19.36	33.56	30.42
2 月	31.20	22.67	26.47	20.23	15.64	15.53	19.16	20.18	32.55	29.13
3 月	24.73	22.03	20.22	18.05	13.06	13.15	18.27	18.91	34.62	31.41
4 月	22.90	21.04	19.74	15.94	11.39	11.13	15.19	18.96	37.54	34.06
5 月	22.35	20.64	19.28	15.08	11.19	11.72	15.70	18.31	37.15	33.70
6 月	22.58	20.64	17.80	15.38	11.17	12.46	15.72	18.52	37.28	33.82

续表

月份\年份	1930	1931	1932	1933	1934	1935	1936	1937	1938	1939
7 月	21.92	Mil	17.76	14.19	10.51	11.37	15.29	17.88	39.08	34.15
8 月	20.69	19.03	17.20	15.14	11.13	12.46	15.85	17.28	37.18	38.73
9 月	22.11	27.09	20.83	17.03	14.61	13.93	17.15	17.67	43.82	39.75
10 月	23.69	29.07	20.07	19.43	14.15	15.09	19.29	20.78	44.77	40.62
11 月	29.16	27.34	20.64	23.42	17.40	16.77	22.95	22.58	49.81	45.23
12 月	32.06	27.68	21.81	20.78	18.20	18.96	22.71	24.48	48.43	43.94
平均	24.65	22.41	19.90	17.91	13.10	13.26	17.58	18.79	40.52	36.76

数据来源：《茂昌股份有限公司关于每百磅鸡蛋价格的文件》，1930~1939 年，上海市档案馆藏，档号：Q229-1-35-1。

参考文献

一 学术论文

杜恂诚：《二十世纪前期白银汇率的异常震荡及对中国经济的影响》，《历史研究》2018 年第 3 期。

樊卫国：《近代上海的市场竞争与工业企业的生存发展》，《档案与史学》1998 年第 3 期。

冯华：《大公司与关系网》，《IT 经理世界》2003 年第 5 期。

高展：《试析近代中国企业面对市场竞争的对策——以天津为例》，《江西社会科学》2011 年第 1 期。

贺水金：《从竞争走向联合：近代中外资企业相互关系透视》，《上海社会科学院学术季刊》1999 年第 2 期。

贺水金：《论近代中外资企业间的竞争类型与方式》，《史林》第 2 期，2000 年。

胡定寰：《美国养鸡产业的发展和一体化经营模式》，《世界农业》2002 年第 9 期。

皇甫秋实：《"网略"视野中的中国企业史研究述评》，《史林》2010 年第 1 期。

李宝民：《近代民族航运企业与外国在华航运企业的关系》，《学海》1997 年第 6 期。

365

李娟、赵津：《近代中国碱业市场的博弈分析》，《社科纵横》2018 年第 7 期。

刘志彪、石奇：《卡特尔：寡头合谋》，《产业经济研究》第 1 期。

刘志成、吴能全：《中国企业家行为过程研究——来自近代中国企业家的考察》，《管理世界》2012 年第 6 期。

卢征良：《从"市场垄断"到"经济自卫"：近代中国水泥业同业联营问题浅探》，《中国社会经济史研究》2011 年第 2 期。

秦其文：《近代中外卷烟企业间的广告竞争——以英美烟公司和南洋兄弟烟草公司为例》，《怀化学院学报》2006 年第 1 期。

孙善根、张跃：《全球化背景下国际卡特尔为何难以持久？——基于 1930—1933 年国际冰蛋卡特尔的研究》，《复旦学报（社会科学版）》2022 年第 4 期。

唐文起：《南京和记洋行》，《史学月刊》1983 年第 3 期。

陶莉：《华中地区火柴工业的市场结构：1930—1936》，《上海财经大学学报》2005 年第 3 期。

陶莉：《需求不足与近代中国水泥业的竞争与联营：1923—1935 年》，《中国经济史研究》2008 年第 4 期。

王春英：《服从与合作：抗战时期日占区统制经济下的同业公会》，《近代史研究》2013 年第 6 期。

王强：《非正规制度的嵌入与应用——本土关系网络与近代外国在华企业经营》，《江苏社会科学》2012 年第 5 期。

王强：《近代蛋品出口贸易与蛋业发展》，《史林》2014 年第 5 期。

杨德才：《近代外国在华投资：规模与效应分析》，《经济学（季刊）》2007 年第 3 期。

张宁：《跨国公司与中国民族资本企业的互动：以两次世界大战之间在华冷冻蛋品工业的发展为例》，《"中研院"近代史研究所集刊》2002 年第 37 期。

张跃、闻文：《近代华资企业直接对外贸易的探索与践行——以 20 世纪 20 年代茂昌蛋品公司为例》，《宁波大学学报（人文社科版）》2021 年第 6 期。

张跃、周建波：《全球背景下国际辛迪加为何难以持久？——基于 1936—1939 年国际冰蛋辛迪加的研究》，《中国经济史评论》2023 年第 2 辑。

赵津、李健英：《从模仿到创新：范旭东企业集团技术发展模式分析》，《中国经济史研究》2007 年第 3 期。

朱冠楠：《市场拓展与政府缺位：全球贸易体系中的中国近代蛋粉业》，《清华大学学报（哲学社会科学版）》2020 年第 1 期。

朱翔：《南京英商和记洋行研究》，南京师范大学博士学位论文，2013 年。

二 专著和史料集

陈潮：《晚清招商局新考：外资航运业与晚清招商局》，上海辞书出版社，2007。

陈真编《中国近代工业史资料》第 4 辑，生活·读书·新知三联书店，1961。

方显廷：《中国工业资本问题》，商务印书馆，1938。

谷春帆：《银价变迁与中国》，商务印书馆，1935。

黄光域：《外国在华工商企业辞典》，四川人民出版社，1995。

季宝华主编《天津通志：二商志》，天津社会科学院出版社，2005。

季士家、韩品峥主编《金陵胜迹大全》，南京出版社，1993。

李少鹏：《清末民初洋行老商标鉴赏》，古吴轩出版社，2018。

刘永顺、董本来主编《中国资本主义工商业的社会主义改造：山东卷》，中共党史出版社，1992。

马俊亚：《规模经济与区域发展——近代江南地区企业经营现代化研究》，南京大学出版社，1999。

南京市地方志编纂委员会办公室编《南京通史·民国卷》，南京出版社，2011。

聂宝璋编《中国近代航运史资料》第一辑上册，上海人民出版社，1983。

潘君祥编《近代中国国货运动研究》，上海社会科学院出版社，1998。

彭小华主编《品读武汉工业遗产》，武汉出版社，2013。

邱嘉昌：《上海冷藏史》，同济大学出版社，2006。

山东省政协文史资料委员会编《山东工商经济史料集粹》第 3 辑，山东人民出版社，1989。

上海社会科学院经济研究所编《刘鸿生企业史料》上册，上海人民出版社，1981。

上海社会科学院经济研究所、上海市国际贸易学会学术委员会编《上海对外贸易：1840—1949》下册，上海社会科学院出版社，1989。

上海社科院经济研究所上海市国际贸易学会学术委员会编《上海对外贸易：1840—1949》上册，上海社会科学院出版社，1989。

上海市档案馆编《上海档案史料研究》第 20 辑，上海三联书店，2016。

孙善根：《郑源兴年谱长编》，上海社会科学院出版社，2020。

《天津经济年鉴》编辑部编《天津经济年鉴 1986》，天津人民出版社，1986。

汪敬虞：《十九世纪西方资本主义对中国的经济侵略》，人民出版社，1983。

汪敬虞主编《中国近代经济史》，人民出版社，2000。

王处辉：《中国近代企业组织形态的变迁》，天津人民出版社，2001。

王全信：《工会法学：工会工作理论与实践》，中国工人出版社，2004。

文昊编《民国的买办富豪》，中国文史出版社，2013。

吴承明：《中国资本主义与国内市场》，中国社会科学出版社，1985。

武汉地方志编纂委员会主编《武汉市志：对外经济贸易志》，武汉大学出版社，1996。

武汉市地方志编纂委员会编《汉口市志：对外经济贸易志》，武汉大学出版社，1996。

徐延平、徐龙梅：《南京工业遗产》，南京出版社，2012。

许道夫：《中国近代农业生产及贸易统计资料》，上海人民出版社，1983。

许涤新、吴承明主编《中国资本主义发展史》第 2 卷，人民出版社，1990。

杨德颖主编《商业大辞典》，中国财政经济出版社，1990。

姚曾菌：《国际贸易概论》，人民出版社，1987。

尹集钧：《1937，南京大救援——西方人士和国际安全区》，文汇出版社，1997。

袁恒权主编《上海副食品商业志》，上海社会科学出版社，1998。

张宪文主编《南京大屠杀史料集》第 31 辑《英国领事馆文书》，江苏人民出版社，凤凰出版传媒集团，2007。

张跃：《近代华茶对外贸易的衰落：基于中间商制度的研究》，中国社会科学出版社，2018。

张仲礼、陈曾年、姚欣荣著《太古集团在旧中国》，上海人民出版社，1991。

郑爱青、戴丽荣：《郑源兴：中国人的企业家（1891—1955）》，上海社会科学院出版社，2021。

郑美珠：《华人大班郑源兴 1891—1955》，香港 Icicle Group 印刷，2011。

郑友揆：《中国的对外贸易和工业发展（1840—1948）》，上海社会科学院出版社，1984。

郑友揆：《中国的对外贸易和工业发展（1840—1948）》，上海社会科学院出版社，1984。

政协亳县委员会文史资料研究委员会编《亳县文史资料》第 4 辑，1990。

中国人民政治协商会议汉阳县委员会文史资料研究委员会编《汉阳县文史资料》第 5 辑，1990。

中国人民政治协商会议河南省开封市委员会文史资料研究委员会编《开封文史资料》第7辑，1988。

中国人民政治协商会议江苏省委员会文史资料委员会编《江苏文史资料》第31辑，《江苏工商经济史料》，江苏文史资料编辑部发行，1989。

中国人民政治协商会议青岛市委员会文史资料研究委员会编《青岛文史资料》第6辑，1984。

中国人民政治协商会议全国委员会文史资料委员会编《文史资料选辑》第46辑（总第146辑），中国文史出版社，2001。

中国人民政治协商会议武汉市汉南区委员会文史资料委员会编《汉南文史》第1辑，1992年。

仲伟民：《茶叶与鸦片：十九世纪经济全球化中的中国》，生活·读书·新知三联书店，2010。

周永昌主编《蛋与蛋制品工艺学》，中国农业出版社，1995。

朱志先：《商界精英：长江流域的金融与巨家》，长江出版社，2014。

庄维民编著《近代鲁商人物传》，齐鲁书社，2016。

左峰：《中国近代工业化研究——制度变迁与技术进步互动视角》，上海三联书店，2011。

左旭初：《民国食品包装艺术设计研究》，立信会计出版社，2016。

Diane Toops：《全球蛋史》，王鑫源等译，中国农业大学出版社，2019。

〔美〕高家龙：《大公司与关系网——中国境内的西方、日本和华商大企业（1880—1937）》，程麟荪译，上海社会科学院出版社，2002。

华岗：《中国大革命史：一九二五——一九二七》，文史资料出版社，1982。

〔美〕吉尔伯特·罗兹曼主编《中国的现代化》，国家社会科学基金"比较现代化"课题组译，江苏人民出版社，1988。

〔英〕克拉潘：《现代英国经济史（中卷）：自由贸易和钢（1850—1886）》，姚曾廙译，商务印书馆，2017。

〔美〕乔治·J.施蒂格勒：《产业组织》，王永钦、薛锋译，上海三联书店、上海人民出版社，2006。

天津社会科学院历史研究所编《天津历史资料》第 6 期，1980。

W. W. 罗斯托：《经济增长理论史：从大卫·休漠至今》，陈春良等译，浙江大学出版社，2016。

〔美〕小艾尔弗雷德·D. 钱德勒：《看得见的手——美国企业的管理革命》，重武译，商务印书馆，2001。

袁继成：《汉口租界志》，武汉出版社，2003。

周建波主编《东亚同文书院经济调查资料选译：金融货币卷》，社会科学文献出版社，2023。

周建波主编《东亚同文书院经济调查资料选译：商品流通卷》，社会科学文献出版社，待出版。

三 报刊资料

《安徽实业杂志》

《东方杂志》

《奉化报》

《方志月刊》

《福建省合作通讯》

《工商半月刊》

《工业同志进行会杂志》

《工商新闻百期汇刊》

《国际贸易导报》

《国货研究月刊》

《关声》

《海关中外贸易统计年鉴》

《汉口商业月刊》

《钱业月报》

《劝业丛报》

《鸡与蛋》

《交通公报》

《经济建设月刊》

《南京国民政府外交部公报》

《企业周刊》

《农工商报》

《农商公报》

《农林新报》

《农业周报》

《商业月报》

《上海市水产经济月刊》

《上海总商会月报》

《社会杂志》

《申报》

《实业部月刊》

《畜牧兽医季刊》

《实业部天津商品检验局检验月刊》

《世界农业》

《时报》

《水产月刊》

《新商业》

《选报》

《银行周报》

《银行杂志》

《政治成绩统计》

《浙江省建设月刊》

《中国革命》

《中行月刊》

《中国建设月刊》

《中央大学农学院旬刊》

《中外经济周刊》

《中国最近物价统计图表》

四 档案资料

袁恒通：《中国蛋业发展简史、茂昌蛋业冷藏公司沿革史》，1961 年 12 月，上海市档案馆藏，档号：Q229-1-181。

《茂昌股份有限公司股东会议记录》，1931~1951 年，上海市档案馆藏，档号 Q229-1-186。

《茂昌股份有限公司有关代理委任状商船条例、贸易关系协定、（英）利蛋公司股东名单、写给英领事的信、帐单、税单、造船证明和协定书》，1927 年，上海市档案馆藏，档号：Q229-1-27。

《茂昌股份有限公司为日本大阪所设经销处办理结束事与社会局的往来文书》，1937 年，上海市档案馆藏，档号：Q6-18-255-67。

《茂昌股份有限公司蛋制品价格及出口数量统计表》，1938~1950 年，上海市档案馆藏，档号：Q229-1-35-2。

《叶颖池会计师审查茂昌公司 1929 年度资产负债报告书》，1929 年，上海市档案馆藏，档号：Q229-1-182。

《茂昌股份有限公司下属青岛分公司简史》，1949 年，上海市档案馆藏，档号：Q229-1-233。

《茂昌股份有限公司 1930 年制订的章程》，1930 年，上海市档案馆藏，档号：Q229-1-181。

《茂昌股份有限公司 1930 年创立会议决议录及调查报告复兴工商业意见以及董事股东会议记录》，1930 年，上海市档案馆藏，档号：Q229-1-183-1。

《茂昌股份有限公司创始经过暨业务情况以及目前危急待援之报告

书》，1950 年，上海市档案馆藏，档号：Q229-1-213。

《茂昌股份有限公司董事会决议录》，1930 年，上海市档案馆藏，档号：Q229-1-183-25。

《中央冷藏厂复兴营业及偿还债务计划书》，1936 年，上海市档案馆藏，档号：Q229-1-3-45。

《茂昌股份有限公司关于每百磅鸡蛋价格的文件》，1930~1939 年，上海市档案馆藏，档号：Q229-1-35-1。

《茂昌股份有限公司 1935 年董事会议决议录》，1935 年，上海市档案馆藏，档号：Q229-1-187。

《本公司郑源兴总经理演词》，1945 年 6 月 30 日，上海市档案馆藏，档号：Q229-1-224。

《茂昌股份有限公司蛋制品价格及出口数量统计表》，1938~1950 年，上海市档案馆藏，档号：Q229-1-35-2。

《茂昌股份有限公司 1937 年董监会会议记录》，1937 年 6 月~1941 年 12 月，上海市档案馆藏，档号：Q229-1-188。

《茂昌股份有限公司蛋品出口及发展等意见的呈报》，1947 年，上海市档案馆藏，档号：Q229-1-229。

《扬子公司对日军有关蛋业的建议书》，上海市档案馆藏，档号：Q229-1-201。

《茂昌股份有限公司 1941 年董事会议记录》，1942 年，上海市档案馆藏，档号：Q229-1-194。

茂昌公司致函实业部：《拟统制出口蛋业呈实业部文稿》，约 1933 年，上海市档案馆藏，档号：Q229-1-229。

《茂昌股份有限公司 1935 年董事会会议决议录》，1935 年，上海市档案馆藏，档号：Q229-1-187。

上海市蛋商业同业公会筹备会：《上海市蛋商业概况》，约 1950 年，上海市档案馆藏，档号：S373-3-1。

《茂昌股份有限公司董监联席会议记录》，1948~1952 年，上海市档案馆藏，档号：Q229-1-211。

《1950年郑源兴向共产政府递交茂昌蛋品及冷藏有限公司报告书》，1950年，上海市档案馆藏，档号：Q229-1-213。

《茂昌股份有限公司1942年股东名簿》，1942年，上海市档案馆藏，档号：Q229-1-196。

五 英文资料和文献

《茂昌股份有限公司关于聘请伦敦分店代理人的契约》，1927年1月，上海市档案馆藏，档号：Q229-1-4-53。

《茂昌股份有限公司有关惠尔登公司会议记录》，1936年，上海市档案馆藏，档号：Q229-1-146。

《茂昌股份有限公司与美国芝加哥SWIFT公司之间业务往来电报信件》，1925~1927，上海市档案馆藏，档号：Q229-1-66。

《茂昌股份有限公司有关远东到欧洲冷冻吨位分配表、伦敦与茂昌公司往来业务电报、中国冰蛋业公会会议记录、中国冰蛋业公会与有关公司业务信件》，1930~1932年，上海市档案馆藏，档号：Q229-1-108。

《茂昌股份有限公司与培林、班达、怡和及海宁等六家公司组成同业公会的文件》，1930年11月，上海市档案馆藏，档号：Q2291-1-5-308。

《茂昌股份有限公司冰蛋出口统计、中国冰蛋公会章程、业务往来信件》，1930~1939年，上海市档案馆藏，档号：Q229-1-5。

《茂昌股份有限公司有关惠尔登公司会议记录及所发信件》，1938~1939年，上海市档案馆藏，档号：Q229-1-145。

《茂昌股份有限公司业务往来电报信件》，1923~1937年，上海市档案馆藏，档号：Q229-1-147。

《茂昌股份有限公司有关惠尔登公司股份出让股东协议》，1933年，上海市档案馆藏，档号：Q229-1-144。

《茂昌股份有限公司关于伦敦海昌公司股份及CEPCO商标转让信》，

1955 年 1 月，上海市档案馆藏，档号：Q229-1-3-102。

《茂昌股份有限公司与外籍人士卡尔登签订服务合同》，1933~1935 年，上海市档案馆藏，档号：Q229-1-4-22。

Bruce Hopper, China's Plants For Freezing Eggs are In Hands of Foreigners Who have Sanitary Experts to Control Factories, *The China Press*, July 31, 1921.

Bruce Hopper, Yes, Any New Egg Will Go Bad If It is Allowed to Stand A-while In the Sun, China's Plants For Freezing Eggs are In Hands of Foreigners Who have Sanitary Experts to Control Factories, *The China Press*, July 31, 1921.

Chi-ming Hou, *Foreign Investment and Economic Development in China, 1840-1937*, Cambridge, Massachusetts, Harvard University Press, 1965.

China egg produce Co, *The North-China Desk Hong List*, July, 1922.

Commerce and Finance: Eggs in ShanTung, *The National Review China*, Volume 16, Number 12, October17, 1914.

Commercial Intelligence, *The North-China Daily News*, May 24, 1920.

Dweight H. Perkins, *China's Modern Economy in Historical Perspective*, Stanford University Press, 1975.

Foreign Genius and Chinese Skill in the Egg-Freezing Business, The China Weekly Review, November 5, 1927.

Founder of Egg-Freezing Industry Quits China, Mr. W. L Carleton, Pioneer Among China's Foreign Egg Products Merchants, Leaves behind Foundation of Great Industry, *The Shanghai Sunday Times*, October 23, 1927.

From day to day, *The North-China Daily News*, June 25, 1923.

From Day to Day, *The North-China Daily News*, October 6, 1931.

George. W. Missemer, Addition of Sugar The Secret Obtain Best Results in Freezing Eggs, *The China Press*, November 5, 1924.

George. W. Missemer, Chinese Egg Product Trading Growing, *Millard's Review*, Volume 39 No. 6, January 8, 1927.

Green, Edward, J. Green, and Robert H. Port. Non-cooperative Collusion under Imperfect Price Information, *Econometrica*, 1984(52): 87−100.

Health Standards High at Henningsen Factory, Concern Best Known for Popular Hazelwood Ice Cream, But Main Business is Still Frozen Eggs, *The China Press*, July 4, 1937.

Henningsen Produce Co, *The North China Desk Hong List*, July. 1919.

H. B. Elliston, Special Articles: China Egg Exports Increase Despite Propaganda, *Millard's Review*, Volume 21, issue 7, July 15, 1922.

Impressive Funeral Rites Held In Shanghai for late Ronald Picozzi, *The China Press*, January 21, 1940.

James Hollis, Christopher. Mckenna, union cold storage and the Birth of Multiation Tax planning 1897−1922, *Global Historg of capitalism project*, 2019.

John kay, *Foundations of corporate success: How Business strategies and value*, Oxford, Oxford University press, 2003.

K. Y. Chan, A Turning point in China's Comprador System: KMA's Changing Marketing Marketing Structure in the Lower Yangzi Region, 1912−25, *Business History* 43 (April 2001): 51−72.

Ning Jennifer Chang, Vertical Integration, Business Diversification, and Firm Architecture: The Case of the China Egg Produce Company in Shanghai, 1923−1950, *Enterprise and Society*, 2005, 6(3): 419−451.

Note of The Day, *The Shanghai Times*, April 15, 1926.

Notes of The Day, *The Shanghai Times*, October 8, 1931.

Overseas Egg & Produce Co. , *The North China Desk Hong List*, January, 1928.

Romance of The Blue Funnel Line and The China Trade, *The Shanghai Sunday Times*, December 13, 1925.

Sanitary Egg Products Plant In Shanghai, *The Far Eastern Review*, Volume 13, Issue 5, October, 1916.

Shanghai Firm is bought out, *The Shanghai Times*, July 13, 1929.

Shanghai Ice and Storage Co. Buys Plant, *The China Press*, Februray 11, 1923.

Swift and Company Representative Here, *Millard's Review*, December 26, 1925.

S. C. Keith, Head of Amos Bird Company Dead, *The China Press*, June 8, 1927.

S. N King, The Manufacture and Export of Egg Products, *Shipping Information Monthly*, 2, Vol. 1, No, 1948.

The Liquid Egg Trade, Perturbation Among Home Interest, *The North-China Herald and Supreme Court & Consular Gazette*, April 25, 1925.

The Tragedy of Perm, *The North-China Herald*, April 19, 1919.

Union Cold Storage Company limited, *The Manchester Guardian*, December 6, 1911.

致　谢

　　呈现在大家面前的这本小书，受制于著者个人能力所限，还十分粗浅，诚恳同行与读者多批评、指正。

　　如果说本书能对中国近代经济史研究有一点点"贡献"的话，也非我们二位著者之功，而是众多师友的大力帮助与集体智慧。在此，专作小文深表感谢、感恩之情！

　　著者有段时间从事中国近代茶叶、生丝等大宗商品的研究，曾留意到在现代生活中几乎每个人每天都要吃的重要食物——鸡蛋——在中国近代也有大规模出口，并在一定时期内位居中国出口商品的第三位，有时甚至第二位。但由于忙碌其他专题的研究，没有给予足够的重视。2017年秋天，宁波大学孙善根教授告诉我，他想为被称为"蛋大王"的郑源兴编写一本年谱，并希望著者对这一重要宁波帮人士给予足够的重视，著者也对郑源兴这位"蛋大王"产生了浓厚的兴趣。2018~2020年，著者花费了三个暑假和利用平时空闲时间，在上海市档案馆查阅了大量茂昌公司及其相关的资料，逐渐认识到中国近代蛋业中的"乾坤"。

　　2019年11月上旬，在南京师范大学举行的"第六届全国经济史学博士后论坛"上，我提交的《近代中外资企业的竞争与合作——以上海茂昌蛋品公司为中心》一文有幸得到高超群老师的点评。高老师是企业史研究的大家。当时拙文还很粗浅，高老师不仅给予了鼓励，更从国际视野的角度，对茂昌公司在与外资企业竞争中如何优化配置国际人力、资本、技术和销售渠道等经济要素，给出了很具有理论性、指导性的高见，让我获益匪浅。

2019 年 11 月上旬，在宁波举行的一次学术会议上，有幸见到了近代史专家虞和平先生，并向先生诚恳请教了该如何深入研究郑源兴这位"蛋大王"及其开创的伟业。虞先生不吝赐教，告诉我该研究在拓展中外资企业竞争领域、地域与内容方面具有的学术价值与现实意义，并给予了一些具体研究的建议。先生的热心与建议，鼓励了我研究这一主题的热情与信心。

2020 年 12 月下旬，在宁波大学召开的"宁波帮资料整理与研究"的学术会议上，有幸见到敬爱的朱荫贵老师。朱老师是著者博士毕业论文答辩委员会主席，多年来给予了我很多指导与帮助，一直心怀感恩与敬意。在此会议上，我报告了《全球化背景下国际卡特尔为何难以持久——基于1930—1933 年国际冰蛋卡特尔的研究》一文，当时拙文还很不成熟。会后朱老师对著者给予了鼓励，说这样的选题很少见，很值得深入研究，并针对当时文中存在的问题提出了很多修改性意见，这一论文成为小书的主要内容之一。

在小书撰写的过程中，有幸受周建波老师邀请到北京大学经济学院做访问学者，周老师擅长企业管理、经济思想史和经济史研究，起初给小书提出很多宝贵的、具有建设性的指导意见。志趣相投，诚意邀请周老师一起合著小书。周老师不辞辛劳，对茂昌公司聘请外人引入技术、管理、拓海外市场和冰蛋卡特尔等几个章节多有着墨。

小书交付出版社后，著者请恩师杜恂诚先生和张忠民先生作序，两位先生不辞辛劳为小书作序，并大加肯定、褒奖与鼓励。对二位恩师的褒奖之词，著者深感得薄能鲜、受之有愧，却视之为动力。天长地久有时尽，师恩绵绵无绝期。唯有不断努力，争取不负恩师培育之恩与殷殷期盼之情。

在小书即将出版前，有幸采访到郑源兴的孙女郑美珠女士和茂昌公司员工后人袁巨高先生，两位长者给我提供了很多富有价值的一手资料，并给我讲述了许多有关郑源兴和茂昌公司的真实情况，让本书的内容进一步丰富。特此致谢、感恩！

　　著者还要感谢我的两位师弟黄凯和杨振子，在我刚接触茂昌公司时，两位师弟正在宁波大学攻读硕士学位（黄凯师弟，现在浙江图书馆工作；杨振子师弟，现在华中师范大学攻读博士学位），两位师弟对茂昌公司都颇感兴趣，和我一起去上海查找档案很长一段时间，在资料的誊抄、打印与整理等方面，花了很多时间，付出了很多辛苦和心血，也都提出了对茂昌公司的个人见解与看法，特此致谢！

　　在此，还要感谢张宁教授。著者虽未与张宁教授谋面，却敬佩已久。张宁教授的大作《跨国公司与中国民族资本企业的互动：以两次世界大战之间在华冷冻蛋品工业的发展为例》、《技术、组织创新与国际饮食变化——清末民初中国蛋业之发展》、*Vertical Integration，Business Diversification，and Firm Architecture：The Case of the China Egg Produce Company in Shanghai，1923—1950* 给著者很大的启发。张宁教授的这些研究有提纲挈领的作用，著者深受启发。应该说，小书是站在巨人肩上而成的。对此，深表敬谢。也期待有机会求教与交流。

　　自参加工作以后，著者大量时间在历史档案与故纸堆里爬梳，生活难顾，家人难陪，深感惭愧与不安。值此小书出版之际，对家人给予我的无私支持与关爱，特别对媳妇宋咪咪和儿子张牧之的付出，借明代名臣于谦诗词《寄内》中的部分句子，略作改动，以符心情，以示感激："小儿正娇痴，但索梨与枣。况复家清贫，生计日草草。汝惟内助勤，何曾事温饱。而非我不知，恩情实难报。尺书致殷勤，此意谅能表。"

　　张生难忘事，肯忆故人姝。历史有典故，没事写小书。小书水平浅，故事难写全。批评能进步，蜗牛也向前。

张跃

2023 年 5 月 4 日

于北大燕园

图书在版编目（CIP）数据

蛋壳乾坤：一家中国企业的全球突围：1923~1949/
张跃，周建波著．-- 北京：社会科学文献出版社，
2024.7
ISBN 978-7-5228-2328-7

Ⅰ.①蛋… Ⅱ.①张… ②周… Ⅲ.①蛋品加工-食
品企业-企业史-研究-中国-1923-1949 Ⅳ.
①F426.82

中国国家版本馆 CIP 数据核字（2023）第 153145 号

蛋壳乾坤：一家中国企业的全球突围（1923~1949）

著　　者 / 张　跃　周建波

出 版 人 / 冀祥德
组稿编辑 / 陈凤玲
责任编辑 / 武广汉　宋淑洁
责任印制 / 王京美

出　　版 / 社会科学文献出版社·经济与管理分社（010）59367226
　　　　　地址：北京市北三环中路甲 29 号院华龙大厦　邮编：100029
　　　　　网址：www.ssap.com.cn
发　　行 / 社会科学文献出版社（010）59367028
印　　装 / 三河市尚艺印装有限公司

规　　格 / 开　本：787mm×1092mm　1/16
　　　　　印　张：26　插　页：0.75　字　数：373 千字
版　　次 / 2024 年 7 月第 1 版　2024 年 7 月第 1 次印刷
书　　号 / ISBN 978-7-5228-2328-7
定　　价 / 99.00 元

读者服务电话：4008918866

版权所有 翻印必究